→我的母亲格蕾丝 · 韦尔奇。
摄于 1920 年。

亲与母亲。大约摄于 1930 年。

→母亲的心肝宝贝。摄于 1939 年。

←1945 年与儿时伙伴
尔·库伦（左）和
克·蒂夫南（中）在
因州的老果园海滩。

←1950 年我开始爱上了
尔夫。

↓在波士顿—缅因通
上工作的“老杰克”，
是在那儿，他萌发
“送杰克去学高尔夫”
念头。

↑准备投一个曲线球，我的一个好“邻居”在街对面接着。摄于塞勒姆，1950 年。

→塞勒姆高中毕业照。摄于 1953 年。

→与卡罗琳在楠塔基特岛度假。

←我的孩子们（从左至右）：凯瑟琳、约翰、安妮和马克。

1993 年，我的孙子杰克来我的办公室玩，发现这篇文章很有趣。

↑ 1996 年，与孙子杰克在楠塔基特岛。

←我的儿子约翰、他的子杰姬以及他们的 5 孩子。

↓ 2001 年 6 月，与凯瑟琳的儿子卢克在马克希拉的婚礼上。

↑与孙女卡罗琳在楠塔基特岛休假。

→与女儿安妮及新添的外孙女克莱尔在一起。

→1991 年，与简在卡普里岛度假。

1990 年，巴巴多斯的圣诞老人来到海滩，帮助我构思了“无边界”概念。

←1993 年，与简在印度大君的宫殿里看烟火。

1992 年，在卡普里岛与弗雷斯科夫妇和费奥尔夫妇一起休假（从左至右）：玛尔琳 · 弗雷斯科、吉诺 · 费奥尔、我、科莉 · 费奥尔、简、保罗 · 弗雷斯科。

←1997 年，在爱尔兰与一个真的高尔夫职业选手心心相印，就是我的妻子简。

↑在奥古斯塔与我在 GE 的高尔夫球友在一起（从左至右）：戴夫 · 卡尔洪、比尔 · 麦多夫、我、杰克 · 查德韦尔。

↑最佳造型——请注意这个球的置！

→我与简在加拿大落基山脉与 GE 董事会成员、我的好友赛 · 卡思卡特及其夫人在一起打高尔夫。

←1995 年，在桑卡迪－海德俱乐部的比赛上与我的搭档、儿子约翰在一起。

↑ 2000 年奥运会期间，我与简在悉尼的《今日秀》节目中“取代”了马特和凯蒂。

2000 年 4 月，与我的家人在里士满 GE 年度股东会议上（从左至右）：女婿史蒂芬·麦克米伦与女儿安妮、儿媳希拉与儿子马克、简、我、儿媳杰姬与儿子约翰、女儿凯瑟琳。

↑在改性聚苯醚塑料工厂未来的厂址塞尔扣克“往坑里看”（从左至右）：我、艾伦·海伊、鲁本·加托夫。

↓我们生命中的重大时刻，我们为此付出了许多。20世纪70年代早期与塑料公司领导团队一起“掀掉屋顶”。

↑ GE新上任的部门经理。摄于1973年。

→雷吉·琼斯将这个“新人”介绍给GE员工。摄于1981年。

↑我任董事长后的第一次董事会——一次相当正式的集会。

我任董事长后的第一张正式照片，与副董事长埃德 · 胡德（左）和约翰 · 伯林盖姆在一起。

↑新任副董事长拉里 · 博西迪于 1984 年加入公司董事会。

←1985 年，在纽约与鲍勃 · 弗雷德里克和索恩顿 · 布莱德肖宣布价值 63 亿美元的 RCA 交易成功。

←20 世纪 80 年代末与苏联最高领导人戈尔巴乔夫在一起。

←在老布什总统为英国伊丽莎白女王所设国宴上。我很遗憾父母没能看到这激动人心的场面。

↑ 1999 年夏天，与前总统克林顿在马撒葡萄园岛。

↑ 2001 年，在布什总统的就职典礼上向布什表示祝贺。

→与工人一起进行一次小小的“深潜”。摄于1995年。

第一次赴印度途中与K. P. 辛格和保罗·弗雷斯科在一起。

→挥拳代表提出了一个创意。

↑ 1993年，在环球旅行中小憩，与保罗·弗雷斯科（左一）、拉里·博西迪和简在一起。

↑与鲍勃和苏珊·赖特共同庆祝NBC的成功。

↑简和我的好友安东尼·洛弗里斯科及夫人埃莉尔在一起。

→在印度与简（前排左二）、K. P. 辛格（后排左一）、保罗·弗雷斯科（后排右一）及保罗的夫人马琳（前排右二）在一起。

←1995 年，与比尔 · 盖茨、鲍勃 · 赖特在 MSNBC 的成立仪式上。

:本顿维尔向山姆 · 沃尔顿及沃
:玛领导团队学习“快速市场信
l”方法。GE 未来的副董事长
]翰 · 奥佩站在最左边。

←与最聪明的人在一起。我与沃伦 · 巴菲特手持《财富》杂志颁发的“最受尊敬的人物”塑像在弗兰克 · 卢尼佛罗里达的家里乐开怀。

←1998 年，在克罗顿维
“大坑”里。

↑在 1997 年年度报告会议上与副董事长保罗 · 弗雷斯科（左）、约翰 · 奥佩和吉恩 · 莫菲在一起。

↑我与罗莎娜 · 巴多斯基在工作中。

→在我的会议室举行领导层会议（从下方左边开始）：保罗 · 弗雷斯科、加里 · 赖纳、丹尼斯 · 戴默曼、比尔 · 科纳蒂、约翰 · 奥佩。

←在纽约证券交易所具有重大意义的一天。一位 CNBC 记者询问我对联合技术收购霍尼韦尔的看法。我回答说："很有趣，我会关注的。"

←会见"新人"：2000 年 11 月与杰夫·伊梅尔特在纽约。

新团队（从前排左边起按顺时针方向）：总裁、董事长当选人杰夫·伊梅尔特、GE 副董事长鲍勃·赖特、丹尼斯·戴默曼，以及我这个即将退休的 GE 老员工。

↑ 在家跟我 8 个最好的小朋友中的两个在一起。

杰克·韦尔奇自传

尊享版 Jack Welch with John A. Byrne

JACK

STRAIGHT FROM THE GUT

[美]杰克·韦尔奇　约翰·拜恩◎著

曹彦博　孙立明　丁浩◎译

张卫族◎审校

中信出版集团 · 北京

图书在版编目（CIP）数据

杰克·韦尔奇自传：尊享版 /（美）杰克·韦尔奇，（美）约翰·拜恩著；曹彦博，孙立明，丁浩译 . --6 版 . -- 北京：中信出版社，2017.7（2025.10 重印）

书名原文：Jack: Straight from the Gut

ISBN 978-7-5086-7405-6

Ⅰ . ①杰… Ⅱ . ①杰… ②约… ③曹… ④孙… ⑤丁… Ⅲ . ①韦尔奇（Welch, Jack 1935-）－自传②通用电气公司（美国）－工业企业管理－经验 Ⅳ . ① K837.125.38 ② F471.266

中国版本图书馆 CIP 数据核字（2017）第 063752 号

杰克·韦尔奇自传（尊享版）

著　　者：[美] 杰克·韦尔奇　约翰·拜恩
译　　者：曹彦博　孙立明　丁　浩
出版发行：中信出版集团股份有限公司
（北京市朝阳区东三环北路 27 号嘉铭中心　邮编　100020）
承 印 者：北京通州皇家印刷厂

开　　本：880mm×1230mm　1/32　　插　　页：16
印　　张：16　　字　　数：385 千字
版　　次：2017 年 7 月第 6 版　　印　　次：2025 年 10 月第 29 次印刷
京权图字：01-2001-4129
书　　号：ISBN 978-7-5086-7405-6
定　　价：68.00 元

服务热线：400-600-8099
投稿邮箱：author@citicpub.com

编者的话

JACK

2001 年，《杰克 · 韦尔奇自传》简体中文版的引进出版，在国内掀起了阅读热潮，至今已经多次再版重印，创造了 200 多万册的销售佳绩。随后，中信出版社陆续引进出版了《赢》《赢的答案》，并于 2016 年推出了杰克 · 韦尔奇的最新作品《商业的本质》。这些优秀管理著作始终延续着畅销神话，已经成为读者心目中的商业经典读本。

在今天读到韦尔奇的作品之前，我们也许会问：当工业时代走向终结，互联网浪潮强势来袭，我们为何还要读杰克 · 韦尔奇？当一切都被颠覆，一切都被重新定义，究竟哪些东西是我们依然需要坚持的？如何才能在这个时代，始终处于“赢”者的地位？

而这位管理巨匠一针见血地指出："尽管科技革命给市场带来了诸多杂音，然而你不能迷失商业中最核心的东西。这一点在 1960 年是真理，在今天是真理，等到 2060 年仍然会是真理。"

是的，在当今的新商业环境下，要想"赢"，就必须遵从商业的规则，回归商业的本质。增长依然是王道，如何选拔人才、做好营销、应对危机也依然是管理者们关心的问题。如今将杰克·韦尔奇的经典图书重装再版，不仅是因为这些书依然能够为今天的管理实践提供参考和借鉴，也是希望通过这位商业领军人物的经历，及其在所处时代中发挥的影响与推动作用，为中国的企业家和创业者提供更多关于市场变革、经济大背景与企业成长等层面的启发。

中信出版秉承的理念是"从中国看世界，把时间变成历史"。我们坚信，只有提供优质的知识，才能在时间的长河中留下有意义的印记，正如我们向您奉上的这套中信十余年来最经得起时间考验的著作。我们非常欣慰地看到，不仅众多商业领军人物正在阅读我们的出版物，更多管理者、创业者，甚至那些身处各个岗位的普通员工和广大高校学生，都在阅读和支持我们的图书。我们相信，如此庞大的智力资源才是中国企业乃至中国经济最强劲的引擎之一。

编者

2017 年 5 月

献给 GE 数以 10 万计的员工，是你们的智慧和辛勤的劳动使得本书的诞生成为可能。

JACK

目录

JACK

第二部分
重塑企业文化

第三部分
商海沉浮

第四部分
改变游戏规则

作者的话

JACK

写一篇自传于我而言似乎有些奇怪。我承认，我讨厌不得不使用第一人称，因为我一生中所做过的几乎每一件事都是与他人一起合作完成的。然而，你要写一本这样的书，却必须使用“我”来叙述，尽管实际上它是应该由“我们”来承担的。

在写作时，我想尽可能提及所有在我人生旅途中伴我左右的人，但我的编辑却不断地打击我，试图将这些名字剔除出去。我们最终达成了妥协。这也就是书后的致谢比较长的缘故。所以请读者们注意，你们在书中的每一页看到“我”这个字的时候，请将它理解为我所有的同事和朋友，以及那些我可能遗漏的人。

序言

JACK

2000年感恩节后那个星期六早晨，我的大部分时间都在等待“新人”的到来。这是个暗语，指代我的继任者，也就是GE（General Electric，通用电气）未来的董事长兼CEO（首席执行官）。

星期五晚上，董事会一致同意杰夫·伊梅尔特（Jeff Immelt）成为我的继任者。于是我给他打了个电话。

“告诉你一个好消息，你和你的家人明天可以到佛罗里达来度周末吗？”

显然，他已经知道发生了什么事。所以我们没有继续谈这事，而是立即着手安排所有相关事宜，以便他能够马上到佛罗里达来。

星期六早上，我急切地等候着他。耗时的

CEO交接过程已经结束，我正准备开车离开，这时杰夫的车开到了我所在的汽车道。他看上去非常高兴。于是我立即走上前，还没等他完全从车里出来，就一把抱住他，对他说了那句雷吉·琼斯（Reg Jones）20年前跟我说过的话：

“祝贺你，董事长先生！”

我们热烈地拥抱在一起，那情形就仿佛我们成功地完成了交接工作。

此时此刻，我的思绪一下子将我带回到20年前的那一天：雷吉走进我在康涅狄格州费尔菲尔德的办公室，热烈地拥抱我，情形同现在如出一辙。

雷吉其实很少做出那种激烈的动作，然而当时他的双臂那样有力地拥抱着我，脸上浮现出微笑。1980年12月的那一天，我是美利坚合众国最快乐的人，当然也是最幸运的人。如果可以让我任意选择理想的工作，我想就应该是这份工作了。因为它给了我宽广得不可思议的业务经营范围：从飞机引擎和发电机到塑料、药品以及信贷服务等等。GE所做的和即将要做的一切，事实上已经深入到我们每一个人的日常生活中。

最重要的是，这是一份75%与人相关、25%与其他因素相关的工作。它使我可以和这个世界上最聪明、最具创造力、最有竞争力的一些人在一起工作，他们当中很多人都比我要聪慧得多。

我1960年加入GE时，视野还不够开阔。作为一名刚获得博士学位的24岁的助理工程师，我的年薪是10 500美元，当时希望自己到30岁的时候年薪可以达到30 000美元。这就是我当时的目标，当然，如果说我有目标的话。当时，我全身心地投入到自己的工作中，占用了大量的业余时间。接踵而来的就是步步高升，而且似乎每一次的提升都足以开阔我的视野，以至于在20世纪70年代中期，我开始想，也许某一天自己也能成为 CEO。

然而，这种可能性似乎在与我擦肩而过。我的很多同龄人认为我之于 GE 是方枘圆凿，是完全不合适的。确实，我这人性格比较急躁，对于某些人来说，还可能属于那种出言不逊的人。在他们眼中，我的行为举止总是显得与众不同，特别是在为庆祝商业成功而于附近酒吧举行的大大小小的酒会上。

不过幸运的是，GE 的很多同事都还有勇气喜欢我，雷吉 · 琼斯就是其中一位。

从表面上看我和雷吉简直是有天壤之别。雷吉出生于英国，拥有政治家的风度，仪表堂堂，尽显高贵；而我呢，一名爱尔兰裔美国列车员的独生子，在波士顿以北 16 英里的马萨诸塞州的塞勒姆长大。雷吉冷静沉稳，彬彬有礼；而我呢，粗鲁、大嗓门、容易激动、带着浓重的波士顿口音而且说话口吃。那个时候，雷吉是全美最令人钦佩的企业家，一个在华盛顿有着绝对影响力的人物；而我呢，一个在政策方面没有任何经验的职员，离开了 GE 公司，恐怕就再没有人认识我了。

不过，我总是觉得自己可以和雷吉产生共鸣。他很少流露自己的情感，总是波澜不惊。然而，我有一种感觉，觉得他非常理解我。从某种意义上说，我和他是志趣相投的人。我们尊重彼此的不同之处，共享着某些重要的东西。我们都喜欢分析、计算和自己做准备工作。我们都热爱 GE。他知道 GE 需要有所改变，而且认为我正好有这份激情和智慧去实现它。

我不知道他对我希望改变 GE 的想法到底了解多少，但是这 20 年来他对我的支持从来没有动摇过。

接任雷吉职位的竞争非常残酷，因为整个过程都被浓重的政策导向和个体的自我膨胀所复杂化，我自然也不例外。这是非常令人不快的。最开始的时候，总共有 7 名来自公司不同部门的候选人，因为公开竞争雷吉的职位而备受公众的瞩目。而雷吉起初并没有想到这件事会造成后来的分裂和高度官僚主义的局面。

虽然这些年来我没有什么致命的失误，但确实也有过一些小错。所以一直到雷吉在 1980 年 12 月 19 日最终说服董事会同意我成为他的继任者时，我能否如愿以偿仍不明朗。我还记得当时一位 GE 同事对我说，就在任免决议宣布的当天，他到总部附近的“嗨啲”酒吧喝酒，发现一位公司老职员正郁闷地对着一瓶马提尼酒没完没了地叹息：“我只给他两年的时间，接着就该轮到贝尔维了！”

然而，我却让这位老职员等了 20 年！

在我当董事长的这些年里，我受到了媒体的广泛关注，有好的也有坏的。但直到 1998 年 7 月初，《商业周刊》上的那篇关于我的长篇封面报道引发了洪水一般的邮件，才使得我有了写这本书的动机。

为什么呢？因为就是这篇文章，使得数以万计的陌生人给我寄来了许多封感人至深、富有灵感的信件，他们都在信中谈到自己的职业状况。其中有很多人说，由于组织机构的压力，他们不得不改变自己做人的原则，忍受某些事情，服从于某些人的意志，而所有这一切只不过是为了所谓的成功。他们喜欢报道中的焦点，即我不愿意改变自己意志的行为。这篇报道暗示，我能够改变这个世界上最大公司之一的行为方式。

和公司的几千名员工们一起，我试图在这种大公司的理念中建立起一种非正式的氛围，而这种氛围就跟街角的邻里杂货铺的氛围一样。

当然了，具体实施起来比想象的要复杂得多。在我的早年岁月里，我近乎疯狂地严格要求自己诚实守信，与官僚浮夸作风进行斗争，哪怕这样做意味着我在 GE 不会获得成功。我同时还记得自己在扮演一个不同的自我时承受的巨大压力，而且我也要遵守游戏规则。

在我得到提名当上副董事长后不久，在旧金山出席第一次董事会会议时，我穿了一件熨得笔挺的蓝色套装，配以浆挺的白色衬衣和色泽鲜艳的红色领带。我这样做是为了在董事会的其他成员面前表现得比我 43 岁的年龄更加成熟。我猜我当时应该是想让自己看上去或者表现得更像一个典型的 GE 副董事长。

就在会议结束后举行的鸡尾酒会上，GE 的一位资深董事保罗 · 奥斯汀（Paul Austin）——他同时也是可口可乐公司的董事长，走到我面前，摸了一下我的套装，说道："杰克，这不是你。如果你还是你的话，你应该看上去比现在好得多。"感谢上帝，奥斯汀居然知道我是在演戏，并且还能够这么关心地告诉我：企图扮演某个我永远都不可能成为的人，对于我来说简直就是一场灾难。

纵观在 GE 的 41 年，我经历了许多起起伏伏。按照媒体的说法，就是从王子到猪猡，然后再反过来的过程。实际上，我的"称号"可不止这两个。

早先，当我还在我们刚成立的塑料集团工作的时候，就有人说我是一个"异想天开的人"。而我 20 年前荣登 CEO 宝座后，华尔街上还有人问是"哪个杰克"。

20 世纪 80 年代初期，当我试图通过裁员使 GE 更有竞争力的时候，媒体授予我"中子弹杰克"（Neutron Jack）的称号。而当他们随后发现我们的主要关注点在于 GE 的价值和文化时，他们又说，是不是"杰克变软了"。我曾经是"数一数二杰克"（No.1 or No.2 Jack）、"服务杰克"（Services Jack）和"全球化杰克"（Global Jack），近年来，又成了"六西格玛杰克"（Six Sigma Jack）和"电子商务杰克"（e-Business Jack）。

2000 年 10 月的时候，我们企图收购霍尼韦尔（Honeywell），而我又同意留下来完成这次过渡，所以有些人把我看成死皮赖脸霸着CEO职位不撒手的“老不死杰克”。

我不是想用这些“称号”来述说自己，而是想用它们来描述我们公司这些年来经历过的一些阶段。事实上，我这样一个在马萨诸塞州的塞勒姆由母亲带大的小男孩，从来就没有过太大的改变。

1981年，我首次在纽约的皮埃尔大酒店（Pierre Hotel）接受华尔街专栏分析家的采访。我对他说，我希望GE能够成为“世界上最富竞争力的企业”。我的目标是将一种小公司所拥有的精神注入GE这样的大公司中去，摆脱传统企业的保守思维，从而使得我们的公司比只有我们五十分之一大的公司更有活力、更灵活、适应性更强。同时我还对他说，我理想中的公司能够做到“让每一位员工都有机会去尝试所有的新鲜事物，即每一位员工都可以确信，除了他们自身的创造力和主动性以及个人价值标准的限制外，没有任何阻力能够妨碍他们前进多远、前进多快”。

我将我的智慧、热情、勇气投入到了这40多年生命历程中的每一天。我很庆幸自己可以成为GE的一分子。本书试图将读者也重新带入这一旅程中。最后，我相信我们已经创立了世界上最伟大的企业，一个不断学习、有着无限文化底蕴的企业。

读者完全可以参照我1981年在皮埃尔大酒店所描述的“愿景”，判断我们是否实现了我们的目标。

这本自传不是一部完美的商业传奇。我的观点是，商业更像一个世界级的大饭店，当你透过饭店厨房的门缝偷看时，那些食物看上去远没有装在精美瓷器中、摆上饭桌的好。商业就是杂乱不清和混沌。在我们的厨房里，我希望你们可以发现某些对你们实现自己的梦想有所帮助的事物。

这里并没有什么绝对真理或管理秘籍。不过在我的旅程中产生了一种哲学。我遵循对我行之有效的一些基本理念，诚信是其中最重要的。我总是相信最简单、最直接的方法。这本书同样也试图展示给大家：思路打开以后，一个企业，还有我们每一个人，可以从中得到一些什么东西。

我现在才真正领会到“失败乃成功之母”的含义。

任何人的憧憬和梦想都不是直线式发展的，我就是一个活生生的例子。这是一个幸运儿的故事。他没有计划，也并非与众不同，虽然磕磕绊绊，却始终在向前发展。就在世界上最著名的一个企业中，他生存下来，并且得以茁壮成长。这甚至还是一个美国小城市的故事。我从来没有忘记自己的根，即使在我见识了一个前所未闻的世界之后也是如此。

尽管如此，这本书更应该是其他人已经经历过的故事——成千上万聪明、自信心强、充满活力的员工互相学习如何打破旧工业世界，并朝着融合生产、服务和技术的新兴理念的方向发展。

他们的努力和他们的成功才是我的征途如此重要的主要原因。我非常庆幸自己能够成为其中的一分子，而这正是源于雷吉·琼斯20年前走进我办公室时给我的那个令我终生难忘的拥抱。

JACK

第一部分

早年岁月

第一章
建立自信

如果说我拥有任何领导者的风范，可以让大家发挥长处，我觉得都应该归功于我的母亲。忍耐而又有进取心、热情而又慷慨是母亲的美德。

那是一个糟糕赛季的最后一场冰球比赛。当时我在塞勒姆高中读最后一年。我们分别击败丹佛人队、里维尔队和硬头队，赢得了头三场比赛，但在随后的比赛中，我们输掉了所有的 6 场比赛，其中 5 场都是一球之差。所以在最后一场比赛，即在林恩体育馆同主要对手贝弗利高中的对垒中，我们都非常想获得胜利。作为塞勒姆女巫队的副队长，我独进两球，我们顿时觉得运气相当不错。

那确实是场十分精彩的比赛，双方打成 2 比 2 后进入了加时赛。

但是很快，对方进了一球，这一次我们又输了。这已经是连续的第七场失利。我沮丧至极，愤怒地将球棍摔向场地对面，随后头也不回地冲进了休息室。整个球队已经在那儿了，大家正在换冰鞋和球衣。就在这时候，门突然开了，我那爱尔兰裔的母亲大步走了进来。

整个休息室顿时安静下来。每一双眼睛都注视着这位身着花色连衣裙的中年妇女，看着她穿过屋子，有几个队员正在换衣服。母亲径直向我走过来，一把揪住我的衣领。

“你这个窝囊废！”她冲着我大声吼道，“如果你不知道失败是什么，你就永远都不会知道怎样才能获得成功。如果你真不知道，那你最好不要来参加比赛！”

就在我的朋友们面前，我遭到了羞辱，但母亲的这番话让我从此再也难以忘怀，因为我知道，是母亲的热情、活力、失望和爱使得她闯进休息室。她，格蕾丝·韦尔奇（Grace Welch），是我这一生中对我影响最大的人。她不但教会了我竞争的价值，还教会了我享受胜利的喜悦和坦然接受前进中的失败。

如果说我拥有任何领导者的风范，可以让大家发挥长处，我觉得都应该归功于我的母亲。忍耐而又有进取心、热情而又慷慨是母亲的美德。她非常擅长分析人的性格特征。对于遇到的每一个人，她总是有所评论。她说她可以“在一英里外嗅出骗子的气味”。

她对朋友非常热情慷慨。如果一个亲戚或者邻居来家里玩，称赞橱柜里的玻璃水杯款式不错，那么母亲会毫不犹豫地将玻璃杯拿出来送给他。

但是另一方面，如果你得罪了她，那你就得多加小心了。她会怨恨任何一个辜负了她信任的人。我继承了母亲的性格特点。

除此之外，我的很多管理理念都可以从我母亲身上找到原型，譬如下面这些原则：通过竞争去获得成功，面对现实，利用欲擒故纵的方式来激励别人，确定苛刻的目标，严格地跟踪工作进展以保证任务的顺利完成。她在我身上培养出的洞察力从未消失过。母亲总是坚持要面对现实，她的一句名言是：“不要欺骗你自己。事实上它就是这样。”

她总是警告我说："如果你不学习，你将一事无成，绝对一事无成。学习没有任何捷径可言。不要欺骗你自己！"

这些就是每天萦绕在我脑海里的生硬而又坚定的忠告。每当我欺骗自己，以为一笔交易或一项业务中潜在的严重问题会奇迹般出现转机时，母亲的话总能让我警醒。

从我入学开始，母亲就告诉我优秀的必要性。她知道怎样对我严厉，同时也知道如何拥抱我，亲吻我。她让我确信自己是被需要和被爱的。如果我带回家的成绩单上有4个A和1个B，我的母亲就会问我为什么得了个B。不过，她最后总是会以祝贺我得了A来结束话题，然后给我一个热情的拥抱。

母亲总是不厌其烦地检查我是否在做家庭作业，就好像我现在总是要检查每天的工作一样。我还记得小时候在楼上卧室写作业的时候，老是听到母亲的声音从客厅里传来："作业做完了没有？如果没做完就别下来！"

但只有在厨房的桌子上和母亲一起玩儿金拉米牌（gin rummy games）时，我才感受到竞争的乐趣。记得我还在读一年级时，中午一放学，我就像赛跑一样从学校飞奔回家，希望能有机会和母亲玩儿金拉米牌。每当她赢了我，当然通常都是这样，她会将她的牌一下子扣在桌子上，喊道："金！"这会立刻使我疯狂起来。所以每次我都迫不及待地回家，期盼能够有机会赢她。

我想这就是我在棒球场、冰球场、高尔夫球场和商场上颇有竞争心理的肇端吧。

母亲给我的最伟大的一份礼物也许就是自信心。这也是我试图在和我共过事的每一位执行官身上寻找并建立的东西。自信心给了你勇气，并能充分释放你的能量。它可以让你承受更大的风险并获得比你想象的更为辉煌的成功。帮助别人建立自信心是领导工作中不可或缺的一部分。它来自为这样的人提供机会和挑战，让他们做从来没想过自己能做的事情，即在他们每获得一次成功之后，尽可能通过一切方式奖励他们。

我的母亲从来没有管理过任何人，但是她知道如何去建立一个人的自尊心。我从小就有口吃，而且似乎很难克服。有时候我的口吃会让我很难堪，甚至会引来不少笑话。在大学里的星期五，天主教徒是不准吃肉的，所以我经常点一份烤面包夹金枪鱼。不可避免地，女服务员准会给我端来两份而不是一份三明治，因为她听我说的是“两份金枪鱼三明治”①。

我的母亲总是为我的口吃找一些完美的理由。她会对我说：“这是因为你太聪明了，没有任何一个人的舌头可以跟得上你这样聪明的脑袋瓜。”事实上，这么多年来，我从未对自己的口吃有过丝毫的忧虑。我充分相信母亲对我说的话：我的大脑比我的嘴转得快。

多年来我一直不知道，母亲在我身上倾注了多少关爱和信心。几十年后，当我翻看以前我在运动队拍的照片时，我惊奇地发现，我几乎总是整个球队中最为弱小的一个。读小学的时候，我曾当过篮球队的后卫，那时我的个头儿几乎只有其他几位队员的四分之三。

然而，我对此居然从来没有一丝察觉。现在，每当看着这些照片时，我总禁不住嘲笑自己就像一只小虾米。可笑的是，我竟然从未意识到自己的个子小。这一点充分说明了一位母亲可以为你带来多大的影响。她给了我那么多自信。她对我说，我想做什么都会成功。这句话总是萦绕在我耳边：“你尽管去做好了！”

我和母亲之间的关系亲密而且独一无二，温暖而又牢固。她是我的知己、我最好的朋友。我想这可能部分归因于我是她唯一的孩子，

---

① tu-tuna sandwiches，听起来像 two-tuna sandwiches。

而且是在她年纪比较大（对于那个年代来说）时生下来的孩子，当时母亲 36 岁，父亲 41 岁。在此之前，我的父母尝试过多次，都没能拥有一个小孩。所以，当我终于在 1935 年 11 月 19 日降生在马萨诸塞州的皮博迪时，母亲便将她所有的爱都倾注到我身上，仿佛我就是那被人意外发现的瑰宝一样。

我并非出身豪门望族，却拥有更好的东西——无尽的爱。我的祖父母、外祖父母都是爱尔兰移民，他们和我的父母都没有高中毕业。在我 9 岁的时候，我的父母才买下我们的第一座房子。那是拉维特街 15 号一座很便宜的两层砖石房，那个地方是爱尔兰工人阶级在马萨诸塞州塞勒姆的聚居地。

我家房子的对面是一家小型工厂。父亲总是提醒我说，这可有个好处。“人们总是希望自己的邻居是一家工厂。在周末的时候邻居总是不在，他们不会影响你。他们会很安静。”我相信了他，从来没有意识到他是在为我增加信心。

作为波士顿—缅因通勤线上波士顿至纽伯里波特段的一名检票员，父亲工作得非常努力。每当“老杰克”早上 5 点钟穿着他那身熨得平整的蓝黑色制服和被我母亲浆得硬挺的白色衬衣出门上班的时候，他的神情就好像是站在上帝面前一样。几乎每天都是如此，父亲周而复始地在 10 个固定的车站进行检票工作：从纽伯里波特、伊普斯维奇、哈密尔顿／温汉姆、北贝弗利、贝弗利、塞勒姆、斯万普斯科特、林恩、GE 工厂到波士顿，然后再原路返回，总共加起来有 40 多英里。后来，我听说列车在波士顿郊外林恩的 GE 飞机引擎综合建筑群那里还有固定的一站，不禁心中大喜。

每一个工作日，父亲都盼着回到波士顿—缅因通勤线的列车上，就好像那趟列车就是他的家一样。父亲喜欢和人们打招呼，邂逅有趣的人。每当他走过列车客座车厢的中间过道时，他看上去就像是一位大使，一边心情愉快地检票，一边欢迎着椅子上一张张熟悉的面孔，当他们是非常亲密的朋友一般。

在每一个运营高峰，他都以微笑和热情面对乘客，高声地向大家说着爱尔兰人特有的恭维话。而在家里的时候，父亲总是表现得非常安静、内向，这正好和他在火车上快乐的性格形成了鲜明对比。这一点总是激怒母亲，她会抱怨说："你为什么不带一点儿在列车上瞎扯的废话到家里来呢？"事实上父亲很少这样做。

父亲是一位勤劳的工人，他工作的时间很长，而且从未耽误过一天的工作。如果听到了坏天气的预报，他总是让母亲在前一天晚上开车把他送到车站。他就睡在列车的一节车厢里，这样第二天就可以随时准备上班了。

父亲很少在傍晚 7 点以前回家，而且通常是母亲开车到车站接他。父亲回来的时候，腋下总是夹着一捆火车上乘客们丢下的报纸。所以从 6 岁开始，我每天就可以了解到时事和体育新闻了，多亏了这些被遗弃的《波士顿环球报》(*Boston Globe*)、《先驱报》(*Herald*)、《记录报》(*The Record*)。每天晚上读这些报纸成为我毕生的嗜好，直至今日我仍然读新闻成瘾。

父亲不仅让我开始了解在塞勒姆外发生的事，还以切身经历让我懂得艰苦工作的价值。此外，他还做了另一件影响我一辈子的事情——将高尔夫球带入了我的生活。父亲告诉我，他列车上的那些大人物谈论的话题总是离不开他们的高尔夫球赛。他觉得我有必要学学高尔夫球，而不是我总在打的棒球、橄榄球和冰球。当球童是邻居中大一些的孩子做的事情，可是在父亲的怂恿下，我很早就开始参与了——9 岁时，我在附近的肯伍德乡村俱乐部当了一名球童。

我对父母的依赖到了令人难以置信的地步。很多次母亲出去接父亲的时候，列车老是晚点。那时我有十二三岁，列车晚点简直令我疯狂。我会跑出屋子，到拉维特街上看他们是否已经出现在回家必经的拐角处。我的心怦怦乱跳，担心他们会发生什么不测。我不能失去他们，他们是我的一切。

然而这种担心是不必要的，因为母亲将我培养得健壮、坚强和独立。她总是担心她会死得很早，成为夺去她家族成员性命的那种心脏病的受害者。在我 15 岁以前，母亲总是鼓励我要学会独立。母亲曾经让我一个人独自去波士顿看球赛，或者去看一场电影。我当年觉得自己这样真是很酷，但每次母亲出去接父亲回来特别晚时我可不觉得有趣。

塞勒姆是一个让男孩子们茁壮成长的好地方。这是一个有着强烈的工作道德感和崇高价值观的城市。在那个年代，没有人给自己家门上锁。星期六的时候，父母们甚至都不担心他们的孩子什么时候会去城里的派拉蒙。在那里，25 美分可以让你看上两场电影，吃一桶爆米花，而剩下的钱足够你在回家的路上再去买一个冰激凌。星期日，那里的教堂总是爆满。

塞勒姆是一个斗志旺盛、竞争激烈的地方。我喜欢竞争，我的朋友们也一样。我们每个人都是运动员，在一起玩儿这种或者那种体育项目。我们组织自己的棒球、篮球、橄榄球和冰球比赛，比赛的场地是“大坑”，就是北街一块被树和后院包围的尘土飞扬的平地。每到春夏之季，我们就将地面上的碎石扫走，然后分组分队，有时甚至排出自己的联赛赛程表。每天我们都会从大清早一直玩到晚上 9 点差一刻，这时候城中心的汽笛声会响起，意味着我们该回家了。

那个年代，一个城市里有好几所社区学校，这使得每一种运动都有着激烈的竞争——即使在小学的校园里。我在由 6 人组成的皮克林语法学校橄榄球队中做四分卫。我的动作慢得可怜，不过我的胳膊非常强壮，还有两个队友相当能跑。我们在皮克林获得了冠军。我还是我们棒球队的投手，学会了如何扔出曲线球和下坠球。

然而，上了塞勒姆高中以后，我发现自己在橄榄球和棒球项目中早过了巅峰期。我的速度太慢了，没法玩儿橄榄球，而我在12岁时投出的具有杀伤力的曲线球和下坠球到了16岁时也没有任何突破。我投出的快球甚至击不碎一块玻璃，击球者只需坐在原地等着接球就行了。在高一时我还是首发投球手，可到了毕业前夕，我却变成了坐冷板凳的替补队员。非常幸运，我还可以成长为一名还算不错的冰球手，担当了高中校队的队长和主要得分手，不过到了大学，我的速度仍旧是我继续提高的主要障碍。我不得不放弃。

真要感谢高尔夫球，这是一项不需要速度的运动。是父亲早年的鼓励使我到肯伍德乡村俱乐部当了一名球童。每到星期六的上午，我就和我的朋友们在绿草坪公墓大门外的马路沿儿上坐着，等待某一个高尔夫球俱乐部的成员用车载上我们，带我们去几英里外的高尔夫球场。在最炎热的夏季，我们总会溜到一个被我们称作“黑岩石”的僻静地方，脱光衣服在丹弗斯河里游泳降温。

不过更多的时候，我们都是坐在绿草如茵的小山上，等着球童的主管“雅士”斯威尼喊我们的名字。斯威尼一头卷发，戴着一副眼镜，又高又瘦，每回他将球杆袋从球童小屋里取出来，靠在半扇门上，然后叫道“韦尔奇”，我就会马上丢下手中的扑克或者停止摔跤比赛，去看自己有什么任务。

几乎所有人都想给雷·布莱迪（Ray Brady）背球杆，因为他是整个球场上给小费最慷慨的人，而当时小费一般都给得很少。否则的话，你能指望的就只有每18洞所得到的1.5美元了。我们实际上是为星期一上午工作的，那时工人们都在修缮场地。这是球童们的上午，因为这时我们可以用我们捡到的高尔夫球和粘补好的坏球杆打上18洞。我们一般在拂晓的时候就会赶到那里，因为他们会在中午准时把我们赶走。

当球童给我带来了赚钱的机会，更重要的是让我学会了这种运动，同时我还得以见到一些成功人士。通过观看人们在高尔夫运动中的一些动作，我还发现打高尔夫球既可以使一个人表现得优雅，又可以使他显得很愚蠢。

除了当球童外，我还做过其他一些工作。有一段时间，我送过《塞勒姆晚间新闻报》（*Salem Evening News*）。我曾在假期的时候到本地的邮局干活儿。有 3 年时间，我还在艾塞克斯街上的索姆 · 麦肯商店卖过鞋，报酬以抽取佣金的方式支付。每卖掉一双普通鞋，我们可以得到 7 美分。如果你卖掉的是 11 号的“怪模样”鞋——一种带白边、紫色鞋尖的鞋，你就可以得到 25 美分或 50 美分。那个时候，为了得到这额外的 25 美分，我总要把鞋拿出来，把它们穿到顾客的一双臭脚上，并称赞说：“您穿这双鞋真好看！”

曾有一份暑期工给了我一个深刻的教训，说服我去做那些我不想去做的事情。那时，我在塞勒姆的帕克兄弟玩具厂（Parker Brothers）操作钻床，我的工作就是拿一小块软木塞，用脚踩踏板，在软木塞中间钻一个洞，然后再把软木塞扔进一个纸板做的人圆桶里。每天我都要做好几千个这种玩意儿。

为了打发时间，我总是做一种游戏，就是在领班来将盛木塞的大桶倒空之前，尽量将桶底填满。但是我很少能成功，这非常令人沮丧。每次回家我都感到头疼，我很讨厌这样。这份工作我坚持了不到 3 个星期，但学到了很多东西。

小时候我的鼻梁上就架上了眼镜。在我还没到可以工作的年龄以前，每年夏天，塞勒姆操场上的玩伴们都会搭乘一列特别列车，去缅因州一个叫老果园海滩的游乐园玩。这是我们整个夏天的一个亮点。我们一般早上 6 点半上车，两个小时以后到达目的地。我们在游乐园里多次乘坐过山车，两个小时就将身上带的 5 美元左右的钱花得一分不剩。

我们还有一整天的时间，但是这个时候已经身无分文了。于是我和伙伴们在沙滩上搜寻可以回收的空瓶子。我们挨个儿询问在沙滩上晒日光浴的人是否有空瓶子。一个瓶子卖两美分，这样我们就有足够的钱去买热狗，并且在回家之前还能多坐几回过山车。

另一方面，我从来没有觉得穷困，我并不极力地奢求什么。父母为我做出了许多牺牲，为我买最好的棒球手套，买最好的自行车。父亲还放纵母亲溺爱我，而母亲也的确如此。

母亲带我到芬威公园的露天看台去看特德 · 威廉姆斯为波士顿红袜队镇守左外野。她会下午早早地开车到学校来接我，带我到乡村俱乐部，这样我就可以比别的球童来得早些。作为一名虔诚的天主教徒，她总是带我到圣 · 托马斯教堂，这样我就可以在 6 点的弥撒中做一名圣坛男童，而她则坐在教堂左边的第一排长椅上祈祷。

母亲是我最忠实的啦啦队队长，她曾给当地报纸打电话，要求他们为我的小小成功发布消息，无论是从马萨诸塞大学毕业还是获得博士学位。然后她将这些剪报贴在一个剪贴簿上，在这方面母亲一点儿都不感到难为情。

显然，母亲是我们家维持纪律的人。一次，父亲看见我在他的列车上，那次是我和几位同学逃学到南波士顿去庆祝圣帕特里克节（St. Patrick’s Day）。父亲当着我朋友的面什么话都没有说，尽管我们当时都在喝着 50 美分一瓶的廉价麝香葡萄酒。不过父亲简单地将这件事情告诉了母亲，母亲把我叫来，狠狠地惩罚了我。

还有一次，我没有去参加圣坛的男童排练，而是去家附近的梅克公园结冰的湖面上玩冰球。玩的过程中，我一不小心掉到了湖里，全身都湿透了。为了掩饰所发生的一切，我脱下湿衣服，将它们挂到树上，然后在下面生起一堆火烤衣服。在1月的严寒中，我一边打着哆嗦，一边等着衣服干透。

起初，我认为这是一个相当聪明的掩饰办法，不过这种想法在我一跨进家门后便荡然无存。

我母亲只用了一秒钟就闻到了我衣服上的烟味。逃避圣坛男童的活动对于母亲这样一个虔诚的天主教徒来说真是一件大事，她平时总把耶稣受难像挂在墙上，虔心祈祷，还把我们教堂的老牧师詹姆斯·克罗宁神父尊为圣徒。于是她让我坐下，逼我忏悔，然后自行实施惩罚：把我脚上的湿鞋脱下来，用力地打我。

虽然母亲很严厉，但她同时也是一个温和的人。有一次，那时我还不到11岁，我在经过本城的狂欢节队伍中偷了一个球。你知道，就是那种你可以扔出去，将金属的牛奶瓶从底座上打下来赢得一个“丘比特仙童”玩具娃娃的球。

没过多久，母亲就发现了这个球，并问我球是从哪儿来的。当我承认这是偷来的时，她便坚持让我到克罗宁神父那里去，把球还给他，并忏悔我所做的一切。因为所有的牧师都认识我这个圣坛男童，所以我相信，我在忏悔室里一开口，他们就会听出我的声音。我很害怕他们。

我问母亲能否将球扔到北河里去，那是一条穿过城镇的浑浊的小河。和她谈判了一番之后，她同意我这样做。于是母亲亲自驾车带我来到北河的桥上，看着我将球扔到了河里。

还有一次，当时我在读高中毕业班，我给肯伍德乡村俱乐部最吝啬的一个会员当球童。那时候，我在那儿已经当了差不多8年的球童——就我的个人利益来说，时间也许太长了一点儿。我们打到了第6洞，从发球台开出的球只需飞出100码，就可以越过池塘。而今天，这家伙居然径直将他的球打到了池塘里，离岸边至少有10英尺。这时他要我脱掉鞋和袜子，跳到泥塘中去找他的球。

我拒绝了。而当他坚持的时候，我说了句“见你的鬼去吧”。同时我还把他的球杆也扔到了池塘里，告诉他你自己去找球和球杆吧，然后头也不回地走了。

这是我所做过的一件蠢事，甚至比我将冰球球杆摔到场地上还要糟糕。尽管母亲非常失望，因为这件事是以失去我的俱乐部球童奖金为代价的，但是她看上去好像很理解我的感受，她可以就这件事好好教训或惩罚我，可她并没有那么做。

另外一件更令人失望的事情是：我丧失了一个可获得免除 4 年大学学费的海军后备军官训练队（ROTC）奖学金的机会。在塞勒姆高中，我们一共有三个人通过了海军的考试：我和两位最好的朋友——乔治·瑞安（George Ryan）和迈克·蒂夫南（Mike Tivnan）。我父亲为我搞到了州议员的推荐信，同时我也通过了一连串的面试。我的朋友也都通过了考试。乔治免费去了塔夫茨大学，迈克去了哥伦比亚大学。我希望能够去达特茅斯学院或者哥伦比亚大学，但是我被拒绝了。

我始终都不知道个中缘由。

具有讽刺意味的是，这一次拒绝最终成了一次巨大的机会。在塞勒姆高中，我是一个为了学业而勤奋学习的好学生，不过并没有人说我是出类拔萃的，所以我申请了马萨诸塞大学的阿默斯特分校。这是一所州立大学，学费每学期 50 美元。加上食宿费用，总共不超过 1 000 美元，我就可以得到学位。

除了我的一个表兄以外，我是我们家族中第一个上大学的人。我没有家庭的楷模或者榜样去仿效，只有叔叔比尔·安德鲁在塞勒姆的发电站当工程师。我非常喜欢“工程师”的头衔，而且发现自己对化学情有独钟，于是就申请了化学工程专业。

我对申请大学的一些程序和要求知之甚少，也几乎没有去过那些地方。我没有考 SAT（美国大学入学考试），以为在 ROTC 考试中的成绩已经足够了。直到 6 月，也就是高中毕业的前几天，我才收到录取通知书。我肯定是被排在了尚待考虑的名单中——这一点不得而知。事实证明，到一个竞争不那么激烈的大学，而不是我心目中向往的达特茅斯或者哥伦比亚，到头来对我的好处可能更多。在当时的马萨诸塞大学，我所面对的竞争使我更容易脱颖而出。

虽然我从来没有缺乏过自信心，但是 1953 年秋天我在学校的第一个星期却并不是很好。我非常想家，以致母亲驾车 3 个小时从家里到阿默斯特的校园来看我。她想给我打打气。

“看看周围的这些孩子，他们从来没有想过回家。你和他们一样优秀，而且还要更出色。”

她说得对。回想在塞勒姆的时候，我不仅打球，而且几乎什么活动都参加，从当我们高年级学生班的司库，到任冰球队和高尔夫球队的队长，不过我从来没有真正离开过家，甚至都没有参加过一次过夜的野营活动。我本来以为自己是一条硬汉子，老于世故而且独立性强，可我完全被离家上学的感受击垮了。和其他同学比起来，我似乎还远没有做好上大学的准备。我们这里有从新英格兰大学预科班来的学生，有从久负盛名的波士顿拉丁学校来的学生，他们在数学方面都比我强。我还觉得物理非常复杂。

我的母亲却对这一切只字不提。她那些激励的话确实奏效了，不到一个星期，我便不再忧虑了。

我挣扎着度过了大学的第一年，不过在考试中我的成绩还不错，可以得到 3.7 的平均分（4 分相当于优）。在以后的 4 年里，我年年都出现在优等生名单上。大学二年级的时候，我申请加入了美国大学优等生荣誉学会，并搬到了他们在校园池塘旁的集体宿舍。我们这个集体的啤酒消耗量总是名列前茅，而且在深夜纸牌游戏中和派对上玩得比谁都凶。

这是一群非常不错的年轻人，尽管我们被记过一两次留校察看的处分，但我还是能够一边玩得非常疯狂，一边仍然做完作业。我喜欢这儿的气氛。

马萨诸塞大学的教授们，特别是化学工程系的主任厄尼·林德塞（Ernie Lindsey），一直将我作为宠儿来培养。厄尼比较喜欢我，并在整个学业中指导我，就好像我是他的儿子一样。和母亲一样，他的支持给了我很大的信心。我曾经获得过几份化学工程的暑期工作，一个是在宾夕法尼亚州斯沃斯莫尔附近的太阳石油公司（Sun Oil），一个是在俄亥俄州的哥伦比亚南方公司（Columbia Southern），即现在的PPG工业公司。1957年，我是大学里两名获得化学工程学位的最优秀学生之一。而如果我选择去麻省理工学院，我可能只会成为一名中等生。以我为荣的父母给我买了一辆崭新的大众甲壳虫汽车作为毕业礼物。

在我读大四的时候，很多公司都对我表示了接收的意愿。我有很多可以选择的好工作，但是我的教授们都告诫我应该去研究院继续深造。我拒绝了公司的邀请，并决定到尚佩恩的伊利诺伊大学继续学习，因为我获得了那儿的奖学金，而且这所学校在化学工程研究方面一直排在前5位。我想对我的专业来说，这是一所很好的学校。

我来到新学校还不到两个星期就结识了一位漂亮的女生，并约她出去玩。这次星期六晚上的约会太尽兴了，最后我们来到了树林中的校园停车场。当我那辆大众车的车窗上因云雨之事蒙上一层水雾时，一道强光突然射了进来——那是学校的保安警察。接着，尴尬的我们就被抓了起来。我吓呆了，担心随后可能产生的一些后果。

20世纪50年代是一个保守的年代，社会风气跟现在有很大的差别，而我正好又在更保守的中西部。警察把我们带到了校园派出所，并把我们关在那里，一直到第二天早上四五点钟的时候才让我们回家。

我的生活出现了危机。我想我可能会失去一切：我的奖学金、获得硕士学位的机会、我的事业。而且最为重要的是，我想到了母亲，如果她知道了我所做的一切，可能会有什么样的反应。我的命运将在星期一见过教务长后见分晓，他将最后决定如何执行纪律。

星期日的上午，我鼓足了全部勇气给哈里·德雷克莫（Harry Drickamer）博士打电话，他是化学工程系主任，而我对他的了解仅限于他那粗暴的名声。虽然我很害怕，但我知道他是我唯一的希望。

“德雷克莫博士，”我说道，“我遇到了一个严重的问题，校园警察因为我瞎胡闹抓住了我。我现在有些不知所措，我需要帮助。”

我将发生的一切告诉了他，当时我的裤子都快湿了。

“该死的，”他回答道，“在我所有的研究生里，你是第一个做出这种事情来的。这件事交给我处理好了，不过你从现在开始最好系好自己的裤子！”

德雷克莫所做的一切将我从尴尬处境中解救出来。我仍旧需要面对与教务长的艰难交涉，但是我没有被驱逐出校。不过，这次“恐怖事件”之后，我和哈里走得更近了。我们之间建立了很好的关系，他同样把我当作儿子一样看待。我们为橄榄球比赛打赌，我们就新闻评论产生争议。在楼道里，哈里总会无情地嘲笑我，不是因为红袜队的事揶揄我，就是拿我日渐稀少的头发开玩笑。

哈里在我的生活中起到了很重要的作用，他在我整个研究生学习中指导了我。我需要这种帮助。在伊利诺伊，我不如布鲁克林理工大学、哥伦比亚大学或明尼苏达大学的同学准备充分，所以在我的第一学年里，我同样也是勉强通过的，我必须为我的成绩而奋斗。我怎么看都不像一个明星。

1958 年，我结束了在伊利诺伊的第一学年，本来可以硕士毕业了，但当时整个国家经济不景气。没有 20 份工作等着我，我只得到两个工作机会：一个是在塔尔萨附近的俄克拉何马石油精炼厂，另一个是路易斯安那州巴吞鲁日的乙基公司（Ethyl）。在去乙基公司面试的飞机上，我和我伊利诺伊大学的伙伴在一起，这时发生了一件事。一位空中小姐过来对我说："韦尔奇先生，想喝点什么吗？"然后她转过去对我的同事说："加尔特纳博士，想喝点什么吗？"

我觉得加尔特纳"博士"比韦尔奇"先生"听起来悦耳多了，而我需要做的只是在学校再待上几年罢了，所以我并没有经过深思熟虑就决定留在校园里继续攻读我的博士学位。这样做有好处，因为市场不景气，而且我非常喜欢我在伊利诺伊的教授们，特别是德雷克莫和我的论文指导老师吉姆·威斯特沃特（Jim Westwater）博士。

在研究院，特别是攻读博士学位的时候，我几乎都是在实验室里度过的。早上 8 点来，晚上 11 点回家。有时候我仿佛觉得人们是以你灯亮的时间来判断你的。我的论文主要是写蒸汽供应系统中的凝结问题，所以我会花数小时气化水并观察气化水在一个铜盘上凝结。

日复一日，我用高速照相机拍摄表面上凝结的水滴的几何图案，我从这些实验中推导出了热传导方程。可笑的是，我完全沉迷其中，还以为自己是在做能获得诺贝尔奖的研究工作呢。

在吉姆·威斯特沃特强有力的支持下，我只用了 3 年时间就获得了博士学位，几乎比所有的人都要快，因为一般说来，一个普通研究生需要四五年时间才能获得博士学位。我根本不是攻读学位的天才人物。为了学位所要求的两门外语的达标，有一年暑假我连续 3 个月都在学习法语和德语。我走进考场，把脑袋里的东西往外倒，而我往脑子里灌输的所有东西竟然也都倒了出来。我确实顺利通过了考试，但是如果一周后你再问我一个法语或德语单词，我肯定答不出来。我的

“知识”在我交上考卷后立即被清空了。

尽管我不是最聪明的学生，但是我可以集中精力去完成工作。而很多更聪明的学生完成他们的论文却有困难，他们得不出一个结论，我则完全是因为急躁的性格帮了我。

我一直觉得化学工程是商业职业所需要的最好的背景之一，因为课堂作业和必需的论文都教给你一个很重要的道理：许多问题都是没有限定答案的，真正重要的是你的思维过程。一道典型的考试题可能会像这个样子：一个滑冰者重 150 磅，在冰面上溜八字花样，冰层厚 1 英寸。温度每 10 分钟升高 1 度，一直升到 40 度，同时风速是每小时 20 英里，那么这个滑冰者什么时候会掉进冰里？

这个问题没有标准答案。

对于大多数商业问题来说也是如此。很少会有非黑即白的解答，而这个思维过程帮助你更为接近中间的灰色地带。而且在更多的情况下，商业中对嗅觉、感觉和触觉的要求和数字一样重要，有时甚至重于数字。如果我们一定要等待完美答案的话，则会错过整个世界。

1960 年我离开伊利诺伊时，我已经可以肯定什么是自己喜欢的，什么是自己想要做的，还有同等重要的就是，什么东西是自己不擅长的。虽然我的专业技术还算可以，但无论如何我都不是最出色的科学家。和我的很多同学相比，我的性格比较外向，我属于那种喜欢人胜过喜欢书、喜欢运动胜过喜欢科技发展的人。我认为对于一份既涉及技术又涉及商业的工作，这些能力和兴趣将是非常适用的。

我的这种体会有点儿像昔日的一种感觉，我觉得自己是一个相当不错的运动员，但远非特别出色。我想做的一些事情使得我和绝大多数博士有所不同。他们一般都会步入大学的课堂去授课，或者到实验室去做实验。我曾经不是很认真地考虑过教书，甚至接受了锡拉丘兹大学和西弗吉尼亚大学的面试，不过最后我还是决定放弃这种选择。

除了学位、长久的友谊以及思考问题的方式，伊利诺伊还给了我另外一样东西：一位了不起的妻子。第一次看见卡罗琳·奥斯本（Carolyn Osburn）是在学校的天主教堂里，那时是四旬斋（复活节前40天），我和她都在那里做弥撒。不过直到一个共同的朋友在市中心的酒吧里为我们相互介绍之后，我们才算真正认识。

卡罗琳身材修长，漂亮、练达、聪慧。她以优异的成绩从玛丽埃塔学院毕业，并且获得伊利诺伊大学每年1 500美元的奖学金，攻读英国文学硕士学位。1959年1月在篮球赛上第一次约会以后，我们就形影不离了。5个月后，我们订了婚，并于11月21日，也就是我过了24岁生日后的两天，在她的故乡伊利诺伊的阿灵顿结了婚。

蜜月的大部分时间我们都是驾着我的大众车穿越乡村，我们进入加拿大，去接受几份工作的面试。非常幸运，我得到了好几个工作机会，但其中只有两个比较合适：一个是在得克萨斯州贝敦的埃克森公司（Exxon）研发实验室工作，另一个是在马萨诸塞州皮茨菲尔德的GE新化学开发部门工作。

GE邀请我去皮茨菲尔德，在那里我遇到了丹·福克斯博士（Dan Fox），他是负责公司新化学构想的科学家。这份工作非常吸引我。开发小组的规模比较小，主要是从事新塑料的研制工作。我觉得能够回到马萨诸塞很好。福克斯就像我以前的教授一样，给我的印象是睿智而且值得信赖。在福克斯身上，我看到了一位教练和楷模的风采，他能使每一个和他共事的人都发挥出自己的潜能。

在GE，福克斯已经是一个英雄人物了，因为他为公司发明了历新（Lexan）塑料。GE在1957年就开始销售历新了。这种产品是玻璃和金属的替代品，应用范围非常广泛，从电热咖啡壶到超音速飞机机翼上的轻型涂料，几乎无所不包。

和其他发明者一样，福克斯早已准备好着手下一个项目了，他希望能够率先研制出一种叫 PPO（Polyphenylene oxide，聚苯撑氧）的热塑产品。他告诉我 PPO 将会是下一代的伟大产品。他向我描述了这种产品无可匹敌的耐高温特性，还说这种产品甚至可以替代热水铜管和不锈钢医疗器械。他告诉我，我将是第一个负责把 PPO 从实验室里拿出去投入生产的员工。于是在一周之后，我接受了这份工作。

然而没有想到的是，在我 1960 年 10 月 17 日上班的第一天，我就感到失望了。

仅一年的时间，GE 的官僚主义作风几乎迫使我离开这家公司。

第二章
脱颖而出

我想要做的就是“脱颖而出”。如果我仅仅是回答他的问题，那么就很难引起注意。其实老板们在提出问题之前，脑海中早已经有了自己的答案，他们只是想得到再次的确认而已。为了显示与众不同，我想我的回答应该比提出的问题范围更广泛一些。我想给出的不仅是答案，还有意料之外的新鲜观点。

1961年，我已经以工程师的身份在GE工作了一年，年薪是10 500美元。这时，我的第一位老板给我涨了1 000美元。我觉得这还不错，直到我后来发现我们一个办公室中的4个人薪水居然完全一样。我认为我应该得到比“标准”加薪更多的东西。

我去和老板谈了谈，但是没有任何结果。

沮丧之际，我萌生了跳槽的想法。我开始浏览《化学周刊》（*Chemical Week*）杂志和《华尔街日报》（*The Wall Street Journal*）上的“招聘信息”栏目，希望能够早日离开这里。我觉得自己陷入了一个大组织最底层的“旋涡”之中。我想出去。不久，我找到了一份收入不错的工作，这是一家设在芝加哥的国际矿物及化学公司（International Minerals & Chemicals），离我岳母的住所不远。看来这是一次抽身的机会。

这次早已确定好的标准的工资浮动让我看到了这家公司的吝啬，这是致使我感到愤怒、想离开的一部分原因。当初 GE 招聘我的时候，这家公司给人的感觉是到处铺满了红地毯，给人以无限的希望。他们说，我正是他们开发新型塑料产品 PPO 的合适人选。

当初我和卡罗琳来到马萨诸塞州的皮茨菲尔德时，我曾认为 GE 至少还有一点可取之处，那就是待遇还算诱人，并幻想这种待遇会进一步提升。我们来到 GE 时，口袋里只有一点儿零钱。我们开着那辆褪色的黑色大众，跋涉 950 英里从伊利诺伊来到 GE。当我于 1960 年 10 月加入 GE 的时候，正好赶上当地的工会罢工。为了躲开工会为阻止人们上班而设立的罢工纠察线，我在当地一个仓库里以“流水线开发专家”的名义报到上班。

很快，我的新老板伯特 · 科普兰（Burt Coplan）宣告了这段蜜月期的结束。科普兰是一个 40 岁出头、身材瘦削的开发部经理，他问我和我的妻子是否已经在城里找到了寓所。当我告诉他我们现在住在当地的旅馆时，他说：“这个……你知道，我们不负责解决这种问题。”

我几乎不敢相信。如果这不是我工作的第一周，也许我根本就不会放在心上，不过我不会再多说这件事。科普兰在面试我的时候比现在和蔼可亲。事实上，他也是个挺不错的人，他只是把处处节省看成了自己的工作。

他的行为使得 GE 看上去好像正处于破产的边缘。

我对 GE 所抱的幻想全部破灭了。我们搬出了旅馆，我住进了一家更便宜的汽车旅馆，而让妻子到塞勒姆和我母亲住了几个星期，直到我们找到了一家公寓。最后，我们搬进了第一大街一栋木质结构的二层房子，住在一层的一套小公寓里。那栋房子的女房东对暖气过于吝啬，所以我们不得不经常敲墙请求房东升高自动调温器的温度。即使这样，她还总是隔着纸一般薄的墙对我和卡罗琳喊道："穿件毛衣！"为了给这个地方配些家具，我的父母给了我们 1 000 美元，让我们买了一套沙发和一张床。

第一年里，并不是所有的事情都那么糟糕，也有一些我很喜欢的事情：我可以有一个自主的环境为 PPO 的研制而设计和建立一个崭新的实验工厂，而且我还很喜欢在一个像小公司的团队中工作。

我和阿尔·戈万（Al Gowan）博士的合作非常密切，他是和我一起加入 GE 的。他最早开始用烧杯从事新型塑料的研究，而我主要是设计测试体积较大的塑料产品用的锅，并在本地的一家机器加工车间制作。我们从零开始，在我们办公室后面的附属建筑里建立了一个实验工厂。每天我们都进行几次实验，并测试不同的工序。

对于刚出校园的人来说，这确实是一次真正的挑战。

从事像 PPO 这种新塑料产品的研究工作，我们需要获得一切能得到的科学帮助。所以每个月至少有两次，我会开着车到 55 英里外纽约州斯克内克塔迪的 GE 中心研究与发展实验室，这是 PPO 诞生的地方。我会在那里花一整天的时间同研究人员和科学家们一起工作，并试图激发他们对这种产品潜在用途的兴趣。

当初，中心实验室完全是由公司直接投资的，所以实验室的科学家们没有直接的动力将精力放在商业性的事务上，更不用说什么商业化的东西了。他们无一例外都喜欢从事高深的科学研究，而现在我想要他们做的是让他们将时间花在一个已经不是发明研究阶段的产品上。我不是权威，所以只有通过劝说来达到我的目的。其实这非常容易引起 PPO 的发明者艾伦·海伊（Al Hay）的注意，当然还有他的几个同事，但还是有一些人对产品的商业化不感兴趣。

我每次都盼望着能够去研发实验室，因为我觉得“推销”我的项目很有趣，而实验室是最能提供帮助的地方。这些出差到头来还是比较合算的。每次出差我都开自己的大众车去，总共需要 4 加仑的汽油，每加仑 25 美分。而由于用自己的车，GE 会按每英里 7 美分给我报销。所以每去斯克内克塔迪一次，我的兜里就会多出 7 美元来。这在现在看起来也许很愚蠢，但是我们所有人都会为了得到一些额外的现金立即开车去跑活儿。

尽管有这些好的条件，我还是一天比一天萎靡不振。那些在第一周发生的节省小钱的行为仍在继续着。在塑料大街红砖结构的楼房中，我们 4 个员工挤在一间又小又窄的办公室里。只有两部电话，我们必须将就着手忙脚乱地在桌子上递来递去。每次出差，科普兰都会要求我们在旅馆房间里挤住在一起。

对我来说，那“标准”的 1 000 美元的加薪就像谚语中那压倒骆驼的最后一根稻草。

所以我去见科普兰，并向他提出辞职。当我正准备开车再次穿过乡村时，科普兰的上司，一个来自康涅狄格的年轻主管鲁本 · 加托夫（Reuben Gutoff）叫住了我。他邀请我和卡罗琳去皮茨菲尔德的“黄紫菀”（Yellow Aster）共进晚餐，我们聊了很久。

我认识加托夫，我们曾在几次业务总结会上见过面。我们保持着联系，因为每次我都能提出一些超出他预期的看法。作为一名初级开发工程师，我给了他一份详细的成本报告，其中包括对我们新塑料产品的物理性质的详细分析；此外，我还给出了对全球主要竞争对手进行的产品分析，如杜邦（DuPonts）、道斯（Dows）和塞拉尼斯（Celaneses）。这份报告还列举了长期的产品成本，如尼龙、多丙烯、丙烯酸与我们产品的成本比较。

这根本不是什么意义重大的分析，但是它来自一个穿着白色实验服的家伙，就有些非同寻常了。

我想要做的就是“脱颖而出”。如果我仅仅是回答他的问题，就很难引起注意。其实老板们在提出问题之前，脑海中早已有了自己的答案，他们只是想得到再次的确认而已。为了显示与众不同，我想我的回答应该比提出的问题范围更广泛一些。我想给出的不仅是答案，还有意料之外的新鲜观点。

加托夫显然已经注意到了这一点。在4个小时的晚餐过程中，他拼命地挽留我，希望我继续留在GE。他做出保证，答应给我加更多的工资，更为重要的是，他发誓杜绝公司的官僚作风。我吃惊地发现，他居然和我一样对公司的官僚作风感到失望。

这次我很幸运，因为很多GE的老板们会很高兴让我离开的。毫无疑问，我对科普兰而言肯定是一个眼中钉、肉中刺。幸运的是，加托夫并不这么看（不过他并不是每天都和我在一起）。那次和他共进晚宴我并没有承诺留下来。在他回康涅狄格州西港家的两个小时旅途中，他停在高速公路旁的一个投币电话亭，给我打电话继续游说。那时已经是午夜1点了，我和卡罗琳早已进入了梦乡，而加托夫还在做他的工作。

加托夫确实表现出了他对我的关切。他答应给我涨一点工资（在科普兰给我涨1 000美元的基础上再涨2 000美元），答应负起更多的责任，以及杜绝官僚作风等。

在黎明后的几个小时，在欢送我的聚会举行之前，我决定留下来。那天晚上，在科普兰家，原本要举行告别会，站在一堆礼物中间，我告诉我的同事们我又不想走了。他们中的绝大多数人都感到很高兴，尽管我看到科普兰因为我又回来而深感焦虑。我忘了自己是否接受了那些礼物，不过我想应该是收下了。

加托夫的认可——他认为我与众不同而且特殊，给我留下了深刻的印象。从那以后，区别对待便成了我进行管理的一个基本原则。这份 40 年前我得到的标准涨幅的工资也许将我的行为推向了极端，不过区别对待本身就是非常极端的行为——奖赏那些最好的人才，同时剔除那些效率低下的。严格执行区别对待的措施确实可以催生真正的明星，而这些明星可以创建伟大的事业。

有些人认为区别对待太过分了，这样做会影响到士气。

这些人说区别对待的做法会严重影响到团队精神，但在我看来这是不可能的。你可以通过区别对待而建立一支强有力的团队。瞧瞧棒球队是怎么向赢得 20 场胜利的投手和打出 40 个本垒打的击球手们支付薪水的吧。这些运动员所做的贡献很容易估量出来——他们的统计数字摆在你面前，然而他们仍然是球队的成员。

每个人都一定认为自己对比赛有一份功劳，不过这并不意味着队里的每一个人都应该得到同等对待。

早在皮茨菲尔德的日子里，我便深刻地体会到比赛就是如何有效地配置最好的运动员。谁能够最合理地配置运动员，谁就会成功。这一点对于商业来说没有任何不同，这是鲁本 · 加托夫一再强调的。成功的团队来自区别对待，即保留最好的，剔除最弱的，而且总是力争提高标准。

我非常幸运能够在 GE 的第一年里就脱颖而出并认识到这个道理，尽管我是通过很艰难的方式学会的——我差点儿就离开了这家公司。

第三章
掀掉屋顶

当人们犯错的时候，他们最不愿意看到的就是惩罚，这时最需要的是鼓励和自信心的建立，而且首要的工作就是恢复自信心。

在我得到“中子弹杰克”这个绰号之前很多年，我实际上的确炸掉过一座工厂。

那是在 1963 年，即我来到 GE 不久。那年我 28 岁，在 GE 刚干了 3 个年头。我还清楚地记得那个春天，仿佛是昨天发生的一样。这是我一生中所经历的最为恐怖的事件之一。

爆炸发生的时候，我正坐在皮茨菲尔德的办公室里，街对面就是实验工厂。这是一次巨大的爆炸，爆炸产生的气浪掀开了楼房的房顶，震碎了顶层所有的玻璃。这次爆炸彻底动摇了所有的人，尤其是我。

爆炸的余响仍在我的耳边萦绕，我飞奔出办公室，径直跑向离塑料大街只有 100 码的红砖结构的工厂。我想，天呀，但愿没有人受伤。屋瓦和玻璃碎片七零八落，浓烟和尘土弥漫在整个楼房的上空。

我跑到3楼。我害怕极了。我的心怦怦狂跳，汗流浃背。爆炸带来的灾难比我预想的更糟，一大块屋顶和天花板掉到了地板上。

值得庆幸的是，没有人受重伤。

我们当时正在进行化学实验。在一个大水槽里，我们将氧气灌入一种高挥发性的溶剂中。这时，一个无法解释的火花引发了这次爆炸。非常幸运的是，安全栓正如原先设计的那样松脱了，因而槽顶直接冲向了天花板。

作为负责人，我显然有严重的过失。

第二天，我不得不驱车100英里去康涅狄格州的桥港，向集团公司的一位执行官查理·里德（Charlie Reed）解释这场事故的起因。他是我顶头上司鲁本·加托夫的老板。加托夫就是那个极力劝阻我不要离开GE的人，他也参加了会议，不过我才是准备挨批的人。我已经做好了最坏的准备。

GE的老板们对他们的经理们有着各种各样的期望。他们希望这些人能够为新产品想出更好的点子，他们希望这些人能将新产品打入市场并获得收益，但是他们不希望这些人炸掉一座工厂。

我知道我可以解释为什么会发生这次爆炸，而且还有解决这个问题的一些建议。但是当时我紧张得失魂落魄，我的自信心就像那座被炸毁的楼房一样开始动摇了。

我对查理·里德了解不多，然而一走进他在桥港的办公室，他很快就使我平静了下来。作为一名从麻省理工学院毕业的化学工程博士，里德是一位有着很深专业素养的杰出科学家。实际上，他在1942年加入GE以前，还在麻省理工学院做过5年应用数学的教师。他中等身材，头顶有点儿秃，眼神中总是流露出睿智的光芒。

里德对技术同样也有着很大的热情。他是个“跟企业结婚”的单身汉，是GE中级别最高的有着切身化学经验的执行官。里德知道在高温环境下做高挥发性气体实验时会发生些什么。

那天，他表现得异常通情达理，他几乎是以苏格拉底式的方法来处理这起事故的。他所关注的是我从这次爆炸中学到了什么，以及我是否认为自己能够修改反应器的程序。他还问我们是否应该继续进行这个项目。这一切都是那么充满理解，没有任何情绪化的东西或者愤怒。

“我们最好是现在就对这个问题有彻底的了解，而不是等到以后，等到我们进行大规模生产的时候，”他说道，“谢天谢地，没有人受重伤。”

里德的行为给我留下了深刻的印象。

当人们犯错的时候，他们最不愿意看到的就是惩罚，这时最需要的是鼓励和自信心的建立，而且首要的工作就是恢复自信心。我想，当一个人遇到不顺或者挫折时，人云亦云是最不可取的行为。GE 的工作总结中有一则笑话，说的是在某一位 CEO 头脑发热的时候，如果公司里有人跟着无原则地附合，员工们就会掏出白手绢，将它抛向空中，指责这个人云亦云的人。

在危急关头人云亦云很容易使得人们陷入我所说的“GE 旋涡”中，什么地方都有可能发生这种事情。你可以看到，一旦一位领导者失去信心，开始恐慌，并逐渐陷入自我怀疑的无底洞，就会发生所谓的“GE 旋涡”。

我曾看到这种事情同样也发生在市值数十亿美元公司的坚强、聪明且充满自信的总经理们身上。顺利的时候，他们一般都会做得很出色，但是一旦做了某些错误的计划或者一桩赔钱的买卖，而且并不是第一次时，自我怀疑的心理就开始慢慢地侵蚀他们了。于是他们开始对所有事情都没了主意，他们赞成每一个提议，为的是及早走出会议室或者是将这件事拖到以后再去处理。

这是一件非常可怕的事情，很少有人可以从这个“旋涡”中恢复过来。我曾经尝试所有可能的手段以帮助这些人摆脱“旋涡”，或者更好些，去避免它的发生。

不要误解我，我喜欢挑战人们的观点，没有人会比我更喜欢合理而又激烈的争论。这不是倔强或者坦率，这是工作。不过关键的是要知道什么时候去拥抱，什么时候去斥责。当然，武断的、不愿意吸取教训的人必须开掉，我们所要做的是帮助那些知道自己已经被过失侵蚀了自信的人们摆脱困境，重塑自我。

但这并不是说因为有了一个最高执行者，你就可以完全放松了。一个很好的例子就是我们的一个 A 类选手，他的职责是负责 GE 一项业务的全球性研发工作。就在上一年，我和他在一次年度高层会议前夜举行的鸡尾酒会上闲聊。那时我刚考察完 GE 在印度的研发业务，我为我所看到的一切感到振奋。于是我向他描绘了我对他的经营成果的印象，这个家伙居然告诉我，我在出差中看到的是一大堆假象。

“他们在印度所做的一切远没有达到你所想象的质量标准！”他说道。

他说的话激怒了我，我不能相信他。印度的工程师和科学家们同样都在他的薪水册里，他却将他的员工划分成三六九等：他所在的美国“这儿”的员工和印度“那儿”的员工。我一直知道，我很难让知识全球化的理念深入到整个机构中，将世界各地了不起的头脑加以开发利用。直到从最好的员工身上得到反馈，我才真正意识到这个问题比我想象中的要严重得多。

第二天在 GE 高层会议上，我当着现场 170 个人的面不点名地说了这件事。我把这件事当作一个例子，来说明为什么我们的公司没有最大限度地掌握知识全球化的概念。我请每一个人到镜子面前看一看自己，想想自己是否也是那种人。我们不可能让美国的研发团队做所有技术含量高的充满乐趣的工作，而将一些低价值、低技术含量的项目全都放到像印度这样的地方。到印度的这次出差使我感觉到，那儿的研发实验室里的科学家和在美国的科学家差不多，甚至更出色一些，而且他们比软件还要守规矩。

毫无疑问，这个家伙觉得我当众痛斥了他，特别是在他的同级面前。如果他不是我们公司最聪明、最有自信心的高级管理人员，我是不会这样做的。他是 GE 的一位全能明星，而不是一个无用的人。

会后一两天，他给了我一张便条，解释说他无意中“低估了印度那边的团队做出的重要贡献”，并且给我留下了一个坏印象。我于是马上打电话告诉他，我很感激他的便条，而且他没有必要那么紧张。

显然，这种树立反面教材的做法并不是在每个人身上都能奏效。你可以这样对待你最好的员工，前提是他们知道自己是最好的。我一般在规模较大的群体中才使用实例化的说明方法，因为这样对他们会更奏效一些。

这一点同样适用于这样一些人，他们在成功与失败之间“大幅振荡”。在大公司的一个最大的好处就是员工可能承担有着巨大潜在市场的大型项目，但是这一好处却被附和那些敢想敢为——不过最终可能失败——的人的做法所抵消，而这又导致不愿意承担风险的风气越来越盛行。

而支持富有雄心的员工的最好办法就是分散有潜力的小项目，赋予每一个员工积极的角色和足够资源，然后将这些小项目再整合成一个大的业务。一个最好的例子就是在 20 世纪 70 年代末，我们最初的想法是开发一种叫哈拉克（Halarc）的新款灯泡。这是一次雄心勃勃的尝试，我们试图制造一种革命性灯泡，使用寿命可以比一般的产品长 10 倍以上。看上去这将成为一种完美的解决环境问题的方法。

问题是无论这种产品多么“环保”或者说多么富有划时代的意

义，也没有人愿意为了一个灯泡而花费 10.95 美元。我们的项目失败了。我们没有“惩罚”与哈拉克项目有关的任何人，相反，我们向他们所做的伟大尝试表示祝贺。我们给他们发放了奖金，并提升了几位哈拉克项目的研究人员到新的工作岗位。虽然没有获得令人满意的结果，我们还是给整个团队的成员以很大的奖励。我们希望公司的每一位员工都知道，即使是极大的失败我们也是完全可以接受的。

* * *

到了 1964 年，我们研制新型塑料的工作已经进行了很长时间，我们已经快要研制出一种可以销售的产品了。加托夫这时指派了一个叫鲍勃 · 芬霍尔特（Bob Finholt）的总经理来负责这项工作。他是一个梦想家，同时也是一个大思想家，他很快就让他的老板们相信我们在皮茨菲尔德已经做了一些事情；同时查理 · 里德也说服了董事会批准我们在 1964 年建立新塑料工厂。

这个投资 1 000 万美元的工厂将用来制造塑料产品 PPO，当初就是它吸引我来到 GE，同样也是它造成了实验工厂的灾难。我们获得这笔资金的主要原因是这种塑料比 GE 的第一代产品历新更为先进、更具突破性，而历新的出现刚刚建立了一个新的性能标准。

不过在何处建厂遇到了异议。部分原因是我们不想搬到印第安纳州的弗农山，我们曾在那里建立了第一个历新塑料工厂。于是我们选择了纽约州塞尔扣克的一片 450 英亩的土地。我是星期天带着妻子和 3 个孩子在皮茨菲尔德开车时发现这个地方的。我们 5 个人下车走遍了这里的每一个角落。这是一片美丽的土地，原来是可以跨越哈得孙河的纽约中央铁路公司的编组场。我很喜欢这个地方，直到孩子们累了，我才恋恋不舍地离开。

有些 GE 的行政长官对这个选址表示了异议，他们说这个地方离斯克内克塔迪只有 30 英里，而 GE 在那儿已经建立了我们最大也是最古老的一家生产工厂。我们的请求里肯定也有一些私心。我们希望能够自己单干，并且希望能待在我们原来的地方。为了说服他们，我们争辩说我们正在制作一种高新技术产品，需要和斯克内克塔迪的 GE 研发中心的化学家和科学家们进行讨论，同时我们还要去我们在皮茨菲尔德的实验室，离这里大约 50 英里。

我们赢得了这场争论和足够的资金。与此同时，鲍勃·芬霍尔特因为他富于创新的才能被提拔到总部负责战略策划。

这样总经理的职位就空缺下来，于是我准备申请这个空缺。

在塞尔扣克，和加托夫以及其他团队成员吃完晚餐后，我跟在加托夫的身后，一直来到石末饭店（Stone Ends）后面他停车的位置，我跳上了他的大众敞篷车的前座。

“为什么不让我试试鲍勃的位置？”我说。

“你在开玩笑吧？”加托夫问道，“杰克，你对市场一点儿都不熟悉，而这一点对于这种新产品是至关重要的。”

我不肯接受否定的回答。在又黑又冷的夜晚，我在加托夫的车上坐了一个多小时，试图说服他我的资历很适合这份工作——虽然他认为我的资历还有所欠缺。

现在轮到我游说加托夫了，我拼命地劝说他。我提醒他，当初他力劝我留在 GE 的情形。他当晚没有给我答复，但是我们把车开出停车场的时候，加托夫似乎明白了我是多么需要这份工作。

在随后的 7 天时间里，我给他打电话举出一些我适合这个职位的其他原因。不到一个星期，他给我打来电话，要我到他在桥港的办公室去一趟。

“你这家伙，”他说道，“你说服了我给你这份工作，说干就干吧。

你最好准备一下交接工作。”

当天，我作为主管聚合物产品生产的总经理回到皮茨菲尔德。

我几乎没有时间庆祝。我刚刚得到这份新的工作，新的工厂也破土动工了，这时我们却发现PPO产品有着严重缺陷。我们发现在老化性实验中，超过一段时间以后，PPO产品在高温下容易变脆，因而容易裂碎，而这是我们在设计中已经考虑要避免的。这样一来，这种产品就不可能成为热水铜管的替代品，而这本来是这种产品最大的卖点之一。

我的游说使自己一下子陷入了职业生涯可能被断送的危险中，这个时刻将永远定格在我的记忆里。1965年的一个寒夜，我与加托夫和艾伦·海伊——打着领结、发明PPO的GE研发实验室的科学家，来到塞尔扣克的工地上。当时我们穿着大衣、戴着手套站在一个大坑的上方，那个坑至少有30英尺深，足够将我们仨都埋起来。

由于这个新近发现的技术瑕疵和我们前面的这个大坑，我在GE的职业生涯仿佛马上就会一闪即逝。

“艾伦，你必须过来帮我们解决这个问题，否则我们都会死掉的。”我说道。

海伊转过身来，冷静地回答我说：“嘿，伙计，不要太着急。我马上就会有几种新的塑料产品。”

当时我真的有点儿想把他推到这个坑里去，我不知道自己卷入的是什么样的麻烦。我们的步子已经迈大了。这是一个1 000万美元的商业投资项目，而公司好像并不真正了解这一点。现在问题变得很清楚，我们没有可供工厂生产的产品。更为严重的是，发明这个产品的科学家并不知道如何去解决这个问题。

我们疯狂地用了6个月的时间才解决这个问题。在这一段时间里，我实际上是住在实验室里的。我们尝试了所有的方法，我们往

PPO 中添加了每一种可以防止其分裂的成分。丹·福克斯，这个说服我加入 GE 的科学家，带领一组皮茨菲尔德的化学家们最终找到了解决方案，即将 PPO 和低成本的聚苯乙烯以及一些橡胶混合起来就可以解决分裂的问题。

我们不得不改变工厂的产品设计以加入这个混合工序，不过它确实奏效了。

这个故事终于有了皆大欢喜的结局。这种混合塑料产品叫改性聚苯醚（Noryl），最终成为今天在全球有着 10 亿美元销售额的成功产品。

我们的成功靠的是一群相信我们可以做任何事的疯狂之人。我们惊恐万状，同时又满怀梦想，疯狂地尝试所有方法，就为了让塑料产品能够取得成功。我们也许是世界上最大的公司之一，不过在皮茨菲尔德和塞尔扣克，我们认为自己是在一家小型的家族式的企业里工作，只不过我们的背后有一家“银行”作为后盾。

说到幸运，我在塑料产业中的全部经验就好像上帝来到我身边并说道：“杰克，现在轮到你了。抓住这个机会。”

我在这方面仍然是个新手。我还记得一个销售员第一次带我和卡罗琳去吃饭的情景，我觉得那很了不起。我是一名项目经理，从这个销售员所在的皮茨菲尔德实业煤矿公司购买了所有的原材料。他带我们去“弗洛斯河上的磨坊”（Mill on the Floss）——当地最好的餐馆吃饭，而且是免费的！

现在回想起来似乎非常天真，但是当时每一件事情都是一次新的体验。我非常喜欢所有那些时刻，而且我从细节中体会到很多乐趣。我过去常常乘坐双引擎的联合快帆号（Caravelle）喷气式飞机从康涅狄格州的哈特福德飞往芝加哥，到印第安纳州的弗农山生产历新的塑料工厂去。每一次旅行，空姐都会给每人分发一罐澳洲坚果和两小瓶苏格兰威士忌。我们在去机场的路上都盼望着这种款待。

有时，我几乎不敢相信别人付钱让我去做这些事情，我的母亲也同样不敢相信。我 1964 年第一次到欧洲出差的时候，母亲曾担心 GE 会不会给我报销费用。

“你确信他们会给你报销吗？”她问道。

所有这些全新的经验都是从零开始开展业务的一部分，而且其中的每一次经验都可以作为庆祝的借口。每当我们接到一份 500 美元的塑料球的订单，我们都会在回家的路上停下来喝啤酒庆祝。我们将每一个订单超过 500 美元的顾客的姓名贴到墙上，称之为“500 俱乐部”。无论什么时候我们增加了 10 名新的顾客到俱乐部，我们就又有理由庆祝一番了。

啤酒和比萨饼是硅谷宴会的标准配置，在 20 世纪 60 年代中期，这同样也是塞尔扣克和皮茨菲尔德的标准配置！

每一次提升、每一次分红以及每一次加薪都是庆祝的原因。当我在 1964 年获得 3 000 美元红利时，我在刚买的新房子里举办了一次宴会，邀请了全体员工。我的房子在剑桥大街，这是皮茨菲尔德工人阶级聚居的地方。紧接着的那个星期一，我给自己买了第一辆绿色庞蒂亚克都市情人敞篷车。噢，我感觉自己就像站在世界之巅——不过很快我就意识到，事物是会发生变化的。

除了车以外，我还买了新西装。那个时候，我总是希望自己能够和别人有所区别。夏天，我会穿上哈斯派尔（Haspel）制作的棕褐色的毛葛西装，配以蓝色的、领口有纽扣的衬衣，然后系上有条纹的领带。现在看起来那个时候真的有点儿傻。此外，我还喜欢电话的另一端传来的“韦尔奇博士”的称呼。

一个美丽的春日，下班以后我到停车场去开我那辆崭新的敞篷车。我第一次压杠杆将车篷放下来。这时，一个液压管突然破裂，脏兮兮的黑色机油喷到了我的西服上，还毁了我那漂亮的新车前面的喷漆。

我一下子蒙了。我这段时间一直飘飘然的，而现在身上的浓重气味把我重新拉回了现实。这是一次很好的教训，即当你自以为是个大人物的时候，就会发生一些事情，让你清醒过来。对我来说，这样的事情将是最后一次发生。

我们的“家族企业”仍在持续发展，我也一样。我们一建起塞尔扣克的工厂，并开始销售改性聚苯醚，销售状况便一路攀升。在1965—1968年这段时间里，我们发展得非常快，我在这时也实现了下一个飞跃。1968年6月初，也就是加入GE近8年后，我被提升为主管2 600万美元塑料业务的总经理。这对我来说可是件头等大事，因为32岁的我成了这家公司最年轻的总经理。

这次提升使我进入了一个更大的、经过精心挑选的团体——每年的1月我都会受到邀请，去佛罗里达参加公司的高层管理会议，而且这也是我第一次得到期权。

我终于上路了。

第四章

在雷达下飞行

我喜欢"积极的冲突"，相信关于商业问题的公开、真诚的辩论能带来最好的决策。如果一个想法没有经过开诚布公的讨论，那么市场就会无情地抛弃它。

生活似乎顺风满帆，但还有一个遗憾。

我再也不能和父母分享成功的喜悦了。

母亲是在 1965 年 1 月 25 日去世的，这一天是我一生中最伤心的日子。她只活了 66 岁，但已经被心脏病折磨了很多年。

我在阿默斯特的马萨诸塞大学读本科时，母亲的心脏病第一次发作。当姨妈打电话告诉我这个消息时，我非常担心，几乎是冲出宿舍，跑向通往塞勒姆的高速公路。这儿离我的家有 110 英里。我竖起拇指请求搭过路车时非常焦虑，几乎无法忍受在路边站着等车。

在医院住了 3 周以后，母亲回家休养，过了一段时间，她的身体康复了。那时还没有 β 阻滞剂（beta-blockers）和分流手术（正是这些方法几年以后救了我自己的命）。3 年以后，母亲的心脏病又一次复发，这一次几乎和第一次一样，不过最后总算好了。此后过了 3 年，母亲的心脏病第三次复发，这一次是致命的。那时她和父亲正在佛罗里达度假，我将奖金中的 1 000 美元给了他们，好让他们避开新英格兰的严冬。

这笔钱对我和母亲来说意义非常重大。当我把钱给她时，她万分骄傲。从我出生的那天起，她给了我所需要的一切东西。区区 1 000 美元的礼物使得我终于有一次回报的机会。对她来说，这钱反映了“她的作品”给她带来的快乐。她因我而骄傲。感谢上帝，我做到了这一点。我一生中最大的遗憾就是不能给她所有我能给予她的东西。

当父亲告诉我母亲住进了罗德代尔堡医院的时候，我立即从皮茨菲尔德赶到母亲的病房。母亲躺在床上，身形憔悴而虚弱。当天晚上她就去世了。我还记得那天坐在她的身旁，她要我帮她擦擦背。于是我用温水和肥皂给母亲擦洗，看得出来，她是那么高兴我能帮她擦背。此后，我和父亲回到了他们住的廉价汽车旅馆中的一居室。

我们再也见不到母亲了。

我悲痛至极。父亲和姨妈坐火车把母亲的遗体运回了塞勒姆，而我则开着父亲的车回家。我整晚都朝着北边开，只是在北卡罗来纳高速公路旁的汽车旅馆休息了一小会儿。我在那儿待了 4 个小时，辗转反侧，无法入眠。我没怎么休息，情绪非常激动。我一路上狂吼乱叫，踢车门发泄自己的不快。我觉得自己被骗了，我为上帝将母亲从我身边带走而感到愤怒、疯狂。回到家，我终于失声痛哭出来。

在圣托马斯使徒教堂的守夜和举行的葬礼实际上是对母亲一生的颂扬。在塞勒姆的灵堂，我们所有的亲戚、邻居和好几百个我不认识的朋友都来了，他们每个人都有一个我母亲告诉他们的关于她儿子杰克的故事。

这自然是因为母亲在不厌其烦地讲给朋友们的所有故事中都说到了她为我感到骄傲。

父亲也很难接受她的离去。他是一个心地善良且慷慨大度的人，他在自己还买不起车的情况下给我买了一辆新车。他繁忙的工作和母亲无微不至的爱护使得他对我的影响要小得多，不过我还是那么爱他。现在看着他拒绝接受生活中没有母亲的现实，我真是难过。

没了母亲，父亲就像一个掉队的战士一样。记得母亲在的时候，总是严格地限制父亲，让他吃不加盐的清淡食物，因为他患有水肿病。现在父亲丝毫不注意自己的饮食；没过多久，潴留便使他的脸开始浮肿，而且他开始发胖了。

可以说是对饮食的不注意导致了父亲的去世。他的水肿情况过于严重，后来住进了医院。听到这个消息，我立刻中断了欧洲的商业旅行赶回家。我在乘医院的电梯去他病房时父亲还活着，但我还没冲到他的病床前，他已撒手人寰。距离母亲去世的时间只有短短的 15 个月，1966 年 4 月 22 日，父亲随母亲而去，享年 71 岁。

我似乎跌进了痛苦的深渊。母亲和父亲都离开了，我感到无比的悲哀。我很庆幸自己还有妻子卡罗琳，是她使我重新振作起来。卡罗琳是一个坚强、聪明而且总是给予我支持的人。她总是告诉我，能有一个这么好的家庭是多么幸运。当时我们有 3 个健康的孩子，凯瑟琳、约翰和安妮，而马克是后来于 1968 年 4 月出生的。不仅在那时，而且在以后的许多时候，卡罗琳都是我坚强的后盾。

每当我担心工作上提出不同意见所造成的后果时，卡罗琳都会鼓励我努力去做自己认为是正确的事情，而不要管 GE 中的其他人会怎么想。在每一次升职后，她和儿女们都会用一些小旗帜将家里和汽车道装饰一番。

* * *

我被提升为主管塑料业务的总经理后，于1969年接受了公司的杂志《花押字》（*Monogram*）的采访。当记者来到皮茨菲尔德做我的访谈时，他称我为“韦尔奇博士”。我马上更正道：“我又不是出诊大夫，就叫我杰克吧！”

记者将这句话引到了文章中。

我现在的身份更像一个商人，而不再是一名工程师，所以现在我对“韦尔奇博士”这个称号感到很尴尬。我对这位记者吹牛似的说，我的员工们都是“一群狂热的人”，他们都自带“发动机”。我还夸耀说，我在塑料业务上做了一年总经理，我们所取得的成绩要比以往10年多得多。“这儿有金子，而我们都非常幸运能来到这里，挖这里的金矿。”

我真是个蠢货——对自己过于自信了。我声称我们将打破所有的销售和收益纪录，完全没有考虑到以前主管这份业务的经理们。我想那些读了这篇报道的人肯定会气急败坏的。幸运的是，GE的官僚作风与我绝缘，我飞行在雷达下面，得以逃脱。

当我负责整个塑料产品的生产时——其中包括历新，我几乎相信自己继承了一笔无价的遗产。和改性聚苯醚相比，历新就像一匹良种马，这种产品像玻璃一样清亮，像钢铁一样坚硬，而且能防火、重量轻。那段时间，波音公司的每一架747大型喷气式客机平均要用400磅的历新，几乎有一半的金属器件被塑料替代。

多年以来，我们一直在销售一些改性聚苯醚的混成品，现在我们希望这种产品能够进入正轨。我们是二流的人在制造二流的产品。通过低价位，我们设法使其进入了商业领域，如商用机器的外壳、草地上的洒水装置、吹风机、一次性刮胡刀刀片以及彩色电视机等。不过我们仍然要为 500 磅的订单而不停奔波。当我们最后拥有历新的时候，我想我们可以与世界较量，而且我们有足够的本钱这么说。

看起来这种宣告难以让人接受，因为公司对塑料产品并不看好。曾负责塑料业务的那个家伙被提升为负责硅业务的总经理，而这项业务的规模要比塑料业务高出近 50%。硅业务的利润非常高，而塑料业务仅仅是维持收支平衡。

尽管如此，塑料业的前景仍然是非常广阔的。曾经有预言家说，塑料是 20 世纪 70 年代发展最为迅速的工业，比计算机和电子工程还要快，甚至连电影里都在说这件事。在电影《毕业生》中，达斯汀 · 霍夫曼甚至还被鼓励去争取一份塑料行业的工作！

于是我们增加了市场营销人员，开始对塑料产品进行促销活动，就像推销汰渍洗衣粉一样。

我们雇用了圣路易斯红雀队（St. Louis Cardinal）的投手鲍勃 · 吉普森（Bob Gibson）为我们做广告。我们做了一个电视广告片，镜头中一头公牛闯进一家瓷器商店，四处乱撞，制造了巨大的混乱，然而涂了历新的所有瓷器却没有受到任何损伤。在黄金时段，我们还邀请了喜剧广播演员鲍勃（Bob）和雷伊（Ray）到底特律来增加宣传效果。我们的广告片在早上 7 点半到 8 点之间播出，那个时候我们的目标顾客——汽车工程师正好在赶往通用汽车、福特、克莱斯勒公司办公室的途中，而那时一般都会堵车。我们还在通往工作地点的所有道路的两旁竖起了推销历新的广告牌。

一个广告画面是，当时已率领底特律老虎队（Detroit Tigers）赢得了 30 场比赛的丹尼 · 麦克林（Denny McLain）向我投来一个快速直球，而我正在底特律办公室的停车场里，手中拿着一块历新塑料片。当地媒体报道了此事。所有这些营销活动获得了极大的关注，因为这对于塑料工业来说是一种完全不同的市场推广方式。

我们希望用历新替换汽车上的每一个金属部件，从仪表板到车窗摇把等等。由于我们在底特律的办公室里只有 5 名职员，而且要和杜邦的 40 个人竞争，所以我们必须行动迅速而且富于创造性。我们是在与大的化学公司竞争，而且我们做得很好，这是因为我们能够超越它们。我们是在利用大公司的力量，以小公司的速度处理所有的事情。

我们腾飞了。到 1970 年，我们实现了我自夸的预测，我们在不到 3 年的时间里，使塑料业务增长了两倍多。不过，虽然功名显赫，我却显然已经得罪了公司总部的一些强权人物。

其中一个就是罗伊 · 约翰逊（Roy Johnson），他是 GE 人力资源部的主管。约翰逊的角色就像钥匙保管员，他直接向董事长弗雷德 · 博尔奇（Fred Borch）汇报，并最终对雷吉 · 琼斯负责，所以他对招聘决定起着重大的影响作用。

几年以后，我发现了约翰逊的一份备忘录，是 1971 年写给副董事长赫姆 · 韦斯（Herm Weiss）的。当时，公司正在考虑是否给我另一个提升的机会——主管化学和冶金部门的副董事长，这个职位负责集团 4 亿美元的销售业务。在备忘录里，约翰逊总结说，我应该得到这个提升的机会，但是这个任命“将会带来比一般情况下更大的风险。尽管杰克有很大的勇气，但他尚有许多严重的局限。一方面，他有很强的驱动力去发展一项业务，有着天生的企业家素质，富有创新精神和进取心，是一个天生的领导者和组织者，而且他还有着高学位的技术背景”。

“另一方面，”约翰逊接着说，“他多少有些武断，容易情绪化（过度情绪化），特别是面对批评时，在涉及他的业务细节时，太容易陷进去出不来；对于复杂的情况，他更倾向于他那快速的思维和直觉，而不是依靠坚实的准备工作和员工的支持来走出困境。此外，在自己的领域之外，他对于 GE 的其他业务有着某种‘反对现行秩序’的态度。”

我很高兴事后才发现这份对我的评论，否则我当时可能做出蠢事，尽管他有些话说在了点子上。那时候，我可能不会接受这个批评。约翰逊将我的“局限”归咎于“年轻和不够成熟”，不过幸运的是，他并没有阻止我获得这个职位。感谢上帝，赫姆 · 韦斯支持我。

回头看去，也难怪约翰逊和其他人对我持有保留意见。很显然，我并非天生就适合在公司做事。我对礼仪既不是非常尊重也不怎么宽容，我是个特别缺乏耐心的经理，尤其是对那些不能很好履行自己职责的人。

我比较生硬、直率，在某些人眼中甚至还有点儿粗鲁。我的言语不够文雅、明智。我不喜欢坐在那里听预先准备好的演讲，也不喜欢读报告。我更喜欢面对面地交谈，因为这样可以使经理们了解自己的业务，并能够得出自己的答案。

我喜欢“积极的冲突”，相信关于商业问题的公开、真诚的辩论能带来最好的决策。如果一个想法没有经过开诚布公的讨论，那么市场就会无情地抛弃它。正如我的好友及 GE 的前副董事长拉里 · 博西迪（Larry Bossidy）比喻的，我们的员工会议就好像是米勒清爽啤酒（Miller Lite）的商业广告，员工们大叫大嚷，声音雄厚，生气勃勃。

我从来不隐藏自己的思想或感情。在业务讨论中，我非常投入以至于有些情绪冲动，脱口而出一些别人认为难以接受的话。我说过，“我 6 岁的孩子都会比这做得好！”还说过，“不要像沃尔特 · 克朗凯特（Walter Cronkite）[①] 那样对待我！”这个意思所有人都明白：“你报

① 沃尔特 · 克朗凯特，“二战”时期的美国记者。——编者注

道了坏消息，但是你没有告诉我怎样去解决问题。”

不能适应这种非正式和企业氛围的人只好自动辞职或被迫辞职，我也因此减少了由他们的不能胜任而导致的损失。傲慢和华而不实的人不能在公司中长期存在下去，只有适者才能获得加薪和分红，就像我今天这样。

我“踢人”，但我也“拥抱人”。

这些与众不同使得我就像传统习俗的背叛者，还招来荒谬的流言蜚语。这些关于我的谣传不过是谣传而已，有些谣言成了茶余饭后的玩笑话，但一般都没有什么事实依据。比如曾有闲言碎语说我像一头暴躁的公牛，跳到办公桌或会议桌上大发雷霆。

那纯属胡说八道。

尽管如此，我还是步步高升。尽管约翰逊对我持保留意见，我还是在 1971 年获得了化学和冶金部门负责人的职位，不过这同时也带来了新一轮的巨大挑战。到了 1971 年，我已经在 GE 的塑料部门做了近 11 年。现在我不得不去构思如何运作整个新的业务，包括碳化物切削工具、工业钻石、绝缘材料以及电子材料产品，此外还要和一些完全不同的人打交道。

我的首要工作就是密切关注我的团队。除了一两个人之外，我发现这里的员工都不太符合我的标准。我第一个承认我在那些日子里有了解聘这些人的冲动。但是在多年的实践中，我学会了用很多方法去做这件事。这是我们做过的事情当中最艰苦、最困难的事，而且它永远也不会变得容易起来。

如果说我知道有将这种事情变得容易的方法的话，那就是尽量让所有人在被告知离开时不感到太吃惊。每当我遇到我准备撤换的经理时，我都会至少和他谈上两三次话，表达我的失望，并且给他们机会改进。每次考核和总结业务能力后，我都会亲手写下一些意见。

也许有些人始终都不能理解我的坦诚，不过他们至少总能确切地知道自己处于一个什么样的位置上。

第一次谈话应该是表现吃惊和失望（如果有的话）的时候，而不是去通知某个人离开。在我的记忆里，当我和某人的最后一次谈话开始时，没有一次他们会感到震惊或者不可思议。

“看，”我说道，“我们都尽力了，我们都知道这样下去不行，该了断了。”

毫无疑问，到头来还是有些遗憾，但往往也得到了解脱。每当最后的交谈快要结束时，谈话的主题总会转移到：“那我的待遇呢？”幸运的是，我的公司有足够的财力来缓冲遭受解职的打击。

到了这个时候，最大的挑战就是让所有的人都着眼于未来。让他们确信，当他们准备开始生命中新一轮的挑战时，现在就是转折点，这就像从高中到大学，从大学到工作的转折一样。他们可以忘掉过去所有的瑕疵，继续前进到另外一个新的环境里。

我看到很多人离开了他们之前未见成效的工作后生活得更好、更快乐。我们每一个人都有义务多多促成这种事情。

* * *

1971 年，在我上任不久，我最终不得不给 3 位直接向我汇报工作的经理带来坏消息，不过我还是留下了几个老员工。我将我以前主管塑料公司的职位给了汤姆 · 菲茨杰拉德（Tom Fitzgerald），一个精力旺盛的爱尔兰人。塑料公司的员工中绝大多数都是工程师，汤姆则是唯一一个真正的商人。

我和他既是好朋友，又是业务上的精神伴侣。我将主管硅业务的经理解职，找来了我以前的同事沃尔特 · 罗伯（Walt Robb），他是位博士、研究工程师，是他从伊利诺伊把我招募到公司的，后来他离开了实验室，负责一项小型医学开发业务的运作工作。

在复合膜业务中，我换了经理。空缺的职位由查克·卡尔森（Chuck Carson）担任，他曾是我的财务主管，后来成了主管新薄片业务的负责人。薄片制造是一个很艰难的行业，我们的主要竞争产品——美国氨碁氰福米卡家具塑料贴面（American Cyanamid's Formica brand，一种强力合成树脂）基本上占领了整个市场，而我们的产品层压胶布板（Textolite）几乎溃不成军，因为我们的分销商力量很弱。查克身体太强壮了，我们借用当时一个流行电视节目《贱民》（*The Untouchables*）中一个壮汉的名字，称他为“弗兰克·尼蒂”（Frank Nitti）。查克总能完成预算，但在提高商业利润和弱势的竞争地位方面却没有取得很大的成绩。

我和他尝试了所有的办法，试图妙手回春，使我们的业务量有所增长。这是我第一次看到员工们对糟糕的业务状况产生低落的情绪，面对面地同我们那几乎不可战胜的对手竞争，而且胜算的可能性小之又小。

直到那时，我一直认为所有的商业活动都是激动人心的。我相信只要你注入大量的资金和研究力量，就会开发出新的产品，伴随而来的就是未来销售的增长和成功。这是我第一次面对糟糕的业绩，也是我职业生涯中的一个教训，这个教训给我带来的影响是巨大的。幸运的是，我们其他的业务有着非常好的销售利润，特别是塑料——增长的真正驱动力。

我还深入地了解了这些新业务中的员工情况。例如，在我们底特律的冶金部门，我在早期的人力资源评估时要求见见销售管理团队。我几乎不能相信这支队伍的素质，他们让我听到的是冗长、中规中矩的演讲。他们对自己的工作没有热情，不能回答最常规的问题。我认为他们是最极端的例行公事型的销售力量——销售人员找不出任何新的理由来挽救他们的命运。

在评估之后，两名经理被撤职。不过，这时我遇到了一个特别的人——约翰·奥佩（John Opie），他当时是市场开发部的经理，35岁，但做这项业务已经有12年了。在遇见他的当天，我给了他第一次“火线提升”，让他担任全美销售经理。在会见了他所有“新”的区域销售经理后，我告诉奥佩，如果我是他，我会让这6个家伙都回家。最后，有5个人被辞退了。

很显然，这样做不符合常规，非常不符合常规，但是这样做震撼了整个队伍，奥佩恰恰利用这一点激发了整个企业的活力。工作勤奋又大公无私的奥佩逐渐成长为GE最优秀的运营执行官之一，并最终成为我的一名副董事长。

我没有刻意对官僚作风嗤之以鼻，但是我与众不同，因而对总部的一些人构成了一定的威胁。罗伊·约翰逊的评论就反映了我和纽约的公司员工之间的一些冲突。无论什么时候，只要我想招募一名关键人物，公司里的人就会端出候选人的名单，说这些是财务、人力资源和法律方面的“公司重点职位”。在这种情况下，我就不得不为每一个我希望招募的人拼了命争取。

我并不是每回都能如愿以偿地挑选到我所期望的职员，有几次我不得不雇用公司候选人名单上的人。有两个我被迫接受的财务经理并不是很有能力，所以最后我不得不罢免了他们。我曾经在试图提升一位年轻的律师鲍勃·赖特（Bob Wright）做塑料业务的法律总顾问上受到了很大的挫折，但事后证明我的决策是英明的。

我认为鲍勃不仅仅是一名律师，他在战略决策上也很有见地。他27岁，刚刚放弃私人执业。我被提升至部门主管时，我也提升了阿特·普奇尼（Art Puccini）做我的总顾问。此时鲍勃是替代阿特负责塑料业务的最佳人选，但是 GE 的法律总顾问有着不同的观点，他认为鲍勃的年龄和阅历作为人选还不够格，然后塞给我他的一些亲信名单。

我接受了其中一个，但后来又想出了一个办法解决这个问题。我在 1973 年让鲍勃·赖特负责塑料战略发展的工作，我可以直接安排这个职位而不会受到公司的干涉。虽然这对于一名律师来说几乎是一份不可思议的工作，但是鲍勃·赖特在这份工作中还是表现出了惊人的能力。他有无数新奇的想法，给这个职位带来了新的生机。18 个月后，我们提升他为主管塑料业务的全美销售经理。他的快速反应能力和外向的性格使得他天生就适合这个职位，而且这个职位还给了他受用无穷的经验。鲍勃最后成了 NBC（美国全国广播公司）的董事长，后来他又成为 GE 的副董事长——从一个“被公司拒绝”接受年销售额远低于 1 亿美元部门的法律工作的职员开始，他走过了一段漫长的道路。

其实，总部和分支机构之间的矛盾在所有企业中都是普遍存在的，鲍勃·赖特的例子就是我找到的一种打击这种制度，但又不公开反抗这种制度的方法。在过去的 20 年里，我希望 GE 的人每天都可以为他们所需要的人创造机会——尽管我和我的职员也都试图将自己的候选人硬塞给别人。

官僚作风使我感到气馁的时候，我常常会采取一种回避而不是公开批评的态度，特别是对那些位高权重的人。早在 20 世纪 70 年代早期，我便开始思考运作整个 GE 的可能性。我公开地说起这种想法是在 1973 年，在我毫无顾忌地撰写我的工作总结时，谈到了我的长期职业目标是担任这个公司的 CEO。所以为了实现我的梦想，我就一定不能让运转中的“风车”发生倾斜。如果我抱怨这个体制，我就会被这个体制拿下。

我很幸运，因为这个体制屈服了。公司给了我许多令人难以置信的机会，使我拥有了很多处理不同事物的丰富经验。更为重要的是，公司允许我以自己的方式行事。

第五章

逼近大联盟

最后，我明白了我真正要寻找的是那些充满热情、希望做出点儿成绩来的人。简历并不能告诉你他们内心的渴望，你必须去“感觉”它。

1973 年 6 月，我又实现了一次飞跃。鲁本 · 加托夫被提升为全公司的战略计划负责人，而我则坐到他的位置上出任集团的执行官。这次提升意味着我将不得不搬到公司的总部去。除了要负责原来在皮茨菲尔德的化学和冶金部门外，我还要负责很多其他的业务：密尔沃基的医学系统、韦恩堡的电器零件，以及锡拉丘兹的电子元器件。

这是一个涉及众多产品并且年销售额超过 20 亿美元的职位。整个集团雇用了 4.6 万名员工，在美国有 44 座工厂，此外还有比利时、爱尔兰、意大利、日本、荷兰、新加坡和土耳其的业务。

这次提升确实是一件大事。仅在 16 个月以前，我被任命为 GE 的副董事长，那时我只有 36 岁。现在的这份新工作更使我成为人们关注的焦点，我逐渐成为一个真正的玩家。我到了纽约总部去看样板办公室，这个办公室和在费尔菲尔德的公司计划修建的办公室很类似，GE 将于 1974 年 8 月搬到那里。我为我的办公室挑选了家具，还有一套标志着某人在公司地位的天花板瓦片。

现在只有一个问题，而且是一个非常大的问题——我不愿意搬到公司在费尔菲尔德的新总部去。

13 年来，我一直住在皮茨菲尔德。我为家人和自己创造了理想的生活。从我 1960 年住过的微型公寓开始，我和卡罗琳已经无数次搬家，直到最后拥有了一套我们自认为是这个城市里最好的房子。

我们在这儿有个好朋友的关系网。我的 4 个孩子都还小，他们都还在当地的公立学校上学。皮茨菲尔德是一个绝好的培养孩子的地方，那儿景色宜人。我有相当多的朋友在皮茨菲尔德的乡村俱乐部，我们经常在那里一起玩儿高尔夫球或者进行板网球“你死我活”的比赛。此外，我在城里临时组成的冰球队里一直打到 30 多岁。我几乎认识这儿的所有人。

在这里，我感觉自己就像一条小池塘里的大鱼，我不愿放弃这里的一切。在皮茨菲尔德还有另外一个优点：我不用参与总部的斗争。

我在那年夏天的时候飞往纽约去拜访赫姆·韦斯，他当时已经是副董事长了。作为集团的高管，我需要向赫姆汇报工作。他身材高大，肩膀宽阔，沉稳，不做作。他还曾经是学院里的橄榄球和棒球明星，并且获得了《体育画报》(*Sports Illustrated*) 颁发的年度银质奖章。

我真的很喜欢他。我们都喜欢打高尔夫球，喜欢说俏皮话，喜欢赌星期天哪支橄榄球队会赢。他开始是我的老板，后来是我的伙伴和朋友。赫姆总是用他的羽翼保护我。看上去无论我走到哪里，都会有一位导师指引着我。我并不是在寻找一个人来替代父亲的位置，但是好人总是会出现，并向我伸出援助之手。

我总是盼望着和赫姆的每一次会面，而这次我来到他的办公室却心怀忐忑。我去他那里是为了请求他让我留在皮茨菲尔德。我争辩说我很多时间都要在那里处理业务，我还保证说每次的月度总部会议我都不会迟到。

不知是他心肠软，还是发慈悲，要么就是二者兼而有之，反正赫姆最后同意了我的请求。我简直是跳起来拥抱他的。在他可能改变主意或者将决定告诉雷吉之前，我就匆匆离开了他的办公室，我知道雷吉肯定希望我留在总部。后来雷吉知道了这件事，他几乎不能相信赫姆会允许我留在原来的地方。

我搬出了在塑料大街的旧办公室，来到皮茨菲尔德的伯克夏·希尔顿大厦二层的一套办公室，我在那里组织了一个 5 人工作小组。在随后的 5 年里，我信守了向赫姆许下的诺言——总部开会从不缺席。每当皮茨菲尔德的天气可能使得机场关闭时，我就在前一天晚上到达总部。如果偶尔碰到坏天气，我会在早上 5 点就跳上汽车，像个疯子一样开车到纽约，希望能在业务总结开始之前到达。

这个集团主管的职位是我到那时为止最好的工作，这项新的 20 亿美元的混合业务使得我有足够的空间来实践我所学到的所有东西。化学和冶金部门，包括塑料业务，都开始发展起来了。电器零件业务是一系列有着高利润的马达和小机械产品，不过销售的半数以上都在 GE 内部发生。电子元器件业务则是一项真正混杂的业务，从半导体到彩色电视机显像管和蓄电池，无所不包。这些电子元器件的业务中有些做得还不错，但有些确实是在亏损。在医疗业务方面，主要是销售 X 光设备，这方面的业务很有潜力，不过在 1973 年也开始出现亏损。

新的工作给了我将一个新的团队组织起来的机会。我发现了很多聪明、知识渊博、反应敏捷的员工，他们在财务、人力资源、战略策划和法律方面有着令人称道的技能。在和一些公司指派的稍微逊色的候选者合作多年以后，我幸运地最后从“系统”内部发现了两位有能力的 GE 执行官：汤姆 · 索尔森（Tom Thorsen）和拉尔夫 · 哈布雷格森（Ralph Hubregsen）。

我的财务主管汤姆聪慧、英俊、强壮而幽默。我的人力资源部主管拉尔夫不修边幅，却工作勤奋。他面部粗糙，雪茄烟一直吸到只剩烟屁，而且搞得到处都是烟灰。他是行政管理的恶魔，经常会通宵达旦地撰写我们将在总部会议上做的财务报告。但是你会发现，和他一起工作的感觉是最舒服的。

我开始从公司外部寻找我的战略计划的设计者，最后发现了来自布兹 · 艾伦 – 汉密尔顿公司（Booz Allen & Hamilton）的克雷格 · 莱曼特（Greg Liemandt），他是我从咨询公司招募的众多聪明职员中的第一个，这一点看起来其实很荒谬，因为我根本就不喜欢咨询。但克雷格和他们那些人不一样，他总是挑战传统的思维。

最后，我再次提拔了我以前的总顾问阿特 · 普奇尼，由他负责集团最重要的法律工作。阿特出生于布鲁克林，有药剂学和法学学位，加入 GE 已经好几年了。他是精明人和实干家的完美结合。

你会发现团队中有很多性格迥异的职员——有些是 GE 的内部人员，还有些是从外面招募进来的。不过我们都很朴实，毫不做作，也不拘泥于礼节，而且总是十分直率。

我们组织好了 6 名支持我工作的员工，搬进了集团在汉密尔顿 3 600 平方英尺的办公室。由于身边没有一位老板，所以我们很随意地穿着汗衫和牛仔裤工作；我们还冲着敞着门的办公室呼来喊去，当时给我的感觉是仿佛回到了大学生宿舍。

星期五的晚上，我们经常去宾馆的屋顶休息室休息，喝上几瓶啤酒，谈论一周的工作。我们一般在晚上 6 点半到那里，两个小时以后，我们的妻子们也会出现。等到那时候，我们几乎已经聊尽了上个星期所有夸张的故事。听我们讲关于战争的故事并不是她们最好的选择，但是她们很随和。她们之间非常友爱，就像我们一样。我们还常常在星期六晚上聚餐，或者在星期天下午开小型聚会，而且经常带上我们的孩子。

我们在尽情享受生活中最美好的时光，同时还有不薄的薪水。

我们将很多时间都花在对员工和战略的评估上，我们还租了一架小型喷气式飞机以便于行动。就我自己而言，能有一架飞机真令人兴奋。

但是卡罗琳另有看法。“杰克，你就像个傻瓜，”她说，“他们让你用这架飞机是想把你活活累死！”

她说得有一定道理，不过我还是喜欢这样。我们经常在星期一早上离开家，直到星期五晚上才回来。我们往返于印第安纳州的韦恩堡、威斯康星州的密尔沃基和俄亥俄州的哥伦布之间，就像平常串门一样。我敢保证有些经理肯定会想：可恶，这些家伙又来了。一般我们会在会议室里待上好几个小时，犹如层层剥笋，直到某个问题被我们搞得水落石出为止。有些人很喜欢这种讨论方式并称之为“智慧的碰撞”，但是我敢肯定另外一些人则盼望着早些离开这里。

我们有着两个世界里最好的东西——我们有一个大公司的资源，同时还拥有我早年在塑料业务中所感受到的那种大家庭的和睦氛围。为了努力做到监督在异地的各式各样的业务，我比以往任何时候都更清楚地知道，我的成功在很大程度上都取决于我所招募的员工，从我最初在塑料部门工作开始，我就懂得找对人的重要性。只有我找到了不起的人才，我的世界才会发生变化。

我是经历了很多的坎坷才认识到这一点的——其间我也犯了不少的大错，我第一次招聘员工时的自相矛盾就非常可笑。我最常犯的错误就是根据应聘者的外表来决定是否录用。在市场营销方面，我有时会聘用那些外表英俊、谈吐流畅的应聘者。他们中有些确实很优秀，不过同时也有些是徒有其表，外强中干。

我有时还犯无知的错误。我30岁的时候，开始在亚洲招聘员工。我不会当地的语言，而且对当地的文化也知之甚少。所以在招聘时，如果一名应聘者的英语说得不错，我就很有可能接收他。过了一段时间以后，我才慢慢发觉，把语言能力当作“招聘过滤器”是一种很狭隘的方法。

我所犯的很多错误都反映了我自己的愚蠢偏见，这大概是因为我毕业于马萨诸塞大学的缘故。这所学校以前是一所农学院，现在开始在工程领域崭露头角，学院的家族式思维束缚了我。所以根据自己对工程方面的了解，我喜欢选择麻省理工、普林斯顿大学和加州理工的研究生，我本应提醒自己我是哪个学校毕业的。后来，我慢慢地发现，从哪个学校毕业并不能决定他们就有多好！

最初，我对那些受过多门学科教育、有着多个学位头衔的简历十分偏爱。他们应该是非常聪明而且求知欲旺盛的人，但是他们最后总是表现出不能集中精力在某一项业务上，不愿做出承诺并履行职责，缺乏对任何一件事情的紧迫感与热情。

对于招聘经验甚少的人来说，简历确实是一种杀伤力很强的武器。

最后，我明白了我真正要寻找的是那些充满热情、希望做出点儿成绩来的人。简历并不能告诉你他们内心的饥渴，你必须去“感觉”它。

在接手的新工作中，我发现我唯一真正熟悉的工作只在塑料方面。这是我思想上的一个很大转折。现在我不能再精确地掌握所有的专业细节，因而我对人才的需求更为强烈。

我和主管人力资源的合作伙伴拉尔夫·哈布雷格森总是全身心地

投入到我们的业务中，我们会花上一整天的时间，在办公室里先和总经理以及其他的人力资源主管讨论，然后会见总经理的直接下属。在10~12 个小时的热烈讨论后，我就会对我们业务中的中高层管理人员的情况有一个很好的了解。

这种工作方式在其他人中引起的反应是不可思议。没有人习惯于这种针对团队中每一个人的优缺点进行的充分讨论。

分管不同部门的 4 位副董事长承受住了这种激烈讨论的冲击，他们是主管医药器械业务的朱利安·查理（Julian Charlier）、主管化学和冶金业务的沃尔特·罗伯、主管电子元件业务的乔治·法恩斯沃思（George Farnsworth），以及主管电器业务的弗雷德·霍尔特（Fred Holt）。

法恩斯沃思确实是一位睿智的 GE 行家，他拥有自己独特的个性。他非常坦率、性格乖戾，不过也非常诙谐，是我十分喜欢的那种类型的人。霍尔特是另外一位聪明的 GE 老员工。他在 GE 待了很多年，几乎参与了公司的每一项大型业务，他似乎总能获得他想要的东西。他比我大将近 20 岁，见多识广。在他眼里，我就好像是一阵胃疼的感觉，不久就会消失的。

乔治和弗雷德是我管理过的头两位 GE 主流高管。他们总是认为我不遵守传统，但看上去他们还比较佩服我的热情，如果没有别的什么感觉的话。很明显，现在的工作将是弗雷德的最后一份工作，而乔治虽然对职位升迁并不是很在意，但他后来还是被提升去主管我们的宇航业务。

查理——这位从比利时列日一所小型医学研究所来的比利时人，现在主管我们的医疗业务。在我们两个都向加托夫汇报工作期间，我整整观察了他两年。查理是一个温文尔雅的欧洲人，他总是有许多宏伟的想法，但很少去付诸实践。他在密尔沃基城外建立了一个漂亮的新医学总部，从而使这项业务有了一个新的值得炫耀的地方。我欣赏他的活跃和创新能力，但是他的虎头蛇尾使我作为他的同事备感烦恼，后来他开始向我汇报工作时，我真的有一种要被逼疯的感觉。

我继续留着查理是因为我很欣赏他，但是他有些盲目乐观，这部分业务也不见起色。我们对此讨论过多次，最后决定他最好还是回到欧洲的另外一家公司去。

为了替换他，我在一个星期天晚上给沃尔特·罗伯打了个电话。我以前做塑料业务的时候，他总是在星期天晚上给我打电话，给我鼓励，和我闲谈，或替我出主意。

这次我星期天给他打电话，希望他能够接管医疗器械的业务。我的提议吓了他一跳。“你热爱技术，而且你的求知欲很强，”我说道，“你是最适合运作医疗器械业务的人。”

沃尔特以为我疯了。因为在短短 20 个月内，他已经从管理一个小规模的销售额仅有 750 万美元的医疗器械开发业务的负责人被提升为化学和冶金部门的经理，这是 GE 最大也是最赚钱的一项业务，它的销售额为 5 亿美元。

沃尔特只做了 4 个月就喜欢上了这份工作，但是现在我又要他接管我们的医疗器械方面的业务，这个业务占据了我们半数以上的收入——不过它正在亏损。沃尔特觉得我让他去运作一个不赚钱的业务有些困难，他没有认识到在威斯康星州做 X 光设备、起搏器和心电图仪器是他“一生中不可多得的良机”。不过，最后出于他对技术的喜爱，还有我的热情怂恿，他还是接受了这份工作。

沃尔特做的工作主要是将 X 光设备卖给放射线研究人员或者牙科医生。沃尔特上任后不久，EMI 公司获得了重大的技术突破，即 CT（计算机 X 光断层摄影术）扫描仪。这个突破对我们已有的 X 光设备造成了巨大的威胁，不过正是这一次巨大的挑战使得我们的竞争精神又一次得到了激发。

从 GE 实验室起家的沃尔特，现在又来到在纽约斯克内克塔迪的实验室，请他的科学家朋友们帮忙。由于 EMI 公司的发明已经在科技界引起了广泛的关注，所以很容易激发实验室的研究人员来把握这次研发机会。而我这时唯一能做的就是每周关注团队研究的进展情况，有时像根赶牛棒，有时又像个啦啦队队长。总共有 80 名研究人员夜以继日地工作，开发一种图像比 EMI 模型更快、更清晰的新设备，每一件事情似乎都因这件事情而开始启动。研究人员们实际上都住在实验室里，每天吃盒装的比萨饼，最后我们终于在密尔沃基一家租用的杂货店里设计出了我们的第一台扫描仪。

1976 年早些时候，就已经开始有订购这台价值 65 万美元的扫描仪的订单了。

我又一次看到了像一家小公司那样运作的好处。论证一个项目的可行性，投入大量的研发力量，并给他们足够多的资金，这就是成功的最好公式。

CT 扫描仪永远地改变了医疗器械部门的格局。在沃尔特刚接手它的时候，它还是一项销售额只有 2.15 亿美元的不赚钱的业务。到了 2000 年，这部分业务已经成了 GE 所有业务中的一颗璀璨的明珠，每年可以达到 70 亿美元的销售额，获得 17 亿美元的利润。

后来我将以前由沃尔特主管的化学和冶金部门分成了两块，并放缓了高速增长的塑料业务的发展。我将以前主管薄片制品的负责人查克·卡尔森调去负责低速增长但利润颇高的材料业务。

这时塑料业务方面呈现出一种困境。我的朋友汤姆·菲茨杰拉德当时负责的是硅业务，并且肯定是内定的塑料业务的负责人。不过正因为他是我的好朋友、我最亲密的工作伙伴，我对他的能力和弱点比其他任何人都更清楚，所以最后我决定将汤姆和我能在外面找到的最佳人选进行一下比较。

我说过，我在雇用人员上曾犯过错误，但再也没有比我即将犯的错误更大的了。

后来我选择了一位曾做过 GE 硅材料业务策划工作的“外人”，而没有让汤姆做这份工作。作为一名 20 世纪 60 年代早期主管塑料业务的年轻经理，我在一次部门级会议上，为这位候选人的演讲所折服。他是整个领导团队中口齿最为清晰的一个，他的演讲技巧给我留下非常深刻的印象，因为我自己无论如何也不会演讲。我还记得自己在纽约州库珀斯敦的第一次演讲，面对着几百个 GE 的执行官，开讲前我不得不两次离开前排的观众席到洗手间去放松情绪。

我真的很高兴能将他吸引到我的队伍中来。他看上去是那么完美：仪表堂堂，健谈，给人的第一印象特别好。他为了获得更大的机会，曾经离开 GE 到另外一家化学工业公司，这使我印象更深刻了。将他请回来做集团的副董事长是一件大事。为了做到这一点，我除了必须获得公司在费尔菲尔德的人力资源部的同意外，还要获得赫姆和雷吉的同意。

但没过多久我就发现，我请回来的新人并不适合这份工作。我又犯了 15 年前通过外表来判断一个人能力的错误，我知道我必须纠正这个错误，但这确实是一件很令人尴尬的事情，因为我知道自己正处在争取继任雷吉职位的竞赛中。在争取雇用这个“外人”的时候，我还顶撞了人力资源部的主管罗伊 · 约翰逊，他一般都喜欢公司内部的候选人。所以我可能会遇到大麻烦。

在 6 个月内，我不得不到总部去告诉罗伊 · 约翰逊、赫姆 · 韦斯和雷吉 · 琼斯，我弄砸了这件事情，希望把他撤换掉。这一天真难熬啊，我又一次与原有的体制背道而驰。现在回想起来，我没有提拔我的朋友，可他不仅期待着提拔，而且完全应该得到提拔；同时我也为这个被我提拔的人感到难堪，因为这份工作对他来说显然是个错误。

赫姆的反应表示了对我的支持："你犯了一个错误，但我很高兴你迅速地改正了它。"雷吉的回答很简单："好吧。"但看得出来，他还有其他的想法，而约翰逊会用我的这次失误作为我还不够成熟的又一个例子。

* * *

弗雷德·霍尔特和法恩斯沃思不仅善良，而且很机智，他们知道GE的体制是如何运作的。这是我第一次深入到"传统的GE"中。他们的洞察力开阔了我的眼界，使我看清了另外一个世界。

关于弗雷德·霍尔特的故事多得数不胜数，但我记忆最深刻的是那次员工鉴定时所发生的事。在韦恩堡的时候，有一天在一次人力资源评估会上，弗雷德·霍尔特明显过高地评价了一个我熟悉的员工。

"弗雷德，你这样写到底想干什么？他并没有这么好。我们都知道这个家伙是个无用的东西。这个鉴定太荒谬了。"

出乎我意料的是，弗雷德·霍尔特居然同意我的意见。

"你想知道我为什么这么做吗？"他问道，"我不能把真实情况报送到总部去。那样的话，他们会要我赶走这个家伙的。"

弗雷德·霍尔特在那个年代并不是孤立的。他认为他自己是个好人，他可以在别人不能胜任某项工作时给予保护。当年的情况就是这样，没有人希望听到坏消息。在那个年代，员工在鉴定表中填的内容一般都是职业目标至少达到了他们上级工作岗位的标准，而上级们的回答往往是"完全有资格继续承担这个职位"——即使两者都知道这并不是真的。

20 世纪 80 年代早期，当我决定精简机构的时候，很多“仁慈”的工作鉴定总会困扰我。这种“假慈悲”只会误导人们，并让他们在遭到解雇时有超乎正常的强烈反应。

从乔治 · 法恩斯沃思和他所主管的电子元器件业务中，我认识到自己对半导体业务并不满意，我一开始就不太喜欢这项业务。诚然，这项业务正在高速增长，但是它对我来说周期性太强，占用了太多的资金，于是我花了近一年的时间来减少这方面的业务。

乔治管理着纽约州哈得森瀑布的蓄电池业务，他们将 PCB（polychlorina biphenyls，多氯联二苯）当作电绝缘体。在对 PCB 的争论中，我从乔治身上学到了与政府打交道的经验，这些经验伴随我走过随后的 25 年。

* * *

1971—1977 年，我的责任越来越大，从负责 1 亿美元的业务到负责一个 4 亿美元的部门，再到负责 20 亿美元的集团。我知道了人的重要性，要支持那些最好的，剔除那些最弱的；我还学会了鼓励高增长的业务如医疗器械和塑料，以及如何摒弃所有低增长的经营。这是一整套经验。

到 1977 年年底的时候，我在皮茨菲尔德接了一个电话，是雷吉从费尔菲尔德打来的。他说他想见我，而且很急，于是我第二天早上就到了。

“我对你的评价很高，”雷吉说道，“但是杰克，你还不了解 GE。你只看到了公司的 10%，你要了解的比那要多得多。我为你安排了一项新的工作——消费品业务部门的执行官。但是杰克，这个机会在费尔菲尔德，你再也不能当小池塘里的大鱼了。如果你想有所作为的话，你就必须到这儿来。”

我非常兴奋自己能获得又一个提升的机会，即使这意味着我最终要离开皮茨菲尔德。卡罗琳盼望着离开，她希望在一个新的地方有一个新的开始，并且希望这次搬家能够有助于我们4个孩子的成长。

到现在为止，我4个孩子中的两个——凯瑟琳和约翰已经开始上高中了，而安妮正上九年级，马克也上五年级了。尽管我是个工作狂，但我们是一个亲密的家庭。每年开春时，我们都会腾出一周时间去滑雪。到了夏天，我们从来都没有耽误过两个星期的休假，总要去科德角租一间房子度假。

我承认，由于工作，我几乎不曾有过一个完整的假期。在科德角的时候，我经常每天两次悄悄地离开沙滩，找一个付费电话打电话到办公室去，看看有什么事情发生。滑雪的时候，我也总是溜进旅店里做同样的事情。

尽管如此，休假还是给了我们充足的时间在一起。我们常常数小时地玩儿棋类游戏，进行体育运动。我试图在游戏中通过加入娱乐性和竞争性鼓励他们。每当我回到家时，我总会做一些木质的徽章，比如“最佳不怕输运动员”“最佳小小高尔夫球手”或者“最有潜力棒球手”，然后分发给我的孩子们。我想我正在试图复制我母亲的金拉米牌游戏，而我的孩子像我一样——他们承受挫折的能力也不是那么强。

跟大部分十几岁的孩子一样，他们也不太愿意离开休假的地方，那儿的一切对他们来说都是那么美好。他们在学校都成绩优异，而且有很多朋友。

但是并非所有的事情都会一帆风顺。一天早上，我的儿子约翰正坐在学校的校车上，当车在车站停下来时，他的一个同学上了车，径直向他走过去，出其不意地打了他一拳。于是一场殴斗马上发生了，但是可怜的约翰，当时还只有八九岁，并不知道为什么会发生这种事。

直到晚上他在饭桌上谈到这件事时，我才向他解释说，我让这个小孩的父亲离开了GE。我们对约翰的遭遇都感到难过——特别是我，总是记着这件事情，就好像它昨天才发生一样。

尽管我对新工作感到很兴奋，但我和孩子们一样，对离开皮茨菲尔德感到伤感。在我们离开之前，为了能保持和这个地方的联系，我在雷诺克斯附近的山顶买了5英亩不是很贵的土地。事实上，那天我们驾着别克客货两用轿车准备离开城镇，在不动产代理商的办公室门前停了下来，进去完成了这笔交易，当时我们的孩子正坐在车的后座上。不知怎么，这样做让我感觉好了一些。

作为一名部门主管，我到费尔菲尔德的晋升使我进入了一个新的组织梯队。这个部门的办公室是在公司总部大楼的27层，离最高层也就是雷吉自己的办公室，只有区区两层之遥。正如其他大公司一样，GE也有它的组织层级，而我很幸运能够爬上这个阶梯。有时我觉得GE更像一个行政机关，它总共有29层，各级员工有着数以百计的头衔——从实验室到一个小组，到一个子分支机构，到一个分支机构，到一个部门，再到一个大的部门和集团。

这是一次意义巨大的跃迁，它使我加入到雷吉继任者的竞争中。我非常兴奋能有这个机会，但是我所担忧的是，在皮茨菲尔德上演的一切能否在费尔菲尔德的官僚作风中运作开来。

第六章

海阔凭鱼跃

“杰克，假设只有我和你在 GE 的商务飞机上，而不幸的是，它要坠毁了。你认为，谁应该是下一任 GE 董事长？”

1977 年 12 月的一个早晨，我驾车经过费尔菲尔德的 GE 总部前门的安全警卫，驶向蜿蜒的车道。那时所有的树木都光秃秃的，地上覆盖着积雪。我转入地下车库，将车子停在一个空车位上，走进电梯，上了西侧建筑的 3 楼。经过宽阔的走廊，我来到拐角处一间有玻璃幕墙的办公室，这是距雷吉 · 琼斯最远的一间。

这个地方非常安静和正规，冰冷而缺乏友善。我没有秘书和职员，但有 3 个经理人，他们曾经服务于和我竞争雷吉职位的主要对手之一。我还不认识在费尔菲尔德总部工作的成百上千个人。鲁本 · 加托夫曾说服我留在 GE，自己却在两年以前（1975 年下半年）离开了它。

那里仅有两张友好而熟悉的面孔：查理 · 里德，皮茨菲尔德工厂爆炸时曾大力支持过我的执行官，现在在皮茨菲尔德任公司的首席技术专家；迈克 · 艾伦（Mike Allen），前麦肯锡公司的顾问，我是在做塑料业务的年月里第一次遇见他的，他来总部做战略策划工作。这两个人都离我的办公室很远，并且冗务缠身。

真正使我感到孤独的是，我失去了我在费尔菲尔德最好的朋友和支持者赫姆·韦斯。他是GE的副董事长之一，一年前因癌症去世，他曾是我与公司高层联系的唯一真正的纽带。赫姆给我的最后支持是在董事会董事7月份的高尔夫球比赛上，陪我一起打过了3个洞。6星期后，1976年9月，他在纽约医院去世。后来我发现，他在最后的日子里曾让雷吉多关照我，因为我是个“能成大事的人”。

我真孤单，觉得自己就像汪洋中的一条小鱼，更别提什么“海阔凭鱼跃”了。当然，我在这儿曾多次出风头。以前在一天快结束时，在呈交一份商业报告或申请建筑一座新工厂的资金后，我仍很高兴回到皮茨菲尔德。然而这次情况不同，这次是长驻费尔菲尔德了。

过去我每天上班穿的是衬衫和牛仔裤，与5个亲密朋友一起工作。与雇用的人成为朋友，并与他们的家人来往交际，这可能破坏了公司的规矩。

但是，我们都顺利完成了工作，我们也都喜欢工作，我们感到我们是一个“家庭”，而不是一个商业公司。现在一切都过去了。在接下来的4个月里，我在斯坦福麦瑞特过着居无定所的生活，这让我“身在他乡”的感觉更加强烈，直到卡罗琳和4个孩子来到我们在康涅狄格州的新家。这是事情积极的一面，它可以让我一头扎进我的新工作中。

迁到费尔菲尔德使我提升得很快并进入新设的管理层。我是5个部门执行官之一，我们5个人，加上两个公司高级官员——GE的首席财务官阿尔·威（Al Way）和公司负责策划的高级副总裁鲍勃·弗雷德里克（Bob Frederick），都被公开确定为竞争雷吉职位的候选人。

其他4个部门的负责人是：约翰·伯林盖姆（John Burlingame），

一个掌握着GE国际业务的物理学家；埃德·胡德（Ed Hood），掌管科技产品和服务部门的工程师；斯坦·高尔特（Stan Gault），一个在电器业务中经验丰富的人，掌管着工业部门；以及汤姆·范德史莱斯（Tom Vanderslice），原为富尔布赖特（Fulbright）学者，掌管能源系统。

雷吉将这个新的管理层纳入继任者的选择中，来检验我们运作自己并不熟悉的几亿美元业务量的技术和能力。我掌管消费品及其服务，这是唯一一个由雷吉于一年前创立、用以试验自己想法的部门。这份工作让我负责年收入为42亿美元的生意，占公司整个销售额的20%。这份生意包括主要电器、空调、照明设备、家用电器和音响产品、电视机、收音机和电视台，还有GE信贷公司（GE Gredit）。

这种结构可以很好地帮助雷吉选择他的继承人，但对我来说却有问题。我的新顶头上司、副董事长“戴夫”沃尔特·丹斯（Walter “Dave” Dance）倾向于扶持参与竞争的另一个候选人斯坦·高尔特。高尔特长期以来受到丹斯的保护，像丹斯一样，他将自己的整个职业生涯都倾注到我们的电器生意上。

丹斯对高尔特的支持是显而易见的，他对高尔特的各种决策都给予充分认同，但这让我的日子很难过。这是我在GE的17年时间里第一次没有上司的支持。高尔特在此前一年里曾经掌管我的部门，也毫无建树，所以我在这里走的每一步看起来都像是对他或丹斯的事后批评。

另一位副董事长杰克·帕克（Jack Packer）在这场竞争中也有他倾向的人选，我并不在其中。帕克是GE飞机引擎业的先驱之一，他一直支持这项事业以及参与其中的人。他倾向于他的两个直接工作汇报者——伯林盖姆和胡德，这使得汤姆·范德史莱斯和我像两个多余的人。

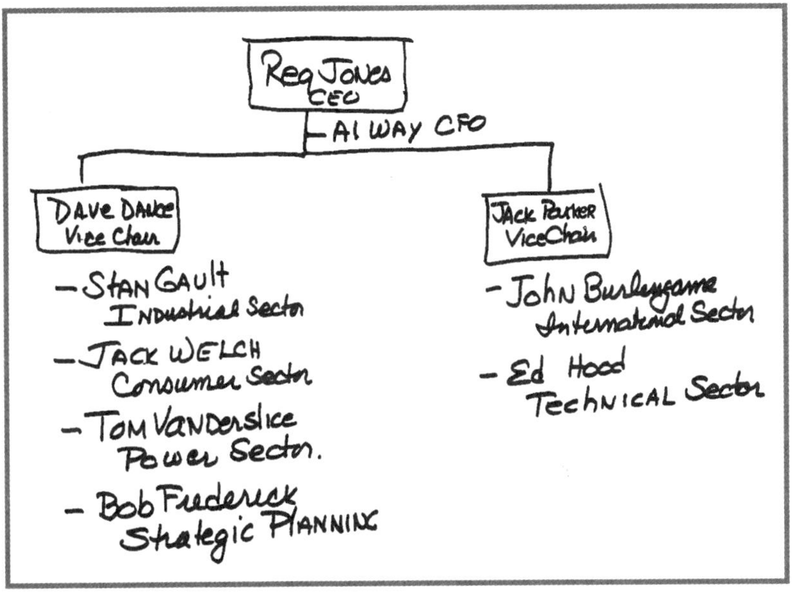

我绘制的 GE 高层领导序列图

给我带来希望的是，两位副董事长丹斯和帕克之间的关系以及他们和雷吉的关系并不好，这就是雷吉没有选择他们的首要原因。雷吉曾和两位副董事长竞争他前任董事长的位置。他们人都不坏，不过因为没有得到雷吉的职位，他们非常失望。

在商场上，没有什么比上司不想让你赢更糟的了。这种事可以在任何一个地方、任何一个层面发生，而且往往比我们所能想象到的发生得更频繁。直到我来为丹斯工作之前，这种事还从未发生在我身上。我经过了这段经历之后还能幸存下来，只是因为我做了自己认为正确的事情。我相信雷吉和制度是公平的。

假如竞任董事长是一项“永恒”的任务，我情愿放弃它。我不愿毁掉我的事业或放弃职业精神来等待这一职位。对我来说，继任对我比对其他人要简单。我知道我想得到这个机会，而且不用太长的时间我就会知道自己能否如愿以偿。

从第一天起，继任的过程就充满了浓厚的官僚主义味道，你可以感受到大楼里每天的紧张气氛。5个部门领导都聚集在费尔菲尔德两座高楼组成的建筑群西边的那一幢楼里，我们每个人都有一间办公室、一间会议室和几个做辅助工作的职员。我们无论什么时候来到公司，最后都会在公司餐厅别别扭扭地吃午餐。我们埋头咀嚼着三明治，对自己说的话总是非常谨慎。

这真是糟透了。

这里成了我逃离政治斗争的避难所。幸运的是，为了做好这份工作，我需要尽可能少在费尔菲尔德逗留。我身后的团队既能干又灵活。我的人力资源部经理戴维·奥斯莱特（David Orselet）对我们的人才有着敏锐的嗅觉，同时他本身也是一个值得信赖的人——这一点对于人力资源部的人来说可谓无价的品质。

我当时并不知道这一点，但戴维在最后的选举中对我的支持是非常重要的。迪克·史莱格尔（Dick Schlegel），一个温和而机智的财务人员，同样也对我很支持。

迪克帮助我找到了后来在我的事业中扮演关键角色的两个人：来自GE信贷公司的丹尼斯·戴默曼（Dennis Dammerman），以及在电器公司待了很多年的财务分析专家鲍勃·尼尔森（Bob Nelson）。

丹尼斯在艾奥瓦州大芒德的一个农场里长大。他还是个孩子的时候，曾被拎起来放进粗麻布袋子，这样他可以夯实从家里的羊身上新剪下来的羊毛。青少年时期，他开始为一家电器公司工作，在他父亲的公司——戴默曼电子公司（Dammerman Electric），做一名电气工程师的学徒。这家公司的口号是："一切都与电相关"。

1967年从迪比克大学毕业后，丹尼斯到伊利诺伊州的布卢明顿去拜访一位朋友，而 GE 的一家电子部件厂正好在那里。他顺便走近工厂的门卫询问有没有工作机会。很幸运的是，他被带到经理那儿，并被雇用负责 GE 的财务管理项目。他才华横溢，吃苦耐劳，是任何人都可以信任的人。丹尼斯能力非常强，乐于接受任何艰巨的任务。

鲍勃·尼尔森是个读书人，毕业于卡尔顿大学，是个政治迷，具有令人难以置信的分析能力。鲍勃本想成为一位大学教授。他在芝加哥大学取得了公共研究与人文科学的硕士学位后，开始攻读美国研究的博士学位。后来于 1966 年加入 GE 的财务管理项目，走上从商之路。

丹尼斯和鲍勃日后共同成为我的财务导师，我事事依靠他们正确的判断，直到我从 GE 退休。丹尼斯成为我的首席财务官、GE 金融服务集团的 CEO 和公司的副董事长，鲍勃成为财务服务公司的副总裁。

另外，我从皮茨菲尔德带来了一位朋友诺姆·布莱克（Norm Blake）做我的商业开发经理。诺姆是一个聪明、不屈不挠、极度活跃的企业家，我在塑料部门时曾跟他共事。他后来成为 GE 金融服务集团的执行副总裁，并于 1984 年离开公司，成为海勒国际公司（Heller International）的董事长。

我积极地投入这份新工作，正如我在皮茨菲尔德一直做的那样。只是现在我们从皮茨菲尔德起飞，去了解新的业务和人。我们一般在早上 7 点半开始进行总结，然后花上数个小时的时间进行层层分析。我们很少在晚上八九点钟以前结束工作，我们会一起出去吃晚饭，回顾一天的会议，评估每项业务里的人才。

由于得不到上司的支持，我干活儿的时候就当他不存在一样。最难以对付的是，电器业务的方向稍一变换就会被认为是对我的前任丹斯和高尔特的反击。他们掌管电器业务已超过 10 年之久，这么多年来，它是 GE 最心爱的业务。丹斯和高尔特打算大规模扩建在肯塔基州的路易斯维尔的电器区，并开始修建在马里兰州哥伦比亚东部的东电器区，还商讨在犹他州盐湖城再修建一个西电器区。

他们野心勃勃的计划反映了公司对业务潜力的传统观念。它源于“二战”后时代的经济繁荣，在这一时期，日益增多的中产阶级开始用新的电器来装饰他们的厨房。这项业务的持续发展是毫无疑问的，然而真正的问题在于，这种发展究竟有多快，以及我们如何应对我们在美国和全球的主要竞争者。我的新同事丹尼斯·戴默曼和鲍勃·尼尔森曾经营过多年的电器业务，他们强烈反驳了传统的观念。

通过观察，我们认为增长速度会放慢，所以这个巨大的扩张计划需要重新评估。公平地说，我认为丹斯和高尔特会得出同一个结论。其实比扩张更重要的是我们在路易斯维尔的地位，我们必须巩固并提高它，因为虽然销售额和利润都不错，但生产率却在持续下降。

许多年以来，总部听到的都是对电器问题保持乐观的声音。在路易斯维尔，一些经济学家、策划人和财务金融专家是这项业务的忠实听众与支持者，他们不愿承认战后的繁荣日子已经发生了变化。而且他们并不孤立，他们主张扩张的观点得到美国产业界的广泛认同。

在路易斯维尔，电器部门的管理者离开我们的制造与工程中心，到 5 公里开外的一栋 15 层大楼的顶楼上办公。他们坐在这具有象征意义的象牙塔内，而所有的“实干家”则回到电器生产区，制作白色的电器盒子。

通过我们小组的分析，我有了更充足的理由，于是我找到丹斯，建议他缩减他经营多年的业务。我等待着丹斯的反驳，但他没有。不过，我认为他将我的建议看成了我容易冲动的更好证明，最后他同意了我的意见。

我们很快着手缩减我们的规模，撤销了修建新电器区的计划，使路易斯维尔的业务更具竞争力。

解雇员工在路易斯维尔并不流行。我很幸运能有迪克·多尼根

（Dick Donegan）这样一个盟友，他是丹斯和高尔特任命的，掌管电器业务。他制订了新计划，并有勇气去实践它们，而毫不理会自己以前的关系。虽然电器区痛苦的转变依然不能解决所有成本问题，但这些转变的确使我们具有了更强的竞争力，并提高了我们的利润率，让我们得以继续前进。

在电器业务方面，不断地裁员已持续了 20 多年。一个在 1977 年雇用超过 47 000 人的企业在今天只需要不到一半的人，大约 19 800 多个合同工与钟点工。这种规模缩减是糟糕的，正如做苦工的工人在竞争变化下遭到挤压一样。但在艰难的商业背景下，这种变化从未停止过。我简直数不清我在 20 世纪 80 年代初被问过多少次："现在结束了吗？"

不幸的是，它从未结束过。

"二战"后经济发达时的急需产品大部分为日用品，这是增长缓慢的市场上利润极低的产品。这些变化使得许多竞争者离开了电器行业，从福特汽车的菲尔科（Philco）和通用汽车的弗瑞吉戴尔（Frigidaire）到西屋电气（Westinghouse Electric），而 GE 选择了在这个非常困难的行业中留下继续战斗。为了能在这个行业中生存下来，我们不得不将更多的产品拿到美国以外制造，当时电冰箱的价格已从 1980 年的平均 1 000~1 200 美元降到了 700~800 美元。

这种残酷竞争的唯一好处是，亚洲的同类竞争者直至今天都很难进入美国市场。电器行业的经验不同于美国的汽车工业，后者稳定的价格增长会引起各式各样的国外竞争。

* * *

我于 1977 年被提升为事业部执行官后，虽然手中的业务很多，但没有什么比GE信贷公司更有前途的了。这就像塑料业务，它不同于主流业务，但我感到它充满了增长的潜力。

没有人注意GE信贷公司，它就像制造业公司中的一个孤儿，我们在1933年几乎是背着债务进入这一行的。在大萧条时期，我们通过向顾客提供信用服务来帮助我们的电器经销商销售他们的冰箱和电炉。我们也资助家具销售，因为大部分经销商也销售这些产品，但这是我们前20年所做的一切，从20世纪30年代到50年代。

然后我们扩展经营范围，为履带牵引机的结构设备提供经费，我们称它为“黄烙铁”。直到60年代末，我们才开始出租其他设备；到了70年代末，GE信贷公司开始变得多样化，不过规模依然很小。那时，我们为房屋制造、二手贷款、商业地产、工业贷款和租约以及个人信用卡提供经费。

在那个年代，我并不懂财务的复杂性。我让一个职员将所有的专业术语翻译成普通的名词，我称之为“小老百姓的财务”，而这正是我所需要的。我像回到了研究生院一样学习财务知识，这样我才能和金融业的人熟悉起来。

我心里明白，与我所知道的工业业务相比，这种业务比较容易赚钱。你不用过多地投资到研发、修建工厂和日复一日地打造金属上；你不必建立工资等级。这种商业完全是知识资本——找到聪明的和具有创造力的人，然后运用GE决算表显示的雄厚财力。这在我看来就好像一座待人发现的“金矿”一样。

开发智能比机械性地生产产品要简单得多，每个雇员带来的利润在投入产出比上最为明显。虽然拥有不到7 000名雇员，但GE信贷公司的纯收益在1977年仍达到了6 700万美元。与此形成鲜明对比的是，电器业有4.7万多名雇员，却只有1亿美元的净利润。

这在今天几乎所有人看来都是很明显的，但对于1977年的我来说，这却是一个远见卓识。毕竟，我是一个仅仅知道“制造东西”的化学工程师。

GE 信贷公司在 20 世纪 70 年代末期做得不错，利润和交易每年都在增长，但考虑到其广阔的机会，我并不认为它增长得很快。1978 年春天，在我同信贷公司领导的最初几次接触中，他们没有给我留下深刻印象。我将他们——几个层面的管理人员召集到一间屋子里，针对他们业务上的知识刨根问底。“假设我们是在高中时代，”我说，“让我们从最基本的学起。”

我至今还清楚地记得当时我向一位保险业的领导问起了一个很简单的问题。他在陈述中用了许多我并不十分熟悉的术语，因此我不得不打断他问：“你认为‘任意性’的保险和‘合约性’的保险有什么区别？”在一番冗长的回答之后，我还是无法理解，他最后被激怒了：“你怎么能奢望我在 5 分钟里教会你我用了 25 年才学会的东西！”

不用说，他待不长了。

这件保险逸事绝非一件孤立的小事，它是意料之中的。GE 信贷仅仅靠这帮人就能获得如此之高的利润，我想知道，如果这里全是一流的人才，它的潜力又会有多大？

但事实上，我们并不像期望的那样能轻而易举地得到这些人物。后来主管这项业务的约翰 · 斯坦格（John Stanger）是个精明的操盘手，他是这个体制的产物，根本不想撼动这艘大船。约翰倾向于接受别人本来的样子，而且他尚未发现公司许多其他领域里的人才。

在 1978 年春的 C 类人力资源总结会上，我向所有的 GE 信贷经理发出挑战，这一天过得十分艰难。会后，我们邀请所有人到斯坦福的一家俱乐部去，希望在轻松的气氛里更好地认识一下他们。但总的来说，大多数人并没有比白天表现得更好。

约翰·斯坦格聪明过人，我们只需要让他结识更好的人。一旦他得到这些人，我们的生意就会兴旺起来。在接下来的几年里，GE 信贷的领导班子成员换了一大半，很多新来的同事来自 GE 的其他部门，而且很多来自基层。他们确实给我们部门带来了很大变化。

GE 信贷里有一个唐突无礼但聪明有趣、说话飞快的小子，这些特点令他与众不同。他掌管贸易和企业财务部门，他就是拉里·博西迪。我从第一次遇上他就感到十分纳闷，这个家伙到底是从哪儿来的?

我是在信贷公司 1978 年于夏威夷召开的管理层会议上结识拉里的，那时我们在会场外一张乒乓球台上同场竞技。当时的球赛就像在进行生死大战，既要保证球不出边界，还要尽量打出像子弹出膛一样快而有力的球。比赛异常激烈，双方都专注于这只白色的小球，直到卡罗琳从我们住的旅馆的酒吧打来电话，提醒我不要误了飞机。然而我并不想离开，因为我已经被这个充满活力和竞争力的家伙深深感染了。

赛后，我没有让他走，他给我留下的最深印象就是他快捷的反应和敏锐的观察力，这更使我相信 GE 信贷的中级管理层人才辈出。正当我为找到一位将才而高兴时，拉里却投下一枚炸弹：他想离开公司，去孤星水泥公司（Lone Star Cement）。同几年前的我一样，他也有些受不了公司里的官僚习气。

我要求他继续逗留一段时日。

“你到底为什么要去这家水泥公司？”

“这个地方简直要把我逼疯了！”他这样回答我。

“给我一个机会，”我说，“你正是我们需要的人，这里会发生改变的。”

拉里最后留了下来。一年以后，也就是 1978 年，在雷吉的支持下，我提升他为 GE 信贷的 CEO，他和约翰·斯坦格一道登上了 GE

最重要部门的舞台。在我成为董事长之后，拉里作为部门执行官于 1981 年来到了费尔菲尔德。3 年以后，他成了我的一位副董事长。在接下来的 7 年里，他一直是我最重要的合作伙伴，后来他创办了自己的公司——联合信号（Allied Signal），并担任 CEO。

拉里在 GE 资产（GE Capital）的最初表现也可圈可点。1977 年公司基础还不雄厚，而他利用不到 7 000 人，创造了 6 700 万美元的利润，GE 资产也因此爆炸式地成长起来，2000 年，GE 资产的 8.9 万名员工创造了 52 亿美元的利润，这些都归功于我们不可思议的领导者继任程序。

但并不是我接触到的每件事都进行得如此顺利。在接下来的董事长之位的竞争中，为了扩大我们在广播电视领域的知名度，我同发展部主管诺姆·布莱克一起，考虑收购考克斯有线通信和广播系统（Cox Communications）的计划。

1978 年春天，我向董事会提出了我的建议，自信这次收购对 GE 的发展会大有帮助。我们已经拥有了一些电视台，GE 实际上也是有线电视技术领域里的先行者之一。但公司早在 20 世纪 70 年代就基于受管制的考虑，决定退出有线电视业务领域，对此我和诺姆均持有不同的看法。我们认为有线电视有着光明的前景，而且坚冰即将被打破，转折点就要到来。雷吉也同意这个观点。

在接下来的 14 个月中，我们试图从联邦通信委员会（FCC）得到所有必要的支持，这时有线电视开始风靡。我想先从考克斯起步，因此我将鲍勃·赖特从塑料公司调到考克斯在亚特兰大的总部去主管有线电视业务，以期我们最后能得到考克斯的转播权。鲍勃在塑料部门的领导能力有目共睹，因此我想他的杰出才能和法律专业背景会使他尽快扩展有线电视业务，而且考克斯的管理层也很喜欢鲍勃。但随着时间的推移，联邦通信委员会的批文迟迟没有下来，考克斯家族开始提价。对我而言，事情其实很清楚，考克斯后悔和我们签约了。

考克斯有一个精明的律师班子。我们的协议看上去与其说是一份收购协议，倒不如说是一个考克斯可以依照他们的意愿随意做出卖与不卖决定的合同。协议允许考克斯随时退出，或许我该让他们退出，然而我却不能这么做。

我不得不分出很大精力，说服雷吉和董事会相信这个几亿美元的协议是一笔好买卖。现在，每次我和诺姆与考克斯公司的人见面，他们的要价都会不断飙升，我们明白已不可能在价格上同考克斯达成协议。考克斯实际上已决心不再卖给我们，而价钱仅仅是他们用来结束交易的手段。由于这笔大买卖没能成交，本已官僚化的董事长竞争变得更加危机四伏。

为了这些决定性的因素——收购及我在 GE 的前途，我们非常想达成这个协议。我和诺姆花费了大量的时间，绞尽脑汁地猜测他们是否会同我们达成一致。我们不想放弃。我和诺姆曾经在塑料部共事，我们两家人的关系也很近。在接下来的十多天里，我们不停地争论，无论是在办公室还是在彼此的家中。经历了深刻的自我反省之后，我最终不得不决定放弃。

1979 年夏天，我告诉了雷吉我的决定，他表示同意，但要求我在圣路易斯下一轮的董事会全体会议上就此事进行全面的解释。现在我不仅必须向雷吉坦承自己的灵魂，还要面对公司所有的董事。下一次董事会会议是一年一度的高尔夫球赛，高级管理人员和董事会成员都要参加，而我必须在大家面前坦承我一年多来一直吹捧的错误，那场面肯定万分尴尬。我不知道会遇到什么样的情形，但我将以最好的状态去面对这个异常艰难的局面。

在那次清晨的董事会上，我解释了为什么要放弃协议。董事们问了很多问题，包括：“为什么不跟进上涨的价格？”在同考克斯谈判代表接触的 6 个星期时间里，我深切感到考克斯无论如何也不想同我们进行转让合作，但是我拿不出证据来。然而，它一味地追价对 GE 来说十分不利。

我认为那次会议进行得很顺利。我希望董事们会原谅我不能最后达成协议，并认识到这其实是项艰难的工作。我不知道他们实际上是怎么想的，但有些积极的信息在我同 3 位董事打高尔夫球时传入了我的耳朵。我正准备举杆将球打入第三个球洞时，一位董事会成员、恩斯特 – 威尼公司（Ernst & Whinney）的前任总裁迪克 · 贝克（Dick Baker）以其惯有的幽默同我开起了玩笑：“希望你不要因为今天的窘迫而影响到这一杆。”

这时我的 7 号铁头球杆一不小心从手中滑了出去，我失声叫道：“犯规！”两位董事不禁大笑起来。我将此视为一个积极的信号，因为这是我第一次看到这么一群严肃的人在我身边开起了玩笑。我想如果不是我状态很好的话，他们是不会这样拿我开涮的。后来，我发现一些董事十分欣赏我的竞争力，同时也欣赏我敢于放弃的勇气。

* * *

在所有这些变化的背景下，最重要的其实是雷吉的接班人问题。在这场角逐中，每个人都想出人头地。我们拼命工作，尽量同别人拉开差距。我始终没有从我的上司丹斯那里得到任何消息。我在 GE 信贷取得的成就并没有得到他的任何积极或消极回应，而且我不知道雷吉的立场。在我心里，我始终觉得他同我站在一起，但我从来都不十分确定。

这是一场赛马比赛，但所有马匹和骑手都被蒙上了眼睛。除了雷吉，没有人知道谁领先谁落后，而且雷吉也不打算告诉他的候选人他们在比赛中处于什么位置。

总部的流言蜚语让所有人都觉得雷吉中意的是阿尔·威，雷吉的财务主管，因为他每天都在与雷吉密切合作。阿尔打理着雷吉最大的收购业务——犹他国际（Utah International）的相关事宜，并且帮助他将我们衰败的计算机业务转让给霍尼韦尔公司。与此同时，丹斯对高尔特（他正在运营工业部门）的支持以及帕克对伯林盖姆和胡德的支持从未动摇过。

尽管我的直觉和心灵可以感受到来自雷吉的信任，但痛苦的是，我仍然对此疑心重重。这些不确定因素导致我开始考虑是否在比赛中途离开 GE 公司。同 GE 的所有人一样，我一直被猎头公司追逐着，但以往我都拒绝了他们。可是这一次，由于身陷不自信的旋涡之中，我积极地回应了猎头公司——海德思哲国际（Heidrick & Struggles）的加里·罗奇（Gerry Roche）的电话，想得到联合化学公司（Allied Chemical）的 CEO 职位。

现在回想起来，我当时是想试探一下，其实我并不想离开 GE，我只不过是不敢肯定自己在竞争中的位置。确切地说，这是一种不自信而致的自欺欺人。

当时，我对继任程序了解得很少。我根本不知道，1974 年年末最初的 19 个候选人名单拟出时（那时我仍在皮茨菲尔德），上面没有我的名字。我不知道 1975 年名单上只剩下 10 个名字时，仍然没有我的名字。我还不知道，人力资源部执行官罗伊·约翰逊一直在让我靠边站。一位人力资源部官员当时是这样评价我的："尽管过去在经营上有所成就，但不应列入最佳候选人名单。当前要务是获得无与伦比的业绩。与下级关系紧张。初显对公司运作的关注。当前困境严峻地考验着他，要密切观察。"

这其实很好解释，约翰逊认为我太年轻太莽撞，最要命的是，我好像并没把 GE 作为一生唯一的标志贴在额头上。他还认为我过于看重结果而置公司的常规和传统于不顾。但和约翰逊的保守不同，其实雷吉一直在支持我。我过去的成就让他认为，我至少还有机会和权利参与竞争。在他看来，我是个“大有发展”的人，天生是个能胜任更重要工作的人选。

幸运终于降临，1976 年，特德 · 勒维诺（Ted LeVino）接替约翰逊成为公司主管人力资源的高级副总裁。在继任这个问题上，他将最初的侯选者名单提供给雷吉，而这个问题也成为其日常事务的核心，列入了重要的议事日程。在人事上，GE 开始了大动作，特德挑战和他职位平级的“老家伙”，开始推行“能人统治”。雷吉开始依靠特德进行宣传。

1979 年 1 月底，雷吉请我来到他的办公室，然后关上门，同我开始了第一次著名的“飞机面试”——我后来才逐渐明白，这次面试的目的是挑选接班人，而他的谈话对象是所有候选人。上一任董事长弗雷德 · 博尔奇也是通过类似的方式选出了雷吉。

“杰克，假设只有我和你在 GE 的商务飞机上，而不幸的是，它要坠毁了。你认为，谁应该是下一任 GE 董事长？”

大多数候选人，包括我，凭直觉立刻选择了爬出废墟并自己掌舵，但雷吉礼貌地解释说这不可能，因为我俩都在飞机上。

我坚持认为我能逃出那场劫难。

“不是这样，不是这样。”他打断了我，“我同你都不幸蒙难。那么，谁应该成为董事长？”

我开始绕起了圈子，力图做出回答。我告诉他，我对自己是最合适人选充满信心，所以实在提供不出另外的人选。

“等等，”他再一次打断我，“你完蛋了，谁应该得到这个职位？”

我最后只好告诉雷吉应该是主管公司的技术和服务业务的埃德·胡德。“埃德有思想，特别机警。另外我认为汤姆·范德史莱斯可以做副手，汤姆强硬而且有决断力，他们应该配合得很好。”汤姆掌管能源部门，同我一样，他缺少来自两位副董事长的支持。

接下来，雷吉开始询问起我对另外几位候选人的意见，并要求我把他们的优点和不足分别列出来，这些指标包括智力、领导能力、合作意识和公众形象。他努力找出谁应该同谁在一起工作，这很好理解，他不想让不和谐的主副关系在他的下一任身上重演。类似这样的谈话持续了好几个月。雷吉征集到所有高层领导人的意见，当然，还包括那两位副董事长的意见，尽管他们不在候选人之列。

雷吉将9位高层领导的意见汇总，没有人将最高职位给我。其中7人选择了斯坦·高尔特，另外两人选择了埃德·胡德。

6月的一天，雷吉又将我叫到了他的办公室。

“还记得我们有关飞机的谈话吗？”他说。

“当然，你杀了我。”我回答说。

雷吉大笑起来。“那好，这次，我们又到了一起，在一架商用飞机上，然后，飞机坠毁。”

“不会再来一次吧。”我抱怨道。

“杰克，这次轮到我死了，但你还活着，那么这回谁是GE的下一任董事长？”

“这样好一些，是我。”我不加犹豫地回答道。

雷吉问我将怎样组织领导班子，我告诉他在所有的候选人中，我最希望与埃德·胡德和伯林盖姆共事。我再次提到埃德·胡德是最合适的人选，我还提到伯林盖姆是因为我很欣赏他的睿智、分析能力以及从容的性格。

“那么，如果你做了董事长，你认为公司今后最大的挑战是什么？”

我确切地告诉了雷吉我的真实想法，而且我相信每一个候选人都会这样做。雷吉将我们的意见和想法拿到董事会的经营发展与赔偿委员会上供大家研究。这个委员会当时由联邦百货公司（Federated Department Stores）的董事长拉尔夫·拉扎勒斯（Ralph Lazarus）主持。显然，当雷吉汇总所有关于三人最高层组合的问题答案时，我的处境好多了。当然，这时斯坦·高尔特仍然获得了最多的7票，而我和埃德·胡德各为6票。

在这些谈话中，雷吉一如既往地保持着漠然的表情，对于我们究竟答得好不好他从不给任何暗示。有的时候，他看上去高不可攀。至少在我看来，他没有显露出任何的偏见或偏好。由于我们几个人存在许多不同，我根本拿不准他最终会不会选择我。他表现得好像一个英国政治家，而我只不过是街头的一个爱尔兰小伙。

至少从表面来看，他好像站在我的对立面。

然而很少有人，包括我在内，知道雷吉的外表和内心不完全一致。

有人把他描绘成一个彬彬有礼的政治家，有的描述他为3届总统及其内阁的顾问，还有位记者说他像一个勤劳的教堂执事。他的确是一个让人难以捉摸的人。但是，很多人都忽略了一点，那就是雷吉并不享有特权。他其实是一个自力更生的人，有着工人阶级的出身，并且奋斗自强。关于雷吉，可以借用美国喜剧之王鲍勃·霍普的台词做最恰当的表述："我是英国人，但我太穷了，做不了不列颠人。"

雷吉成长于特伦特河畔的斯托克。他的父亲在一家钢铁厂做工长，而他的母亲憧憬着美利坚的美好生活。在8岁半那年，穿着英国男校制服的雷吉终于到了美国，他们全家迁到新泽西的特伦顿郊区。在那里，他迅速改掉了自己的口音，学校里的很多同学都将这个聪明的外来者视为一种威胁。他的父母在当地的顶点橡胶制造公司找到了工作——他母亲是个计件工人，负责为梅森食品瓶的盖子挑选橡胶垫圈并码放整齐；他父亲是一名电工的助手。

在学校里，雷吉成绩优秀，通过做家教和在图书馆打工补贴家用，最终在宾夕法尼亚大学的沃尔顿分校完成了学业。1939 年毕业后，他来到 GE，并接连得到提升。雷吉在审计部门工作了 8 年，这使他几乎走遍了公司中所有的工厂。在 1968 年成为首席财务官之前，他先后担任过几个部门的经理。又过了 4 年，他成了 GE 的董事长。

我和雷吉显然有着很多的差异。但是，我们也有很多潜藏的共同之处，这些很少有人知道。首先，我们都是出身底层，凭借勤奋走到了今天的位置上。同我一样，他也是独生子，我们的父母也非常相似。我们在唯一工作过的公司取得的业绩突出了公司的能人统治制度。

其次，我们都偏好数字和分析。我们都喜欢做准备工作，而且难以容忍那些不这样做的人。这么多年来，很多不知情的人都想不通，为何雷吉选中了我这样一个与他迥异的人，他们不会知道，其实我们还有如此之多的相通之处。

其实直到我写这本书时，我才知道我们还有这么多的相似之处，至于外人就更不清楚了。

这场角逐的第一个分水岭终于在 1979 年 8 月初到来了，此时距我初次来到费尔菲尔德正好 18 个月。8 月 2 日，星期四的晚上，雷吉在纽约州拉伊的盲溪乡村俱乐部（Blind Brook Country Club）召开了一次董事会会议。会后，雷吉告诉他的两位副总裁，他决定将候选人名单缩减到 3 个人：我、伯林盖姆和胡德。

剩下来的候选人面临两条出路：要么保留目前的工作，要么走人。他说他决定在第二天早晨的董事会会议上征求意见——提名我们仨作为公司的副董事长，而杰克·帕克和丹斯在年底之前不得不退休。

第二天早上，杰克·帕克和丹斯在董事会会议上都发表了对雷吉提名我为第三候选人的反对意见。在董事中至少有一位强权人物表示了对斯坦·高尔特的支持。由于阿尔·威的财务经验很受一些人的青睐，所以在会上至少有 3 个人先后表示了对他的支持。然而，董事会最终倾向于雷吉的方案，包括杰克·帕克和丹斯，他们做出了让步，使得提名获得一致通过。

考虑到自己的未来，沮丧万分的杰克·帕克把我叫进他的办公室。"我希望你是从我而不是其他人那里知道这一切——我并不支持你，同时，我并不认为你是今后掌管 GE 的合适人选。我不希望看到你将这个公司推向衰亡。"我很钦佩他的直率和勇气，但是我丝毫不敢苟同他对我的评价。

多年以来，我一直不知道，其实雷吉在当时已经做出了决定——让我做 GE 公司的下一任 CEO。但是有几个董事青睐另外几位候选人，所以雷吉将我们仨同时推为副董事长，这样做也是期望通过一段时间的观察来改变其他董事对我的看法。

在接下来的几个月里，斯坦·高尔特、汤姆·范德史莱斯、阿尔·威、杰克·帕克和丹斯先后离开了 GE。而在随后的两年中，伯林盖姆、我和埃德·胡德直接向雷吉汇报工作。以前那种官僚主义的阴霾已不复存在，雷吉通过他那著名的"飞机面试"得出了一个准确的结论：我们三人将和衷共济。是的，我们的确做到了。

到了最后见分晓的时候了，雷吉要求我们作为副董事长、董事和公司代表，每人写出一份详细的自我鉴定书。他还要求我们写下各自的成长历程，以及我们将如何面对雷吉提出的"乘务员"考验——公司应该奉献给社会的东西。

此时我仍然担心一个很关键的问题，雷吉和董事会可能因为我的年龄把我筛选下去。我太年轻了，是 3 个人中最年轻的，才 44 岁，伯林盖姆已经 58 岁，埃德·胡德也有 50 岁了。我想在自我鉴定书中做出一个保证，如果我当选的话，我不会连任多于10年的。年轻意味着我如果当选，就会在这个至高无上的位置上待上过长的时间，当时我的想法是通过承诺来打消董事会对年龄的顾虑，并表示我不会在这个位置上待得过久。

我将这些忧虑告诉给我的一位密友"洛菲"安东尼·洛弗里斯科（Anthony "Lofie" LoFrisco），他认为我简直是疯了。他是纽约的一位律师，是我来费尔菲尔德后在银春乡村俱乐部（Silver Spring Country Club）结识的朋友。在一个星期天的下午，在我新迦南的寓所的游泳池旁，我们为这个"任期年限"展开了一场激烈的辩论，他坚持认为我会为我的承诺付出代价。

"你应该知道，一旦你坐上董事长的位置，你就不会离开，他们唯一能让你走人的办法，就是用煤渣砖将你的办公室砌成坟墓。"

"拉倒吧，你这个疯子！"我说。

拉里·博西迪和他家人当时也在场，而拉里也站在洛弗里斯科一边。最后，我只得妥协。在其后10年中，洛弗里斯科无数次提醒我：在我成功入主GE这个问题上，他居功至伟。

我后来发现，我对自己年龄的担忧并不是多余的，但问题也没有那么严重，两个董事当着雷吉的面表达了他们的看法：他们认为即使雷吉要任命我，也应该有个过渡。这个过渡就是先把董事长的职位交给伯林盖姆，然后再传给我。雷吉随即否决了这种意见，他明确地告诉董事会的所有人，如果韦尔奇得不到董事长的职位，那么，他必定会走人！

他说得对。

我花了大量时间起草了一份长达8页的自我鉴定书，交给了雷吉，并在上面标明："这也许比我们俩需要了解和希望了解的那个韦尔奇更全面。"现在看来，那份鉴定书过于严肃和正式了。但是，这是一个44岁的人要战胜自身不成熟形象所做出的努力。在其后20年时间里，我一直在坚持贯彻其中的很多思想。

在鉴定书中，我首先谈及了很多同事抨击我的关键问题：我的不成熟和不敏感。我是这样为自己辩护的：我在 GE 这 20 年来的全部经验，加上我个人的成长历程，将足够满足董事长位置对所谓成熟和敏感的需要。

针对我过分苛求的天性，我是这样写的："当我要求我的部下高质量完成工作时，我首先提醒自己，要同时为有前途的员工提供无数'竞相提高'的机会，并尽可能创造一种和谐的氛围，以吸引那些有才干、有抱负的人。"

我用一段简短的语言总结了我对领导艺术的看法："同我工作的人必须勤奋地工作，同时从中得到很多的乐趣，尽管刚开始时做不到，但到最后，我希望他们都能因为获得了自己不曾想到的成功，从而增强自尊和自信。"

对于考克斯收购战，我坦言我更多的是从失败中吸取了宝贵的教训。我发现，华尔街对于一笔生意的成与败漠不关心，尽管它的成交额是数亿美元，而且它是非常诱人和显赫的产业里的交易。GE 是如此庞大，以至于一笔交易的影响显得无足轻重。

"这只能使我更加清楚地认识到，企业必须为它的投资家们在经济周期中创造更加稳定而且高于市场平均收益的利润。"我写道，"我们的规模决定了这是唯一一种选择。要想完全实现这一策略，就要在短期利益和长期利益中找到平衡。"当时我还不知道，我这些基本原则后来证明是多么的正确。

最后，对于自己今后的工作，我着重强调："今天，雷吉先生，我们三人同你仍存在很大的距离。但我相信，凭我的智力、阅历、自律性和最重要的领导力，我会赶上你。GE 就是我的职业生涯，而且年复一年，我觉得它对我越来越重要。我能否完成使命，将留待后人评说，而重要的是，我珍惜这个机会。”

我在推销“跑道”——我的发展能力，这也是我在用人时所看重的东西。我总是把宝押在“跑道”上。发展能力对于一个人尽快进入角色至关重要；更多情况下，它赋予了工作无尽的热情，并帮助人们更好地去实现自己。

在1980年夏天的投票选举中，我处于很有利的位置。我在人力资源部的一个好朋友戴夫·奥斯莱特能直接从特德·勒维诺处获得一些消息。尽管戴夫直接向特德汇报，并且效忠于他，但他还是抵挡不住我这样一位好朋友对相关信息的不断追问。

我还记得在我家的一次聚会上，我将可怜的戴夫堵在了厨房的冰箱旁，追问他对最后谁能胜出如何预测。这可能是我最糟糕的一次侵权，然而戴夫永远不会告诉我我在竞争中领先了，不过他还是很无奈地用很多方式暗示我，其实我会是最后的胜者。

1980年9月，董事会的一个成员打电话来，向我发出一个不同寻常的邀请，此事给了我这样一个信息：我可能领先了。埃德·利特菲尔德（Ed Littlefield）20世纪70年代末将犹他国际出售给GE，因而成为一个重要股东，他请我做他在加利福尼亚赛普里斯角会员邀请赛上的搭档。利特菲尔德在GE的董事会中任犹他国际的董事长。当他将犹他国际出售给雷吉时，他实际上已经是GE的最大股东之一。我相信，如果不是雷吉的亲荐，他是不会邀请我的。

这是我第一次参加赛普里斯角会员邀请赛，并受到一次极友好的款待。埃德想将我介绍给他西海岸所有的朋友。我那爱尔兰人天生的好运气又降临了。在高尔夫球赛的第一天，我们跳过了几洞，开始打第六洞。第七洞的标准杆是3杆进洞，我走近球座，用4号铁头球杆把球打进洞。这是我30年高尔夫生涯中唯一一次一杆进洞，而这恰好就发生在赛普里斯角邀请赛第二洞时。这无疑是一个好征兆，让我得以顺利地结识所有人。

利特菲尔德是能为我坦率直言的几位董事之一，他的支持帮了我很大的忙。他同赛·卡思卡特（Si Cathcart）、G. G. 米切尔森（G. G. Michelson）、亨利·希尔曼（Henry Hillman）、沃尔特·丹斯、沃尔特·里斯顿（Walter Wriston）和约翰·劳伦斯（John Lawrence）一样，是我的热心支持者。这 6 位董事中的 5 位在我接下来的工作中扮演了非常重要的角色。

赛·卡思卡特，伊利诺伊工具厂的董事长，是一位非常容易相处的人。我第一次见到他时就喜欢上了他。他非常通情达理，并对各种问题有着自己独特的洞察力。在我担任 CEO 的日子里，赛·卡思卡特每年都给予我莫大的帮助，甚至退休后还答应我出任皮博迪的基德公司（Kidder）的老总，帮助它摆脱困境。

这时来自梅西公司的董事会新成员米切尔森给我留下了深刻的印象，但是在几年之后，我才开始逐渐认识到她聪敏、富于创造性的一面。她有着深刻的洞察力，对后来我在 GE 所作的每项决定都发挥着重要的作用。亨利·希尔曼是个充满活力的企业家，也是个冒险者，一个我非常乐于与之交谈的人。他聪明、富有而且有趣，从不对自己过分苛求。同我一样，他讨厌浮夸，经常这样问：“我们是不是跑得够快了？”约翰·劳伦斯已经在 GE 董事会待了 23 年，他来自波士顿的名门望族，是全球棉花贸易商，他搭乘我父亲曾经工作过的那种通勤车。他酷爱高尔夫，经常在 GE 的赛事中与我来上一轮。我们在一起很开心。约翰也是雷吉的密友，并参与了选择的全过程。在我被任命之后，他随即光荣退休。

作为花旗集团的董事长，里斯顿是董事会上极具影响力的董事，并且是 20 世纪七八十年代美国数一数二的银行家。我同他第一次见面是在 1979 年的董事会迪士尼世界之旅中。当时他极力想将丹尼斯·戴默曼（当时为 GE 总公司的副总裁兼财务总监）挖到花旗集团并委以重任。我当时走到他面前，同他开玩笑地说，他虽然是 GE 的董事会成员，胳膊肘却朝外拐。

我想他当时把我的“攻击”当成了一件乐事。其实我当时的那种直率，要么是自讨苦吃，要么就成就一段非凡的友谊。事后证明结果是后者。沃尔特·丹斯是个强硬而聪明的人，同时有一种冷嘲式的幽默感。当他同一个他乐于交往的人在一起时，他是很富有支持力的。他从开始就一直支持我。

这些人都是董事会上支持雷吉的董事，他们同意雷吉于 1980 年 12 月 15 日走进我的办公室同我拥抱。那是一个严冬的星期一，雷吉告诉我，我将得到董事长的职位，随后董事会在 11 月 20 日的晚餐会上一致通过了这项决定。雷吉给了董事会成员一个月的时间去认真考虑这项决定，可以提出任何问题。但在近一个月的时间里，没有人站出来表示异议。雷吉告诉我，董事会将在 12 月 19 日星期五的会议上正式选举我为董事长。他随后解释道，埃德·胡德和伯林盖姆将留下作为我的副董事长，他本人将帮我度过 3 个月的过渡期，直到 4 月 1 日我正式就职。

这一切全基于雷吉的勇气，他将一个同“典型的 GE 执行官”完全背道而驰的人推上了董事长的位置。

走到这个位置上我经历了艰苦的奋斗。尽管我现在得到了职位，但一些愚蠢的官僚主义的东西仍然存在。举个例子让你们感受一下当时 GE 的火药味有多浓：当时的副董事长保罗·弗雷斯科（Paolo Fresco）回想起曾在费尔菲尔德的走廊里遭到我的一个狂热支持者（当时是伯林盖姆的手下，却支持我）近乎身体上的冒犯。他称弗雷斯科为一头“蠢驴”，仅仅是因为他效忠于自己的上司。我得到任命后不久，保罗来到我这里。

“杰克，”他用一种典型的意大利政客的语气说，“这是我的辞呈。

你应该知道我支持伯林盖姆，但我的候选人输了。”

我告诉他我反对他辞职，我并不在乎谁支持我，谁不支持我。这个意大利出生的好交际的家伙是我所遇见的最全球化的人，最后也成了我最好的朋友之一。在使 GE 成为一个名副其实的跨国大公司的道路上，他作为公司的副董事长做出了极大的贡献。

无论如何，这毕竟是一个值得庆祝的时刻。在任命决定后不久，《华尔街日报》这样评价 GE 的决定——“一个活跃分子的传奇故事”。为了使我结识更多的名流，雷吉筹划于 2 月 24 日为我在纽约的赫尔姆斯利宫（Helmsley Palace）举办一个大型聚会，正好抢在我 4 月 1 日正式就职之前。雷吉打算将我介绍给他的朋友们，并将他们之间的关系转到我的身上。这是一次盛大的聚会，云集了当时美国最富号召力的公司的 CEO。

聚会之后是舞会。所有人都很放松，而且都多喝了那么一点点，除了雷吉，他当时一直努力将我无一遗漏地介绍给在座的所有五六十位贵宾。他希望给我一个完美无缺的开端。然而当晚他请我讲几句话的时候，出乎我的意料，他显然对我的言辞含混不清感到十分不满。

第二天早上，他做的第一件事就是冲进我的办公室，我从未见到他如此愤怒。

“我这辈子从来没有受到过这样的侮辱，”雷吉对我说，“你让我和客人们都感到十分难堪。”

我感到震惊。我度过了一段美妙的时光，以为昨晚是一次很棒的聚会。在接下来的 4 个小时里，我心中犹如打翻了五味瓶。我为我给雷吉带来的难堪而感到难过。我对他也感到非常气愤，因为我觉得他太拘谨了。我为自己感到遗憾，也许我没能给他们留下很好的印象。我不能相信我们的客人昨晚过得不愉快，他们不可能都在装假。我参加过的聚会太多了，分辨得出什么样的聚会是好聚会。

然而，在中午时，情况变了。

雷吉回到我的办公室。

“我想跟你谈谈，”他说道，“你看，我在 3 个小时里接到了 20 多个电话，而且众口一词，他们都认为这是他们 10 年来在纽约参加的最好的一次聚会。我很抱歉，我对你的态度太苛刻了。每一位客人都感觉很好，我听到的每一句话都是对你和这次聚会的赞美之词。他们很欣赏你。昨晚我误会了。”

谢天谢地！我总算松了口气。我简直等不及要开始行动了。

JACK 第二部分

重塑企业文化

第七章

面对现实与“阳奉阴违”

在我的一生中，我从来不愿意在某个人向我亲口陈述之前看到他的什么策划书。对我来说，这些会议的价值不在于这些书面材料，而在于那些来到费尔菲尔德的人们的头脑和心灵里的东西。我希望自己能够透过重重障碍进入他们的灵魂深处，了解他们的内心最深处到底是怎么想的。

1981 年 4 月 1 日，就像一个在最后时刻赶上了班车的人，我终于得到了这个职位。

走到今天这么高的位置，自己多年来的经验不可谓不多，然而我似乎并不是如我自己所表现出来的那样自信。在别人看来，我踌躇满志，信心十足。那些认识我的人都把我描绘成一个胸有成竹、信心满满、有决断力、行动迅速、意志坚强的人。不过，我在心里对自己的很多方面都缺乏信心。每当我不得不站在人们面前的时候，我总要与自己口吃的毛病作一番艰苦的斗争。我烦躁不安地梳理着头发以掩饰自己日渐光秃的脑壳。有些人会问我身高多少，这时候我总要使自己相信我不是 173 厘米，而是比这个实际身高高上那么几厘米。

我虽然接受了这项工作，但其实有很多形式上的 CEO 技巧我并不具备。当时政府对经济领域的介入比以往任何时候都更加广泛，然而我却几乎从不与华盛顿的人来往。我与新闻媒体打交道的经验也很少。我参加的唯一一次新闻发布会是和雷吉一起，在会上 GE 宣布我将担任下一届董事长，那天我是照着事先写好的发言稿念了一遍。我与跟踪研究 GE 的华尔街分析家的会晤只有简短的一两次。我们的 50 多万大小股东根本不知道杰克·韦尔奇是谁，也不清楚他是否有能力进入美国最令人尊敬的企业家的行列。

但是我的的确确知道自己想要这家公司“感觉”起来是什么样子。那时我没有称之为“文化”，不过它确实是一种文化。

我知道它必须改变。

这家公司有很多优势。它是个总资产达 250 亿美元的大公司，年利润额为 15 亿美元，拥有 40.4 万名雇员。它的资产负债表状况极佳，它的产品和服务渗透到国民生产总值的方方面面：从烤面包机到发电厂，几乎无所不包。一些员工自豪地把 GE 形容成一艘“超级油轮”——硕壮无比而又稳稳当当地航行在水面上。我非常尊重这些说法，但我更希望这家公司像一艘快艇，迅速而又灵活，能够在风口浪尖之上及时转向。

我希望 GE 的运转能更像它旗下的塑料企业——我就来自这家企业，它是由充满自信的企业精英人士组成的，他们每天都是面对着活生生的现实进行决策。在 GE，每一个创纪录的事件都会引发一番庆祝活动，这些庆祝活动使公司生活变得有趣。然而，除了几个明显的特例，有趣并不是这个时代的准则。

我很清楚，即使是对于 GE 这样日益庞大的公司来说，保持小公司的灵活性对企业发展依然具有极其重要的意义。好的企业必须能够与经营不良的企业明显地区别开来。我希望 GE 能够做到在它所进入的每一个行业里都是数一数二的。我们的行动必须更加迅速，必须清除公司中存在的官僚主义积弊。

实际的情况是，到了 1980 年年底，如同美国的很多企业一样，GE 内部拥有太多的管理层级，它已经变成一个正规而又庞大的官僚机构。GE 由 2.5 万多名经理管理着，平均算来他们每人直接负责 7 个方面的工作。在这个等级体系中，从工厂到我的办公室之间隔了 12 个层级之多。有 130 多名管理人员拥有副总裁或副总裁以上的头衔，头衔名称各式各样，如“公司财务管理副总裁”“企业咨询副总裁”以及“公司运营服务副总裁”等。

GE 在全美设有 8 个地区副总裁或“客户关系”副总裁，但这 8 个副总裁对销售并不直接负责。GE 当时的管理结构形成的官僚体制是非常庞大的。今天 GE 的规模比当时扩大了 6 倍，但我们只增加了大约 25% 的副总裁。我们的经理人员数量比当时还有所减少，现在他们平均每人直接负责 15 项工作，而不是原来的 7 项。在大多数情况下，从生产车间到 CEO 之间只隔了 6 个管理层级。

破除那些影响最坏的陈规陋习倒也没有花费太长的时间。

我们研发方面的负责人是阿特·布埃切（Art Bueche），他担任这个职务两个月后被我们换掉了。他想交给我一些卡片，上面写好了在即将召开的由 GE 各部门头头参加的公司策划会议上要提的问题。策划会议每年 7 月份都要召开，会议的主要内容就是那些厚厚的策划书，策划书里罗列着对销售、利润、资本支出的详细预测，以及其他无数的有关未来 5 年发展的数字。这些策划书可是维持 GE 官僚体制生命的血液。实际上，一些在费尔菲尔德的 GE 员工还很乐意给这些策划书评分排序，他们甚至给策划书的封面评分。这实在是个很棘手的问题。

我浏览着阿特递给我的卡片，吃惊地发现公司的活页便笺上满是“这下我可逮住你了”的问题。

“见鬼，我到底应该对此做些什么？”

“我总是向公司的高级管理人员提出这些问题，这可以让他们向实际执行的人们做些表示，说明他们已经研究过这些策划书了。”他回答道。

“阿特，这太荒唐了，”我说，“这些会议本应该是自发性的交流。我希望自己在会议上是头一次看到这些材料，然后对这些信息做出反馈。策划书是用来保证对话继续下去的。”

我最不愿意看到的就是弄出一系列比较困难的技术问题，其实只是想得到一些认可而已。假如我连应该由自己提的问题都提不出来，那么我还有什么必要坐在CEO这个位置上呢？公司职员没把心放在该放的地方，现在却忙于向上司们“买好”。

在公司总部，只知道翻看活页文件夹的，绝不只是主管人员或者我的副董事长们。每一次进行业务总结的时候，总部的官员都要往自己下属的脑子里填充各种问题。

我们有很多人每天都在围着我称之为“教条”的东西打转转。在我的一生中，我从来不愿意在某个人向我亲口陈述之前看到他的什么策划书。对我来说，这些会议的价值不在于这些书面材料，而在于那些来到费尔菲尔德的人们的头脑和心灵里的东西。我希望自己能够透过重重障碍进入他们的灵魂深处，了解他们的内心最深处到底是怎么想的。我需要看到各个公司领导人的肢体语言，需要看到他们论证自己观点时的激情和喜怒哀乐。

GE有太多没什么积极意义的会议。每年春天，我们都要到路易斯维尔参加一个家用电器展评会。一大帮设计者和工程师带着硬纸板和塑料制作的模型赶来参加展评。他们向我们这些来自费尔菲尔德的领导询问对未来的冰箱、暖炉以及洗碗机模型有什么意见。

我从不知道这些模型中曾有多少被实际生产出来并摆上销售柜台，但我的确知道，这些模型中有一些是做过除尘处理并重新擦拭过的，因为它们在几年前的展会上就已经展出了。我还知道，来自费尔菲尔德的这帮人（包括我自己）所提出的那些意见根本就不会有什么参考价值。这种例行公事的展评对于每一个人来说纯粹就是浪费时间。

我希望打破这种形式主义怪圈的束缚。这种领导层扮演“检查和批准”角色的做法必须抛弃。

* * *

在我上任后召开的第一次夏季策划会议之后，我就开始着手在我的领导班子里面打造新的工作氛围。我想，让每一个人都离开自己原来的岗位而去别的地方待几天，应该是打破坚冰的一个好办法。在我早先的经历中，我们总是想办法利用一流的高尔夫球场给繁忙的商业事务开辟机缘——比如希尔顿黑德的港湾之城俱乐部以及霍姆斯特德的瀑布高尔夫球场。

那时我刚刚成为“月桂山谷”（Laurel Valley）的会员，这是一家非常不错的高尔夫球俱乐部，恰好位于匹兹堡郊外。1981 年秋天，我邀请了大约 14 个高层管理人员到月桂山谷来静养两天，这些人包括所有职能部门的负责人和 7 个事业部的总裁。这是我第一次真正试图在公司高层组建一个专业团队，这个团队后来被我们称为“公司高级管理委员会”（Corporate Executive Council，CEC）。

在这 14 个高层管理人员中，由至少七八个支持者组成一个核心，我们新的改革策略就由这个核心来确定。雷吉很有眼光，他挑选了约翰·伯林盖姆和埃德·胡德做副董事长。他们两个人都非常支持我，即使有时他们本人对公司变革的步伐也会有所保留，但绝不会破坏我的工作。

事实上，他们这些人集合在一起，为我提供了一种缓冲的力量。拉里·博西迪是我在乒乓球台旁发现的一个非常能干的家伙，他在1981年来到费尔菲尔德担任一个事业部的负责人，已经成为该企业的灵魂人物，我和他都非常痛恨官僚主义。我还得到了我的两位高级伙伴的大力支持，他们分别是首席财务官汤姆·索尔森和人力资源部总裁特德·勒维诺。

汤姆是一位来自皮茨菲尔德的老熟人，几年前他被雷吉提拔到费尔菲尔德出任GE的首席财务官。他很清楚我们想让他做什么。尽管他喜欢给我挑错，但我依旧喜欢他的坦率和机敏。勒维诺则是沟通GE老员工和新员工之间的桥梁，他的支持对于我初期采取的很多措施都具有举足轻重的影响。

我心里清楚，即使这14个公司高层管理人员并不是每一个人都支持我，我也会有足够的力量启动改革。抵达月桂山谷的第一天上午，我在会议室里摆满了空空的黑板架，急切地想了解每个人的想法。我在人群前面站起身，开始询问他们如何看待公司的“数一数二”战略，询问在哪些方面他们喜欢或者不喜欢GE，以及有什么事情我们应该迅速改变。我们花了一些时间来讨论刚刚结束的策划会议，讨论如何来改进这些会议。创造一个促使大家开诚布公进行谈话的氛围并不容易，只有那些与我平时工作接触比较多的人愿意自由发言，大部分人都不想出头。

一个上午过去了，我们的谈话只有一半人参与。

高高兴兴地打了一下午高尔夫球，晚餐时的几杯小酌也轻松愉快，这使得大家紧张的心理松弛了一下，然而在此之后参与谈话的人们只是稍微多了一点儿。第二天的情况和第一天差不多。看来我有些操之过急了，他们中的很多人还不清楚自己处在什么状态，也不知道现在自己在做些什么。两天休假静养的目的没有达到，关于公司的改革问题我们没有达成任何共识。

我想我们需要一场革命。显然，依靠目前这支团队是无法完成这一使命的。

GE 的文化是在一个与现在非常不同的时代中形成的，在那个时代，命令与控制的组织结构大行其道。置身于这个环境，我对公司总部的职员有一种很强烈的成见。我感觉到他们奉行一种“阳奉阴违”的处世哲学：表面上他们表示赞同，也表现得很愉快，然而在自己的内心中却充满了不信任，甚至是激烈的批评。这种状况非常典型地反映了官僚主义者的行为方式：人前是笑脸相迎，背后却总要千方百计找你的“不对”。

组织的层级是公司规模过大带来的另一个问题。对此，我曾经用穿太多毛衣来作类比。毛衣就像组织的层级，它们都是隔离层。当你外出穿了 4 件毛衣时，你就很难感觉到外面的天气到底有多冷了。

早先我有一次到马萨诸塞州林恩的飞机引擎制造厂视察，视察快结束时我来到锅炉车间，在那里遇到了一大帮公司员工，他们同许多与我一起在塞勒姆长大的人相熟。在随意叙旧的谈话中，我偶然地了解到，仅仅为了监督锅炉操作他们就分出了 4 个管理层级！我简直不敢相信这一点。通过这种方式来挖掘管理层级的问题，真是很好笑，因此只要有机会我就会用这个例子。

另一个影响比较大的比喻是，我把公司比作一幢楼房。在我看来，楼层好比组织的层级，房屋的墙壁则如同公司各职能部门之间的障碍。公司为了获得最佳的经营效果，就必须将这些楼层和墙壁拆除，以便创造一个开放的空间，在这个空间当中，各种各样的想法都可以自由流动，而不受任何等级或职能的限制。

在20世纪七八十年代，大公司的管理层级太多——穿了太多的毛衣，有太多的楼层和墙壁。从当时GE的资本拨款审批程序中，我们非常容易看到层级过多的消极影响。我开始担任CEO时，几乎每一个重大的资本支出项目都要送到我这里来等待我的批准。为了购买诸如5 000万美元的主机一类的东西，人们会把一大包书面材料堆到我的办公桌上，必须经我签字才能实施。有那么几次，在我签字之前早已经有16个人签过字表示同意了，却还需要我最后再签一次字，而我多签上一个自己的名字究竟有什么价值？

我废除了这项程序，从那以来已经至少18年我没有在任何一份批准拨款的申请上签字。像我一样，企业的每一个领导都拥有来自董事会的明确授权，他们完全可以在授权范围内自主行使自己的权力。每年年初，公司汇总统计全年所需的资本支出，然后我们把这些资金进行分配，从5 000万美元到几亿美元不等。各个部门和下属机构拥有这些资金并决定资金的使用权限。只有那些离某项工作最近的人才最了解该项工作，这些人应该承担更大的责任。当他们知道一大堆的签字责任不能再往自己的上级那里推脱的时候，他们就会以更加严肃认真的态度来评价有关项目。

在那些日子里，我到处投掷手榴弹，力争把那些我认为阻碍我们前进的公司传统和无聊会议统统炸掉。1981年秋天，在爱尔梵协会（Elfun① Society）的年会上我就投了这么一枚炸弹。爱尔梵协会是GE公司内部的一个管理人员俱乐部，是白领阶层的一个关系网络团体。在当时，成为一名爱尔梵协会会员被认为是进入管理阶层的“通行仪式”。

---

① Elfun是Electrical Funds的缩写，其成员可向该协会的共同基金投资。

我对爱尔梵协会的所作所为没什么好感，我认为它是GE内部“阳奉阴违”传统的集大成者。

爱尔梵协会已经演变成一个由少数所谓精英分子组成的团体，这些人只不过是想在晚餐聚会的时候能够被自己的上司或者上司的上司看上两眼。我仍然记得在自己工作生涯的早期向他们交会费并参加了几次此类晚宴的情景。如果一个主管本地某项业务的公司副总裁要出席晚宴的话，整个宴会大厅就会人满为患，热闹非凡；每个人都想捞取点儿资本，露露脸。但是，如果来演讲的人对他们这些会员的升迁并不具有什么实质性的影响的话，爱尔梵协会想让屋子坐满就有点儿困难了。

1981年秋天，作为新一任的CEO，我被邀请在该协会领导成员的年会上发表演讲。人们普遍认为这应该是个不错的聚会，新官上任，照例都是要讲一些套近乎的场面话。我来到了康涅狄格州西港的长滩乡村俱乐部，这里早已聚集了来自全美各地的数百名爱尔梵协会领导成员。晚餐过后，我起身发表演讲。这次令人不快的经典演讲让与会者记忆犹新。

“非常感谢你们邀请我来这里讲话。今天晚上，我想对大家坦诚相告。首先我要告诉大家一个事实，并希望你们对此作一番深思。这个事实就是，我对你们这个组织存在的合理性持有严重的保留意见。”

我把爱尔梵协会描绘成一个只知道追寻往日情怀的机构。我告诉他们，我从来都无法确定他们最近的活动是什么。

“我看不出你们现在做的这些事情有什么价值，”我说，“你们现在是一个等级分明的社交俱乐部。不过，我并不打算告诉你们应该怎么做或者你们应该成为什么样子。爱尔梵协会未来应该扮演一个什么样的角色，这是你们自己的事情。怎样做对你们自己、对GE才真正有意义，由你们自己决定。”

我结束演讲的时候，下面是一片目瞪口呆的沉默。为了缓和气氛，我在大厅里来回穿梭，频频举杯，不停地忙了一个小时。不过，每个人都没什么心情跟我干杯。

第二天上午，我的一位高级助手弗兰克·多伊尔（Frank Doyle）像往常一样参加了爱尔梵协会的工作聚会，不过，这一次他是带着任务去的。他必须把我前一天晚上讲话的要点再强调一遍。弗兰克就像走进了回声激荡的山谷，大家议论纷纷，他们说自己的感觉就如同被火车碾过一般。像我前一天晚上所做的那样，弗兰克鼓动会员们进行勇敢的变革。

一个月以后，爱尔梵协会的会长凯尔·内萨默（Cai Neithamer）给我打电话说希望能面谈一次。凯尔是我们在宾夕法尼亚州伊利城的运输业务部门的一名工程师，我邀请他来费尔菲尔德与我共进午餐。凯尔随身带了些图表，不过更重要的是，他带来了关于爱尔梵协会未来发展的新构想，而且对此非常兴奋。凯尔的设想是把爱尔梵协会转变成一个 GE 社区的志愿者服务团体。当时里根总统正鼓励人们多参加志愿者服务活动，以填补政府撤出某些社会领域所形成的空白。

我的上帝！凯尔的远见卓识太让我激动了！我永远也忘不了那次面谈。尽管凯尔几年前就已经退休，我还是每年都要和他联系，听听他的意见。他和他的继任者做了一件多么了不起的工作！今天，包括已经退休的员工在内，爱尔梵协会已经拥有 4.2 万多名成员。在任何一个设有 GE 的工厂或者分支机构的社区，我们都会看到会员们为社区作贡献的身影。他们为高中的学生义务提供辅导，取得了非常好的效果。

艾肯高级中学是辛辛那提市的一所内城学校。在过去的 10 年间，通过 GE 志愿者的义务辅导，学校毕业生中被大学录取的比率从最初的不到 10% 提高到了 50% 以上。类似的志愿活动在每一所 GE 分部社区的学校得到广泛开展，比如阿尔伯克基、克利夫兰、达勒姆、伊利、休斯敦、里士满、斯克内克塔迪、雅加达、班加罗尔以及布达佩斯。

爱尔梵协会提供的志愿者服务种类繁多，从修建公园、运动场、图书馆到为盲人修理录音机，什么都做。现在，协会的大门向 GE 的所有员工敞开，不管你是工厂的一名普通工人还是公司的高层管理人员，你都可以加入到协会中来。会员资格只取决于你自己是否想义务为他人做点儿事情。20 年后的今天，这个当初差点儿就被我打入冷宫的组织，已经成为 GE 最优秀的组织之一。我热爱这个协会，热爱里面的人员，热爱它所秉持的价值观以及它所做的一切。

爱尔梵协会脱胎换骨般的自我更新，成为一个具有重要意义的象征性事件，这正是我苦苦寻觅的东西。

* * *

我所力图改变的事情并不只是局限在公司总部。一个眼界真正开阔的人自然要把目光投放到办公室以外更远的地方。1981 年的大部分时间我都用来带着一个团队回顾探讨公司的业务发展，就像 10 年来我一直做的那样。我对整个 GE 公司的三分之一有很好的把握，但我想更多地了解公司的其余部分。

我很快就发现，我在掌管 GE 家用电器和照明业务时所遭遇的官僚主义根本算不了什么，与我在公司其他业务部门看到的情况相比，简直是小巫见大巫。业务规模越大，员工参与的积极性就越低。从工厂的叉车司机到写字间的工程师，有太多的人是在“做一天和尚撞一天钟”。

工作的激情难以寻觅。斯克内克塔迪是我们动力涡轮业务的基地，那里的情形尤其令人沮丧。GE 最初的主要业务是照明，后来照明业务的地位被动力涡轮取代，在很长的一段时间里，动力涡轮都是 GE 公司的旗舰业务。涡轮公司的技术先进，它的气动涡轮机是全世界都羡慕和嫉妒的对象。它拥有 20 亿美元的年销售额和 2.6 万名雇员，其中两万多人在斯克内克塔迪工作。涡轮公司的地位非常重要，而且它的“表现”也非常重要，尽管它的净收入只有 6 100 万美元。

动力涡轮公司代表了那些必须要改变的情形，需要改变的不是技术和产品，而是人们的态度。有太多的管理人员把他们的职位仅仅看作是公司对他们所提供服务的酬劳，是自己人生事业的顶点，而不是把它看作一个全新的机遇。他们有一种观点，认为客户能够订购到他们“令人羡慕”的机器实在是客户的“幸运”。企业经营本身的长期性，加上产品的生命周期和订单的迟滞效应都是以年来计，这一切都掩盖了缺乏活力、激情和进步缓慢的毛病。

我没想到，经过这些实地考察，我偶然发现一个相对较小而且困难重重的部门成为解决问题的终南捷径。我们的核反应堆业务部门位于加利福尼亚州的圣何塞。核电项目是 GE 公司在 20 世纪 60 年代上马的三大风险项目之一，其他两个项目是计算机和飞机引擎。我们的引擎业务日益发展壮大，但计算机业务被卖掉了，核电业务在当时看来充满了“希望”。

在那个时代恐怕没有什么业务会像核电行业那样经历了如此之多的波折。仅仅在两年前，即 1979 年，宾夕法尼亚州三英里岛的核反应堆事故把公众中残存的一点点支持利用原子能的呼声也彻底打消了。公共事业和政府部门开始对他们在核电方面的投资计划重新评估。颇具讽刺意味的是，GE 的这项曾经前途无量的业务会成为我“面对现实”信念的最理想的实践者。

在圣何塞工作的人们都是他们那个时代最优秀最聪明的精英。20

世纪五六十年代从研究生院毕业以后，他们就把自己的全部生命投入到核能利用这一拥有辉煌前景的行业中来。他们是那一代人中的比尔·盖茨，他们期待着能用自己的智慧改变我们的生活和工作方式，改变这个世界。

1981 年春天，我参观了这个身价几十亿美元的业务部门。在我两天的巡查中，他们的领导班子向我展示了一个颇为乐观的计划，预计每年能得到 3 份核反应堆的新订单。他们在 20 世纪 70 年代早期的销售记录确实是非常之好，平均每年能出售三四座核反应堆。看来他们根本没有把三英里岛事故的影响当回事儿。

他们对现实的反应令人感到荒唐，在过去的两年里他们连一份新订单都没有接到，而且 1980 年还出现了 1 300 万美元的亏损。尽管 1981 年他们实现小额的赢利，但核反应堆业务本身的亏损却是 2 700 万美元。

我听了一会儿，就直接打断了他们的陈述。

“各位，你们不要指望一年能得到 3 份订单，”我说道，“依我看，在美国，哪怕是一份订单你们也不会得到了。”

他们震惊了，开始与我争辩，言语之间也不再是那么委婉：“杰克，你确实不了解这个行业。”

他们说的或许是对的，但我更相信自己的洞察力。我也许应该庆幸自己没有把一生投入到这个行业。我尊重并喜爱他们的那股热情，尽管这种热情被误导了。

他们的争辩中富含感情色彩，但没有尊重现实。我要求他们在连一份来自美国的核反应堆订单也没有收到的前提下重新制订计划。

“如果只是依靠向现有的核电站出售核燃料和提供核能技术服务，公司业务如何支持下去？你们考虑一下，拿出一个方案来。”我说。

当时，GE 有 72 个反应堆在实际运转。对公共事业部门的管理人员以及政府监管者来说，核电站的安全都是最优先考虑的问题。我们有责任也有机会使这些反应堆能继续保留下来并安全运转。

显然，我们的探讨没能如他们所愿，我给他们的梦想泼了一大桶冷水。临近会议结束的时候，他们开始无奈地搬出另一个理由。

“如果我们在计划里不考虑订单，你就会打击员工的士气，当再有订单来的时候你就根本不可能把所有员工都动员起来。”

这不是我第一次，也不是最后一次听到绝望的公司领导团队使用这个理由。他们的逻辑和我在困难时期经常听到的另一个说法是一样的：“肉已经让你剔光了，你现在正在砍骨头，再砍下去，公司就要被你彻底毁了。”

这两个说法都站不住脚，这根本不是什么理由。管理中总是有那么一种倾向，对于成本这个烂苹果每次只舍得削掉那么一点点。无法避免的是，随着市场形势的恶化，经理们不得不一次次地回到原来的地方再削一点点。所有这一切只能给雇员们增加更大的不确定性。我还从来没有看到一家企业只是因为削减成本太多太快而倒闭的。

如果有利的时代机遇再次降临，我总是会看到企业的管理团队能够迅速动员起来并对新的形势加以充分利用。

幸运的是，在这个房间里的所有 GE 领导人中，核电业务部门的总负责人罗伊·比顿（Roy Beaton）博士是最现实的。他有些犹豫地接受了我交给他的任务。我离开圣何塞的时候，也不知自己究竟有没有得到什么成果。那个夏天，我和圣何塞的领导团队又有过几次更加激烈的交锋，他们请求将反应堆的订单改为一份或者两份来取代原来的 3 份。我毫不退让，坚决要求订单数是零，必须按照未来的业务发展全部依靠核燃料和技术服务的设想来制订新计划。

到 1981 年秋天，这个团队——总负责人现在是沃伦·布鲁格曼（Warren Bruggeman），他接替已经退休的比顿，终于制订出了新的计划并准备实施。他们将反应堆业务部门的支薪雇员从 1980 年的 2 410 名减少到了 1985 年的 160 名。他们将绝大部分建设反应堆的基础设施都拆掉，把力量集中到对先进反应堆的研究上，以备将来有一天世界对核能利用的态度可能会发生转变。他们的技术服务业务开展得非常成功，这预示着服务部门在 GE 未来的发展中将扮演重要的角色。由于这方面业务的成功，整个核能部门的净收入从 1981 年的 1 400 万美元增加到 1982 年的 7 800 万美元，1983 年则增长到 1.16 亿美元。

在与核能部门第一次会谈之后的将近 20 年里，他们只接到了 4 份订单，全都是订购技术上更先进的反应堆，而且没有一份来自美国。他们这个团队建立起了核燃料和核技术服务业务，每年都有可观的赢利。核能部门使 GE 对公共事业所担负的责任得到了落实，并且能够连续不断地支持对更先进反应堆的研究工作。

我在担任 CEO 的最初日子里遇到不少令人激动的事，这个成功的故事就是其中之一。这个故事和经济学没什么关系，更多地与我所追求的那种公司“感觉”有关。实际上，那些参与核能业务部门重组的员工并不是“典型的杰克 · 韦尔奇类型”的人，他们并不年轻，不引人注目，也不喜欢与人抗争。他们并不把官僚主义看作敌人，他们只是在 GE 追名逐利的人，是公司的主流。

我终于抓住了这样一个机会，从那些显而易见并不是韦尔奇门徒的人当中制造出了一群英雄，这是一个重大的转折点。它清清楚楚地向人们传递了这样一个信息：为了在新的 GE 公司中获得成功，你不必刻意把自己改造成一个什么特定的类型。不管你是什么长相，什么个性，你都可以成为 GE 的英雄。你需要去做的只有一点，就是面对现实并采取行动。这个信息所具有的价值非同凡响，特别是在那段时间里，有相当多的 GE 员工不知道他们做事的方式对不对，不敢确信是不是有一个“神经病”在领导公司。

在担任 CEO 的头几年，我到处引用核能部门的这个故事，一遍又一遍，极力强调做事情要从现实出发的重要性。“面对现实”听上去很简单，但事实上绝非如此。恰恰相反，我发现，让人们从眼前的实际出发，而不是从过去的经验或者自己的主观愿望出发来看待某种形势，实在是一件很不容易的事情。

“不要欺骗你自己，事情本来就是这个样子。”我母亲多年以前教导我的话语看来对 GE 一样重要。

在商业计划里尽可能不要与希望打赌。自欺欺人的幻觉会在整个公司蔓延，引导人们得出十分荒谬的结论。无论是 20 世纪 70 年代的家用电器、80 年代的核能发电，还是世纪之交的网络公司，让人们直面现实都是走向最终解决问题的第一步。

在我成为 CEO 时，我继承了 GE 很多伟大的传统，但直面现实却不是这个公司的强项。它“阳奉阴违”的传统使公司内部极难做到坦诚相待。我很幸运，核能业务部门和爱尔梵协会的成功改革使我拥有了有力的武器，我可以向人们清楚地展示我所希望的 GE“感觉”起来究竟是个什么样子。

只要有机会，我就把这些故事一遍又一遍地向每一个 GE 的听众讲述。在随后的 20 年里，我同样用这些故事把自己的理念传递给整个公司。

渐渐地，人们开始听得进去了。

第八章

远　见

成为数一数二的企业绝不仅仅是个目标，而是实实在在的要求。如果做到这一点，那么我们就可以确信，在这新的 10 年结束时，我们的这个核心理念一定会给世界带来许多崭新的独一无二的产业。

我作为公司 CEO 第一次与华尔街的分析家们见面的时候也投了一枚炸弹。

1981 年 12 月 8 日我动身前往纽约时，我担任这个新职务已经 8 个月了，我要把我关于“新 GE”的重大信息传达给公众。我花了很大的精力准备讲稿，反复修改，反复排练，我热切地希望自己的演讲能让人们感到耳目一新。

毕竟，这是我第一次向公众表明，我将把 GE 带向何处。要知道，这事关公司愿景。

然而，那天来的分析家们想听的却是公司当年的财务状况以及取得了哪些成就。他们希望能提供详尽、全面的财务数字，这样他们就能把这些数字套进他们的模子，预测我们各个业务部门的赢利状况。

他们喜欢这一套。在20分钟的演讲里，我只提供了一点点他们想要的数字，很快，我就以定性分析的方式探讨起我对公司的展望。

我们会面的地方是第五大道皮埃尔大酒店经过装饰的大舞厅。GE的舞台布景人员在这里工作了一整天，在分析家们到来之前，我在讲台后面已经排练了好几个小时。今天似乎很难想象当时是多么较真儿。

我那天带来的“重大”信息（见附录A）是打算描绘一下未来商战的赢家，它们将是这样一些公司——“能够洞察到那些真正有前途的行业并加入其中，并且坚持在自己进入的每一个行业里做到数一数二的位置，无论是在精干、高效，还是成本控制、全球化经营等方面都是数一数二……80年代的这些公司和管理者如果不这么做，不管是出于什么原因——传统、情感或者自身的管理缺陷，到1990年，他们将不会出现在人们面前”。

成为数一数二的企业绝不仅仅是个目标，而是实实在在的要求。如果做到这一点，那么我们就可以确信，在这新的10年结束时，我们的这个核心理念一定会给世界带来许多崭新的独一无二的产业。这是那天我要传达的“硬”信息。

当转入“软”话题，如现实、质量、卓越，以及“人性因素”时，我能感觉到听众并不感兴趣。要想成为赢家，我们就必须把做到数一数二的“硬”核心理念与这些无形的“软”价值观结合起来，从而获得一种“感觉”，这种“感觉”就是我们所要追求的企业文化。演讲进行到一半时，我已经意识到，如果我和他们讨论我那篇有关液滴冷凝方面的博士论文，反响恐怕也不过如此。

他们那呆呆的眼神并没有让我泄气，我继续演讲。我演讲的很多内容在今天都可能被认为是些陈词滥调。而事实上，多年以后回过头来再看看那次演讲，内容严肃得连我都难以置信。

“我们必须让一种态度渗透到公司每一个员工的头脑里。我们要创建一种环境，允许人们——事实上，应该是鼓励人们，按照事情的本来面目看待事情，要按照事情自身的方式，而不是凭自己主观愿望的方式来处理事情。”我说道，“在全公司树立这种直面现实的观念是实施我们的核心理念——我们所做的任何事都数一数二的必要前提。”

我继续讲道，追求高质和卓越要形成一种氛围，在这种氛围里，所有的员工都能感到向自己的极限挑战是一件很愉快的事情，感到我们能够比我们心目中的自己做得更好。对“人性因素”的重视会培育一种良好的环境，在这种环境里，人们敢于创新，人们能够心中有数，“唯一限制他们自身的创造性和驱动力的是，他们前进得有多远，行动得有多快”。

如果所有这一切都能做到，如果这些软硬要求都能结合起来，那么，GE 的面貌将会焕然一新，我们将比那些规模只是我们几十分之一的公司“更加士气高昂，有更强的适应能力，具备更高的灵活性”。当时很多大公司的目标是随着国民生产总值（GNP）一同成长。我们将不仅是随着国民生产总值一同成长，还要让 GE 成为“拉动国民生产总值的火车头，而不是被动的最后一节车厢”。

最后，房间里沉闷的反应清楚地说明了一切，那些分析家认为我只是夸夸其谈，没提到什么实质性内容。我的一位员工曾无意间听到一位分析家嘟囔道：“我们根本不清楚他到底在讲什么。”我离开了酒店的大舞厅，我知道必须找到更好的宣讲办法。华尔街已经听到了我的声音，华尔街也打起了哈欠，后来我们的股票涨了 12 美分，股价没跌，看来我还算走运。

我确信我的这些理念都是对的，只是我还没有把它们变成现实。它们还处在被一张新面孔到处宣读的阶段。

为了准备与 GE 股票分析家的会面，公司在礼仪形式方面下了极大的功夫，不过这一切最终也没给我帮上什么忙。每一个细节，甚至包括每个人的就座安排，我们都考虑到了。分析家们很礼貌地坐在他们的座位上，GE 的工作人员在过道之间来回走动，收集分析家提问问题的卡片。卡片被送给其他 3 个来自 GE 的高层领导，包括首席财务官，他们都坐在房间另一边的长桌旁。他们的任务是把那些可能会引起尴尬、争论的问题，或者是他们认为我不会或者难以回答的问题，挑出来并剔除掉。

“球”最后传到我这里，由我上篮。

如今会见 GE 股票分析家和那天已经大不一样了。现在我们不用讲稿，而是在讲话中大量使用图表。听众总会提出问题或质疑，就如同我们在 GE 内部的工作会议上一样，我们愿意与外界进行知识信息方面的交锋。我们对投资者的想法有更好的把握，而那些股票分析家对 GE 的前景和战略方向也有了更多的了解。

我与华尔街的第一次接触可以说是个无奈的失败，但是在此之后的 20 年里，尽管步履蹒跚，甚至是进两步退一步，我们所做的每一件事最终仍然在朝着我当时勾画出的那个愿景目标迈进。我们不仅要实现“数一数二”的“硬目标”，还以近乎疯狂的执着要在公司内部获得那种“软感觉”。

我的这种核心理念来自自己早先管理企业的种种历练，我有过成功的经验，也有过失败的教训。这种核心理念还得到了彼得·德鲁克（Peter Drucker）的管理思想的支持，我是在 20 世纪 70 年代后期开始阅读德鲁克的著作的。在我接任 CEO 的时候，通过雷吉介绍，我和德鲁克见了面。我认为，如果这个世界上真有一个天才的管理思想大师的话，那么这个人就是彼得·德鲁克。他出版了许多管理书籍，每一本都充满了真知灼见。

正是在德鲁克提出的一系列严峻问题的启发下，“数一数二”这一理念才得以明确化。他问道：“如果你当初不在这家企业，那么今天你是否还愿意选择加入进来？”如果答案是否的话，“你打算对这家企业采取些什么措施？”

问题很简单——不过，正像大多数简单的事物一样，实际上它非常深刻。这些问题对GE来说尤其发人深省，因为我们经营的行业是如此之多。在那个时候，如果你要留在某个企业，那么企业有赢利这一个理由就足够了。至于对业务方向进行调整，放弃那些利润低、增长缓慢的业务，转入高利润、高增长的全球性行业，这在当时根本不是人们优先考虑的事情。

那个时候，整个公司内外没有一个人能感觉到危机的到来。无论是资产规模还是股票市值，GE都是美国排名前十位的大公司，它是美国人心目中的偶像。当时，来自亚洲的威胁已经存在很多年了，美国的市场被一个一个地蚕食掉：收音机、照相机、电视机、钢铁、轮船，最后是汽车。我们看到，公司的电视机制造业务面临着来自全球——特别是日本的竞争，利润已经开始萎缩。我们还有其他一些业务，包括家用电器和电子消费品业务，都处于疲软的状态。

然而，假定当时你是处在我们的家用电器业务部门，整天忙忙碌碌地生产着烤箱和电熨斗，假定你就知道这些，业务也有赢利，你恐怕也会说：“这就足够了，你还想干什么？”直到今天，我还在和某些人继续着这种荒谬的谈话。他们总是说：“哦，业务现在不是在赢利吗？有什么问题吗？”

不，有时候这里面的问题可太多了。如果我们对这项业务的长期竞争力没有有效的解决方案，那么终将有一天业务会陷入困境，这只不过是个时间早晚的问题。

“数一数二”，“整顿、出售或者关闭”，我们的战略非常简单明了。经过讨论，人们开始理解这个战略，大多数人在理智上也同意这个战略。然而，一旦付诸实施，各种情感上的原因却使我们的行动面临重重阻碍。对于那些明显占据行业龙头位置的业务部门来说没什么大的麻烦，但是，我们的有些业务在各自行业中并不处于领先位置，这些业务部门的员工感觉到了极大的压力。他们不得不面对这样的现实：他们必须尽快采取措施改善业务的经营状况；否则，费尔菲尔德那个新上来的家伙就可能把他们给卖掉。

像我们拟定的每一个目标和行动纲领一样，我每到一个地方都要反复宣讲“数一数二”的要求，一遍又一遍，直到我自己提到这几个词都开始有点儿恶心了。为了实现公司的目标，理智和情感的工作我都要做。公司所有的管理活动都要与我们的愿景目标保持一致。

像所有的愿景目标一样，“数一数二”战略也有自身的局限。

显然，有些业务已经变得非常大众化，即使你在行业里占据领先位置，这也很少甚至丝毫不会增加你的竞争力。比如说，在电烤箱或电熨斗行业中，成不成为第一其实没什么区别，这个行业面临着低成本进口产品的竞争，我们没有什么定价权。

另外，在一些产值达数万亿美元的市场上也是这样，如大洋两岸的金融服务市场。在这些行业中，只要你能给自己一个恰当而有力的定位——产品或者地区，那么是否成为全行业的第一或第二就显得不那么重要了。

愿景目标很简单，但要想把它灌输给 GE 的全部 42 个战略经营单位却极不容易。我花费了极大的心血与他们进行沟通。有很长一段时间，我一直考虑怎么做效果会更好一些。出人意料的是，1983 年 1 月，我在一次鸡尾酒会的餐巾纸上找到了答案。

不管在什么地方、什么时候，我阐述自己思想的时候总喜欢在纸上涂涂写写，这常常弄得别人要发疯。这一次是在新迦南的盖茨饭店，为了向我的妻子卡罗琳解释公司的愿景，我掏出一支笔在垫酒杯用的餐巾纸上画了起来。我画了 3 个圆圈，分别代表我们的三大类业务，即核心生产、技术以及服务。圆圈里列着具体的业务种类，比如，我把照明、大型家用电器、引擎、涡轮、运输以及建筑设备放到了核心业务圈里。

我告诉卡罗琳，我们要整顿、出售或者关闭没有包括在这 3 个圈里的业务（见下图）。这些业务要么是处于行业边缘、经营业绩不好，要么是市场前景暗淡，或者是干脆就不具备什么战略价值。我很喜欢这 3 个圈的表述方式。在后来的几个星期里，我和我的团队把它进行了扩充，增加了更多细节性的内容。

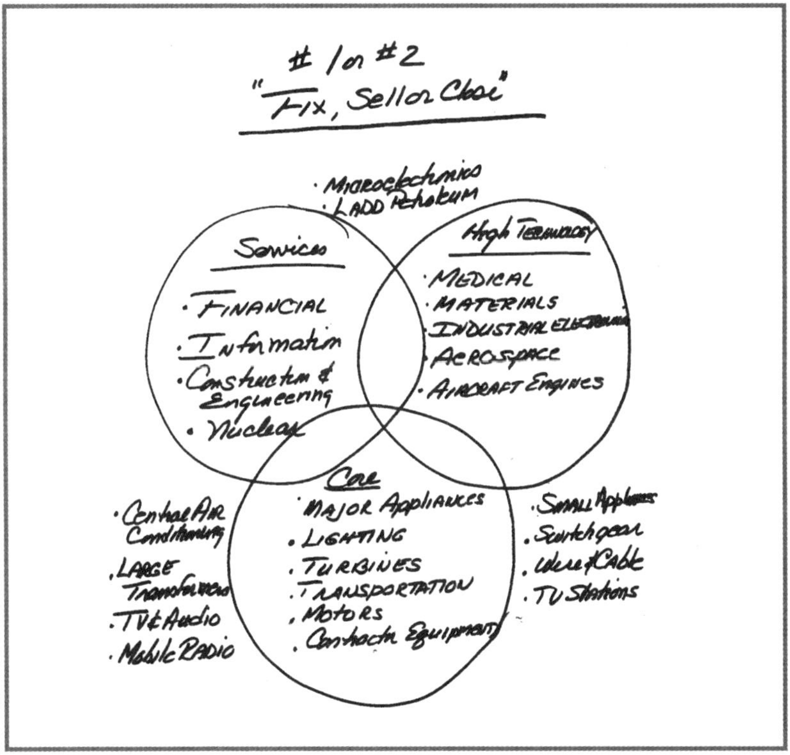

我所画的“整顿、出售或者关闭的业务”示意图

这个图的确可以把我的思想表达透彻，这正是我所需要的概念和表述工具：简洁而又实用。后来我就通过它来阐述和推进“数一数二”的愿景目标。我开始到处使用这个图，后来《福布斯》杂志还以它为题在1984年3月刊登了关于GE的封面故事。

如果自己的业务部门被画到了圆圈里面，员工们自然会有一种安全感，甚至是自豪感。但是，对于那些没有被画到圆圈里的业务部门来说，各种各样的情绪都会出现，特别是在那些曾经是GE核心业务部门的企业或工厂，如中央空调、家用电器、电视机、音响设备以及半导体等部门，情形则更为混乱。这也很自然，身处“整顿、出售或者关闭”范围的业务部门，谁都会惴惴不安。

他们感到恼怒，觉得自己被出卖了。一些人质问道：“难道我是跟一群麻风病人在一起吗？当初来到GE，我可不是想成为今天这个样子。”工会的领导人和市政官员也开始抱怨，人们的反应之激烈有些出乎我的意料。我知道，对这些情况我必须集中精力认真对待。

* * *

在最初的两年里，“数一数二”战略引发了很多行动，但大部分规模都不大。我们出售了71项业务和生产线，回笼了5亿多美元的资金。我们完成了118项投资交易，包括收购兼并、建立合资企业以及参股性的投资，总投资额大约是10亿美元。钱不算多，但是这些举动却带来了莫大的精神文化方面的影响，这在整个公司的每个角落都能感觉到。尤其是我们中央空调业务的出售，在其周围的员工中引起了非常大的心理震动。

中央空调业务部门拥有3个工厂和2 300名雇员，规模并不大，赢利能力也算不上很高。1982年年中时我们把该部门以1.35亿美元的价格出售给了特灵公司（Trane Co.）。这件事引起了全公司的瞩目，因为空调业务部是基地设在路易斯维尔的大家电业务部的一个分部，恰好位于我们公司的中心地带，尽管它那10%的市场占有率与其他GE业务部门相比实在不怎么光彩。

初次接触这个部门时我还是一名事业部的主管，那时我就不喜欢它。我认为空调部门无法做到由自己掌握命运。你把GE品牌的产品卖给各地的分销商，比如艾斯管道公司（Ace Plumbing），由他们带着锤子和螺丝刀“叮叮咣咣”地把空调给客户安装上，安装完毕，他们就开着车一溜烟儿地回去了。结果呢？客户把分销商安装中出现的问题，把自己对分销商服务的不满，都一股脑儿地记到了GE的账上。我们经常收到客户的投诉，而实际上问题跟我们没关系，我们被自己无法控制的因素给限制住了。

由于我们的市场份额低，我们的竞争对手便能够获得最好的分销渠道以及独立的承包商。对GE来说，空调是一项有缺陷的业务。这些认识是我们在卖掉空调业务之后才深刻体会到的，这件事深深震动了路易斯维尔。

将空调业务卖给特灵这宗交易进一步增强了我的认识：把我们的弱势业务转给其他的优势企业，两者合并在一起，这对任何人都是一个双赢的结局。特灵在空调市场上占据领先位置，通过这宗交易，我们空调部门的人员一下子就把自己变成了赢家中的一员。转让交易完成一个月之后，一次电话交谈更加证实了我的这种认识。我给我们原来空调业务的总经理斯坦·戈尔斯基（Stan Gorski）打了个电话，他随同这次业务转让一起去了特灵公司。

“斯坦，情况怎么样？”我问道。

“杰克，我喜欢这儿。”他说道，“在公司，我的老板一整天都在考虑空调的问题。他喜欢空调，他认为空调非常了不起。而我每次和你通电话时，我们总是谈客户的投诉，或者是业务的赢利问题。你不喜欢空调，我知道。杰克，现在我们都是赢家，我们都能体会到这一点。在路易斯维尔，我像个孤儿。"

"斯坦，你带给了我一天的好心情。"在挂断电话之前我说道。

面对各种反对意见的狂轰滥炸，斯坦的话坚定了我的决心，无论如何，我都要把"数一数二"战略坚决实施下去。空调业务的出售促使我们建立了另一项基本原则，我们使用出售这项业务获得的 1.35 亿美元资金帮助重组其他业务。

我们出售每一项业务时都是按照同样的方式进行。我们从不把出售获得的收益计入净收入，相反，我们总是把这笔资金用来提高公司的竞争力。在过去的 20 年里，不管是对我们自己，还是我们的下属公司，我都不允许使用一次性的结构重组这个理由为完不成赢利目标辩解。结构重组的支出我们单独走账。

* * *

从我向雷吉书面保证自己有资格担任 CEO 的那天起，我就将"持续性的赢利增长"作为自己的经营目标。幸运的是，我们拥有不少强大的业务部门，业务种类也非常多元化，这从根本上可以保证我的这一目标的实现。毕竟，我们是在经营业务，而不是经营赢利。

将一项如空调这样的业务卖出之后，我们不仅能在账目上实现赢利，更主要的是我们会得到大量的现金，这使我们有了更大的回旋余地去考虑再投资或者是整顿其他业务部门，这也正是股东们期待我们去做并为此而支付薪水的动力。

我喜欢把对这笔现金的运用比作修补一所房子。当你没钱修补天花板时，你只能在下面放一只水桶，把从房顶渗进来的水接到桶里。

等到你有钱了，你就应该把屋顶翻修一下，把漏洞堵上。GE 从业务出售中获得的这笔钱就是这么花的。我们的行动要能切实加强我们的业务，要为公司作长远打算。

我们总能不时地听到一些人的批评，他们对如何做到“我们持续性的赢利增长”提出质疑。一位记者甚至这样认为，如果我们在某个季度因为关闭掉一项业务支付费用，而在另一个季度因为出售某项业务又有现金流入，那么我们的赢利就不可能具有持续性。

简直是瞎扯！我们的工作是当我们有钱时就要修补屋顶的漏洞。

如果你不这样做，你就不是在为全局谋划。你只有运用这笔钱，就像此处 GE 获得的这笔现金，你才会领悟企业管理究竟是怎么回事——做账不能生钱，经营才能生钱。

* * *

将空调业务出售引起了很大的震动，不过这一事件的影响基本上还局限在路易斯维尔，而接下来对犹他国际的出售才真的让我感到痛苦不堪。犹他国际这块业务是雷吉 · 琼斯在 1977 年花了 23 亿美元买进来的，当时这笔交易对雷吉、对 GE、对整个美国企业界都是创纪录的一桩并购案。

犹他国际是一家赢利能力很强的一流公司，它很大一块收入来自向日本钢铁业销售的炼钢用焦炭业务，它在美国还拥有一家小规模的石油天然气公司，在智利拥有一座已探明但还没有开发的铜矿。雷吉买下犹他国际主要是为了防范今后再发生 20 世纪 70 年代那样急剧的通货膨胀。

对我来说，随着通货膨胀的日益减弱，这家公司越来越不符合我的赢利持续性增长的目标。我的经营理念是要让每个人都能感觉到自己的贡献，这种贡献看得见，摸得着，还能数得清。而犹他国际的赢利状况起伏不定，严重扰乱了我的理念。

GE 每个季度对经营收入进行汇总，我们的收入来自全世界各个角落，都是一分钱一分钱挣来的，每个人对自己每一天的贡献都数得过来。当我担任事业部执行官和副董事长时，每逢开会我都与我的同事进行交谈，一起讨论为了实现这个季度或这一年的利润数字每个人要如何忘我地工作。这时，犹他国际的总裁站出来了，一下子把我们辛辛苦苦收获的利润成果冲得东倒西歪，不过他自己倒茫然不觉。

他可能会说："我们的煤矿发生了罢工事件，这使得利润比最初的预计值减少 5 000 万美元。"这么大个数字会令我们所有人都发蒙。或者他可能会说："原煤价格涨了 10 美元，我将多投入 5 000 万。"不管是哪种情况，犹他国际都会让我们辛辛苦苦取得的成果变得毫无意义。

我认识到，犹他国际的业务具有周期性的特点，这使我们很难实现利润持续增长的目标。我并不喜欢矿产资源业务，我感觉经营这种业务时，有很多事情会超出自己的控制能力。拿石油行业来说，一个卡特尔的行动会使任何个人的天才智慧难以有用武之地。

作为一个局外人，我相信杜邦公司 1981 年对大陆石油公司（Conoco）的并购具有同样的后果。杜邦收购大陆石油也是为了防范矿产资源（石油）涨价的风险。但是大陆石油的业务实在太庞大了，这同样使得杜邦很多业务单位各自的努力成果失去意义。我在伊利诺伊的一些研究生朋友加入了杜邦公司，我听他们以及杜邦塑料业务部门的另外一些朋友谈起过，大陆石油赢利状况的巨幅波动使他们个人努力的作用大为弱化。最终，杜邦还是在 1998 年把大陆石油给卖掉了。

矿产资源业务应该属于矿产资源公司。

尽管我不喜欢犹他国际，但对于出售它我还是迟疑不决，毕竟这是雷吉的一笔最大交易，而且到现在也才只有几年的时间。我的一切成功都是雷吉的功劳，我不希望因为把犹他国际出售得太快而显得对他不够尊重。在做出决定之前，我向雷吉做了一番陈述，说明出售犹他国际的理由。我与他通过电话联系，问他对这件事是怎么考虑的。

多年来，我给雷吉打了很多电话。尽管在我成为 CEO 时他离开了董事会，但我的任何一个重大举措都要事先告诉他。

关于犹他国际的电话交谈过去几天之后，雷吉给我回电话了，他认真地询问了一番，然后明确表态支持我。事实上，在 20 多年的时间里，不管是在公司内部还是在外面，他从来不在事后对我的决定说三道四。

在担任CEO的头一年里，我曾经私下里与朋佐石油公司（Pennzoil）的 CEO 休 · 利特克（Hugh Liedtke）在纽约的华尔多夫大厦会面。我想把犹他国际出售给他。他考虑了一会儿，认为收购犹他国际不合适。当时他想摸条更大的鱼——他最终在一场受到大肆炒作的与德士古（Texaco）的激烈收购战中把盖帝石油公司（Getty Oil）收到麾下。

我与其他潜在的美国买主联系，却没有一家公司对这笔交易感兴趣。

天无绝人之路，我的副董事长约翰 · 伯林盖姆想到了一个更好的主意。约翰发现，犹他国际最理想的战略购买者应该是 BHP 公司（Broken Hill Proprietary），这是澳大利亚的一家经营矿产资源的大公司。约翰与他们进行了接触，BHP 初步表示对此有兴趣。接着约翰就组建起一个工作小组，小组成员包括他自己、弗兰克 · 多伊尔以及他的老朋友保罗 · 弗雷斯科，保罗是特意被从欧洲调回来参与这项工作的。约翰和弗兰克在后方负责总体战略，保罗负责直接谈判。

由于交易本身的规模以及地理上的原因，与 BHP 的谈判相当麻烦，持续了好几个月。犹他国际的总部在旧金山，资产却遍布全世界，而 BHP 的总部在墨尔本。像任何一笔大交易一样，谈判过程总是起起伏伏。经过一番艰苦的工作，双方在 1982 年 12 月中旬达成了明确的意向。

我们真有些欣喜若狂了，犹他国际是个大摊子，我们的要价又高，想收购它的买主并不多。这宗交易是个大手笔，非常符合我们的战略目标，对 BHP 来说也同样具有非凡的意义。这项计划要提交给 12 月的董事会例会，等待它的最后批准。

在此次例会前的星期四晚上，公司的所有高级管理人员以及董事们都来到纽约的帕克·莱思酒店，我们要在这里举行每年一度的圣诞聚餐和舞会。我自己是提前一年开始组织这种社交聚会的，它能使管理层和董事们走得近些。我们的出售计划使这次晚会的每个来宾都兴致勃勃。然而，大约晚上 11 点钟时，我注意到一位员工陪同约翰·伯林盖姆急匆匆地离开了舞会。一个半小时以后约翰面无表情地回来了，我能看出他的身子有点儿不稳，不过仍旧很酷。

当然要比我随后的表现更酷。他来到我的桌子旁边，把坏消息向我做了报告。

“杰克，”他说道，“交易取消了。保罗给我打了电话，他说 BHP 刚刚跟他通了话，他们的董事会不同意，他们的财务状况也不允许。”

我沮丧极了，我一直指望着交易能够成功。在向着我所勾画的战略目标前进的道路上，出售犹他国际本来应该是极其重要的第一步。现在，乐队还在演奏，而我的大脑一片空白。我和卡罗琳一直等到晚会结束后，才回到华尔多夫的套房休息。当时和我们一起住在套房里的还有赛·卡思卡特和他的妻子考琪（Corky）。

赛很快就成为我在董事会的亲密朋友。那天晚上，他陪我讨论出售计划的种种备选方案，一直谈到凌晨3点钟。由于并不了解我们究竟在哪个环节上出现了问题，我们的探讨漫无边际。我的情绪低落至极，可怜的赛就这么听我喋喋不休地聊到深夜。

第二天上午，我和伯林盖姆把交易取消的消息通告给了每一位董事。自然，他们也很失望，但他们仍旧鼓励我不要灰心，回到原来的轨道继续努力。那个周五的晚上，当我回到酒店的房间时，我看到床上摆放着一个玩具熊，这家伙吮着自己的拇指，样子很可爱。小熊是赛的妻子当天上午出去买的，赛还在小熊身上别了一张纸条，上面写着：“不要让这件事把你击倒，你会找到解决办法的。”

担任CEO已经有21个月了，我真有点儿开始怀疑自己了，我不敢确信就职时的演说是不是把话说大了。赛的纸条鼓起了我的信心，他在后来的日子里向我提供了无数次有力的帮助，这张纸条只是其中的第一次。当然，像赛这样的人不止一个。从我接手工作的第一天起，董事会的所有成员就给了我不尽的支持。我需要他们的支持，不仅是这一次需要，在未来的任何时刻我都需要。

圣诞节过后，伯林盖姆—多伊尔—弗雷斯科小组继续开始工作。为了符合BHP公司的财务能力，他们把犹他国际的业务进行了拆分，包括把美国石油天然气生产企业莱德石油（Ladd Petroleum）从犹他国际的资产中拆出来。这样一来，BHP终于能够在财务上接受这项交易了。在1984年第二个季度结束之前，BHP把拆分后的犹他国际下属公司以24亿美元的现金价格买了过去。我们又花费了一年的时间才全部办妥所需要的政府批准手续。6年以后，也就是1990年，我们把犹他国际的最后一项资产莱德石油以5.15亿美元的价格出售了。

空调业务和犹他国际的剥离出售使我对GE的战略及其实施情况感到颇为满意，甚至是太满意了。出售空调业务只是在其所属的大家电业务部门内部引起了一些骚动，而对犹他国际的处理在整个公司没有激起一点儿波澜。我们拥有犹他国际只有很短的一段时间，它从来没有真正成为 GE 的一个组成部分。

下一步，也就是对 GE 家用电器业务的出售，显然比空调业务和犹他国际的剥离出售困难得多。

* * *

我曾经有将近 6 年的时间监管我们的家用电器业务，我觉得这是一项很糟糕的业务。蒸汽熨斗、电烤箱、吹风机以及搅拌器都不是什么激动人心的产品。我记得这个业务部门推出的一项"突破性产品"是电动削皮魔杖，它可以使削土豆皮变得非常容易。

他们的业务都不属于我们所需要的"重大技术"类型。

这些产品都不应该属于新的 GE。来自亚洲的进口产品将强烈冲击这个市场，市场上的美国生产商无一不受到成本居高不下的困扰。这个行业的进入门槛很低，零售商的相互联合使现有的任何一个品牌的忠诚度都在日益下降。

我把这项业务划到我的 3 个圆圈之外。在我看来，出售这项业务是一个并不需要多高智商就能考虑出来的结论，将它卖掉之后我们不会失去任何东西，而且我们还能获得一笔资金在别的领域实施我们的"数一数二"战略。布拉克 – 戴科公司（Black & Decker，简称 B&D）显然是不知从哪里听说了我们对这项业务的态度，他们觉得这项业务对他们很合适。B&D 公司自认为他们在电动工具方面的品牌实力很强，而且在我们没有进入的欧洲市场上占据优势地位。他们的公司领导层雄心勃勃地要进入新的产品领域，并把目标锁定在家用电器行业。

1983 年 11 月，我接到了皮特 · 彼得森（Pete Petersen）的一个电话。他是一位投资银行家，也是 B&D 公司的一名董事，我们以前见过几面。

“你是不是准备把你们的家用电器业务卖掉？”皮特问道。

“你何出此言？”我说。

我们玩儿了一会儿猫捉老鼠的游戏，直到皮特说明他是代表 B&D 公司的董事长兼 CEO 拉里 · 法利（Larry Farley）来与我通话。

“那好，如果你是认真的，”我说道，“我可以为你做些什么呢？”

“这样，在一到五之间，一代表你永远不会卖，二代表你要卖个大价钱，三代表你准备按公平价格出售，你选择哪一个？”皮特问道。

“我的大家用电器业务差不多介于一和二之间，”我回答说，“我的小家用电器业务是三。”

“好，这正是我们感兴趣的。”皮特说道。

两天后，也就是 11 月 18 日，皮特、我和拉里坐在了位于列克星敦大街 570 号的 GE 纽约办公室里。拉里开列了长长的一个问题单，我对大部分问题做了回答，然后皮特直截了当地问我这项业务想卖多少。

“3 亿美元，一分都不能少，而且这项业务的总经理鲍勃 · 赖特不能随着这笔交易过去。”

鲍勃是从考克斯有线电视公司被我诱招回 GE 总部的，后来我安排他负责家用电器业务，我不想再失去他。第二天我见到了鲍勃，告诉他我跟皮特的谈话内容。我说：“不要担心，很快我就会交给你一项更好的工作。”

没多久，拉里和皮特就给了我们回音，他们同意继续往下深谈。尽管我们很小心谨慎，这项谈判中的交易还是透露了出去，在公司内部引起了争论。GE 的传统人士认为，在那些家用电器上打上 GE 标志为公司品牌带来了很大的好处。我们对此迅速做了一番调查研究，结果表明情况恰恰相反。消费者愿意选择GE的卷发器或者电熨斗当然不错，但这对公司并没有什么价值。另一方面，在当时甚至现在，那些大型的家用电器在消费者心目中占有更高的地位。

谈判进展得很顺利。我们彼此非常信任，双方都希望交易能够达成。每次谈判中发生争议，我们都能很容易地解决。皮特做事的坦率风格和诚挚态度对我来说很重要，后来我们有过多次合作。我与皮特第一次电话联系之后没几个星期，我们就把家用电器的业务出售给了他们。

出售家用电器的谈判的轻松气氛掩盖住了GE内部掀起的轩然大波，公司很多传统业务部门的员工变得惶恐不安。将20亿美元的犹他国际剥离出去，大家对此理都没理；但是卖掉只有3亿美元的家用电器业务——虽然这块业务的技术含量低，却引发了一场令人难以置信的抗议。我平生第一次收到来自员工的愤怒信件。

如果当时有电子邮件的话，估计GE的每个服务器都得阻塞。信件里差不多都是这些话："不做电熨斗和烤箱，我们还是GE吗？"或者"你究竟是个什么人？如果你连这种事情都做得出来，你还有什么事不敢干！"

从冷水器上传来的嗡嗡嘤嘤的噪声的确很不好听。

接下来还有更多更多的噪声，实在是太多了。

第九章

“中子弹”岁月

任何一家公司，如果认为它可以提供终身的工作保证，那么它就走进了一个死胡同。只有满意的客户，而不是公司，才能给人们提供工作保证。现实会无情地撕毁公司与它的员工之间曾经存在的隐性契约。

20 世纪 80 年代初期，如果你供职于 GE 的某个即将出售的部门，你根本不必去担心杰克 · 韦尔奇是否知道它在做什么、要往哪里去。整个公司到处都充满混乱、焦虑和困惑。导致这一切的原因很简单，就是“数一数二”策略、3 个核心圈、业务的断然出售和对 GE 的大范围整顿。

在 5 年的时间里，大约四分之一的员工离开了 GE，总数达 11.8 万人，包括我们所出售企业的 3.7 万名员工。公司上上下下都感到紧张不安，不知道自己的明天会怎么样。

我还在火上浇油，投资数百万美元去做被认为是“非生产性”的事情。我在公司总部修建了健身中心、宾馆和会议中心，并且计划着要把我们在克罗顿维尔的管理发展中心升级。我的这些行动投入资金大约 7 500 万美元，目的就在于为公司营造“软”价值——“卓越”，这是我早在皮埃尔大酒店就已经提出来的理念。

但人们不理解。在他们看来，这完全是两码事。

我投资在脚踏车、会议室和高档卧房上的钱并不多，与同期公司花在建造和购置设备上的 120 亿美元相比，简直就是从口袋里掏出来的一点儿零花钱。但人们不这么想，投向全世界的各个工厂的 120 亿美元，他们看不见，而且这本来就是习以为常的事情。

对人们来说，这 7 500 万美元的象征意义太大了，大得让他们无法接受。我能够理解为什么很多 GE 的员工一时难以接受我的这些做法。

但我在内心深处坚定地认为，我做的是对的。

在那些日子里，也就是业务紧缩同时又大把花钱的那段时间里，我的一位关键性的支持者是人力资源部的负责人特德·勒维诺。他像一块坚硬的岩石，是连接过去的纽带，是受到每个人尊重的一名从普通员工提升的 GE 老兵，没有人会怀疑他的诚恳和正直。我看到过很多次，一些高级经理先是战战兢兢地与我会面，然后一到特德那里便恢复了常态。很多必须离开公司的高级管理人员的安抚工作都是特德亲自去做的。当年选举时他支持过我，更重要的是，他清楚他在做什么，并相信这是 GE 需要他做的。

特德的支持非常重要，因为人们对我的那些投资举动有太多看法，无论我怎样解释都不能使他们完全满意，公司里各种各样的贬损以及神经过敏般的风言风语非常多。我不会退缩，也不会逃避。我利用每一个机会来消除这一切。1982 年年初，我开始每两周举行一次圆桌会议，与大约 25 名雇员边喝咖啡边谈公司现状。不管会议室里是否有行政助理或者经理人员，谈论的问题都是一样的。

有一个问题不可避免地成为会谈的焦点：“你关闭工厂，辞退员工，与此同时却在脚踏车、卧房和会议中心上大把花钱，对此你怎么解释？”

我喜欢争论，虽然我没必要一定在争论中赢得胜利，但我需要赢得人心，赢得人们的支持。我跟他们说，花这些钱与业务紧缩两者是一致的，为了实现公司的目标，我们必须这么做。

我想改变一下人们的思维习惯。我们总想往里赚钱，越多越好，可就是不舍得往外投钱，既想让马儿跑得快，又不想让马儿多吃草。我坚持认为，我们只要最优秀的人才。我们最优秀的人才不应该在一所破旧的发展中心里待上 4 个星期，不应该在煤渣砖砌成的房子里接受培训。公司的客人来到我们总部，我们不能让他们去住三流的汽车旅馆。如果你想实现卓越，那么最起码你的环境应该体现出卓越。

在这些圆桌会议上，我解释说，健身房既能为大家提供一个聚会的场所，又能使人们更健康。公司总部聚集了很多专家，这些人并不制造或者销售什么具体东西。在这里工作与在车间厂房里工作很不一样。在具体的业务单位，你可以专心致志地谋求一张订单，也可以为推出一项新产品而兴高采烈。但在 GE 总部，你得把车停到地下停车场，乘电梯到达你的楼层，然后就在房间的一个小角落里坐下来开始工作，直到一天结束。自助餐厅是公共聚会的地方，然而大多数餐桌旁坐的都是整天在一起工作的人。

我想，健身房可以给大家提供一个更轻松随意的聚会场所，可以把不同部门、不同级别、不同职能的人，不管高矮胖瘦，都聚在一起。如果你愿意，它也可以成为一个商店和休息场所。假如投资 100 万美元就能让这些设想成为现实，我认为是值得的。尽管我修建健身房用心良苦，但面对大量解雇员工的举动，人们仍很难接受。

投资 2 500 万美元建设宾馆和会议中心也是基于同样的逻辑。公司总部像个孤岛，它位于纽约以北 60 多英里，周围都是乡村，还不在迈瑞特公园大道上。大家在工作之余都没有个像样的地方聚一聚。如果世界各地的员工和公司的客人来到GE总部，费尔菲尔德和周围地区也没有高档次的宾馆供他们下榻。因此，我要创建一个一流的环境供人们生活、工作和交流，这里应该拥有带壁炉的休息厅和可以站着喝酒的酒吧间，大家可以随意交流。

公司的传统人士感到震惊了，但我毫不动摇，因为我的目的就是要在公司里面创造一种一流的家庭般的闲适氛围，这样的氛围需要这样的环境。每到一个地方，我都大力宣讲在每一件事情上体现卓越的必要性。我必须以自己的行动表明这一点。

克罗顿维尔的情况也一样。我们公司有25年历史的教育中心实在太破旧了，外观也很难看。这里的单间客房太少，参加培训的经理们只能4个人住一个房间，给人的感觉简直就像是路边的汽车旅馆。我们应该让那些来到克罗顿维尔的员工和公司的客人都能感觉到，他们为之工作和与之打交道的是一家世界水平的大公司。尽管我是这么考虑的，还是有些人对此持批评态度，称之为“杰克的大教堂”。

对于20世纪80年代早期的这些抱怨，我的回答是，一家企业实际上就应该是一系列的悖论：

- **花费数百万美元建设不能直接带来产出的楼房，而把不具竞争力的生产厂关掉。**

  这与我们成为世界一流大公司的目标是一致的。不这样做，我们就无法在吸引和留住最优秀人才的同时为消费者提供最低成本的产品和服务。

- **支付最高水平的薪资，却拥有最低水平的工资成本。**

  我们必须获得世界最高水平的人才，必须给他们支付最高水平的薪资，但我们不能把我们不需要的人留在公司里。如果我们想少雇用人又能多产出，那我们就必须雇用更优秀的人。

- **管理长期，却“吃掉”短期。**

  我总是认为任何一个傻瓜都能做到这两点中的一点。如果削减成本是以未来的发展为代价，那么你可以支撑个一年半载，甚至是两年，这并不难做到。如果是对短期不闻不问，只是梦想着未来，那就更容易了。对领导者的真正考验是如何权衡这两个方面，至少在任期的头10年里我经常遇到的一个借口就是“GE和你太注重短期了”。这是那些无所事事的人为自己进行辩解的另一个老掉牙的理由。

- **实现“软”价值，就需要“硬”措施。**

  只有意志坚定的人才有资格谈论诸如“卓越”或者“学习型组织”等所谓的软价值。没有强硬的措施，软的方面就不会奏效。软的价值只有在以行动为基础的公司文化中才能实现。

思考着这些悖论，这些截然两分却相辅相成的说法，我努力把它们落实到行动中去。我们需要以更少的投入获得更多的产出，需要在扩张某些业务的同时收缩一些领域；我们需要作为一个整体统一行动，但因为我们业务的多元化又必须考虑不同部门的特点；我们还需要以最好的方式来对待员工，如果我们想吸引和留住最优秀的人才的话。

不过，在一个充满了如此之多不确定性的环境里，我的这些悖论并没有得到太多人的理解。事实上，由于公司内部的纷争太大，这些言论都传到了公司外面。1982年年中，《新闻周刊》成了第一个公开使用“中子弹杰克”这个绰号的出版物，暗讽我是个一边解雇员工一边盖宾馆大楼的家伙。

我讨厌这个称呼，它有点儿伤人。不过，我更厌恶官僚作风和浪费的行径。无聊数字满天飞的公司总部以及涡轮业务部那低得可怜的利润额同样令我生气。

很快，“中子弹”这个称呼就在媒体上传开了，记者们似乎不用这个称号就不能写有关 GE 的文章。我的形象被歪曲了，这真有些令人心痛。在很多年里，人们都把我看成一个野蛮的人，认为我太注重公司的增长，雇用了太多的人，新建了太多的业务和设施——塑料、医疗，还有 GE 信贷公司等。现在，我成了“中子弹”。

我猜想，这大概也是个悖论吧。我不喜欢这个称呼，但我能够理解人们为什么这么叫我。

事实是，我们是第一家在主流业务还很健康和赢利的情况下开始大规模整改以增强自身竞争力的大公司。克莱斯勒的调整比我们早了几年，但他们所处的阶段不一样，他们是在政府的担保下苦苦挣扎以避免破产的命运。

幸好我们不曾面临这样的阶段。当时，我们看起来太良好了，太强大了，赢利太高了，根本不需要进行什么结构调整。1980 年我们的销售额是 250 亿美元，净收入 15 亿美元。在《财富》500 强中我们是第十大公司，我们的赢利能力排名第九。

然而，我们正在直面自己的现实。1980 年美国的经济处于衰退状态，通货膨胀严重，石油价格是每桶 30 美元，有人甚至预测油价会涨到每桶 100 美元。而日本得益于日元的疲软和良好技术，正在增加对美国的出口，我们的很多主体业务，从汽车到电子消费品，都会受到冲击。

我希望我们能面对这些现实，采取措施以提高成本方面的竞争力。我们当时正在做的也就是这些事情。

这种变化的环境对纽约、新泽西、康涅狄格三州地区很多公司的 CEO 们也有影响，我是最早注意到这种变化的。20 世纪 80 年代初期我曾经担任“行业联合行动”（United Way）的主席，每当我去和CEO们聊天，强迫他们多捐些款的时候，我总会听他们说：“我们很想掏钱给你，可我们实在掏不出来。”或者是这样说：“我们不能像过去一样掏那么多了，现在公司的境况很不好。”这些经历使我更加认可自己的这样一个观点：只有那些健康、不断成长、充满活力的公司才能履行自己对他人和社区的责任。

在麻烦到来之后再对陷入困境的公司进行整顿，其代价极其高昂，也更加痛苦。我们很幸运，前辈留给了我们一个财务状况良好的公司，因此我们能够以更慷慨、更人性的方式对待那些必须离开的人，尽管他们中的大多数人在当时并没有感觉到这一点。对我们的雇员，我们尽早通知并支付了优厚的离职金，而且我们的良好信誉对他们找到新的工作有很大的帮助。早一点离开，他们就能多一些就业机会。这个道理在2001年仍然适用。如果你是第一家开始裁员的网络公司，那么你的每一位员工都会找到更多新职位。但如果你是最后一家，那你的员工就只能面临失业了。

但是，当你关闭一个“健康”的老牌公司时，不少人却并不这样认为。我们在1982年关闭一家位于加利福尼亚州安大略的蒸汽熨斗生产厂的时候就遇到了这种情况。我们得知《60分钟》栏目派了迈克·华莱士带着一个摄制组来采访这一事件。被《60分钟》邀请去谈论关闭工厂不是件令人愉快的事情，最后的结局也不太让人满意。华莱士报道说，只是因为我们攫取的利润不够多我们就解雇了825人，并把这些工作转移到了美国以外的地方，如墨西哥、新加坡和巴西。他采访了我们以前的员工，他们说自己被公司出卖了；他还采访了一位宗教界领袖，那位宗教人士谴责关闭工厂的行为是“不道德的”。

这种观点在当时是可以理解的，但事实却有些出入。被关闭的工厂生产全金属熨斗，而消费者早已经很明显地偏爱塑料熨斗了。我们有 4 个工厂（其中一个在北卡罗来纳州）生产塑料熨斗，而安大略的生产线必须停工。每个人都为关闭工厂感到难过，但事情只能这样，这家工厂的单位成本在整个公司里是最高的，而我们必须提高公司的竞争力。

平心而论，《60 分钟》也为我们说了几句好话。该节目指出，在解聘之前 6 个月我们就给员工发出通知，而当时其他公司提前通知的时间通常只有一个星期。华莱士还报道说，我们资助成立了由州政府运作的就业中心，利用 GE 的设施为人们培训求职面试和其他技能。

我们做了很多工作，因为公司的财务状况允许我们这样做。我们将被解雇员工的人寿和医疗保险延长一年，并在工厂关闭之前为 120 名工人安排了其他的工作。有将近 600 名员工在年老后可以领取 GE 的养老金，而且我们还为这家工厂找到了一家买主，他们答应重新雇用很多以前 GE 的员工。当然，尽管做了这么多，失去工作总归是一件令人不愉快的事情。

当《60 分钟》于 1982 年 2 月末指责我们“把利润看得比人重要”时，我担任 CEO 还不到一年。有些批评意见拿我们和 IBM 等公司做比较，当时 IBM 依旧坚持终身雇用制。实际上，IBM 在 1985 年发起了一场广告运动来宣传其不解雇员工的政策。IBM 有一条广告语：“……工作会有来有去，但人不会。”有几个 GE 的经理曾经把这些宣传品拿到克罗顿维尔的课堂上，直截了当地问：“对此你作何感想？”

那个时候，我天天受到“中子弹”这个绰号的攻击，这些宣传品确实让我感到难堪。

不过对 IBM 的人来说，当公司失去竞争力时，他们的好日子也就到头了。

任何一家公司，如果认为它可以提供终身的工作保证，那么它就走进了一个死胡同。只有满意的客户，而不是公司，才能给人们提供工作保证。现实会无情地撕毁公司与它的员工之间曾经存在的隐性契约。这些“契约”意味着企业对员工的终身雇用，意味着父爱般的、封建性的、难以名状的忠诚，意味着如果你把时间交给企业并努力工作，那么企业将照顾你的一生。

游戏规则在发生变化，人们必须注意到这是个竞争的世界。在这个世界里，没有任何一家企业能够成为安全的就业天堂，除非它能在市场竞争中获胜。

这种心理契约必须改变，而我想创立一个新契约。我要做到，对那些愿意参与竞争的人来说，GE 的工作是世界上最好的工作。如果他们与 GE 签了劳动合同，我们将给他们提供最好的培训，给他们提供大量的个人成长与增进专业技能的机遇，他们会有最合适的用武之地和发展空间。我们尽一切努力让他们拥有“终身就业能力”，尽管我们无法保证他们每一个人都能“终身就业”。

裁员从来都是一个企业领导人最不愿意面对的难题。任何人，如果他“很乐意裁员”，那他就该被辞退；反之，如果他“不能裁员”，那他也应该被炒鱿鱼。我从来没有低估这些裁员行动给公司带来的人力资源损失，以及给员工和社区造成的困难。对我来说，在采取任何行动之前，我都要用一个很简单的标准检验一下：“你愿意别人这样对待你自己吗？你做得是否公平合理？对这些问题，每天你都能照着镜子对自己回答说是吗？”

作为一家公司，当需要减轻激烈变革所引发的痛苦时，我们能够做到面对自己时问心无愧。我曾经讲了一千遍的一句话是：“我们并不是抛弃员工，而是抛弃那些业务岗位，因此岗位上的员工只能离开。”

全面减员或者工资冻结是削减成本的两种常用措施，但我们从来不采用其中任何一种方式。采取这两种措施的借口是“有难同当”，但这不是直面现实的态度，而且没有做到区别对待不同的员工。

管理或领导工作绝不能这么做。全公司上下统一削减 10% 的人力或者将工资冻结，必将伤害我们最好的业务和人才。2001 年春季，一些受经济形势影响的 GE 业务部门，如塑料、照明、家电等都在降低产量；与此同时，其他一些业务，如动力涡轮和医疗器械，人力却又明显不足。

不幸的是，在 20 世纪 80 年代，GE 大部分业务的就业人数都在缩减。我们从 1980 年年底的 41.1 万人减少到了 1985 年年底的 29.9 万人。在离开 GE 的 11.2 万人中，大约 3.7 万人属于被我们出售的业务部门，而有大约 1/5 的员工出于生产率的原因而失去了工作。

从这些数字你可以看出，当时的情况无非是两种选择：要么我做“中子弹杰克”，要么公司可以拥有更多的工作岗位。自然，后一种选择让人比较舒服，但我最终还是成了“中子弹杰克”。我很幸运，我得到了众人的支持——来自家庭的、办公室的，以及董事会的，这足以使我挨过那段时间。回到家后，我显然有点儿意志消沉，但不管压力有多大，卡罗琳总是对我表示支持。每次谈话结束时，她都要说：“杰克，这是你认为对每一个人都正确的事情，你一定要做下去。”

在 80 年代，如果没有公司内部的强有力的支持核心，GE 那么巨大的变革是不可能成功的。约翰·伯林盖姆和埃德·胡德曾经是我的竞争对手，现在我们成了工作伙伴。作为公司的两位副董事长，他们对我的所有行动都认真配合。还有两位在公司总部最具影响力的高层领导——人力资源总监特德·勒维诺和首席财务官汤姆·索尔森，也给予了我一贯的支持。我和汤姆在皮茨菲尔德时就是亲密的伙伴，大家能够在公司总部重聚并一起承担更大的工作，我们都很高兴。拉里·博西迪 1981 年被我提拔到费尔菲尔德负责一个新组建的材料与服务部门，他成了我的知音、挚友和董事会里的坚定支持者。

没有董事会强有力的支持，所有这些变革是不可能发生的。董事会成员听到了所有的抱怨，有时候愤怒的员工干脆直接给他们写信严词责问；他们也看到了媒体上所有的负面报道。然而，从变革的第一天起，他们就没有动摇过。

我刚成为 CEO 时，沃尔特 · 里斯顿在纽约对他遇到的每一个人说，我是这家公司历史上最好的 CEO，即使我当时还什么都没做。这样的话听起来总会让人感觉不错，尤其是在我的那段“中子弹”岁月里。沃尔特是个意志坚定、胆略非凡的人，他总是跟我说，为了改变公司，我只需做我必须做的。

然而，要求我们取消那些变革决定的压力依旧很大。游说的人不只是来自公司内部，还有很多压力是来自市长、州长以及州和联邦的议员。

1988 年，在一次去马萨诸塞州议会拜访期间，我遇到了州长迈克尔 · 杜卡基斯（Michael Dukakis）。

“你来麻省真是太好了，”杜卡基斯说道，“我们真诚地希望你能给这里增加更多的工作岗位。”

在我们见面的前一天，我们在马萨诸塞州林恩的飞机引擎和工业涡轮工厂又一次大出风头。他们拒签我们最新制订的全美劳动合同。在所有 GE 的工厂中，他们是唯一一家这么做的。

“州长，”我说道，“我不得不告诉你，如果我要在全球增设工作岗位的话，林恩会是我最后考虑的一个地方。”

杜卡基斯被镇住了，房间里出现了长时间的沉默。大家本希望我能谈谈我们对促进就业的承诺以及在马萨诸塞州可能的业务扩展。

“你是一名政治家，你知道如何计量你的选票。你不会在不能给你投票的选区修建新公路。”

“你这是什么意思？”他问道。

“在 GE 公司的所有地方企业中，唯有林恩一家不肯签订我们的全美劳动合同。多年来他们把这件事看成了家常便饭，并引以为荣。我为什么要把钱投到一个不断制造麻烦的地方？其他地方的人更想得到这些工作岗位，而且他们也值得我去投资。”

杜卡基斯州长咯咯地笑了起来。他立刻明白了是怎么回事，并派他的劳工部门负责人去林恩协商解决此事。事情的进展虽然很慢，但林恩的员工在 2000 年的确把全美劳动合同签了。

* * *

1984 年秋天我遭到了另一次重大打击，当时《财富》杂志评出“美国十大最强硬的老板”，我被列在首位。这可不是我想追求的“数一数二”战略。还算幸运的是，文章也写了一些正面的东西。一位 GE 原先的雇员告诉杂志记者，他从来没有遇到过“具有如此多创造性商业理念的人。从未感到过有人给过自己如此大的启发”。另一个人则称赞我“给 GE 带来了最优秀的硅谷创业者所特有的激情和奉献精神”。

我喜欢这些话。不过，好听的话没多少，都让其他的评论给压住了。那些“匿名”的雇员说我很粗鲁，容不得“我觉得如何如何”的回答。另一个匿名人士则声称：“为他工作就像是一场战争。好多人被射中倒下了，而活下来的人还要继续下一场战斗。”文章说我使用提问题的方式攻击别人，用作者的话来说就是“批评、贬损、取笑、嘲弄”。

事实上，我们的会谈只是与人们一向习惯的那种方式不一样而已。我们坦率、严厉，富有挑战性。如果原先的经理们想知道为什么他们没有感觉到这一点，那只能说，对同一个故事，讲述的方式可能是太多了。

我离开办公室，起程前往加利福尼亚州时拿到了这篇文章。公司的董事埃德·利特菲尔德邀请我去波希米亚园度周末。我把文章拿给他看，他耸耸肩，把它扔在了一边。

但这件事却一直萦绕在我的脑海里，那篇文章让我度过了一个漫长的周末。这些公开报道的净效应就是“中子弹杰克”和“美国最强硬老板”的标签将在我身上贴好长一段时间。

不过，有些好笑的是，尽管拥有这些“伟大”的头衔，我走得仍然不够远，不够快。20 世纪 80 年代中期，哈佛商学院的 MBA 们问我，在担任 CEO 的头几年里我最后悔的事情是什么？我说：“行动时间拖得太长。”

学生们哄堂大笑，但我说的是事实。

事实上，我对改革太过犹豫不决了。我花费了太长的时间来关闭不具竞争力的工厂，花费了太长的时间来安置公司员工并与经济学家、营销顾问、战略规划人员接触。为转变公司的官僚主义作风，我更是花费了长得多的时间，直到 1986 年我才把我们的片区体制取消，而它只不过是另一个管理上的隔离层，早在我刚刚接任时就应该把它砍掉。

这些片区的 7 位负责人是我们拥有的最优秀的人才。他们本应直接负责经营我们的业务，而处在这种监督性的位置上简直是对人才的浪费。我们把公司最优秀的管理人员提拔到这些岗位上，而到头来，这些岗位却使这些最优秀的员工变得平庸了。但是，一旦把这些岗位取消，情况就不一样了。没有这一中间层级，我们会更加清楚直接负责企业经营的人员的表现。

游戏规则改变了。没过几个月，我们就很清楚地看出来谁行谁不行。在 1986 年年中，4 位高级副总裁离开了公司。这对公司来说是个重大的转折点。

媒体注意的是被裁掉的员工，但我们注意的是“能留下来的人”。我可以天天讲要直面现实，要在每一项业务上“数一数二”，或者要建立创新型组织，讲得自己口干舌燥，嗓子冒烟。但是，只有真正找到了我们自己的千里马，公司的改革才能真正走上正轨。我不应该在反对者身上浪费那么多的时间，幻想他们可能会“回心转意”。

当我们在所有关键职位上都拥有合适的人才时，我们的改革进程就快多了。让我给诸位讲讲在公司高层安排合适的人选是怎样一种情况。我想，这方面最好的例子应当是 1984 年 3 月任命丹尼斯·戴默曼担任首席财务官。

在那个时候，你可以向上千名员工提问谁会接替汤姆·索尔森的首席财务官职务，让他们列出 5 个人选，肯定没有一个人会提到丹尼斯的名字，因为丹尼斯当时在公司财务系统中的地位还远不够高。

我和汤姆之间的关系一直很复杂。我喜欢他的智慧、傲气，以及我们之间亲密的伙伴关系。他做事情锋芒毕露，尽管大力支持我们的改革目标，但他把自己看成了公司最强有力的职能部门保护人。

具有讽刺意味的是，他也是公司里最挑剔的人。对任何事情和任何人，包括对我，他都是一副坚决而又固执的态度。当改革推进到财务部门时，他总不肯触动自己这块神圣的禁地。我们谈了很多次，但他总是不同意。汤姆后来去了旅行者集团（Travelers）担任首席财务官。

财务部门拥有 12 000 名员工，机构极其庞大，而且本身已经是官僚作风的保护层，绝大多数“有必要了解”的研究都来自财务部门。当时，仅一项经营分析就耗资 6 500 万 ~7 500 万美元。

财务部门已经成为一个独立的机构。它拥有全公司最好的培训项目，公司的佼佼者进入审计部门后，不停地从这个业务部门转到另一个部门，一转就是好几年。其结果是，我们拥有一个强大的但却是自行其是的财务机构。它控制着下面部门的运转，但它并不想改变公司，也不想改变它自己。

我指派丹尼斯接手这个职务，是希望他能领导他自己的革命。当我邀请他担任首席财务官时，他还只是 GE 金融服务集团房地产部的总经理，从来没有向董事会做过汇报。他当时只有 38 岁，成为我们公司历史上最年轻的首席财务官。

在我做事业部主管时，丹尼斯曾经在我手下工作过两年。在那段时间里，他表现出了令人难以置信的机敏、勇气和多才多艺。他可以今天深入考虑家电业务的最具体的细节，明天就去分析 GE 金融服务集团的最复杂的交易。在与 C 类人谈工作时，他能立刻了解到 A 类和 B 类人之间的差别。

同样重要的是，与其他几位候选人不同，丹尼斯身上没有丝毫官僚主义的作风，而我给予了他超乎寻常的提拔。尽管丹尼斯不知道自己是否能胜任这项工作，但我相信他一定能够做好，我会全力支持他。

财务部门对丹尼斯的接任自然感到非常意外，而丹尼斯本人对这一任命的惊讶程度并不亚于他们。1984 年 3 月的一天，当我在早上 7 点 15 分给丹尼斯打电话时，他正在 GE 金融服务集团的办公室里。我让他下午 6 点到盖茨饭店，也就是当年我在餐巾纸上画圆圈的那个饭店，与我见面。

我叮嘱丹尼斯要保密，不要把我们见面的事情告诉任何人。我至今都不知道在我们见面前的 10 个小时里他都想了些什么，不过我确信，他可能意识到了我要和他谈的是一件好事。只是他怎么也想不到，我将告诉他的是要他担任财务部门的最高职务。

当我到达盖茨饭店时，丹尼斯早已坐在酒吧间里等我了。我靠着他坐下，给自己要了杯饮料，便开门见山地跟他谈起来。

“丹尼斯，”我说，“我准备本周在董事会会议上提名由你担任高级副总裁和首席财务官。你看好不好？”

由于太吃惊，他只是结结巴巴地说：“好……好吧。”

激动过后，丹尼斯开始向我询问有关这项工作的各种问题。他问的问题实在太多，以至于我不得不打电话把卡罗琳从家里约出来跟我们一起谈话。我们一起庆贺了丹尼斯的提升。

他的任命公开之后，在公司里掀起了一场轩然大波，财务系统也受到了确确实实的震动。这正是我期望达到的效果。对丹尼斯的任命在公司里导致了一场危机，一场我们所需要的危机。为了推波助澜，我就丹尼斯的上任给他写了一篇 3 页的评论。丹尼斯和自己的团队都看了这封信。

在这封写于 1984 年 5 月的信中，我写道：“我想澄清的第一件事是我并不‘怨恨’这个部门。我认为这个部门的力量……已经使它成为公司里最优秀的单一职能机构。它曾经是使公司保持在一起的‘某种黏合剂’，但那已经是过去。以前行得通的‘控制’对明天来说是不够的……”

“对过去所做的每一件事都可以公开讨论——是讨论，而不是批评，从财务管理程序、它的投入、机构规模、培训工作，一直到总部和基层机构的编制和职能，都要重新考虑。”

口号和讲稿不会带来变革。变革的发生是因为你把正确的人放到正确的位置上促使它发生。先是人，接下来才是战略和其他事情。在很多方面，丹尼斯都是我们所需要的理想的公司内部的“外来人”，只有他才能打碎钳制我们公司的官僚财务系统。

一段时间过后，丹尼斯极大地改变了财务系统的面貌。他担任首席财务官已经两年了，一直不知疲倦地与官僚作风进行着斗争。总部的人喜欢数字，为使财务人员改掉对数字做不切实际分析的坏习气，我们花了好几年的时间。1986 年，一份关于国际销售额的详细分析报告摆到了我的办公桌上，报告对 GE 未来 5 年的销售收入做了预测。预测对象是每一个国家，其中包括非洲大陆附近的一个小岛国——毛里求斯。

我感到既可气又可笑。报告的署名是戴夫 · 科特（Dave Cote），是我们总部的一名财务分析经理，比丹尼斯低两级。我让我的助手打电话把戴夫约到我的办公室里。

“戴夫，”我说道，“你看起来是个很机灵的人，可你为什么要写这些让一线人员看着莫名其妙的东西？销售额？ 5 年以后？毛里求斯？我都怀疑你是否知道毛里求斯在哪儿?！”

戴夫不知道该说什么好。如果不是让我看到了，他可能早在两个月以前就把这篇报告往下发了。那天我们给了这份报告一个善终。戴夫引起了我的注意，并在公司里得到了一系列的提升，最后的职务是家电业务的 CEO。他 1998 年离开公司，现在是总部设在克利夫兰的 TRW 的 CEO。

对于类似的事情，丹尼斯 · 戴默曼一直坚持不懈地进行着抗争，先后处理了不下 100 次同类的问题。在他担任财务总监的前 4 年里，他把财务部门的职员砍掉了一半，把我们在美国的 150 个工资支付系统进行了并购。他改革了财务管理制度——过去财务体系所处理的事情当中近 90% 是单纯的财务记录，只有 10% 是一般性管理，而现在近一半的内容是放在管理和领导上面。丹尼斯还改革了我们的审计部门，现在审计人员也成了业务部门的支持者，而不再是公司里的警察。

对我们来说，审计部门的角色转变是一大胜利，是一个非常重要的事件。审计人员从苛刻的“这下可逮住你了”的角色变成业务部门的伙伴，他们改变的不仅是自己的所作所为，也改变了自己的未来。

如果没有这些年轻的明星团队的热情领导和支持，我们的3个关键计划——服务、“六西格玛”及电子商务，就不会有今天这样大的成就。他们坚持不懈地把来自GE任何一家公司的最好经验向全世界的GE公司进行介绍推广。

现在，GE所有公司的首席财务官们都把自己看作是首席运营官而不是控制者。在担任首席财务官的14年里，丹尼斯将一个审计控制导向的财务系统转变成了一所培养管理精英的优秀学校。丹尼斯1998年升任公司的副董事长。审计部门的3个前负责人都已经成为GE的大明星：约翰·赖斯（John Rice）和戴夫·卡尔霍恩（Dave Carlhoun）现在分别是我们最大的两家公司——电力公司和飞机引擎公司的CEO，杰伊·爱尔兰（Jay Ireland）成为NBC广播电台集团的CEO。查伦·贝格利（Charlene Begley）36岁，是3个孩子的母亲，曾经主管过180人的GE审计部门，后来在2001年成为特种材料业务部门的首席财务官。查伦的职位由37岁的林恩·凯皮特（Lynn Calpeter）接替，她现在是NBC广播电台集团的首席财务官。

法律部门也是一个类似的成功案例。那时我们的法律部门是一个糟糕的“名片夹”部门。如果公司遇到了什么问题，我们的律师基本上只知道应该给谁打电话。然后，我们的外部顾问就介入进来，公司自己的法律部门在后面提供支持服务。不像财务系统，我们找不到所需要的能够推动改革的内部人选。我与外面各种各样的律师进行交谈，希望他们能帮我找到最合适的人选。

就像丹尼斯就任财务总监一样，本·海涅曼（Ben Heineman）被我聘用为法律总顾问也非常出人意料。他是一名华盛顿特区的宪法律师，主要受理上诉最高法院的诉讼案件。本·海涅曼曾经做过罗德学者（Rhodes Scholar）、《芝加哥太阳时报》（*Chicago Sun-Times*）的记者、《耶鲁法学杂志》（*Yale Law Journal*）的编辑、最高法院的法官助手以及华盛顿的公益律师。他不再担任波特·斯图尔特（Potter Stewart）大法官的助手后，接手的第一个案子是为精神残障者辩护。他曾经在政府部门工作，做过健康教育与福利部的副部长；他还在私人企业里工作过，我 1987 年遇到他时，他是西德利－奥斯汀事务所（Sidley and Austin's）华盛顿办事处的合伙人。

对有些人来说，让本·海涅曼领导我们的法律部门是个很奇怪的选择。我不这样认为，不过连本自己都有些疑惑。在我们最后一次面谈之前，他说：“别忘了，我是个宪法律师，不是公司法的律师，也不是那种纽约律师。”

“我不在乎这个，”我反驳说，“因为你可以雇用优秀的律师。这正是我想让你去做的。”

本·海涅曼与丹尼斯不同。我们的财务系统本来就藏龙卧虎，丹尼斯有一大批天才可供他调遣，但本·海涅曼没有，他只能走出去寻找天才。我给了他全权处理的自由，他可以向别人提供最好的事务所所能提供的待遇，还可以使之拥有公司股票期权。他有能力猎取到他们圈子里最优秀的人才。

这是慧眼识英雄的经典案例。

本·海涅曼过分倚重履历表。他一定要把某个人履历证明中的各种信息，从他们毕业的学校、在《法律评论》（*Law Review*）上的排名到他们为哪位联邦法官做秘书，一行一行地认真读完，否则他绝不谈论这个人。就这一点我们常常逗弄他。

我得承认，从这些他所依赖的履历表中，本·海涅曼发现了明星。他为我们招进了一批天才：约翰·塞缪尔斯（John Samuels）是杜威·巴兰坦事务所（Dewey Ballantine）的前合伙人，他负责我们的税务部门；布拉克特·丹尼斯顿（Brackett Denniston）曾任马萨诸塞州州长比尔·韦尔德（Bill Weld）的首席法律顾问，他负责诉讼部门；

帕梅拉·戴利（Pamela Daley）做过费城的摩根·贝克尔－刘易斯事务所（Morgan Becker & Lewis）的合伙人，他主管并购业务；史蒂夫·拉姆齐（Steve Ramsey）曾负责司法部环境诉讼局事务，他负责我们的环境健康与安全事务；还有罗恩·斯特恩（Ron Stern），他曾经是阿诺德－波特律师事务所（Arnold & Porter）反垄断法部门的合伙人，现负责我们在华盛顿的反垄断法业务机构，2001 年罗恩·斯特恩的大部分时间是在布鲁塞尔度过的，这将是一个独一无二的经历。

本·海涅曼为 GE 的各个下属公司也都安排了具有同样才华的法律总顾问。

我们得到的远不只是高明的法律建议。

本·海涅曼的 3 个同事后来离开了法律部门，开始在 GE 公司中扮演更重要的角色：亨利·哈伯施曼（Henry Hubschman）曾任飞机引擎公司的法律总顾问，现在是 GE 金融飞机租赁公司的 CEO；弗兰克·布莱克（Frank Blake）曾是电力系统的总顾问，现在是 GE 业务发展部的负责人；杰伊·拉平（Jay Lapin）曾是家用电器公司的总顾问，后来成为日本 GE 的总裁。

本·海涅曼使他的机构脱胎换骨。今天，我相信 GE 拥有世界上最好的法律部门（尽管每个人都同意他们已经是最好的企业法律团队）。我们的律师对我们的公司和员工有着深入的了解，这是他们的优势。他们设计工作程序、制定战略。外面的法律公司则紧密地配合我们工作，他们是我们法律公司的合作伙伴。

颇具讽刺意味的是，我不应该为等待那些不愿意改革的人而痛苦地煎熬那么长时间。在过去的几年里，我得到的一个重要教训就是，在很多情况下我太谨小慎微了。我本应该把旧体制砸烂得更快些，把弱势业务出售得更早些。几乎每一件事都应该而且也能够更快一些完成。

说实话，我这个所谓的“美国最强硬的老板”还不够强硬。

第十章
美国无线广播公司并购案

看到 GE 要进入广播电视业务，当时有不少批评意见，他们问道：“一个造灯泡的公司要买电视网，这个世界究竟怎么了？”广播电视业务给了我们新的力量和巨大的现金收入来源，以及我一直在寻找的躲避外国竞争的藏身之处，这种躲藏价值来自那些当时并不太引人注目的资产。

我永远也不会忘记那次在一家日本制造厂里看到的情景。那是 20 世纪 70 年代中期，我们与日本横河医疗设备公司（Yokogawa Medical Systems）建立了一家合资企业。在此之后，我们去参观东京郊外的横河制造厂。在参观的过程中，我被超声波探测器装配车间的情景震惊了。

这里的装配过程与美国的完全不同。我看到装配完成以后，一个工人解开衬衣，在自己的胸部抹了一些油膏，然后拿超声探测器在自己身上试测，迅速地完成了质量检查。接着，还是同一个人，把产品包裹好，放进箱子，贴上运输标签，送到装卸码头。

如果是在密尔沃基——GE 最好的制造厂之一，完成这一工作所动用的人要多得多。

日本人难以置信的高效率既可敬又可怕，我在日本看到的事情在其他市场上同样存在。日本人将一个又一个行业的成本结构撕裂，美国的电视机、汽车以及复印机行业受到了严重冲击。

我一直在寻找一个可以避开竞争的行业。在 80 年代早期，我们似乎找到了 3 个行业：食品、制药以及广播电视。每个人都需要吃饭，而美国的农业在世界上占有重要的位置。我们评估了好几家食品公司，包括通用食品（General Foods），但得出来的数字让人无法接受，当时他们的市盈率比 GE 高得多。至于制药行业，这些数字差得更远。

政府对外国所有权的限制使广播电视行业更具有吸引力。同食品业一样，这一行业的现金流动很快，这有助于加强和扩张我们的业务。

日本的威胁后来导致了一项真正改变 GE 的交易——1985 年 63 亿美元的 RCA（美国无线广播公司）并购案。在当时，这是非石油行业历史上最大规模的一次企业并购交易。我们收购 RCA 是在兼并 NBC 之前，这一事件改变了我们。

广播电视网方面的业务总是能令我着迷。

在收购 RCA 之前，我们差一点儿收购了 CBS（哥伦比亚广播公司）。那是 1985 年春天，泰德·特纳（Ted Turner）正在努力进行对该电视网的恶意收购。CBS 的董事长汤姆·怀曼（Tom Wyman）与我在费尔菲尔德的 GE 总部共进晚餐，并讨论让 GE 参与收购的可能性。不过后来怀曼击败了特纳的威胁，也就不需要我们了。CBS 的收购事宜就这么泡了汤，但是我和怀曼的“秘密”会面却没有逃脱人们的注意。

在华尔街没有秘密可言。作为拉扎德·弗里尔斯（Lazard Freres）

的合伙人，菲利克斯·罗哈廷（Felix Rohatyn）曾经促成当时很多笔较大金额的交易。尽管我还从来没有与他合作进行过收购业务，但我对他非常敬佩。他听说了我对CBS很感兴趣，而且还知道我在此之前曾努力想得到考克斯广播公司。菲利克斯与RCA的董事长“布莱德”索恩顿·布莱德肖（Thornton “Brad” Bradshow）是好朋友，他们当时正在讨论RCA的战略选择问题。

布莱德曾经做过ARCO的总裁，经营得非常不错，之后他于1981年进入RCA，对该公司进行整顿。他话不多，很谦逊，但极富智慧，我和他一见如故。布莱德的工作干得非常不错，特别是鼓动电视制片人格兰特·廷克（Grant Tinker）负责NBC广播网。

最开始接触时，布莱德并没打算干很长时间。可笑的是，他找到了鲍勃·弗雷德里克（Bob Frederick）接替他的位置。鲍勃曾经是GE的一名高级管理人员，竞聘过雷吉的职务，他3年前加入RCA并担任了总裁兼首席运营官，鲍勃于1985年成为CEO，布莱德留任董事长。布莱德对RCA能否靠自己的力量坚持住有过很多考虑。

菲利克斯突然给我打了个电话，询问我是否想见见布莱德。几天后，1985年11月6日，我们在菲利克斯纽约的公寓里一起喝酒。布莱德穿着礼服，这样他可以在会谈完之后直接去参加另一个正式的晚宴。很快我们就聊到了一块儿。像我一样，布莱德对来自亚洲的竞争也很忧虑，他同样也在力图成为行业中数一数二的角色。

那天晚上我们始终没有谈更具体的交易问题，但我们都发觉自己很喜欢对方。菲利克斯真是个非常棒的撮合者。我和布莱德彼此很欣赏，我们对公司并购背后的战略意图也有共同的理解。我们的会谈时间很短——还不到一个小时。当我离开菲利克斯的公寓时，我们并没有预定第二次会谈时间。

在那个时候，我们只是在“约会”，但我能感觉出来，我们的真正目标是走向“婚姻”。

第二天，我成立了一个小组来研究RCA，小组成员包括我们的首席财务官丹尼斯·戴默曼和业务开发部的负责人迈克·卡彭特（Mike Carpenter）。我们给这一工作项目命名的代号是“岛屿”。

感恩节的前一天，我们的小组聚在一起讨论是否采取下一步的行动。连续4个多小时，“岛屿”成员、拉里·博西迪，还有我，一直在反复讨论关于收购的利弊。对我来说，“利弊”从来都是我们如何经营GE的关键部分。把一大群人召集在桌子旁，不管职位高低，大家一起就某个困难问题进行争论，把问题的每一方面——出自每一个人的头脑，都仔细地加以考虑，但不要急于做出结论。

就并购RCA而言，“利弊”使我们不只把眼睛盯在广播电视网上，我们还看到了更多的东西。我们有一个规模不大的半导体业务，RCA也有；我们有航天业务，RCA也有；我们两家都生产电视机。如果两家能够合并，那么我们在这些业务领域的力量将变得强大得多。

我们进入电视台的业务领域已经有好几年了。CBS也曾与我们有过接触，虽然不久这种接触就结束了，但这使我们对电视网行业具备了足够的了解。我们对RCA广播电视业务本身的估价是35亿美元，对其他业务的所有方面我们也都进行了评估。我们认为，如果其他业务只要求我们再支付25亿美元的话，那么这笔交易就基本值得考虑。

我们主要关注的是对NBC的估价。尽管1985年它的信用等级很高，但有线电视网络正在侵蚀着它的市场。我们特意把有线电视的威胁做了非常大胆的放大，在这样的假设前提下进行计算，最后我们得出的结论仍旧是交易可行。

我一直在问：“从现在起10年以后，在家用电器和广播电视网之间，你更愿意选择哪个行业？”

我们都同意先不忙着下结论，并决定每个人回家后在感恩节的长周末里继续考虑。星期一上班后我们做的第一件事就是聚在一起再次开会，所有的人都得出了同样的结论：这项交易是可行的，而且在电视网之外，RCA 的绝大多数业务对我们也非常合适。

事情就这么定了下来。

我于是告诉菲利克斯，如果价钱合适，我们会感兴趣。他安排了我和布莱德的另一次见面，那是在 12 月 5 日星期四，地点是布莱德在曼哈顿城中多塞特酒店的双层公寓。

简单寒暄过后，我们很快就进入正题。

“我们打算购买你的公司，”我告诉他，“这对我们的公司非常合适。”

这项交易显然对他们也非常合适。

我的出价是每股 61 美元，这比当时的 RCA 股票市价高了 13 美元还多。他停下来，以他那很专业的方式告诉我这个出价还不够。在我离开时，我们同意继续商谈这笔交易，最终价格暂不确定。

第二天，事情出了点儿麻烦。原来布莱德没有与鲍勃 · 弗雷德里克商量我们之间的会谈内容。鲍勃知道这件事以后很生气，他感到公司在背着他的情况下被出卖了。鲍勃为此事与布莱德吵了一架，并率领着一些董事在 RCA 的董事会里反对此项交易。不过，当他们的董事会在星期日即 12 月 8 日开会讨论此事时，布莱德已经有能力获得大多数人的支持来批准这项交易了。

之后，他打电话向我报告这个好消息，但他说交易价格还不合适。他继续让菲利克斯做他的代表。我也需要一位投资银行家，于是就请来了我的好朋友约翰 · 温伯格（John Weinberg），约翰当时经营着高盛公司。

在随后的几天里，我们在纽约一家酒店的套房里进行会谈，布莱德、鲍勃、菲利克斯与我和约翰进行谈判。最后，像通常那样，要价与出价已经相当接近了。布莱德每股要 67 美元，我给出 65 美元。交易终于达成，我的出价是每股66.5美元——可能比他希望的价格还多了50美分。

企业出售方的继续参与对这家企业的未来成功有着很重要的作用，一般在这种情况下我总要在谈判桌上做些友好的表示。

在星期三即12月11日晚上之前，我们完成了购买RCA的交易，总金额是63亿美元现金。

这笔交易还有一段很离奇的插曲。几个月以前，在8月份，RCA一位级别较低的律师给我们的律师打电话，说他愿意帮助我们废除一项古老的GE-RCA判决。原来，第一次世界大战期间，在美国政府的要求下，GE、AT&T和西屋电气公司为了国防目的，共同组建了RCA。

1933年，司法部决定把RCA分出去成为一家完全独立的公司，GE表示同意并这么做了。作为补偿，该公司原来在列克星敦大街570号的总部大楼归GE所有。然而，当年司法部在实施这次交易的判决中规定：限制GE购买RCA的普通股股票。好在到了1985年10月，司法部终于废除了延长这一限制条件50年的决定，为12月的交易清除了障碍。

真是送上门来的运气！我们所有人对这个判决的存在一无所知。

处理完那个星期三晚上的事情之后，我离开RCA法律部门的办公室，来到列克星敦大街的GE大楼参加庆祝。大楼还是那座大楼，自从1933年GE从RCA手中得到它之后，它就一直巍然矗立在这里。

多么美好的夜晚！

我们打开香槟，尽情地欢笑、互相击掌。我们所有人——拉里·博西迪、迈克·卡彭特、丹尼斯·戴默曼，还有其他人，都一下子变成了孩子。我永远也忘不了那一幕。我们望着窗外，夜雾笼罩之下，安装在洛克菲勒中心大厦上的RCA霓虹标志清晰可见，我心里感到一股力量在涌动。洛克菲勒中心与我们只隔着3个街区，我们几乎迫不及待地要把GE的标志竖立在那儿。那一刻，我们觉得自己是非常了不起的人。

从我与布莱德第一次见面到最后董事会批准，我们只用了36天就敲定了当时非石油行业最大的一起并购交易。这笔交易在12月12日对外公布，它成为GE的一个转折点。看到GE要进入广播电视业务，当时有不少批评意见，他们问道："一个造灯泡的公司要买电视网，这个世界究竟怎么了？"广播电视业务给了我们新的力量和巨大的现金收入来源，以及我一直在寻找的躲避外国竞争的藏身之处，这种躲藏价值来自那些当时并不太引人注目的资产。

收购RCA使我们得到了一个巨大的电视网和更多的战略选择空间，同时也照亮了一个新的、充满活力的GE。由于结构调整和业务收缩，我们经历了太多的混乱和沮丧。收购交易改变了这一气氛。我还记得，在宣布收购消息几周以后，我去参加1月份在博卡举行的业务经理会议开幕式。我向主席台走去。

突然之间，大厅里的500来人站了起来，他们自发地向我欢呼致意，RCA成了通向新时代的美好起点。

待收购交易完成之后，我们就把RCA的非战略性资产，包括唱片、地毯和保险业务出售掉了。我们不喜欢该唱片业务的文化氛围，地毯业务对我们不合适，一个小保险公司同样也不值得保留。在交易结束后的一年内，我们就已经从63亿美元支付价款中回收了13亿美元。

我努力争取格兰特·廷克留任，继续负责NBC，让布兰登·塔蒂科夫（Brandon Tartikoff）与他搭档。他们两人多年来负责许多极受欢迎的节目，从《科斯比秀》（*The Cosby Show*）到《干杯》（*Cheers*），成绩有目共睹。廷克曾经签了5年的合同，合同在7月份到期。他每周都要在纽约和加利福尼亚之间来回奔波，对此他早已经厌倦了。尽管收购之前廷克就告诉布莱德他将离开公司，但我仍旧努力挽留他。我们在纽约共进晚餐，我许诺给他极高的薪水。除了钱，我也实在没有别的办法让他留下来，但我还是没能如愿。

好在从第一天起，我心里就有了备选方案。鲍勃·赖特在出售家用电器业务后一直负责 GE 金融服务集团的经营，他曾经被我们派去与考克斯广播公司谈判收购事宜，并留在考克斯有线电视公司做了 3 年的总裁。

鲍勃是理想的人选。他对这个行业有独到的见解，对 GE 非常熟悉，是我们进入陌生领域的可靠同盟者。1986 年 8 月，我委派鲍勃去负责 NBC。当时的媒体表示疑问："这个 GE 的家伙怎么能经营电视网呢？"

差不多 15 年过去了，鲍勃依旧留在 NBC，背后是一串串辉煌的足迹。

我们让 NBC 成为一个独立的企业，但对 RCA 及其他与 GE 有互补性的业务则立即进行了整合。为了减少经营费用，我们把两家各自的领导班子联合起来，组建新的管理团队。他们每周都与我见面。团队的目标是"1+1=1"：一个 GE 部门加一个 RCA 部门等于合并后公司中的一个部门。大家都同意了，由来自两家公司的最优秀的人士担任新的职位。

这不只是说说而已。整合后的业务部门的最高职务由 GE 的人出任，但在各个下属公司中，RCA 的人赢得了大多数一把手的位置。我们合并组成了美国最大的电视机制造企业，由来自 RCA 的人负责经营。联合后的航天以及半导体业务也是由 RCA 的人担任最高职务。负责政府服务和卫星通信公司第四业务部门的吉恩·莫菲（Gene Murphy）就来自 RCA，他后来成为 GE 航天和飞机引擎公司的总行，最后出任 GE 的副董事长。吉恩具有军人风度，他总是言出必践，从不爽约。我称他为“正直先生”。

这些资产或者说筹码，给了我们以前不可能拥有的战略选择机会。在随后的年代里，每一份筹码都给 GE 带来了真正的价值。

* * *

遗憾的是，正在我进行自己职业生涯中最大的一笔交易时，我个人生活中最大的一桩“并购案”却走向了终结。

我与卡罗琳在婚姻上的麻烦已经存在很多年了。在我整个的 GE 岁月中，我一直是个极端的工作狂，而她则为抚育我们的 4 个孩子付出了巨大的代价。孩子们的成长让人欣慰，他们都做得不错。凯瑟琳是我们的长女，也是我们最大的孩子，她从杜克大学毕业后在哈佛商学院读研究生。我的长子约翰，从弗吉尼亚大学本科毕业，然后进入伊利诺伊大学攻读化学工程专业的硕士学位。我们的另一个女儿安妮，毕业于布朗大学，正准备到哈佛建筑学院攻读硕士学位。我们的小儿子马克，现在佛蒙特大学读一年级。

我和卡罗琳突然发现彼此不是同路人。除了我们之间的友谊和相互尊重，我们几乎没有什么共同的东西，这的确让人感到无奈和痛苦。我们最终还是友好地分手了，在 1987 年 4 月结束了我们 28 年的婚姻。卡罗琳去了法学院，拿到了法律学位，最后与她的一位同学结婚，对方也是一位律师。

突然之间，我发觉自己又成了单身汉。单身而又多金，就好像自己身材高大，满头秀发，每个人都要关心你，你得与许多有趣又有魅力的女人约会。

缘分从未真正降临，直到沃尔特 · 里斯顿和他的妻子凯茜安排我与简 · 比斯利（Jane Beasley）初次见面。简是一名很有魅力的律师，

她在纽约的谢尔曼 – 斯特林（Shearman & Sterling）律师事务所为凯茜的兄弟工作。当她的老板打电话问她是否愿意与杰克·韦尔奇出去见个面时，她还以为老板指的是他们公司的另一位律师呢。

“我不会和他出去约会，”她说道，“他是我的同事。”

“不是他，”老板说，“这个杰克·韦尔奇是 GE 的董事长，他的年龄比你大一点。”

“那没关系，我不会嫁给那个家伙的。”她说道。

当时，简为了事务所一项未了的业务正在伦敦出差，半年后她才回来。1987 年 10 月，我们与里斯顿夫妇在提诺饭店共进晚餐，那是纽约的一家意大利餐馆。

由于有沃尔特在场，见面稍微有些拘谨。我必须正襟危坐，好好表现自己。不过，我和简在晚上 10 点钟就离开了提诺饭店，我们去了卢森堡咖啡馆。第二次约会是在史密斯 – 沃伦斯基饭店吃汉堡包，我们俩不约而同，都穿了皮夹克和蓝牛仔裤，真是够般配的。

简聪明、坚定、风趣，比我小 17 岁。她不爱浮夸，对任何事情都实事求是。她来自亚拉巴马州的一个小城镇。简还是个孩子时，就每天早上 5 点半起来，在父亲的农庄里摘利马豆，一直干到腰酸背痛。她的母亲是一名教师，因为家里有 3 个兄弟，简那时是个假小子。她后来上了肯塔基大学的法学院，毕业后来到纽约，成为一名公司收购兼并方面的律师。

我并不总是一个理想的约会伙伴。1988 年夏天，我邀请简去楠塔基特岛度周末。为了挤出时间，她不得不跟她的老板协商。周五晚上，我们一块儿去吃了晚饭。

第二天早上，我睡醒了，整装待发。

“你究竟要去哪里？”简问道。

“我要去打高尔夫球。”

“你在开玩笑吧？”她说道，“我不得不放弃了那么多东西才挤出这个周末，你却要去打高尔夫球？”

我实在不知道这有什么不对的。自从结婚以来我一直是这么过的：努力地工作一周，然后，在星期六早上，整装出门去与球友一块儿打高尔夫球。

可是这一次，我知道这个习惯从此要结束了。

我们开始变得认真起来，我们进行了一场“开诚布公”的谈话。我告诉简，她不去滑雪或者打高尔夫球使我很苦恼。简则告诉我，我不去听歌剧让她很苦恼。我和她达成了一个协议，如果她同意去滑雪和打高尔夫球，我就去听歌剧。我确实需要一位全职的伴侣，一位愿意迁就我的日程并陪我商务旅行的伴侣。简只能放弃她自己的职业。她申请了休假，先陪着我尝试了一段时间。我很幸运，简终于决定把陪伴我作为她的全职工作了。

1989 年 4 月，我们在楠塔基特岛的家中举行了婚礼，我的 4 个孩子都参加了。在随后的几年里，我开始去听歌剧，并把它称为“丈夫的责任”，直到简后来终于解除了我的这项义务。

虽然我欣赏歌剧的水平没有提高，但教她打高尔夫球却使我的球技大有长进。

多年来我一直想要赢得俱乐部冠军，但从未如愿。我和简在一起使情况大有起色。虽然在遇到我之前从未打过高尔夫球，但简却连续 4 年在楠塔基特岛的桑卡迪 – 海德（Sankaty Head）赢得了俱乐部冠军——我赢过两次。简的确成了最理想的伴侣。

* * *

还是回来继续讲工作上的事情吧。我们在 RCA 交易中的第一个筹码是电视制造业务。

1987 年 6 月法国网球公开赛期间，我和保罗·弗雷斯科在巴黎招待客人们观赏 NBC 电视转播这一盛会。法国政府控股的汤姆逊电子公司的董事长阿兰·戈梅斯（Alain Gomez）也来到了我们的接待中心。他是一位很有趣、很有魄力的人。

我们事先已经约好第二天去他的办公室拜访他。我们见面时，情形和我第一次与布莱德会谈没有什么不同。我们各自的企业都需要帮助。汤姆逊拥有一家我想要的医疗造影设备公司，这家公司叫 CGR，实力较弱，在行业内排名第四或第五。而我们在美国医疗设备行业则拥有首屈一指的地位，从 X 光机、CT 扫描仪到核磁共振诊断仪等都是行业第一，但我们在法国没有明显优势。法国政府保持着对汤姆逊公司的控股，实际上是把我们关在了法国市场之外。

阿兰·戈梅斯明确地表示他不想把医疗业务卖给我们，我和保罗决定看看他是否对业务交换感兴趣，因此向阿兰说明，我们可以用自己的业务与他的医疗业务进行交换。我们两人都非常清楚我们不喜欢 GE 的哪些业务。我站起来，走到汤姆逊公司会议室的讲解板前面，拿起一支水笔，开始在上面列出我们能够与他们交换的一些业务。

我列出的第一个项目是半导体业务，对方不想要。然后，我列出了电视机制造业务，阿兰·戈梅斯立刻表示对这个想法很有兴趣。他的电视机业务规模不大，而且全都局限在欧洲范围之内。他认为，通过这项交换可以把他那不赚钱的医疗业务甩掉，同时又能使他一夜之间成为世界第一大电视机制造企业。

我们三人对这项交易很是兴奋，决定由保罗·弗雷斯科和阿兰的一名手下在一周之内开始谈判。阿兰陪我们出了电梯，一直把我们送到等候在他办公楼外面的轿车旁边。当车发动起来准备疾驰而去时，我一把抓住了保罗的胳膊。

"老天，"我说道，"我认为他是真想做这笔交易。"我们都咧嘴笑了。

我确信阿兰回到楼上之后也有同样的感觉。阿兰清楚，他的电视机公司规模太小，根本无法同日本人竞争。这笔交易可以使他获得规模经济和市场地位，从而使他可以应对一场巨大的挑战。我们的家用电子消费品业务年销售额为 30 亿美元，拥有员工 3.1 万人；汤姆逊的医疗设备业务年收入为 7.5 亿美元。

这笔交易将使我们在欧洲的市场份额增长 3 倍，即提高到 15%。我们将更有实力来对付 GE 的最大竞争者——西门子公司。在 6 周之内交易就顺利完成，并于 7 月份对外宣布。除了作为交换的医疗设备业务，汤姆逊还给了我们 10 亿美元现金和一笔专利使用费，这批专利权每年可以带来 1 亿美元的税后收入。而同时，汤姆逊变成了世界上最大的电视机生产商。

然而，我们出售电视机业务一事却成了很多人批评的对象。媒体指责我们是向日本人的竞争屈服，一些人则攻击我们不爱国，我甚至被人称为在战斗中开小差的胆小鬼。

这些批评都是一些媒体的胡说八道。通过交易，我们的医疗设备业务更加全球化，技术更加尖端，而且还得到了一大笔现金。每年专利使用费的收入就比我们前 10 年里电视机业务的纯收入还要多。

但两家公司在短期内都要做一番比较艰苦的调整。我们的欧洲医疗业务在 10 年内几乎一直亏损，汤姆逊公司的电子消费品业务也遇到了同样的情况。但我们都渡过了难关，最终双双取得了成功。

* * *

用了两年的时间，我们才找到半导体业务的解决方案。像我们一样，哈里斯公司（Harris Corp.）也拥有一个规模不大的芯片生产企业。7 月份，哈里斯的董事长杰克·哈特利（Jack Hartley）给我打了个电话，他想来费尔菲尔德找我了解一下购买我们半导体业务的可能性。哈里斯主要是一家国防电子设备供应商，拥有一个小规模的半导体厂支持该公司的军售。哈特利认为，如果不能尽快扩大规模并获得大量民用产品订单的话，这家公司恐怕很难生存下去。

我从来都不喜欢半导体行业。我给董事会画的一张图（见下图）很清楚地表达了我的想法。这一行业属于资本密集型行业，周期性很强——它的产品周期很短。从历史上看，对行业内的大多数厂商来说，回报率也不高。如果撤出这个领域，我们能把资金投入到其他一些业务上，比如飞机引擎、医疗设备和动力涡轮等回报率更高的业务。

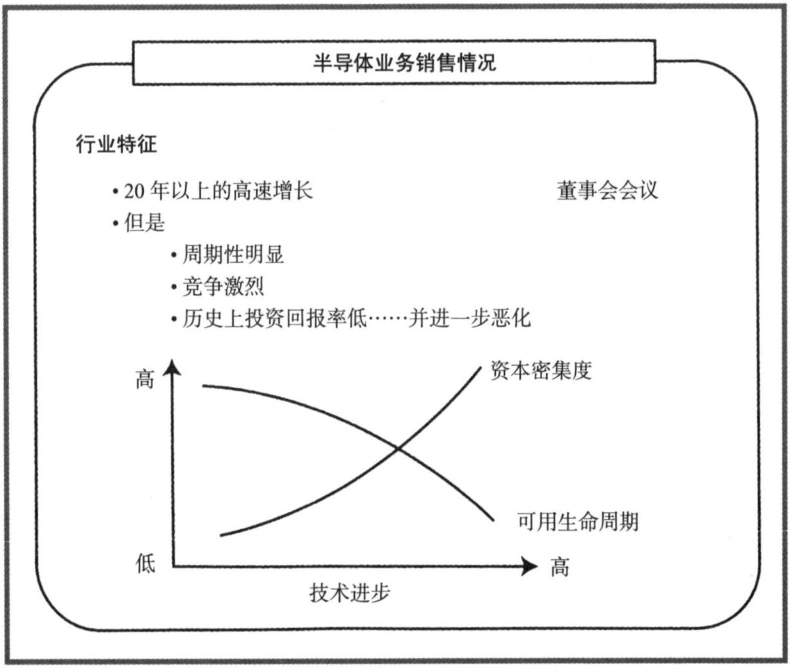

幸运的是，我们主要的全球竞争对手留在了半导体行业。这一行业耗费了他们大量的资本，并分散了他们管理上的注意力。

我原本就打算把半导体业务甩掉，因此与哈里斯的交易进行得很轻松。我要求的东西不多，只是想完成一个漂亮的脱身之举。吃午饭时，我和哈特利就已经把交易的纲要定了下来。我们在一张纸上写了6个要点，把它交给了我们的财务人员。

两个月以后，到1988年9月中旬，交易完成。哈里斯得到了GE的员工、设备和企业，我们则回收了2.06亿美元的现金。

将我们的航天业务处理出去花了长达5年多的时间。冷战已经结束，生产能力过剩，市场却越来越小。我们得出的结论是：必须从这一领域抽身。看起来比较合适的一个买家是马丁–玛丽埃塔公司（Martin Marietta），这是一家单纯的航天业务公司。

1992年10月下旬，我在一次商业会议上找到了马丁–玛丽埃塔公司的CEO诺姆·奥古斯丁（Norm Augustine）。诺姆有很强的正义感，而且聪明、思想深刻、颇具文采，是一个特别会讲故事的人。那年秋天的见面是在霍姆斯特德疗养胜地的大厅里，在此之前我们相互之间并不了解。我向他提议，我们应该在一起好好探讨一下各自航天业务的发展去向。他也想这样做，但比较犹豫，部分原因是害怕我们收购他的公司。

“我们很珍视我们的独立经营。”诺姆说道，“尽管我很想跟你对话，但我不想做任何损害我们的独立地位的事情。”

“我向你保证我们不谈这些。”我回答说，并建议回头私下里一同吃顿晚饭。

几天后，诺姆来到了费尔菲尔德。我们的人早已经把交易的事项和条件制成图表，供谈判使用。诺姆坐下来，边吃边听我谈。这项交易显然对双方都有好处。马丁–玛丽埃塔公司可以把规模扩得更大；

对我们来说，GE 也可以从我不喜欢的军工领域安然脱身。军工这一领域太复杂，拜占庭式的政府审批制度使得 GE 成了一块谁都想咬一口的唐僧肉，司法部长们变着法儿地挑我们的毛病。

晚饭中间我们达成共识：抛开人们惯常的做法，列明我们不容商量的底线内容。为防止引起其他不必要的麻烦和给马丁－玛丽埃塔公司造成不良影响，我们都希望直截了当，并把了解谈判情况的人员减少到最小限度。在诺姆离开之前，我们的立场已经足够接近，交易可以考虑进行。

我们同意不让投资银行或外部的法律公司介入而缩小双方距离。在谈判过程中，诺姆曾有 3 个晚上秘密地来到我的办公室。当时马丁－玛丽埃塔公司的 100 名高级管理人员正在佛罗里达州的卡普蒂瓦岛上开会，奥古斯丁白天在卡普蒂瓦待着，匆匆吃过晚饭后便飞到纽约与我和丹尼斯·戴默曼谈判，一谈就是半个晚上。然后他再飞回去，在飞机上睡一觉，接着就得梳洗整装，准备参加他们公司的会议。连续 3 个晚上，我们都是忙到凌晨两三点钟。

第三个晚上之后，在一张鸡尾酒餐巾纸上，我们把交易的要点写清楚了，大家握手庆贺。我们的相互信任加快了谈判进程。我们还达成一致要控制银行家和律师的自私行径。这些外部人员经常为争抢业务而卖弄自己，总想证明自己是最聪明的。我告诉诺姆："不管什么时候，我们都可以通过电话联系，迅速解决问题。"

我们就是这么做的。3 个星期之后，交易完成。

当我们于 1992 年 11 月 23 日宣布这项交易时，在股票市场上，4 个小时内每家公司的市值就上涨了 20 亿美元。从费尔菲尔德的第一顿晚餐到宣布这项当时最大的航天行业并购交易，前后只用了 27 天。

交易金额是 30 亿美元，但马丁－玛丽埃塔公司最多能拿出 20 亿美元现金，因此丹尼斯·戴默曼想出了一个可兑换优先股的方案。这一方案解决了交易的融资问题，我们拥有了马丁 – 玛丽埃塔公司 25% 的股份。

交易的成功使我们继续获益。这项交易使马丁 – 玛丽埃塔公司的规模扩大了一倍，并引发了航天业的大规模并购浪潮。两年以后，马丁 – 玛丽埃塔公司与洛克西德公司（Lockheed）合并。到 1994 年，当我们把自己持有的马丁 – 玛丽埃塔公司可兑换股票全部出售时，我们净赚了 30 亿美元，价值已经翻了一番。

与马丁 – 玛丽埃塔公司、哈里斯公司的交易以及与汤姆逊的业务交换之所以能够成功，是由于我们拥有从 RCA 得来的筹码。在航天、半导体以及电视机制造行业，公司并购能够产生很大的规模效益，这是个关键因素。

我们最后一笔与 RCA 有关的交易直到 2001 年才完成。我们把 RCA 的卫星通信业务并入了 GE 金融服务集团，这样可以较好地满足此项业务对资金的巨大需求。我们建立了一个很强的卫星通信公司，拓展了 RCA 最初的业务范围。我们拥有 20 颗卫星，每一家有线网络都与我们接通，覆盖 4 800 万个家庭。然而，尽管我们是美国最大的固定卫星提供商，这项业务仍不够全球化。

在我们 2000 年 7 月的长期计划研讨会上，GE 金融服务集团的 CEO 丹尼斯 · 内登（Denis Nayden）和他的团队认为，我们必须通过收购其他公司来扩张这项业务，或者是把这项业务卖给其他公司。二者必选其一。丹尼斯勾画出一个寻找并购伙伴的战略，最后与 SES 公司进行了谈判。SES 是一家卢森堡公司，拥有 22 颗卫星，覆盖 8 800 万个家庭。我们把自己的卫星股票出售给了他们，总金额是 50 亿美元，现金和股票各持一半。这项交易使我们在新的 SES 公司拥有 27% 的股份，并使这家公司成为一家真正的全球化经营的企业。

RCA 交易的成功给予了我们一个巨大的电视网、拥有强大有线电视资源的电视台、一个国际化的医疗设备企业、一个占据重要地位的全球卫星公司，以及数十亿美元的现金——所有这一切都来自 1985 年 63 亿美元的最初投资。

对 GE 来说，RCA 是一个战略性的胜利。这次交易带给人们的情感鼓舞也具有同样重要的意义。

第十一章

人的企业

不管他们来自什么地方，GE 总是致力于发现和造就了不起的人。我强调过很多观点，但我尤为注重把人作为 GE 的核心竞争力，在这一点上我倾注了比任何其他事务都多的热情。

我担任董事长以后，从公司外面聘用了很多管理人员，其中乔伊丝·赫根汉（Joyce Hergenhan）是第一位。她心直口快、性格坚强，是一位很聪明的 MBA 毕业生，在处理复杂纠纷方面受过良好的训练。乔伊丝曾经担任过联合爱迪生公司（Con Edison）公共事业部门的高级副总裁，当时 GE 公共事业部门正饱受电力中断的困扰，招来的批评比发出的光多。

在见面之前，我简单地调查了一下她的背景，得知她是一个体育新闻迷。吃晚饭时，为了调节气氛，我决定给她出一个高难问题。以下是我的第一个问题。

“1946 年的红袜队中谁是二垒手？”

“鲍比·多尔。”她毫不迟疑地回答道。

我很有些惊讶。我是红袜队的终身球迷，并对 1946 年的世界联赛一直记忆犹新，就好像我还是 11 岁似的。

我决定继续问下去。“还不错，不过，是谁拿球时间太长了点儿？”

“哦，”她立即回答道，“你的意思是以挪士·斯劳特一垒打得分以后吗？”

“你说对了。”

“约翰尼·派斯基！”

当然，我不是因为乔伊丝的棒球知识而雇用她的。她贡献给公司的比这要多得多。16 年来，作为我们的公共关系副总裁，她精心铸就着 GE 的声誉。

通过这种不落俗套的面试而聘用的人员不止乔伊丝一人。将近 20 年以前，有一次，我正开着自己的大众轿车在新泽西州的收费公路上行驶，突然引擎熄火了，我的车被拖到当地的一家修理站，在那里遇到了一位名叫霍斯特·欧博斯特（Horst Oburst）的德国技师。在随后的两天里，他一直忙碌着找零件，我们建立了很好的关系。我对他的胆量很是惊叹，便给他提供了一份工作。一周以后，他便到皮茨菲尔德的 GE 塑料公司上班了。

霍斯特在那里工作了 35 年，得到了好几次提升。

发现优秀人才可以通过各种各样的渠道。我一直相信：“你与每一个人的相遇都可视为一场面试。”

事实上，不管他们来自什么地方，GE 总是致力于发现和造就了不起的人。我强调过很多观点，但我尤为注重把人作为 GE 的核心竞争力，在这一点上我倾注了比其他任何事务都多的热情。GE 的用人制度在这一方面发挥了重要作用。对于那些痛恨官僚主义的人来说，正是我们用人制度的严格性给一切带来了活力。

在一个拥有 30 万名员工和 4 000 名高级经理的大企业里，我们所需要的绝不仅仅是能感触到的良好意愿，必须有一种合理的制度使员工们都懂得游戏规则。这一过程的核心是人力资源循环：4 月在每一个主要公司的所在地进行的全天的 C 类会议，7 月两个小时的电视 C 类会议（追踪），以及 11 月的 C-II 类会议，全面检查 4 月所确定的事项。

这是正规的安排。

在 GE，我们还有一种非正规的暗示性的人事检查——在休息室里，在走廊上，以及在每一个公司会议上。对人的高度注意，也就是在无数的环境下考验每一个人，形成了 GE 的管理理念。总之，这就是 GE。

我们造就了不起的人，然后，由他们造就了不起的产品和服务。

尽管我们有制度，有书面的规定，有明确的日程表，但它绝不是静态的。除了日程表和提前认真准备以外，人事评估程序从来不是有规有矩的。

不管我们在书面上写了什么——实际上我们所有的内容都落实到书面上，我们所期望的绝不只是这些白纸黑字，我们所期望的是每一个人带到讨论桌上来的激情和意志。当经理们不惜承担风险地陈述他们的报告时，你就既弄明白了他们所讨论的内容，也弄明白了他们这些人。

有时我们会为一页纸争论一个小时。

为什么这些会议如此紧张激烈？

两个字：区别。

在制造行业，我们力图消除区别；而对人来说，区别就是一切。

“区别”并不容易做到。如何找到一个方法，从而将一个大公司的人们区别开来，这是最难做到的事情之一。多年来，我们使用了各种各样的钟形曲线和框图来区别人们的才能，这都是些用来给人们的成绩和潜力划分等级（高、中、低）的图表。

我们还使用“360 度评估”，也就是把同级和下级员工的意见都考虑进来进行评估。

我们喜欢这个想法——在头几年里它的确帮助我们找出了那些“媚上傲下”的害群之马。不过，像任何由同事主导的评估方法一样，时间一长，这一办法就开始走过场了。人们开始互相之间说好话，因而每个人都能得到很好的评级，大家相安无事。

现在我们只在很特殊的场合下才使用“360 度评估”。

我们一直在寻找一套能更有效地评价组织的方法，最终发现了一种我们真正喜欢的方法，我们称之为“活力曲线”（见下页图）。每年，我们都要求每一家 GE 公司为他们所有的高层管理人员分类排序，其基本构想就是强迫我们每家公司的领导对他们领导的团队进行区分。他们必须区分出：在他们的组织中，他们认为哪些人是属于最好的 20%，哪些人是属于中间的 70%，哪些人是属于最差的 10%。如果他们的管理团队有 20 个人，那么我们就想知道，20% 最好的 4 个和 10% 最差的两个都是谁，包括姓名、职位和薪金待遇，表现最差的员工通常必须走人。

做出这样的判断并不容易，而且也并不总是准确无误。是的，你可能会错失几个明星或者后起之秀，但是你造就一支全明星团队的可能性却会大大提高。这就是如何建立一个伟大组织的全部秘密。一年又一年，“区别”使得门槛越来越高并提升了整个组织的层次。这是一个动态的过程，没有人敢确信自己能永远留在最好的一群人当中，他们必须时时向别人表明：自己留在这个位置上的确是当之无愧的。

* * *

活力曲线要求我们把人分为 A、B、C 三类。

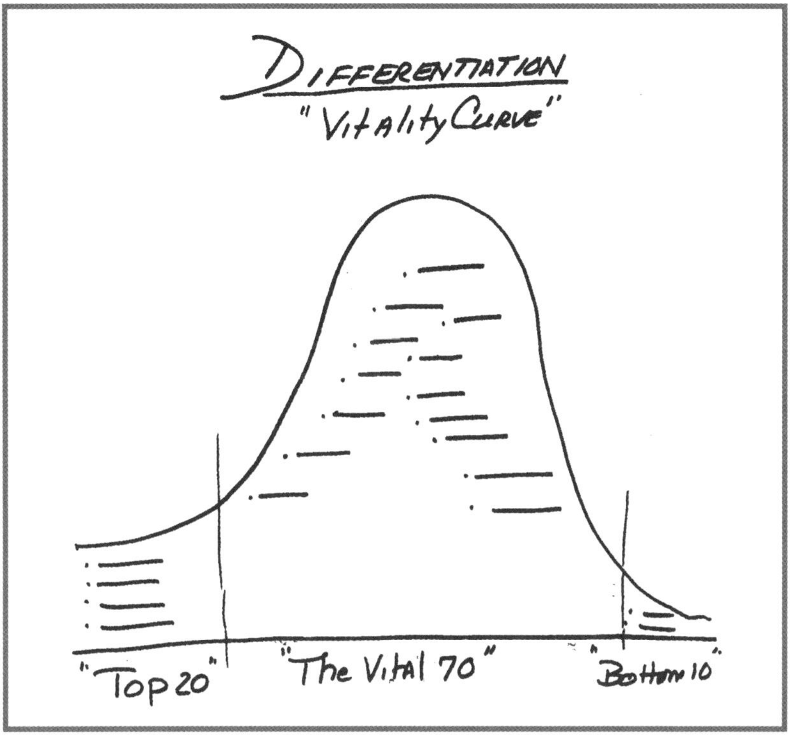

我绘制的“活力曲线”图

A 类是指这样一些人：他们激情满怀、勇于任事、思想开阔、富有远见。他们不仅自身充满活力，而且有能力带动自己周围的人。他们能提高企业的生产效率，同时还能使企业经营充满情趣。

他们拥有我们所说的“GE 的 4E 领导能力”：充沛的精力（energy）；能够激励（energize）别人实现共同的目标；有决断力（edge），能够对是非问题做出坚决的回答和处理；最后一点，能坚持不懈地执行（execute）他们的承诺。

实际上，我们开始时用的是“3E 标准”：精力、激励以及决断力。

当我们召开第一次C类会议时，我们用这个“3E标准”来评估每一位管理人员。我们曾挖掘了几个经理，他们都精力充沛，能激励他们的团队，而且决断力强。从这家公司到另一家公司，我们总能遇到一两名符合“3E标准”但又总觉得不太满意的经理。在回到总部之前，我们终于认识到我们遗漏了一些东西：这些经理所缺乏的就是实现既定目标的能力。因此，我们又增加了第4个E——执行。“4E领导力”就是这么来的。

在我看来，“4E领导力”是由一个P，即激情（passion）联系起来的。

正是这种激情，也许是比任何其他因素都更为重要的因素，将A类员工和B类员工区别开来。B类员工是公司的主体，也是业务经营成败的关键，我们投入了大量的精力来提高B类员工的水平，我们希望他们每天都能思考一下为什么他们没有成为A类员工，经理的工作就是帮助他们进入A类队伍。

C类员工是指那些不能胜任自己工作的人。他们更多的是打击，而不是激励；是使别人的目标落空，而不是实现目标。你不能在他们身上浪费时间，尽管我们要花费资源把他们安置到其他地方去。

活力曲线是我们区分A类、B类和C类员工的动态方法，是C类会议所使用的最重要工具。将员工按照20 ∶ 70 ∶ 10的比例区分开来迫使管理者做出果断的决定。

活力曲线并不完美，我想把员工区分为A、B、C三类，但并不能完全准确地得以实现。有时候，甚至是很可能的，某个A类员工被划到主体的70%那部分里去。这是因为，并不是每个A类员工都具有在公司里实现更高发展的志向，尽管他们仍想在目前的位置上做得最好。

经理们如果不能对员工进行区分，那么很快他们就会发现自己被划进了 C 类。

活力曲线需要奖励制度来支持——调整工资、分发股票期权，以及增加更多的职务晋升机会。

A 类员工得到的奖励应当是 B 类的两三倍。对 B 类员工而言，公司每年也要确认他们的贡献，并提高其工资。至于 C 类员工，则什么奖励也得不到。每一次评比之后，我们会发给 A 类员工大量的股票期权。大约 60%~70% 的 B 类员工也会得到股票期权，尽管并不是每个 B 类员工都能得到这种奖励。

每一次在我们决定增加工资、分发股票期权或者提升职衔时，活力曲线都是我们的行动指南。每一个人所得奖励的基本依据就是自己在这条曲线上的位置。

对公司而言，失去 A 类员工是一种罪过，所以一定要热爱他们、拥抱他们、亲吻他们，而不要失去他们！每一次失去 A 类员工之后，我们都要进行事后检讨，并一定要追究造成这些损失的管理层的责任。

我们的做法很有效，每年我们失去的 A 类员工都不到 1%。

这种制度，像任何其他制度一样，也有它的缺点。确定 A 类员工是一种管理上的乐事，每个人都喜欢做这种事；确认和奖励中间 70% 的有价值员工也没什么困难。

但是，处理底部的 10% 却要艰难得多。

新上任的经理第一次确定最差的员工时，不会有什么太大的麻烦。但到第二年时，事情就困难得多了。

第三年，则成了一场战争。

到了那时，那些明显最差的员工已经离开了团队，很多经理就不愿把任何人放到 C 类里去，他们已经喜欢上了团队里的每一个人。到第三年，假如说他们团队有 30 人的话，对于底部的 10%，他们经常是连一个都确定不出来，更别说三个人了。

经理们会想出各种各样的花招来避免确定这底部最差的 10%。有时候，他们把那些当年就要退休或者其他已经被告知要离开公司的人放进来。有些经理甚至干脆把那些已经离职的人列在最差员工的名单里。

我们有一家公司手法更高明，可谓是登峰造极之举，他们把一位在评估会前两个多月就已经去世的员工确定为底部的 10% 中的一个。

这是一项很艰难的工作，没有哪个领导人愿意作这种痛苦的决定。我们一直面临着强烈的反对意见，甚至是来自公司里最优秀员工的批驳之词。我试图亲自去解决这个难题，并时常感到内疚，因为自己还不够严厉。对任何一种想逃避的冲动，我都坚决把它压下去。如果一个 GE 的企业领导把分红或股票期权分配方案的推荐意见上交给我，却没有区分出底部最差的 10%，我总是把这些意见全退回去，直到他们真正做出了区分。

不能坦诚直率地处理 C 类员工是个问题，这个问题在一位新的经理到来之后就容易解决了。由于对原来的团队没有感情上的依恋，他或她在确定最差的员工方面就不会有什么困难。

底部的 10% 很快就确定出来了。

有些人认为，把我们员工中底部的 10% 清除出去是残酷或者野蛮的行径。事情并非如此，而且恰恰相反。在我看来，让一个人待在一个他不能成长和进步的环境里才是真正的野蛮行径或者“假慈悲”。先让一个人等待着，什么也不说，直到最后出了事，实在不行了，不得不说了，才告诉人家：“你走吧，这地方不适合你。”而此时他的工作选择机会已经很有限了，而且还要供养孩子上学，还要支付大额的住房按揭贷款，这才是真正的残酷。

认为活力曲线残酷，这是根据错误的逻辑所得出的结论，是那种弥漫着假慈悲的企业文化所能产生的后果。试问，在学生们毕业时，为什么不能取消评定成绩？

绩效管理是人们生命中的一部分，从我们上小学一年级开始就是这样。区分的原则适用于橄榄球队、啦啦队以及各种荣誉社团；它适用于大学录取过程，你总是可能被一些学校接受，而被另一些学校拒绝。区分的原则在你毕业时依旧适用，你的毕业证书上可能会加上各种褒奖或赞扬的评语。

我们生命的头 20 年里一直经历着区分。我们清醒时绝大部分的时光是在工作场所度过的，为什么要在工作场所中停止区分呢？

我们的活力曲线之所以能有效发挥作用，是因为我们花了 10 年的时间在我们的企业里建立起一种绩效文化。在这种绩效文化里，人们可以在任何层次上进行坦率的沟通和回馈。坦率和公开是这种文化的基石，我不会在一个并不具备这种文化基础的企业组织里强行使用这种活力曲线。

* * *

一个典型的 C 类会议是什么样的呢？

我们前往各下属公司之前一个月，公司的行政办公室以及人力资源部的负责人比尔 · 科纳蒂（Bill Conaty）便准备好了一份包括所有主要公司的日程表（2001 年 C 类会议的日程安排参见附录 B）。

各下属公司要提前行动，他们必须认真准备所要求的各种信息。我们的目的并不是纸上谈兵，我们最重要的意图是想了解我们的人力资源战略是如何落实到各主要公司的具体经营中去的。

活页纸张、图框、表格，这些看起来都是令人生畏的，但是会议气氛却是比较随意的，大家彼此信任，充满激情，互相之间也时不时幽默一下。

毋庸置疑，会议上当然存在很多得失攸关的事情。此次评估会是我们这一年最重要的会议，会议是这样召开的：

上午，我们谈论公司和员工。

午餐时，我们集中讨论多元化问题。

下午，我们回顾业务变动和管理这些业务的人员情况，并确定由谁具体负责。

上午的会议最为关键。我们讨论员工的经历、晋升机会，活力曲线，以及他们的优点和缺点。我们有一个规定，对每个人都要找出他的长处和短处、取得的成绩以及需要进一步改进的地方。我们用大部分时间来讨论这些需要改进的地方以及这些经理是否有培养前途。

我们最近评估过一家制造企业的管理者，我们认为他的优点是完成了预定目标（高生产率、收益大幅度提高、“六西格玛”标准都不错），但是他的缺点也很明显，对人粗暴，听不进别人的意见。我们对他的优缺点进行了较长时间的辩论，决定给此人一个警告——他必须改变自己。

他正面临着成为C类员工的危险。如果一个人心胸不开阔，不能考虑别人的意见，则会成为坏事的人。

当然，我们也有轻松愉快的时刻。

我对每一个人都要仔细过问，而且经常使用一些不同寻常的方法。C类会议的书面材料里包括每个管理人员的照片和简历。如果看到照片里的人是肩膀低垂、睡眼惺忪或者是耷拉着脑袋的样子，我会毫不犹豫地把他指出来，说：“这家伙看起来暮气沉沉的！他能干好什么？他在这个岗位上都已经六七年了，一直没有升迁。这究竟是怎么回事？为什么不把他调走？”

显然，一张毫无表情的照片并不能告诉你什么东西，但我想要看到的是一场生动活泼的讨论会，我希望能听到公司的领导为他们的员工进行辩论。每一个参加完 C 类会议的人都必须知道，赛场上的一切——运动员、国歌、激烈对抗、决胜局、整场的比赛，都跟人有关。

2001 年 3 月，我在我们新的 CEO 杰夫 · 伊梅尔特的陪同下再次来到皮茨菲尔德参加 C 类会议的考评。我翻看着材料，拣出了 GE 塑料公司一位很有潜力的经理的照片，照片很滑稽。

“如果这家伙真的有你们说的那样好，你最好让他换一张新照片。”我开玩笑说，“有些人很可能会因为这些照片产生误解。”

那天晚些时候，我遇到了那位员工，就逗弄他。

“吉兹，”我说，“你的行为没有一点像你的照片，你现在从事的这项了不起的工作与你的那张照片不怎么相称。”

我想照片的话题给他带来了乐趣（可能是新照片）。

所有这些照片旁边都是一个 9 个方格的表格，在里面要画上一个“×”，用来表示该管理人员的业绩和潜力（见下页），最好的等级表示在左上角的方格里，评判标准主要是公司目标，包括“4E 领导力”以及我们的重点行动计划：以客户为中心、电子商务和六西格玛。

在每张照片下面，有些很简短的摘要，用来说明每个经理人的长处和短处。这些摘要大部分都是长处，但我们规定，必须至少有一条说明此人需要改进的地方。我们不允许任何的粉饰和隐瞒。有位经理的长处是“积极进取”、“应用电子商务”，而其不足则是“前瞻性不够”。我们从来都不喜欢只盯着自己眼前这点儿工作的人，这些人很可能会在将来面临坐以待毙的困境。对另一个人的评价是“聪明、主动性强、富有朝气”，在短处这一方面是“执行能力不足”。不能实现既定的承诺，这最终是不可接受的。

绿带

姓名：

职称：

在职时间（月）：

照片

潜力 / 表现

×		

+技术过硬

+广泛的客户联系

+潜在的企业领导人才

–作为领导仍有待成熟

绿带

姓名：

职称：

在职时间（月）：

照片

潜力 / 表现

×		

+积极进取

+善于安排程序

+应用电子商务

–前瞻性不够

绿带

姓名：

职称：

在职时间（月）：

照片

潜力 / 表现

×		

+顶尖的业务领导

+对知识掌握异常快

+很好的顾问

+受同事尊敬

–需要更多的决断力

绿带

姓名：

职称：

在职时间（月）：

照片

潜力 / 表现

	×	

+聪明、主动性强

+有全球意识

+适应角色很快

+优秀的辅导 / 顾问

–执行能力不足

摘要后面都要附上对各类评价和待改进地方的详细汇报材料，每一位员工也要求进行自我评价，这些自我评价要与上司对他们的评价放在一起。

* * *

在过去的几年里，我们都是在吃午餐时与各类“高潜力”员工见面。他们每一个人都被指派了一名辅导人，辅导人来自公司现有的领导团队。经过几年的努力，我已经使大家明确地认识到，这种辅导与解释公司报酬分配计划没有任何关系。我们要做的事情是人事开发，而且要使用产品开发那样的控制手段。

在这里，被辅导者就是“产品”。公司的领导，也就是他们的辅导者，有义务去开发这些产品。也就是说，他们要么把他们的被辅导人带至 A 类的水平，要么找到新人。在吃午餐的过程中，我们就这些辅导项目展开坦率的对话。辅导者和被辅导者都要接受严格的规则。在我们的绩效文化中，双方都能懂得，他们每一个人都有责任来争取开发出一种优质产品并以此衡量业绩，公司的高级管理者对此负有责任。

我们的制度是有效的，1999 年的被辅导者中超过 80% 的人得到了提拔。

吃过午餐，会议开始回顾计划的执行状况。我们想知道的是，公司有哪些人参加了这些计划，而且是由谁来领导实施的。公司的领导团队要对照着年度目标向我们进行陈述。我们从每一家公司挑选出最好的经验，然后把这些经验带到其他公司。最重要的是，通过这个回顾会议，我们对每一项计划有多少人力在执行有了清楚的了解和评价。

当我们离开每一场会议时，我们都要带着一份明确的有待完成的任务单。这份任务单是由我们与各公司共同确定的，双方各保留一份。两个月后，即 7 月份，我们要通过两小时的电视会议追踪检查这些任务的执行情况。同样的任务单也用来确定 11 月份 C-II 类会议的日程，由此完成一个循环。

尽管这一程序的执行非常严格，但雇员们在年度态度调查中的回答让我很是奇怪。调查共有 42 个问题，我们发现，每次调查得分最低的总是这样一个判断：“公司对那些没有圆满完成任务的员工的处理意见很坚决。”

2001 年，只有 75% 的 GE 专业人员认同这一判断，而这同 1999 年相比已经有所提高了，当时只有 66% 多一点的人认同。对这一问题的满意水平之低与调查中其他问题的高分数形成了强烈的反差。当问到某个雇员他的 GE 生涯是否对他和他的家庭产生了良好的影响时，有 90% 以上的人做了肯定的回答。这一结果清楚地说明，在公司的每一个层次上，区分是多么重要，我们的雇员是多么想拥有一个更坦率、更富有进取性的环境。

* * *

在主要公司的 C 类会议期间，我们会花费至少一个小时与当地的工会领导面谈。我们希望当地的工会领导人能了解我们，也希望我们能了解他们及其所关心的事情。

我们与工会领导之间的相互尊重，在每一个层次上都是真诚而深刻的。在全国层次，我们与比尔·拜沃特（Bill Bywater）的苦斗持续了 15 年。比尔·拜沃特是国际电气工人联合会（IUE）的主席，其继任者是埃德·法尔（Ed Fire）。我们每年都要与他们聚会一两次。先是弗兰克·多伊尔，最后的 7 年是人力资源总裁比尔·科纳蒂，与我一起和他们会谈。我们坐在一起吃着晚饭，一面为工资、津贴以及其他一些诸如此类的问题争论不休。我认为，如果我们能够把自己的工作做好的话，我们的雇员就不需要一个组织来代表他们的利益——这是我们与工会领导人之间最大的立场分歧。我的观点总是遭到比尔和埃德的激烈驳斥，他们坚持要将工人组织起来。我们的分歧一直是公开的，我们之间从不隐瞒商讨的议题。在 20 多年里 GE 从来没有发生过大罢工。

在更广泛的劳工问题上，我的前任雷吉 · 琼斯有过一个创举——他建立了一个由大约 10 位工会领导和 10 位 CEO 组成的劳资管理小组。该小组与 20 世纪 70 年代产联 – 劳联的乔治 · 米尼（George Meany）和莱恩 · 柯克兰（Lane Kirkland）积极合作。我很喜欢这个主意，并参与了这个小组的工作，先是与莱恩 · 柯克兰一起，然后是与约翰 · 斯威尼（John Sweeney）一起担负领导工作。我和约翰都是笨头笨脑的爱尔兰人，但我们都真诚地尊重对方，我们努力在健康医疗、工会和教育等方面达成协议。尽管这个领导小组在政策上只取得了很有限的成功，但是，多次的会谈使我们能更好地理解对方的立场，这使我们受益匪浅。

我们与工会打交道的方式和我们与工人们相处的方式没有什么区别。很多外面的人士问我："GE 的文化怎么可能与世界上各种不同的文化融合得那么好？"我对这个问题的回答永远都一样：尊重他人，给他们发言权。这是一条具有全球意义的启示。

* * *

每一天，每一年，我总觉得花在人身上的时间并不够。对我来说，人就是一切。我总是不断提醒我们的各级经理：必须分享我们对人的激情。今天，我在他们面前是“大人物”；他们回到公司后，在员工们看来，他们就是真正的“大人物”。他们必须把同样的活力、献身精神和责任心传递给员工，传递给那些远离杰克·韦尔奇的人们。对这些员工来说，杰克·韦尔奇可以说什么也不是。我的前妻卡罗琳总是提醒我，我曾经在GE工作了10年而不知道董事长是谁。所以我要求每一个GE经理都要记住的重要一条是：在其员工范围内，“他们就是CEO”。

即使是我们最耀眼和最优秀的明星也知道这些规则。正如NBC的总裁安迪·拉克（Andy Lack）所言：“我和杰克已经是8年的老朋友了，我们的妻子几乎天天见面。但如果我开始走下坡路，做了4个令人难以置信的愚蠢决定，我知道他一定会炒我的鱿鱼。他会拥抱我，说他很难过，‘而且你可能再也不想与我共进晚餐了。’但是，他对解雇我绝不会有半点犹豫。”

这就是绩效的全部含义。

第十二章

再造克罗顿维尔，再造 GE

> 我想让这个地方重新焕发生机，并且想让这位前哈佛教授来领导这场变革。我把克罗顿维尔看作一个在交互式的开放环境中传播思想的地方，它可以成为打破等级制度的最理想的场所。我需要与公司下层的经理人员进行直接交流，让我的信息不会因老板们的层层阻隔而失真。

改革是没有选民的，而一场可以感觉得到的改革就更没有了。

1981 年 1 月上旬，正好是我被指定为董事长候选人之后两周，我正在佛罗里达参加 GE 的年度管理会议。从 1968 年起我每年都参加这个会议。我在晚饭前的一次鸡尾酒会上发现了吉姆 · 鲍曼（Jim Baughman）。吉姆是一名留着大胡子的学者，原来在哈佛商学院任教，曾经为 GE 做过几年顾问，一年前他被指定为我们在克罗顿维尔的管理开发中心的总负责人。

我在一小群人里找到了吉姆。

“我正要找你呢。”我说。

我拉着吉姆的胳膊，做了自我介绍，并简单寒暄了几句。我告诉吉姆，他应该为自己人生中的飞跃做好准备。

“我们准备在这家公司里进行全面改革，我需要克罗顿维尔成为改革的重要组成部分。”

如果没有克罗顿维尔，我们就没有一个新思想的传播者。我希望把我进行改革的道理传播给尽可能多的人，克罗顿维尔正是这样一个地方。

克罗顿维尔是坐落在纽约州奥西宁的一所占地 52 英亩的学院，这里曾经是 GE 早期管理变革的发源地。前任 CEO 拉尔夫·科迪纳（Ralph Cordiner）在 20 世纪 50 年代中后期建立起了这些设施，把他的分权思想灌输到了所有等级中。

数以千计的 GE 管理人员被引导要控制他们自己的业务经营，要对赢利和亏损负责。多年来，克罗顿维尔中心的教师在“蓝宝书”的基础上教授了大量很有实用价值的培训课程。“蓝宝书”将近 3 500 页，里面写的都是经理们应该或者不应该做什么。成百上千个总经理就是在这些信条的熏陶下成长起来的。在那些日子，从“蓝宝书”里总结出来的 POIM（计划—组织—协调—衡量）原则就如同《圣经》里的十诫一样。

一旦分权化过程完成，克罗顿维尔作为开发和培训领导能力的基地的作用就减小了，更多的时候是作为技术培训和危机时发布信息的讲坛存在。在 70 年代石油价格狂涨的时候，雷吉把数百名经理送进这里的研讨班，学习通货膨胀条件下的企业管理技能。

到 1980 年，这里的设施已经相当过时了。克罗顿维尔更像一个提供安慰奖励的地方，而不像 GE 公司的精华荟萃之地。这里的培训项目采用公开报名的方式，参加者良莠不齐，很多未来的公司领袖人才都不屑报名。在竞争雷吉职位的 7 个候选人中，只有两个曾经来克罗顿维尔参加过数周的总经理课程，这两位当中不包括我，虽然我仍旧记得 60 年代后期曾来此上过一周的市场营销课。我喜欢这些课程，但特别不喜欢这里的住宿条件。

到 1981 年，克罗顿维尔已经累了，真的累了。

我想让这个地方重新焕发生机，并且想让吉姆·鲍曼这位前哈佛教授来领导这场变革。我把克罗顿维尔看作一个在交互式的开放环境中传播思想的地方，它可以成为打破等级制度的最理想的场所。我需要与公司下层的经理人员进行直接交流，让我的信息不会因老板们的层层阻隔而失真。

但是，如果要克罗顿维尔做到这一点，它就必须改革。与吉姆·鲍曼在佛罗里达会谈之后，过了几周，我们又在费尔菲尔德见面了。我们一起吃了一顿长达 3 小时的午餐，就克罗顿维尔的未来展开了热烈的讨论。我想进行全方位的改革：学员、职员、内容，还有设施和外观。我希望它能集中于领导人才的开发，而不仅仅是职业培训；我希望它能成为一个可以触摸到公司最优秀人员的头脑和心灵的地方，在改革过程中聚合公司力量的精神纽带。

"我不希望那些发展潜力不大的人来到这个地方。"我告诉吉姆，"我要让最好的人才聚集到这里，而不是让那些已经疲惫不堪的人到这里讨取最后一次奖赏。"

如果我们打算让最优秀的员工来这里，那我们就必须把克罗顿维尔变成一个世界级的管理开发中心。我们必须在大刀阔斧对公司进行改革的同时，在调整产品结构和大规模收缩业务的同时，大笔投资改善这里的设施和条件。我们需要立即把大会议厅、阶梯教室翻修一新，并修建直升机停机坪，这样我们的公司领导往返这里就会更加方便快捷（从费尔菲尔德开车到这里是一个小时的路程）。我要求吉姆把我们的构想完善成一个方案，然后提交给董事会。他在 1983 年 6

月完成了方案起草工作，其中包括申请拨款 4 600 万美元在克罗顿维尔修建生活居住区。吉姆还一直记得，当我审阅完他的方案后，我把他最后一页的投资回报分析拿掉了。我在幻灯片上画了个“×”，并写了个词——“无限”。我用这个词强调指出，我们在这项投资上的回报将永远持续下去。

我是当真的。

工作进展缓慢。上任后，我参加的第一次 GE 经理培训班见面会与我早先参加的其他会议很相像。我们不是在克罗顿维尔见的面，这些 4 周管理课程班的经理们一股脑儿涌到了费尔菲尔德去参加当时的“董事长之夜”。那是 1981 年 6 月，在公司总部的大演讲厅里，我在 50 名经理人员面前站着。我们每一个人都西装革履，打着领带。课程班学员坐在前面，公司人力资源部的人员坐在后排。那天晚上，我的即席演讲还是围绕着我一直最为强调的主题进行：“数一数二”战略以及我要改变公司的“感觉”的愿望。

在讨论完我想把 GE 带往何处的话题之后，我开始接受公开的提问。

提问的人不多，在场的人没有对我的思想进行挑战，但是，演讲大厅里至少 70% 的人在用一种怀疑的目光看着我（你知道我指的是哪一种目光——那种人们根本就不认同你的目光）。

公平地讲，我确实吓着了他们。当时的情形是，我在前面来来回回踱着步。威胁着要整顿、关闭或者卖掉他们为其效力的企业，而后排就坐着那些能够决定他们职业生涯的人。这的确是对他们精神的一种痛苦折磨，只有很少的几个对官僚主义感到极度失望的人对此表示喜欢。

我完全理解大厅里充斥着的困惑和恐惧。见鬼，这些经理已经习惯了一个与我所说的不同的、更为传统的 GE。我努力寻找着恰当的词汇来传达我的信息。卓越、质量、企业家精神、所有权、直面现实，以及“数一数二”，这些主题排山倒海般地压向这些学员，压得他们一个劲儿地忧虑自己是否还能在 GE 继续干下去。

这种在费尔菲尔德大演讲厅里开课的做法被我坚持了下来。我用客车把经理们接到公司总部，在晚上开个座谈会，与他们进行面对面的交流，然后招待大家一顿晚宴。情形开始渐渐好转，但依然很费力气。

* * *

公司里的情绪随着媒体的报道和我们股票的价格起起落落。似乎每一个好消息都让整个公司振作一阵子，而每一篇悲观的文章也都让那些喜欢讽刺挖苦我们的人闹腾一番。

早在 1982 年 1 月，《财富》杂志的一篇文章——《努力让 GE 苏醒》就预测我们会进一步蓬勃发展。不到 6 个月之后，我就被他们贴上了“中子弹”的标签，《福布斯》杂志对此也大力附和，于 1984 年 3 月刊登了一篇封面文章——《对全新未来的惊人设计》。我记得第一次看到这篇报道是在直升机上，当时我和亨利 · 基辛格正从费尔菲尔德飞往纽约。亨利对媒体很有经验，他认为这篇报道肯定会引起轰动。不过，这些美好的感觉很快就找不到了。5 个月以后，《财富》杂志把我称为“美国最强硬的老板”。

至少在媒体上，我从王子变成猪猡，又从猪猡变成王子——非常之快。

幸运的是，股票市场还比较支持我。经过几年的徘徊停滞，GE 的股价开始大幅攀升，这再次使我们确信自己走的道路是对的。有很多年我们的股票期权不是特别值钱。1981 年，当我刚成为董事长时，GE 员工从股票期权中得到的收入总共只有 600 万美元。第二年期权收入涨到 3 800 万美元，1985 年为 5 200 万美元。

头一次，GE 的员工们开始从自己的腰包里感觉到了好时代的气息。

收获时代开始了。

每年我们在克罗顿维尔有 3 期最高级的管理课程，从 1984 年开始，每一次课程开班我都要去与学员们见面。我们要把他们所有人都重新改造一番。他们以往要学习来自其他公司的案例，我们改为解决 GE 的实际问题。吉姆·鲍曼聘用了一位密歇根大学的管理学教授，名叫诺埃尔·蒂奇（Noel Tichy）。蒂奇很有创造性，帮助吉姆重新设计了课程内容。他后来在 1985—1987 年担任克罗顿维尔的总负责人，为这里的工作倾注了巨大的热情，并引进了“行动学习”教学法。

克罗顿维尔开设的课程很多，从新员工定向课程到特定的技能培训项目都有。旨在培养领导能力的课程有 3 项：为最具潜力的高级经理开设的 EDC（高级管理开发课程）、为中层经理开设的 BMC（企业管理课程），以及为初级管理人员开设的 MDC（管理开发课程）。

第一级是 3 周的 MDC 课程，每年推出 6~8 次，全部在克罗顿维尔的大教室里授课。每年参加这一课程的经理有 400~500 人。

在更高级的 BMC 和 EDC 课程中，蒂奇的“行动学习”概念是贯穿始终的核心教学方式，该方式要求面对真实的企业管理问题进行探讨和学习。课程都聚焦于一个核心国家、一个主要的 GE 企业，或者是公司在执行某些计划或政策方面的进展情况，如质量管理或全球化等。非常有意思的是，我们在柏林上 BMC 课时恰好是柏林墙倒塌的那一天。学员们目睹了这一事件，不过他们都安然返回，并且因这些经历而变得更成熟、更能干了。

我们每年推出 3 次 BMC 课程，每班大约 60 人。EDC 课程每年只有一次，安排大约 35~50 位最具潜力的高级管理人员参加。这两类课程都是 3 周，课程的进度需精心安排，以使每一个班都能及时参加每季度一次的公司 CEC（高级管理委员会）。学员们在这个会议上要用两小时的时间汇报学习成果并提出自己的建议。GE 的 35 位高级领导——GE 主要公司的 CEO 以及总部的高层管理人员，都要出席 CEC 会议。

这些学习班对行动极为重视，它们把学员们转变成了高层领导的内部顾问。学员们认真考察我们在世界上每一个发达国家和发展中国家的发展机遇以及其他成功的公司如何争取发展。他们仔细评估我们各项计划的实施进度和效果究竟如何。每一次课程之后，他们都带着收获回去，并落实到 GE 公司的下一步行动中去。这些学员都是我们真正关注的最优秀的内部员工，他们不仅给我们提供了极好的咨询成果，也在各个企业之间建立起了可以持续终生的友谊。

这些课程成了一个员工取得成就的重要标志。要参加 BMC 课程，必须经各公司领导的批准。至于参加 EDC 课程，则需经过人力资源总裁比尔 · 科纳蒂、我和一位副董事长的批准。所有这些提名都在我们的 C 类会议上经过讨论。

到 20 世纪 80 年代中期，克罗顿维尔教室里的对话内容开始好转，课堂上的气氛大为改观。1989 年，在我们给一大批经理人员分发完股票期权之后，我在开班仪式上向学员们问道："你们当中有谁得到了奖励？"

开始的时候，通常有大约不到一半的人举手。

"哦，我给每个人都带来了好消息。对那些拿到股票期权的，我向你们表示祝贺。如果你们不是 A 类员工，你们是不会得到这些奖励的。我们的股票现在牛气十足，而且随着我们经营业绩的增长会更加牛气冲天，你们一定会赚大钱的。"

此时，人群的另一部分，那些从来没有看到过股票期权的员工，正等待着我下面会说些什么。

“对于你们那些没有得到奖励的来说，这也是个好消息。”我说道，“现在你们知道了，你们的老板对你们并不是一视同仁。如果你的老板告诉你说，你是明星，那肯定是搞错了，因为我们所有的明星都得到了股票期权。你应该回去与你们的老板谈谈，问问他为什么没有让你得到这些奖励。”毫不奇怪，很多人并没有这么做，因为他们心里知道自己为什么没有得到奖励。

1991 年，我们决定，如果员工没有得到奖励，那么他们不能来克罗顿维尔参加最高级的课程；此外，所有的 A 类员工都应得到股票期权，并且都应获得来克罗顿维尔的机会。

1995 年，我在《财富》杂志上读到一篇文章，讲述的是百事可乐的罗杰·恩里科（Roger Enrico）与他的团队如何向公司的管理人员教授领导技能。我喜欢百事可乐的这种做法，并决定我们领导团队的每一位成员都要教一堂课。在此之前，我们的总部高层领导和各下属公司高级管理人员总是零零星星地讲些类似的这种课程。百事可乐的模式使得课堂上的学员能够更真切地观察和学习公司里做得最成功的榜样人物，也使公司领导能够更广泛地了解公司。现在，我们在克罗顿维尔的授课教师中有大约 85% 是 GE 的各级领导。

1986 年，克罗顿维尔的基础设施建设和翻修工作终于完成。与我们的新教学楼相配套，我们也有了一个新的生活居住区。最重要的是，教室里的人发生了真正的变化：更有活力、更有可能提出富有挑战性的问题，而且提出的问题——不论是对我还是对他们，都更加高明和富有挑战性了。

克罗顿维尔现在成了一个活力中心，为思想的有效交流提供源源不断的动力。

归根结底，教学是我为企业发展力图做好的事情之一。

* * *

讲课是我一生孜孜不倦地从事的活动。事实上，我一直很喜欢讲课。在获得博士学位以后，我甚至到几所大学面试过。我刚来 GE 的那些天里，我每天都给一位技师皮特 · 琼斯（Pete Jones）讲数学课。吃午饭时，我们就聚到我在皮茨菲尔德的办公室里上课。我知道他很聪明，希望他能回去继续上学。

皮特可能会跟你说我不是一位很有耐心的老师。有时候，我写在办公室黑板上的公式他理解不了，我就拿粉笔头扔他，但有时这种做法还真管点儿用。皮特后来离开 GE 去上学了，他拿到了学位，后来在皮茨菲尔德的中学里教了 30 年的书。

我很容易陷在克罗顿维尔，我的时间有很大一部分是在那儿度过的。我每个月都要出现在克罗顿维尔大教室一两次，每次都要待上 4 个小时。在过去 21 年里，我有机会与将近 1.8 万名 GE 经理进行了直接的沟通。来到克罗顿维尔总会令我活力焕发，这是我最喜欢的工作之一。

无论什么时候去克罗顿维尔，我从不发表演讲。我喜欢公开而广泛的交流，学员们教给我的与我教给他们的一样多。我愿意成为一个助推器，帮助所有人相互取长补短。我把我的想法带到每一堂课上，通过我们的交流使这些想法更加丰富，我希望每一个人都能给我以反馈和挑战。在过去的 10 年里，他们做到了这一点。

在我与他们交谈之前，我有时候会提前交给他们一份手写的备忘录，上面写着我准备讨论的一些问题。对那些 MDC 学员，我通常喜欢集思广益后的答复（见下页图）。

“我要讲一讲 A、B、C 三类员工。我想问一下你们如何看待这三类员工特征之间的区别……希望你们讨论一下。”

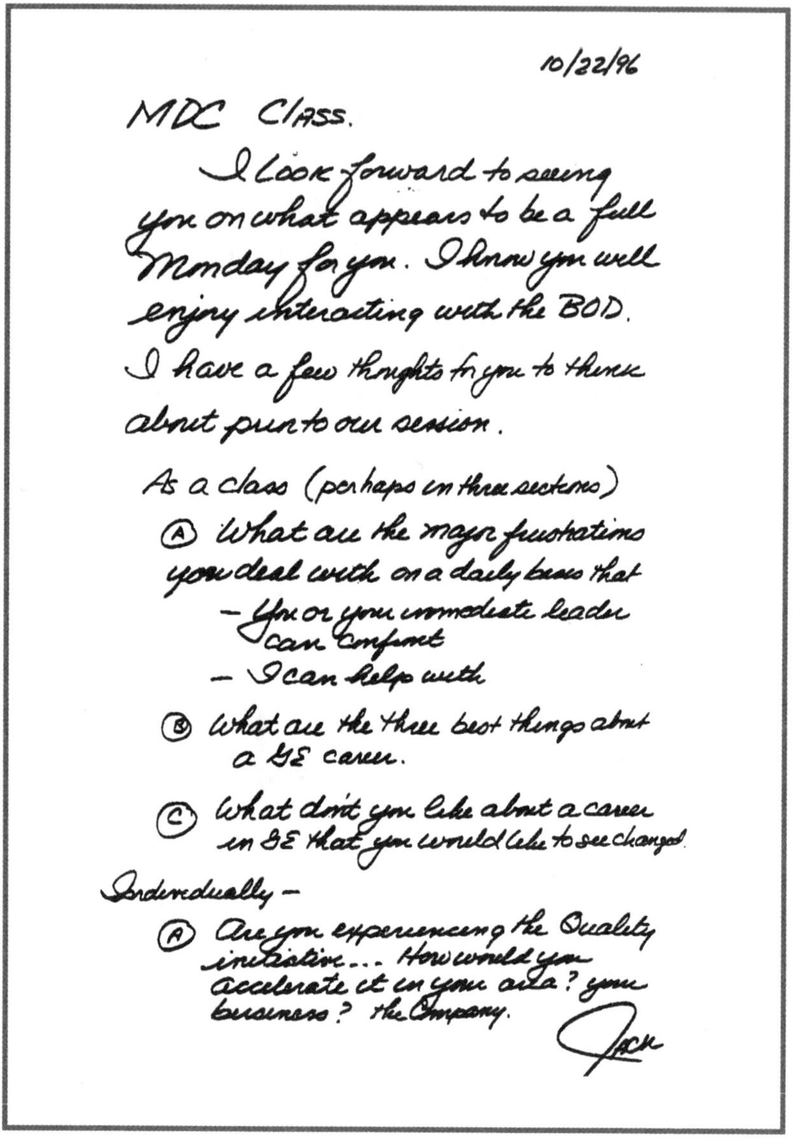

10/22/96

MDC Class.

I look forward to seeing you on what appears to be a full Monday for you. I know you will enjoy interacting with the BOD.

I have a few thoughts for you to think about prior to our session.

As a class (perhaps in three sections)

(A) What are the major frustrations you deal with on a daily basis that
- You or your immediate leader can confront
- I can help with

(B) What are the three best things about a GE career.

(C) What don't you like about a career in GE that you would like to see changed.

Individually –

(A) Are you experiencing the Quality initiative... How would you accelerate it in your area? your business? the Company.

JACK

我向 MDC 学员的提问手稿

“你遇到的最大挫折是什么……我能否给你提供帮助？”

“你不喜欢 GE 职业生涯的哪些方面？你希望看到哪些方面发生变化？”

“你在参与提高质量的行动计划吗？你怎样在你的公司、你的部门、你的工作职责内加速这一计划的落实？”

如果是在 EDC 课程班上，我就会提出另外一些不同的问题。我会问他们，如果他们被任命为 GE 的 CEO，他们将做些什么。

“在最开始的 30 天里你会做些什么？你目前有没有关于自己上任后要做些什么的‘想法’？你如何形成这些想法的？重点讲一讲你的这些想法。你是如何‘兜售’它们的？你准备建立起什么样的基础？哪些现行做法将会被你废弃？”

我还会要求每个人讲述一个他在过去的 12 个月里遇到的领导方面的两难困境，比如关闭工厂、机构转型、棘手的解雇纠纷，或者买入或卖出一家企业。我会把我自己的经历带到课堂上，引发大家的讨论。我很喜欢引用的一个故事发生在我与波音公司之间。我在 1997 年 11 月份见到了波音的董事长菲尔·康迪特（Phil Condit），那个时候我们正在努力争取赢得波音新型 777 喷气远程客机的引擎合同，合同价值十多亿美元。

当时我是去出席比尔·盖茨的西雅图年度峰会，我在晚宴后发表了一番演讲。那天晚上，我找到了菲尔，并以私人名义请他第二天共进午餐。我们两家公司的工作小组已经为 777 远程客机引擎的选择谈判了很长时间，而且谈得比较艰苦。我和菲尔都了解这些情况。我认真地做了阐述，向他说明为什么我们的引擎最适合于他们的飞机，以及为什么 GE 是他们最合适的伙伴。

菲尔很细心地听着，问了几个问题，然后用一个好消息结束了我们的谈话。

“饭吃完了，我们走吧。我可以告诉你，你们已经得到这笔生意了。”他说道，“不过，你还必须对我作个承诺，你绝不能把你们已经拿到这笔生意的情况告诉你的谈判人员。他们必须以诚信的态度继续谈判。”

我同意了。在后来的60~90天里，那些谈判人员总要给我打电话，说我们不得不对波音在价格上作更多的让步并提供更多的研发援助。我每一次都要告诫我的谈判手把最新的进展告诉我。然而，我不能让他们知道我与菲尔的谈话内容。

因此他们不停地让步、让步。

终于，直到有一天，我们又被波音挤捏了一把。我再也忍不下去了，抓起电话，拨通了菲尔的号码。

“菲尔，我要疯了，我在这里已经坐不下去了。我要打破我们之间的约定。”

“你已经走得够远了。”他回答说，“告诉你们的人可以说不了。他们已经得到了这笔生意。”

我愿与学员们分享的另一个两难困境发生在20世纪90年代后期，当时我们决定把肯塔基州路易斯维尔的电冰箱生产线搬迁到墨西哥去。根据对经济效益的测算，这个决定无疑是正确的。但是，另一方面，工会为使我们美国的生产商更具有国际竞争力，无论是在地区层次还是在全国层次，都提供了难以置信的帮助。

从纯商业的角度来看，经济效益的测算数字说明应该搬迁。然而，我们在路易斯维尔还有其他业务，而且全美工会的领导人正在努力做我们的工作。最后，我们决定在路易斯维尔仍然保留一条电冰箱生产线，为路易斯维尔保留了大约900个工作岗位。我告诉班上的学员，我们作这个决定会赢得人们的好感，这会帮助我们在路易斯维尔变得更有竞争力。当然，考虑到经济效益，这件事的确是个两难选择。

我给他们讲完这些以及其他诸如此类的故事，就点名让某些学员谈论一下他们自己的一些在伦理上和领导上进退两难的问题。蓄洪的闸门就这样一下子被打开了。与学员进行交流与讨论，是我在克罗顿维尔度过的最美好的时光。通过我们的这些讨论，教室里的每一个人在离开时都知道：在面对又一个艰难选择时他们并不孤独。

在初级班上，我一般先让学员作自我介绍。在 4 个小时的时间里，第一个小时基本上就是做这件事。我尽量多了解一些他们的个人信息。我让他们每人自我介绍一分钟，然后就倾听他们对公司的看法——哪些方面喜欢或者不喜欢，以及如果他们处在我的位置会怎样改变这些情况。

克罗顿维尔的巨大价值还在于，我们的行动计划给公司带来的困惑能在这里得到清晰的反馈。在我们刚开始进行全球化努力时，来到这里的人们就问："为了在 GE 得到晋升，我必须接受全球化的工作任务吗？"

"当然不必。"我说，"但是如果你做过这类工作的话，你会有更好的晋升机会。这类工作对你和你的家庭都是一种成长的经历。"

当我努力把公司的经营内容转向服务时，班上的学员自然就会问："我们是不是不要产品了？"

"如果你没有伟大的产品，你就不会有服务。"我回答说。

在我们一开始推行"六西格玛"质量保证计划时，他们就问："为了在 GE 得到晋升，是否每个人都必须接受'六西格玛'、'黑带'训练？"

"训练对你的确有帮助。"我回答说，"这是又一个帮你脱颖而出的方法。"

1999 年我们推行电子商务计划时，学员们开始问，他们是否还需要继续接受“六西格玛”训练。有些人特别想跟上我们数字化努力的脚步，以至于他们不想花费两年的时间接受“六西格玛”训练。我回答说：“‘六西格玛’是一项基础教育，是对你进行区分的又一个标志，这个标志就如同你的本科或者研究生学历一样。而数字化只是一种工具，就像读或写，是每个人都应具备的能力。”

下课后，通常在返回总部之前，我都要和他们一起在娱乐中心喝一杯。3 天后，我会收到他们对下面 3 个问题的回答：

“你认为在我的陈述中哪些部分具有建设性？哪些内容帮助你澄清了自己的认识？”

“你觉得有什么困惑或者苦恼的地方？”

“你认为对你最重要的启示是什么？”

他们的评论非常有帮助。在 20 世纪 80 年代初期，很多经理是带着困惑和苦恼离开的。我非常重视这些意见，并把他们的反馈带到下一堂课上。我非常虔诚地对待这些评论。如果有人在反馈意见上署了名，我有时会迅速给他们一个答复，特别是在我的讲话可能会产生误解时更是如此。

到 80 年代中期，这些反馈意见显示出我们的收获越来越多。在听完战略和愿景目标后，学员们说他们能够更好地理解公司的发展了。然而，学员们又说，他们从我这里听到的经常与顶头上司告诉他们的不一致，甚至还有些学员们的经理提醒他们说：“你们要做好思想准备，将在克罗顿维尔听到的都是些胡言乱语。”在公司组织的深处，阻力依然存在，而且很大。

到 1988 年，每年都有大约 5 000 名 GE 员工来克罗顿维尔参加各种各样的学习课程。我仍然一次又一次地向他们提出同样的问题，让他们给予评论和回答。员工说这些信息和愿景目标非常有意义，但他们经常加上一句：“我们公司不是这么回事。”真是该死，经过了这么多年的努力，这些信息仍然不能完全有效地传达给每一个人。

*　*　*

1988 年 9 月的一天下午，我心情沉重地离开了克罗顿维尔。我感到忍无可忍了。那天我们的座谈进行得特别好，学员们在课堂上尽情地倾诉着他们在对公司进行改革时遇到的种种挫折。我感到，我们必须把这种坦率和热情从教室里带回到每个人的工作场所。

在飞回费尔菲尔德的直升机上，吉姆 · 鲍曼不得不听我发泄着自己的情绪："我们为什么不能让克罗顿维尔的坦诚氛围出现在公司的每一个地方？"

我没有让他回答这个问题，我知道我们应该做什么。

"我们必须让克罗顿维尔的课堂在整个公司再现。"

当飞机在费尔菲尔德着陆时，我们心里已经有了答案。我们的想法经过随后几周的充实完善，成为 GE 公司一项新的改革方案，被称为"群策群力"（Work-Out）计划。

克罗顿维尔的课堂交流之所以能够成功，是因为人们在这里感到说话很自由。尽管我的确是他们的"老板"，但我很少能够影响或者说根本影响不了他们个人的职位升迁，特别是对于那些较低级别的培训班学员。我们必须在所有的公司都创造出这种氛围。显然，我们不能让公司的领导组织这些交流会，因为他们认识自己的这些员工。让公司领导组织这些意见交流会，会议的坦诚度就要减弱，人们就更难敞开自己的心扉自由交谈。

我们想出了一个办法，就是聘请外面受过训练的专业人员来提供帮助。这些人员大多是大学教授，他们听员工们的谈话不会别有所图，员工们与这些人交谈会感到轻松。"群策群力"的运作方式就如同新英格兰地区的城镇会议，在这样的座谈会上，有大约 40~100 名员工受邀参加，他们可以自由地谈论对公司的看法，讨论他们看到的一些官僚行为，特别是在申请批复、报告、开会和检查中遇到的一些不愉快的事情。

“群策群力”是要自系统中去除不必要的工作。为达到这个目的，我们希望每个公司能够进行数百次的“群策群力”，这是项工作量巨大的工程。

一个典型的“群策群力”会议将持续两三天。会议开始时经理要到场讲话，他可能提出一个重要议题或安排一下总的会议日程，然后就离开了。在老板不在场的情况下，外部专业人员启发和引导着员工进行讨论。员工们需要把自己的问题列成清单，认真地对这些问题进行辩论，然后准备好在经理回来时向他反映。外部专业人员都是吉姆·鲍曼亲自确定的，共有 24 人。在他们的帮助下，员工和经理之间的这种交流变得容易多了。

“群策群力”会议真正的不同寻常之处在于我们坚持要求经理们对每一项意见都要当场做出决定。他们必须对至少 75% 的问题给予是或不是的明确答复。如果有的问题不能当场回答，那么对该问题的处理也要在约定好的时限内完成。任何人都不能对这些意见或者建议置之不理。由于员工们能够看到自己的想法迅速地得以实施，这对消除官僚主义起到了巨大的推动作用。

我永远不会忘记 1990 年 4 月我在家电业务部门参加的一次“群策群力”会议。会议在肯塔基州列克星敦的假日饭店会议室里举行，参加会议的员工有 30 人。一个工人正在陈述，他认为可以对电冰箱门的生产工艺进行改进，为说明自己的想法，他开始描述他所在生产线的部分流程。

突然，工厂的车间主任跳起来打断了他的讲话。

“你说的狗屁不通！”他说道，“你都不知道你在讲什么。你自己从来没有去过那里。”

他抓起了一支标记笔，开始在会议室前面的写字板上写了起来。还没等你弄明白是怎么回事，他已经“喧宾夺主”地给出了答案。很快，他的解决方案被接受了。

看到两位工人师傅为改进生产工艺进行争论，这绝对是一件令人兴奋不已的事情。想象一下，那些刚刚从大学出来的毕业生如果面对这条生产线的话，他们恐怕做不到这一点。而现在，这些富有经验的工人帮助我们把问题迅速地解决了。

人们开始忘记自己的本来角色，他们开始到处谈论自己的看法，这并不奇怪。

公司里流传着千百个这样的故事。到 1992 年，已经有大约 20 万名 GE 员工参加过“群策群力”会议。这一计划的意义可以用一位中年家用电器工人的评论进行总结，他说：“25 年来，你们为我的体力劳动支付工资。而实际上，你们本来还可以拥有我的大脑，而且不用支付任何工钱。”

“群策群力”计划再次证实了我们很久以来的一个认识：与工作最相关的人最了解工作。GE 公司发生的几乎每一件好的事情，不管是计划、行动，还是方针、政策，追根溯源，都与解放某些下属企业、某些团队或者某个人有关。“群策群力”计划解放了许多人。从克罗顿维尔孵化出的一个简单想法使我们得到了这样一个伟大的“群策群力”计划，它帮助我们创建起了一种文化。在这种文化里，每一个人都能发挥自己的作用，每个人的想法都受到重视；在这个文化里，企业经理人是在“领导”而不是“控制”公司。他们提供的是教练式的指导，而不是牧师般的说教，因而，他们最终取得了更好的结果。

* * *

终于，克罗顿维尔变成了学习的熔炉，我们最有价值的教师们在克罗顿维尔也变成了学生。通过他们的课堂功课和实地研究，他们培训了公司的各层领导，而且教学相长必然带来更多更好的方法。

事实上，克罗顿维尔成了我们最重要的工厂。很快，借助一个将永远改变公司面貌的理念，克罗顿维尔的生产力将变得更加强大。

第十三章

无边界：将理念进行到底

我预想中的无边界公司应该将各个职能部门之间的障碍全部消除，工程、生产、营销以及其他部门之间能够自由流通，完全透明。在无边界公司里，“国内”或者“国外”业务将没有区别，它意味着我们在布达佩斯或者汉城工作，就像在路易斯维尔和斯克内克塔迪一样自如。

我坐在海滩上，头顶是一把撑开的太阳伞。这是 1989 年 12 月，我和我的第二任妻子简正在巴巴多斯欢度我们推迟的蜜月。由于一项提前一年就已确定好的工作计划，我们在 4 月份结婚时没能如期度蜜月。现在，我们终于可以过我们的“罗曼蒂克假日”了。不过，像通常一样，我还是要谈工作，而不是你以为的枕边情话。

所幸，简也喜欢谈业务。

“群策群力”计划取得了巨大的成功，我们用它来清除隐藏在各个角落里的官僚主义，思想在公司里的流动越来越快了，我一直在寻找一种方式来概括这一切，而且这种东西能抓住整个公司，并能把思想带到另一个层次，让每一个人都能分享。

我向简讲述着自己的想法，试图得到一些启示。我思考的一个焦点问题是如何让30多万人的智慧火花在每个人的头脑里闪耀，这就像与8位聪明的客人共进晚餐一样，每个客人都知道一些不同的东西。试想，如果有一种方法能够把他们头脑中最好的想法传递给在座的所有客人，那么每人因此而得到的收获该有多大！这正是我一直苦苦追寻的。

巴巴多斯的桑迪－莱恩是个非常迷人的地方。我从来没有过如此充满加勒比风情的圣诞节，感觉真是大不一样。我躺在沙滩上，眼睛望着圣诞老人从一艘潜水艇里冒出头来，这可能恰恰给了我一种我所需要的灵感。那一天，我找到了一个理念，这个理念在下一个10年里将占据我的整个身心。

可怜的简。我的话翻来覆去，唠唠叨叨。我不停地讲着"群策群力"计划如何将公司里的各种界限打破。突然，"无边界"这个词一下子跃入了我的脑海，它正是我做梦都在为公司寻找的东西！这个词萦绕在我的脑海里，挥之不去。

听起来可能有些可笑，我感觉它就像是科学上的重大发现一样。

一周以后，我依旧全身心沉浸在我的最新理念中，直接从巴巴多斯去参加在博卡－拉顿举行的业务经理会议。博卡会议日程为两天，会议结束时我总要简布置下一年的经营目标和任务。这一次，我草草写就的讲稿的最后5页全都是关于"无边界"行为的。我认为，我这些讲话的效果远比草草写下的讲稿要好（见下页图）。像通常一样，我还是有点儿高高在上。我早就体会到，对于任何伟大的设想，你都必须不停地督促、督促、再督促，直到"让每一根针都动起来"。

在我要结束讲话时，我称"无边界"这一理念"会把GE与20世纪90年代其他世界性的大公司区别开来"。对于这一前景我并不是大言不惭。我预想中的无边界公司应该将各个职能部门之间的障碍全部消除，工程、生产、营销以及其他部门之间能够自由流通，完全透明。在无边界公司里，“国内”或者“国外”业务将没有区别，它意味着我们在布达佩斯或者汉城工作，就像在路易斯维尔和斯克内克塔迪一样自如。

一个无边界公司将把外部的围墙推倒，让供应商和用户成为一个单一过程的组成部分，它还要推倒那些不易看见的种族和性别藩篱，它要求把团队的利益放到个人利益之前。

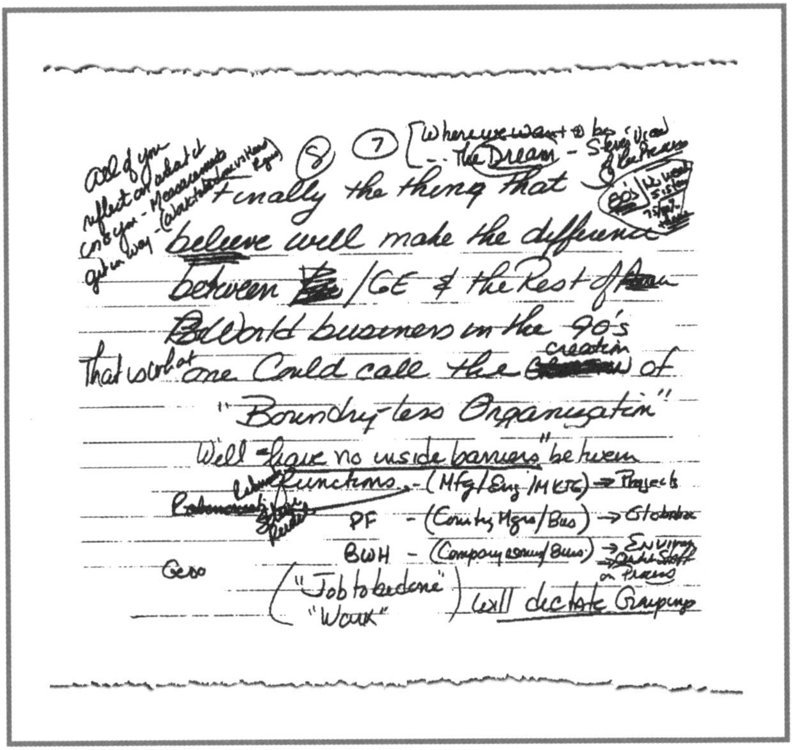
Finally the thing that
believe will make the difference
between /GE & the Rest of
World business in the 90's
one Could call the creation of
"Boundry-less Organization"
Will have no inside barriers between
Functions - (Mfg/Eng/MKTG) → Projects
("Job to be done" "Work") will dictate Groupings

我为博卡会议写的讲稿

在我们公司的整个发展历史中，我们一直对发明者或者想出好主意的人进行奖励。而作为一个无边界公司，它将不再仅仅奖励千里马，它还要奖励伯乐，奖励那些甄别、发现、培养和完善了提供好主意的人。其结果是鼓励公司的各级领导与他们的团队一起分享荣誉，而不是独占，这将使我们所有人之间的关系产生巨大变化。

无边界公司还将向其他公司的好经验、好主意敞开大门。我们已经在采用“非本地发明”方面取得初步进展，我们从日本学习了弹性生产，它是及时库存的先驱。无边界要求我们将之推广得更加广泛，它提醒我们每一个人：我们的目标是“每天发现一个更好的办法”。这句话后来成了我们的口号，出现在世界各地的GE工厂和办公室的墙上。

“群策群力”计划已经开始在公司里建立起学习型文化，无边界理念则为我们的这一文化增添了新的动力。到1990年，我们的各个下属公司之间已经开始分享一些成果。“无边界”给了我们一个恰当的词来表达我们的文化，并使它成为我们日常生活的一部分。我们在每一次会议上都大声疾呼着“无边界”，我们用它轻松地揶揄某个不肯与人分享自己想法的员工，或者是用它批评某个不愿意把自己手下表现优秀的人调到公司其他部门工作的经理。有些员工开玩笑地对这些人说：“这可真正是无边界行为！”

他们已经领会了“无边界”的含义。

1991年，在C类会议的人力资源检查会上，我们开始对经理们的无边界行为进行评级打分。根据同级经理和上级的意见，他们每一位都被给予高、中、低三个等级的评价。如果一个人的姓名旁是一个空空的圆圈，那么他就要尽快改变自己，否则就得离开这个岗位或者离开公司。每个人都会得到反馈意见，知道公司对自己的评价，很快他们就了解到这个评价变得多么重要。

1992年，还是在博卡，我做了一些事情使得我们的价值观（包括无边界的理念）在实践中得到了体现。根据各自完成公司经营目标和保持公司价值观的情况，我们讨论着种种不同类型的经理，主要有以下四类：

第一种类型的经理能够实现预定的目标——赢利上的或者是其他方面的，并且能够认同公司的价值观。他的前途自不必说。

第二种类型的经理是指那些没有实现预定的目标，同时也不能够认同公司的价值观的人。与第一种类型一样，他们的前途当然也不必说，只是后果令大家都不愉快而已。

第三种类型的经理没有实现预定的目标，但是能够认同公司所有的价值观。对于这样的人，根据情况的不同，我们会给他们第二次机会，或者是第三次机会。我已经看到，很多人真的重整旗鼓、东山再起了。

第四种类型是最难处理的，就是那些能够实现既定目标，取得经营业绩，却不能认同公司价值观的人——他们压迫员工工作，而不是鼓舞员工。他们是独裁者，是专制君主。然而太常见的情况是，我们所有人都曾经用另外一种欣赏的眼光来看待这些土霸王似的经理。我也曾经这样看待过他们。

也许在其他时候、其他情形下，这样做也没什么。但是，在一个无边界行为成为公认价值观的公司里，我们不能容忍第四种类型的经理人。

在博卡的500名业务经理面前，我不点名地解释了为什么前一年我们让4位公司经理离开GE，尽管他们实现了很好的经济效益。我在说明自己的这种观点的时候从不使用“出于个人原因离开”的传统借口。

“看看你们周围，”我说道，“今年，我们这里少了5个人。一个是因为没有完成经营任务被我们解雇，另外 4 个则是因为不尊奉我们的价值观而被要求走人。”

我解释说，有一个经理不相信我们的“群策群力”计划，他根本不知道无边界是什么意思，所以他被解雇了；另外一个不能建立强有力的团队；第三个不能激励他的团队；最后一个则一直没有领会全球化的理念。

“在这个话题上讲这么长时间，原因是它非常重要。没有具备这些价值观的人，我们就不要谈什么直面现实、坦诚、全球化、无边界、速度和激励。我们每一个人绝不能只说不做，我们的价值观一定要实实在在地体现出来。”

会场里一片默然，安静得连针掉在地上的声音都能听到。当我说明这几个经理人离职的主要原因是缺乏无边界行为时，这一理念开始真正进入人们的心灵深处。你能够感觉到他们在思索——是的，这一次是动真格的了。他们开始明白这些价值观究竟意味着什么了。

似乎是突然之间，“每天发现一个更好的办法”不再停留在一个口号的层面上，它成为无边界行为的本质，成为我们的期望。经过多年的 GE 硬件建设——重组、收购以及资产处理，无边界变成了我们后来所说的公司“社会结构”的核心。

这就是使 GE 与其他公司相区别的核心价值。

我们必须坚持卓越，绝不容许官僚主义。我们必须探索和应用最好的理念，无论它来自何处。我们必须珍视全球的智力资本及其提供者。我们必须满怀激情地促进客户的成功。与此同时，5 000 多名克罗顿维尔的员工用了 3 年多的时间来锤炼我们的价值观。我们非常重视这些价值观，把它们印刷到塑封卡片上（见下页图），以便我们所有人随身携带。

GE 价值观

我们所有人……永远坚定地保持正直的品格……

- 满怀激情地致力于促成客户的成功
- 看重“六西格玛”品质……确保用户是它的第一受益者……并用它加速公司的成长
- 坚持做到卓越，绝不容忍官僚主义
- 按照无边界的方式行事……时时探索和应用最好的理念，无论它来自何处
- 珍视全球内的智力资本及其提供者……尽可能地建立多元化团队

- 明了变化所带来的发展机遇……如数字化
- 建立一个清晰、简洁，以用户为中心的愿景规划……并在实施过程中加以更新和充实
- 创建一个“舒异”、兴奋、随意、信任的环境……奖励改善之举……取得成果即行庆祝
- 展示……对客户永远具有感染力的热情……4E 领导能力：欢迎并能应对高速变化的个人精力……创造能够激励他人的环境的能力……困难之中做出决定的决断力……以及坚持不懈付诸实施的能力

GE 价值观卡

简而言之，我们想创造一种学习型文化，它将使 GE 比其各部分的简单相加更具力量，且远远强于这样简单叠加在一起的庞大企业。从我担任 CEO 的第一天起我就知道，我们绝不是几十家无关联企业的组合。很早的时候，我就提出了一个名词——“整合多元化”，来描述各个下属企业之间的理念，并使之成为整个 GE 公司创造的竞争优势。但这种想法没能行得通，它虽然商业化了，但人情味、个性化不够。

寥寥几个词就能决定成败，这可真令人惊奇。

当然，一个词或者一句话是不够的。我们必须用一套制度来支持它才能使其发生。最主要的，我们必须改变奖励最优秀员工的方式。以前的制度是把年度分红作为最大的奖励，而奖励的依据是你所在的单个企业的业绩。

如果你做得好，即使整个公司业绩很不好，你仍然可以拿到你的分红。

我不能容忍这样一种想法，即整个公司的大船在下沉而船上的某些企业却只顾自己靠岸。但是，公司的薪酬体系并不支持我期望看到的行为。如果我们想让每一家企业都成为理念的实验室，我们就必须按照一种能够加强这一概念的方式向人们支付报酬。

我们的薪酬体系不鼓励平均分享成绩。1980 年我被任命为董事长的那一天，我拥有了 1.7 万股 GE 股票的期权，后来获得了不到 8 万美元的收益——在得到期权奖励的 12 年之后。可以想象，其他管理人员的期权收入是多么少。那个时候，如果某些 GE 员工的基本年薪是 20 万美元，而且他们的业务单位当年经营业绩很好，那么他们的股票分红收入将是基本年薪的 25%，也就是 5 万美元，所以个人的基本收入远远超过了股票期权的价值。而我希望，对于员工们来说，整个公司的经营业绩比他们各自企业的经营成果更多，而公司的股价也越来越高。

1982 年 9 月，我来到董事会寻求对一项改革方案的支持。我们加大了期权奖励的幅度和频率。在 80 年代前期，当股票市场一路上涨时，员工们看到，他们从整个公司经营业绩中的得益远远超过了他们从各自企业中得到的任何收入。这再次强化了公司 500 名高层管理人员的分享理念。

我本应该做得更多、更快，但直到 1989 年我才把这项计划进一步扩大。那一年，公司里获得股票期权的不再是区区 500 人，而是我们的 3 000 名最优秀员工。今天，每年大约有 1.5 万名员工得到股票期权，而已经得到过股票期权的员工人数是这个数字的两倍。

这些期权计划的改革和不断上涨的股票行情推动了分享理念的发展。1981 年，对所有在 GE 工作的人来说，所实现的股票期权收入只有 600 万美元。4 年以后，这一数字上升到 5 200 万美元。1997 年，1 万名 GE 员工实现的期权收入为 10 亿美元。1999 年，大约 1.5 万名员工获得了 21 亿美元的期权收入。2000 年，约有 3.2 万名员工持有价值超过 120 亿美元的股票期权。

向员工分发股份和股票期权计划使 GE 员工成为这家公司最大的股东。

多么美好！每个周五我都会得到一份打印的名单，上面列着所有员工分得的股票期权和实现的收益。期权改变了他们的生活，帮助他们供孩子上大学，照顾年迈的父母，或者购置第二套住房。

最高兴的莫过于在名单上看到我不认识的名字，因为受益的不只是公司的上层人物——无边界正在为每一个人带来好处。

* * *

股票所有权改变了人们的行为，薪酬体系的改革为 1990 年发起的无边界行动增添了推动力。然而，这一切还不够，我们需要付出更多的努力。我们需要一种方法，它能够发现最好的思想并把它迅速地推向整个公司。

这就是我们后来的经营体系改革。

如同所有的公司一样，我们全年总是有一系列的计划和检查会议。无边界行动要做的就是把这些会议联系起来，创造出一种能让思想持续流动的经营体系。

我把每一个会议看作思想的一块积木，每一块都要建筑在另外一块的基础上，直到思想变得越来越博大，越来越完美。只有这样，我们才不仅仅是聚集在这里开一堆乏味冗长的企业会议。新来的员工经常说，GE 与众不同的一点就是它不停地向员工灌输、强化自己的核心理念——这个会议强调，另一个会议还强调，接着下一个会议依然强调。

1 月上旬，在有 500 名高级管理人员参加的博卡会议上，改革后的经营体系开始运转了。这个会议成为公司最优秀员工和最佳思想的庆祝会。在两天的会议日程中，各个层次的会议出席者都有 10 分钟的发言机会，他们要对某个具体的公司计划发表意见。博卡会议变了，它不再是冗长枯燥的演说，不再是旅途见闻的高谈阔论，而只是伟大思想的传递交流（参见附录 D 业务经理会议日程安排）。

3 月，我们第一次在克罗顿维尔一个被我们称为“山洞”的房间里召开了公司 CEC（高级管理委员会）会议。在会议上，各公司领导回顾近期的经营情况，并畅谈他们对公司各项计划的最新想法。我们希望与会的每个人都能提出一个能够应用到其他单位的好主意。

4 月和 5 月，公司管理办公室和我们的人力资源总裁比尔·科纳蒂到现场检查各个公司的 C 类会议。这些会议可以称得上是充满乐趣的吵架，是关于我们最优秀员工的吵架会议。会议气氛积极、坦诚，既有花絮似的闲谈，也有严酷的激烈争论。通过会议，我们检查各项计划的进展情况，评估参与计划的公司员工的各项素质。

会议给我们提供了一个机会，让我们能够亲眼见到我们公司里最优秀、最有智慧的年轻人。我总是告诫克罗顿维尔的学员：“采取主动，这是获得互动时间的方法。”

7 月，我们召开了一个两小时的电视追踪会议，检查一下我们已经达成一致的人事变动安排是否落实下去。在此之前，如果我们认为企业在某些行动计划方面的人力和其他资源投入不够，我们会在7月份的电视会议之前就进行调整。

6月和7月，各下属公司的主要领导来费尔菲尔德参加第一次战略计划会议，对公司的业务经营进行战略回顾。我们集中讨论了竞争者的情况，预测它们下一步的行动，争取做到先发制人。这就如同下国际象棋，我们要假定自己的对手都是来自俄罗斯的特级大师。

10月，公司的170名高级管理人员在克罗顿维尔参加年度会议。在这里，通过10分钟的角色模型介绍，我们在人力资源和战略回顾会议上发现的最优秀的思想得到了突出。

11月，我们召开第二次战略计划会议，各企业的主要领导在会上陈述下一年的经营计划。会议日程中有半天的时间用来讨论各项行动的具体计划。在这里我们又收获到了大量的新鲜思想。

然后，大家又回到博卡。在整个会议日程中，我们将一年来最有价值的好思想挑选出来。它使我们以另一个激动人心的新循环开始下一个年度。这个新循环里充满了更多的新鲜素材，每一个人都可以将其拿来使用。

为促进员工坚持不懈地分享各自的最好思想，我们建立了一个公司行动集团，即我们的业务拓展部。这是唯一一个经我批准可以扩大人员编制的公司部门。1991年，我聘用了波士顿咨询集团（Boston Consulting Group）的加里·赖纳（Gary Reiner）担任业务拓展部的总负责人，我们将该部门的主要任务从收购兼并转变为促进各种好想法在公司内的流动。加里的集团由20名左右的MBA组成，这些MBA已经做了3~5年的咨询工作，他们都希望在真正的经营世界里闯荡一番。

他们都得到了这样一个承诺：如果他们集团的工作成功了，那么

GE 公司必须在两年之内把他们挖过来。他们只能被“偷”过来。他们向 GE 保证：他们不仅要促进这些理念的传递交流，还要帮助企业领导实施这些理念。我不想要一个只会向企业抱怨的行动集团，如果他们不能帮助企业把这些理念落到实处，那么他们必须走人。在过去的 10 年里，加里招募进他的集团里的 MBA 中十有八九最终会被 GE 正式聘用。他们当中大约有 65% 仍然留在 GE，其中几位已经成为公司的高级管理人员。

股票期权给了我们一个起点，业务经营体系则将点连成线，建立起了一个学习型的循环；否则，我们的一系列会议将只是例行公事，毫无生气。人力资源部的评估则使无边界计划深入人心，每一位员工都认同“群策群力”计划。最后，公司的行动集团使得这一切变化得以加速。

而所有这一切改革行动都得益于一个理念，就是我在巴巴多斯海滩突然冒出的那个想法。

* * *

我的博卡讲话之后仅 4 个月，我和劳埃德·特罗特（Lloyd Trotter）一起参加了一个 C 类会议。劳埃德是我们电子产品业务部主管生产的副总裁，他告诉我们，他创制了一种“矩阵”，这个矩阵可以帮助他从他的 40 个工厂里找到最好的生产管理方法。劳埃德首先确定 12 个对所有工厂都相同的衡量标准和程序，然后，他要求每个工厂的经理在每一个项目上给自己评分，项目包括存货周转、订单完成情况等等。

在矩阵的一条坐标轴上是他们自己的评分，分数从 1 到 5，其中 5 分最高；在另一条坐标轴上则是流程或程序等项目。当他把工厂的经理召集到一起开工作会议时，如果有谁给自己打了最高分，他就要求每位得最高分的经理解释一下自己是如何做到最好的。

有时，“5 分”经理在解释为什么给自己打这么高分时给出的理由不太站得住脚，那么很显然，劳埃德第一次寻找最佳实践的努力没有得到严肃的对待。这时会有很多经理感到十分尴尬。只有在下一次，真正的学习活动才开始展开。劳埃德举了个例子，在北卡罗来纳州的索尔兹伯里，工厂的存货周转率超过每年 50 次，而其他工厂的平均周转率只有 12 次。没过多长时间，其他工厂的经理就开始络绎不绝地来到索尔兹伯里，他们要学习参观这里的工厂到底是如何做得这么好的。

后来，自我评价的方法很快就被量化测评的方法所取代。

劳埃德有一个习惯，喜欢在最好的业务实践旁边画上圆圈，而对最差的画上方框。没多久，这些记号就被人们称为“光圈”和“棺材”——真是对劳埃德心目中不同地位的形象描述。

劳埃德的矩阵透明度很高，每个人都对它非常重视。没有人想落在最后，因此经理们争先恐后去业绩最好的工厂参观学习，想方设法把自己的工厂搞得更好。我们怎么知道那矩阵行之有效呢？在市场增长很缓慢的情况下，劳埃德的经营利润率依然从 1994 年的 1.2% 提高到 1996 年的 5.9%，在 2000 年，他们的利润率达到了 13.8%。

我到处宣讲劳埃德的矩阵，在每一个业务有共同之处的企业推广它，“特罗特矩阵”成了整个 GE 的热门工具。从销售地域的比较到企业之间的原材料储备分析，在任何一个地方，只要应用了矩阵分析方法，我还没见过在经营业绩上未取得显著改进的例子。

听起来真是不错，但是我发现它并没有在所有地方得到应用。无论什么时候完成一场收购交易，我们总是发现一些员工只知道待在自己的工作间，不肯到外面来看看并学习一下别人的长处。2001 年，在霍尼韦尔的整合会议上，我们遇到了伊利诺伊州自由港传感器厂的经理。这个厂的经营达到了“七西格玛”的质量水准。

坦白地讲，我当时被镇住了，我从未见过以这样高的标准和效率进行经营的工厂。2000 年，这个厂装运出厂的 1 100 万个部件中没有一个有瑕疵。我问会议室内 20 名霍尼韦尔公司的与会人员，他们当中有多少人曾经参观过这家工厂。没有一个人举手。如果是在 GE，这个可怜的工厂经理非得被来自 GE 各个企业的参观者踏破门槛不可。就像 1991 年的劳埃德一样，他的名字应该列入博卡会议的日程表。

只要得到一个想法，我们就迫不及待地把它宣扬出去。有些想法宣传得太早了点儿，最终没有淘出金子来。不过，如果我们看到一个想法真的为我们所喜欢，它就会被提交到博卡会议进行讨论。有的时候我“坠入爱河”的速度太快了。但是，如果这个想法最终没什么用，那么我“斩断情丝”的速度也会同样快。

在 20 世纪 90 年代早期，各种各样的理念和思想从公司的各个角落及公司外部涌来。我曾经拜访过沃尔玛的创始人山姆 · 沃尔顿先生，从他那里撷取了一个非常好的想法。1991 年 10 月，山姆邀请我去阿肯色州的本顿维尔和他一起出席沃尔玛的经理会议。我第一次见到山姆是在 1987 年的纳什维尔，在他的一次地区经理会上。当时他同意把他的收款机数据提供给我们的照明公司（一个无边界行为的绝好例子），这样，通过把两家的数据联系起来，我们可以使沃尔玛货架上的灯泡更换得更快，并且无须太多的设计工作。

1991 年，我乘飞机到达阿肯色州，山姆坐着卡车前来迎接我。他显然生病了，挂着静脉滴注袋，点滴化疗药物。在他的经理们面前，山姆让我讲了一下自己的故事，谈一谈将官僚主义从公司里清除出去是多么的不容易。接着，他开始讲，他鞭策经理们永远不要让官僚主义潜入并吞噬掉沃尔玛。我们花了两个小时愉快地交谈，与他的团队交流对官僚主义所带来的种种恶果的认识。

在回机场的路上，山姆带我去了一家沃尔玛商店。我们在商店的柜台间穿梭时，突然，山姆抓过一个麦克风，向整个商店宣布我们两个来了。“杰克 · 韦尔奇从 GE 来到了我们这家商店。”他说道，“如果你们有什么关于他们产品的问题，一定到这里来跟他讲一下。”很幸运，没有人来找我。不过，遗憾的是，仅仅 6 个月之后，山姆就去世了。他精心照看着自己创建的公司，直到生命的最后一刻。

在这次拜访中，我学到了一个我真正喜欢的沃尔玛理念。

每个星期一，本顿维尔沃尔玛总部的各个地区经理都要飞回自己的负责区域。在随后的 4 天里，他们要巡视自己的商店，考察竞争对手的各种经营情况。星期四晚上他们要飞回本顿维尔，星期五上午他们要与公司的高级管理人员开会，向他们汇报自己从现场得到的各种信息。如果一个地区经理发现某家商店或者某个地区商品卖得特别火，总部就会从其他商店调剂一批库存过去以补充销售缺口。

最基层水平上的客户，在每一家商店柜台旁的消费者，他们的需求每周都会被沃尔玛的最高管理层准确地感受到。

沃尔玛拥有非常先进的计算机存货控制系统。在星期五的会议上，销售经理要坐在会议室的前排，一个接一个地讲述各个基层单位的销售情况。负责公司信息系统的高科技人员也将出席会议，随时对地区经理的各种要求做出反应。

在我参加他们会议的那天，沃尔玛的经理们报告说，中西部的气候已经非常暖和，但东部还很冷。他们的防冻剂在一个地方出现过剩，但在另一个地方却很短缺。沃尔玛的与会人员当场便解决了这个问题。来自业务一线的经理对市场高度敏感，负责信息管理的人员则拥有高科技，将两者完美结合正是沃尔玛成功的秘诀之一。山姆和他的总裁戴维 · 格拉斯（David Glass）正是运用这种结合使得沃尔玛在不断成长的过程中始终保持了小公司一般的灵敏反应力。

我从本顿维尔回来后非常兴奋，一直思考着我们怎样应用沃尔玛的这种做法。山姆让我安排了几个 GE 的管理团队到他的公司，和他一块出席沃尔玛周五的会议。

一看到这种做法，我们的管理人员立刻就喜欢上了。他们把这种理念移植过来，将其融入 GE 的文化中。他们开始每周给他们一线的销售团队打电话。除了 CEO，公司的营销、销售、制造等部门的高级经理也要接听电话，这样他们可以对发现的任何问题——不管是运输、价格还是产品质量方面的问题，都能立即做出反应。

我们把这一做法称为“快速市场情报”（Quick Market Intelligence，QMI），并且在每次 CEC 季度会议上也实行这样的程序。这一做法非常有效，它把我们所有管理人员与客户之间的距离拉近了。我们在现场解决产品的货源问题，并能发现一些产品的质量问题，如果不是通过这种做法，这些问题一般要经过很长时间以后才能被发现。

我们各个企业的领导也把他们自己的好主意带到 CEC 会议上。1995 年，运输公司的 CEO 鲍勃·纳代利（Bob Nardelli）给我们讲述了一个获取人才的新途径。运输公司的总部在宾夕法尼亚州的伊利城，为了吸引最优秀的员工，他们进行了多年的努力。鲍勃说他发现了一个取之不尽、用之不竭的人才源泉，那就是美国庞大的初级军官（JMO）群体。这些人绝大多数都是美国军事学院的毕业生，已经在军队里度过了 4~5 年的时间。他们工作努力，聪明机敏，而且感情浓烈。他们都有领导经验，并且有极强的适应能力，因为他们曾经在世界上最为艰苦的地方服过兵役。

纳代利的想法像野火一样传递开来。我们雇用了 80 名退役的美国初级军官，后来我们请他们到费尔菲尔德待了一天。他们的素质给我们留下了极其深刻的印象，结果我们专门制订了一项计划，要求全公司每年招聘 200 名退役的美国初级军官到 GE 来工作。我们利用 C 类会议来评估各个企业聘用和提拔这些退役军官的情况。

今天，我们已经拥有 1 400 多名退役的美国初级军官，他们工作在 GE 的各个岗位。鲍勃的头脑中有了这样的好主意，而无边界行动则使它广为采纳，为整个公司提供了巨大帮助。

* * *

经营体系运作的关键是要理解这是一个不断学习和督促的过程，这个体系要用来不断地产生和重复强调那些好的理念。在 1999 年的各公司物资供应部门领导会议上，我们得知，电力公司通过使用供应商在线竞价系统节省了大笔进货开支。电力公司是从外面的一家公司购买的这套软件，价格是 10 万美元，另外还花了一些沟通费用。我们运输公司负责物资供应的杰克 · 菲什（Jack Fish）很喜欢这个主意，但他不想花费 10 多万美元来购买软件。

他想用别的办法建立这样一个在线竞价系统。回去后，他找到运输公司的信息技术部经理帕特 · 麦克纳米（Pat MacNamee），问他能否用较少的资金建立一个这样的系统。麦克纳米找来几位宾夕法尼亚州立大学的学生，又从我们在印度的软件工程师那里得到了一些帮助，仅用了 3 周时间，花费了 1.7 万美元，他们就开发出了一套系统样板。两周以后，他们通过该系统完成了第一笔在线交易，购进工业用手套。我是在 11 月份的第二次业务计划回顾检查会议上了解到这个情况的。2000 年 1 月，我把帕特的名字放到了博卡的会议日程表中。

其他的企业很快开始学习这种做法，而我们一劳永逸地舍弃了几乎所有的外来卖主开发的竞价系统。

第二次见到杰克·菲什是在4个月以后的运输公司的C类会议上，杰克汇报了他的在线竞价系统的运作情况。他告诉我们，他当年的目标是他们部门的进货总额中有5 000万美元通过在线系统购买。当时，我巡视归来参加C类会议，很多其他GE公司的在线交易目标已经比杰克的高多了。电力系统公司的目标是10亿美元，另一家企业是3亿美元，还有一家是5亿美元。它们的确节省了大量的费用。每通过在线系统完成1亿美元的进货，我们的成本能减少500万~1 000万美元。

“杰克，”我半开玩笑地对他说，“我知道这听起来可能不太中听，但是把每个人引进门的是你，你是发明者，可现在，你的目标反而成了最低的。”

一周以后，在与同事们协商过之后，杰克·菲什给我发了一封电子邮件，将自己的新目标定为2亿美元，并跟我说他有能力超越这个目标。

他做到了。

拥有新想法的第一人在刚开始时是比较轻松的，他的目标为下一个人设置了标杆，从此新一轮你追我赶的循环就又开始了。

* * *

加里·赖纳的公司行动集团不仅传播理念，而且创造出自己的理念。在加里对我们1992年的第一次战略回顾会议的综合报道中，他发现，我们的销售价格每年下降1%，而进货成本却在持续上升。他用一个简单的示意图来说明这个趋势，这个图表被称为“怪物图表”。之所以说它是个怪物，是因为我们的销售价格和进货成本之间的差额日益减小。自然，我们的利润也就越来越低。

如果我们不对这个怪物采取些措施的话，它会把我们活活吞掉。

加里把他的这一分析结果提交到 9 月份的 CEC 会议上。在 10 月份的执行官会议和 1993 年 1 月份的博卡会议上，我们公司两名最优秀的主管物资供应的领导参加了会议，他们在会上提出了如何降低进货成本的方案。在 1993 年的 C 类会议上，我们深入评估了各公司负责物资供应的管理人员的工作业绩。

在随后的 4 年里，各公司负责物资供应的领导每个季度都要到费尔菲尔德参加物资供应季度会议。每次会议都有一位副董事长或者由我本人亲自出席，大家在会议上一起分享各个公司最好的物资供应管理办法。各公司的 CEO 都明白，他们必须把自己最优秀的员工送到这里来。如果他们没有做到这一点，那下次开会时我们将会见到新的面孔。

一旦我们有了更好的人，我们就会有更好的办法。我们对这一问题的重视最终将那头怪物——那张图表“干掉”了。

* * *

多年来，公司里涌现出很多促使业务经营体系改进的理念，其中最好的理念之一来自克罗顿维尔的企业管理课程（BMC）。这是一个非常好的例子，它说明了我们怎样把克罗顿维尔同整个公司的学习活动联系起来。1994 年，鲍勃 · 尼尔森和财务工作团队完成了一份报告，报告分析了 GE 应该怎样做才能在 20 世纪末之前成为一家年销售额 1 000 亿美元、利润总额 100 亿美元的公司。当时，GE 的年销售额为 600 亿美元，税后赢利是 54 亿美元。

我很喜欢这个目标。1995 年 2 月份，在克罗顿维尔的一个管理课程班上，我鼓励他们为实现 1 000 美元的目标拿出更多新的主意。班上的一部分人为了评估 GE 在哪些方面做得比较好，与我们 10 家企业的高级管埋人员进行了面谈；另外有一部分人走访了主要客户，听取了他们对我们发展前景的看法；第三部分人则访问了处于高增长中的公司主管人员，看看他们那里有没有值得我们学习的经验。

然而，具有讽刺意味的是，最好的一个理念并不是来自任何一家公司，而是来自宾夕法尼亚州卡莱尔的美国陆军军事学院。当时，我们在克罗顿维尔开设的是为期 4 周的 BMC 课程班，该班的负责人是蒂姆·理查兹（Tim Richards）。他起草了一个计划，把我们的课程与陆军军事学院上校们的课程合并。他了解到，军队的战略使命发生了重大转变，从过去应对冷战转变成适应新的世界形势。在新形势下，美国军队要准备应付数十场来自世界遥远地方的小规模武装冲突。

蒂姆认为这种课程合并是个很好的交流机会。“有时，恰恰是那些无意中得到的想法最后发挥了巨大作用。”他说道。

在 4 天的访问中，一位上校告诉班上的学员，我们的“数一数二”市场战略可能会对我们有阻碍作用，压抑我们的成长机遇。他说 GE 有众多的高智商管理人员，这些人足以聪明到把他们的市场定义得非常狭窄，狭窄得他们可以稳稳当当地保持住“数一数二”的位置。

像通常一样，这个班把他们在克罗顿维尔的学习体会和各项意见向 1995 年 6 月的公司管理会议做了汇报。当时我刚做完心脏手术，正在恢复身体，因此我没有听到他们的汇报。直到 9 月份，该班上的几个学员来到费尔菲尔德，我才从他们口中了解到这些内容。

学员们制作了 8 个示意图，其中一个图的内容就来自那位上校敏锐的洞察力，该图演示了如何重新定义市场份额。在图上，学员们推荐了一个“思维定式变革”的方案。他们认为，我们需要对现行产品市场全部重新定义，从而使得企业的市场份额没有一家超过10%。这将迫使每一个人以全新的态度看待他们的企业。这是一次极其重要的拓展思维的实践，也是我们在拓展市场方面的一个重大突破。

在将近15年里，我一直不断地强调在每一个市场上占据“数一数二”位置的必要性。现在，这个学习班的学员却在告诉我，我的基本理念之一阻碍了我们的进步。

我告诉他们：“我喜欢你们的想法！”坦白地说，我也喜欢他们把自己的想法展示到我面前时流露出的那份自信。

这才是最好的无边界行为。

在一个定义狭窄的市场上占据很高的份额，这样一件事给人的感觉应当是不错的，而且从图表上看，自己似乎也蛮伟大的。但是，学员们是对的：我们被现行的战略束缚住了。这再次证明，任何官僚主义都会把你所追求的任何美好事情统统搞砸。

我接受了他们的思想，而且，两周以后，在10月上旬的高级管理年度会议上，我把他们的思想融进了我的总结发言中（见下页图）。

“要做到这一点，你们必须睁开双眼，盯住每一个发展机遇。也许，我们对‘数一数二’或者‘整顿、出售或者关闭’的强调束缚了你们的思维，限制了你们的视野。”

我要求每一个公司都要重新定义他们的市场范围，给出一到两页的“崭新思考”，并在11月份的第二次业务计划回顾会议上把它们提交上来。

通过这种更广阔的市场视野，我们改变了自己的成长速度，也再次坚定了自己的决心，使我们更加雄心勃勃地在服务领域进行扩张。1981年，GE自己给出的“市场定义范围”是1 150亿美元；今天，我们进入的“市场定义范围”是1万亿美元，这给我们提供了更大的成长空间。举例来说，在医疗系统方面，我们过去衡量市场份额只考虑诊断造影设备市场，现在我们则用整个医疗诊断设备市场来衡量，包括所有的服务设备、放射线医疗技术以及医院信息系统。

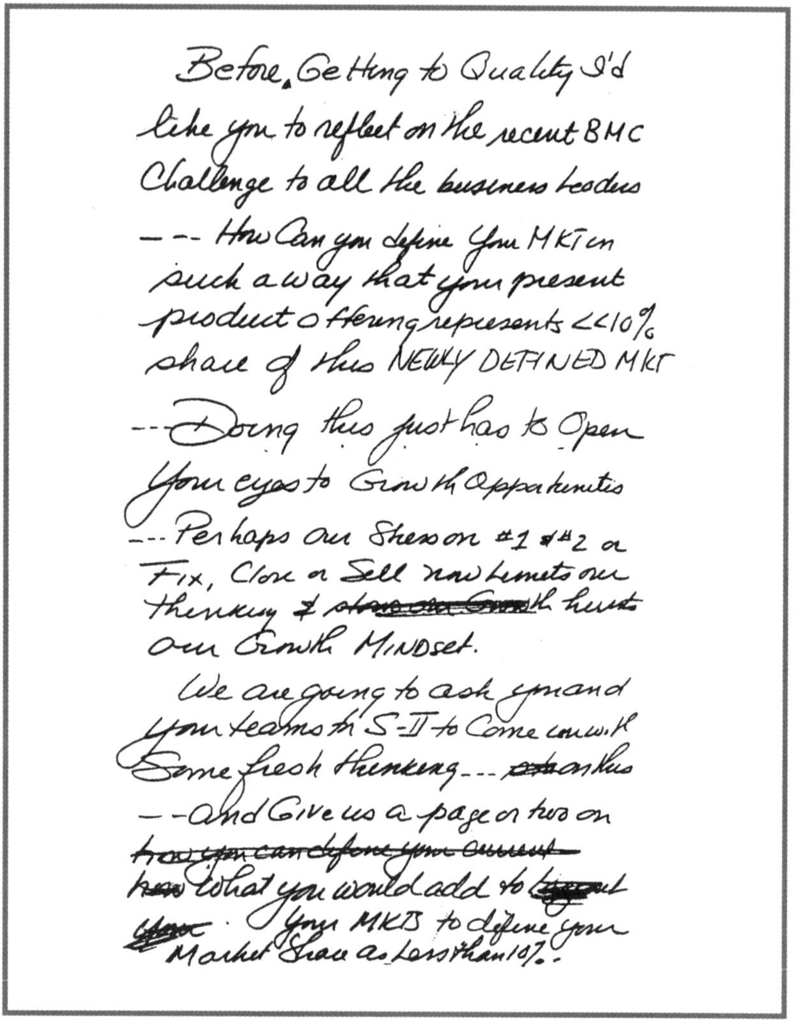
Before Getting to Quality I'd
like you to reflect on the recent BMC
Challenge to all the business leaders
--- How Can you define Your MKT in
such a way that your present
product offering represents <<10%
share of this NEWLY DEFINED MKT
--Doing this just has to Open
Your eyes to Growth Opportunities
---Perhaps our Stress on #1 #2 or
Fix, Close or Sell now limits our
thinking & ~~stops our Growth~~ hurts
our Growth MINDSET.
We are going to ask you and
your teams in S-II to Come in with
Some fresh thinking--- ~~on~~ this
--and Give us a page or two on
~~how you can define your current~~
~~hov~~ What you would add to ~~beyond~~
~~your~~ Your MKTS to define your
Market Share as Less than 10%.

我在 1995 年 10 月 GE 高级管理年度会议上的总结发言草稿

电力系统公司过去把它的服务业务主要定义为供应备用设备以及利用 GE 技术的维修工作。按照这种定义，我们在价值 27 亿美元的市场中占据了 63% 的份额。这个结果看起来相当好，简直是太好了。但是，如果我们重新定义市场，把整个的发电厂维修都包括进来，那么电力系统公司将只在 170 亿美元的市场中占据 10% 的份额。

如果你继续把市场定义的范围扩大，把燃料、动力、存货、资产管理以及金融服务都包括进来，那么，你所处市场的潜在价值就有 1 700 亿美元之巨，而我们在其中拥有的份额仅仅是 1%~5%。

又一次，重新定义市场的行动打开了我们的眼界，激发了我们的雄心。

在此后的 5 年里，GE 的主营业务增长速度翻了一番，尽管业务种类还是那些，但都注入了新的活力。我们的营业收入从 1995 年的 700 亿美元增长到了 2000 年的 1 300 亿美元。促使 GE 成功发展的因素有很多，但是，这一新的思维方式无疑发挥了极其重要的作用。我由衷地喜欢这个故事：我们向克罗顿维尔的学习班提出挑战，而他们最终在宾夕法尼亚陆军军事学院的上校军官那里发现了这个伟大的理念。

这是最好的无边界行为。我们的员工真正是在“找一个更好的办法”，而且正是它使得 GE 与世界上其他公司区别开来。你可以用成果来衡量这一点，我们的营业利润率从 1992 年的 11.5% 增长到了 2000 年创纪录的 18.9%；在我们的工业部门，我们的流动资本周转率从 4.4% 提高到了 2000 年的 24%，这也是创历史纪录的数字；我们的营业收入达到 1 300 亿美元，净收入为 130 亿美元。

无边界的理念帮助我们很多平凡的人做出了绝不平凡的事业。

第十四章
"深潜"

对于我来说，我的满足和乐趣在于参与员工们的工作，和他们打成一片，一起兴奋，一起就解决问题的正确方向展开争论。

作为董事长有很多好处。我最喜欢利用的好处之一就是可以挑选一个自己感兴趣的具体问题，然后对此做我称之为"深潜"的运动。这实际上就是认准一种你认为你能带来变化的挑战，一种看来有乐趣的挑战，并把自己的职务地位抛到脑后，不过，有人可能有理由将此称为"捣乱"。

我经常这样做，当然只是在公司范围内的每一个地方。

我总是跟着感觉走，感觉告诉我要介入的每一件事——从 X 射线管的质量到优质工业金刚石，我都介入。一旦决定介入，我就一个猛子扎下去开始深潜。我一直坚持这样做，直到我担任这项职务的最后几天。

我的最后一次"深潜"是在 2001 年 5 月介入 CNBC 财经新闻频道事件。

在退隐两年之后，卢·多布斯（Lou Dobbs）又回到CNN新闻频道做《货币之线》（*Moneyline*）栏目的主持人。对于在晚上6点半到7点半时间档我们的CNBC推出的《商务中心》（*Business Center*）栏目来说，他的复出是一个潜在的威胁。在多布斯离开《货币之线》后的两年里，我们的联合主持人罗恩·因萨纳（Ron Insana）和休·赫雷拉（Sue Herera）的收视率一直看涨。4月底，休给我打了个电话，问我能否发一封电子邮件来鼓舞一下他们团队的士气，为迎战多布斯5月14日的复出做好准备。

CNBC一直是我非常喜爱的一个项目。休·赫雷拉从来到CNBC的第一天起就成为我们的顶梁柱，她给GE和我们的女性栏目带来很大的帮助，我一直把她看作自己的朋友。由于CNN要重用多布斯，她取消了自己的休假计划，全力以赴应付这项挑战。

“休，不用发电子邮件了，我何不亲自到你们的工作室与你的团队见面呢？”

“好，欢迎。”她说。

在一周的时间里，我一直坐在CNBC的新泽西工作室里，吃着饼干，喝着汽水，与罗恩、休以及他们15人左右的团队成员一起考虑着几十个应对方案。对我来说，感觉上好像又回到了10年前的“群策群力”会议上。团队提出一个方案，即把节目延长，并在下午6点钟开播，这样可以比《货币之线》提前30分钟。我喜欢这个方案，也喜欢他们提出的其他几个想法。

在我离开会场时，我答应给他们再额外拨付200万美元以加强节目的推广宣传工作。在返程的车上，我给安迪·拉克打了个电话，安迪那天已经被任命为NBC的总裁。我问他能否在多布斯复出的那天早上把休和罗恩请到《今日》（*Today*）栏目里与观众见面。然后，我又同NBC体育节目总裁迪克·埃伯索尔（Dick Ebersol）通了电话，他同意在周末的 NBA 季后赛中播出《商务中心》的节目预告。

那周的最后一天，NBC 的所有人——从电脑制图到布景设计人员都参加到大讨论中来了。

多布斯的复出无疑会夺走一部分观众，但我们绝不会让他轻易做到这一点。这将是一场持久战，但我们要赢得第一场战斗的胜利。

那天快结束时，我的继任者杰夫·伊梅尔特打电话来跟我闲聊，我向他坦白，我又在 CNBC 当起“项目经理”来了。杰夫曾经在 GE 的塑料和医疗设备部门工作过，这段经历使他了解到我究竟是怎样“捣乱”的。

“杰夫，我可以向你保证，这是我今天唯一的一次‘捣乱’。我能够‘捣乱’的日子不多了，只剩下两个多月，到那时候你就可以摆脱我了。”

感谢老天让我写这本书，它使我在工作交接过程的大部分时间里没有给杰夫“捣乱”。

我和杰夫在星期天晚上一起出发前往东京，因此我没能现场观看他们栏目的首播情况。CNBC 的团队每天都给我发一封电子邮件，让我随时了解他们的工作情况。星期一，多布斯复出的第一个晚上，《商务中心》与他打了个平手。到星期四，《商务中心》的收视率就明显地高多了。幸运的是，我在星期五下午 5 点半从东京赶回了家，正好能够赶上收看当周的最后一次节目。

罗恩和休的主持非常精彩，他们的团队赋予了这个栏目以新的生命。我为他们感到高兴，他们赢得了第一场较量。真是太棒了！

在过去的许多年里，我进行过数以百计的“深潜”。这些“深潜”并不都很成功，而且我的很多想法一直没有被采纳。对于我来说，我的满足和乐趣在于参与员工们的工作，和他们打成一片，一起兴奋，一起就解决问题的正确方向展开争论。

除了我的董事长头衔，我认为我之所以能够“顺利地完成深潜”，是因为员工们相信我是在全力帮助他们。尽管我们各自解决问题的方式有所不同，但我们解决问题的共同目标是一样的。他们知道，如果我的想法被丢在一边，我不会因此感到不愉快。

另一个我经常“捣乱”的地方是GE医疗设备公司。我以不同的方式介入这家公司已经有28年了，我喜欢这家公司的技术、员工和客户，与医疗设备公司的员工在一起工作给人的感觉很特别。在20世纪70年代和80年代初期，我是CT扫描仪和MRI设备的“实际项目经理”。

90年代初期，我喜欢上了另一个项目，即超声波成像技术，在这项无侵扰无辐射的技术领域，GE是个落后者，但我确信我们会做得更多。

1992年年初，我玩笑般地成了非正式的“项目经理”。为提高产品的竞争力，我们曾打算收购一家公司，终因交易价格太高而放弃。此后我们就开始了自己进行技术开发的努力。我告诉医疗设备公司的CEO约翰·特兰尼（John Trani），抛开正常的报告程序，所有的项目报告直接提交给他。约翰喜欢成果，并通过组建可靠的、能够攻克任何技术难关的小组来获得成果。

这个技术攻关团队是在一座老式的生产大楼里组建起来的，我们将这座大楼装饰一新，让他们觉得自己是胜利者。公司的研究实验室为这个项目提供了很多格外优越的条件。该项目经理退休后，我们决定到GE外部，在整个超声波技术行业里寻找一个人接替这个位置。我亲自对候选人进行面试，向他们介绍我们在超声波技术方面的发展意向。很多技术专家对我们表示质疑，因为我们的起步较晚。

我们找到了奥马尔·伊什拉克（Omar Ishrak），他是孟加拉人，是一位天生搞超声波研究的人。他曾经为我们的一家主要竞争对手工作过。我们所有人都认为他就是我们所需要的人，最后聘用了他。

我们投身于激烈的竞争之中。我确保奥马尔得到了足够的帮助和尊重。每次我去密尔沃基巡视我们的医疗设备公司，总要抽出很大一部分时间接见奥马尔和他的超声波研究团队，尽管那时他们还只是整个业务部门的很小一部分。

我成了奥马尔最大的啦啦队队长。他雇用非常优秀的员工，很多来自他们的技术圈子，其余的是 GE 的老员工。我们从 1996 年的一无所有一跃而成为 2000 年的行业第一，创建了一家赢利能力极高的企业。我们年收入增长速度达 20%~30%，今天这家公司的年收入已经超过 5 亿美元。奥马尔现在已经是公司的高级管理人员，我从他的成功中得到的快乐与他一样多。

在医疗设备公司的另一次“深潜”与 GE 的 X 射线仪和 CT 扫描仪所用的射线管质量有关。事情的开始是在 1993 年，当时我在几个城市巡访 GE 客户。我们的医疗设备客户认为我们的 CT 技术是最先进的，但他们对我们的射线管寿命抱怨声很大。我回来后，发现我们的射线管平均只能用 2.5 万次，比我们竞争对手的射线管寿命短了一半。

我们的 CT 设备非常好，它的黯然失色是因为公司有阿喀琉斯之踵（即致命弱点）——射线管。

我到密尔沃基与约翰·特兰尼和他的团队一起审视了这个问题，在一个生产像医疗设备这样的高科技产品的企业里，零部件生产部门有时被当成二等公民。约翰带我视察了我们的射线管生产车间。具有讽刺意味的是，该车间与我们的超声波技术研发部门同在一座大楼里，就是那座经过翻新的大楼。虽然只是隔着一层薄薄的墙壁，两家的待遇却大不相同，射线管生产车间就像是公司里的弃儿一样不招人待见。

我们对这件事的处理态度非常认真。我们对负责全部医疗设备生产的经理进行询问，问他是否愿意接管射线管生产这项任务，并直接向特兰尼汇报工作。但他认为我们是一派胡言。他是个传统型的生产经理，射线管的生产原来也一直由他负责。在他看来，接手这项“射线管工作”不值得，钱不比现在拿得多，也没有“一定会成功的保票”，这对他的职业生涯没什么好处。

我们很幸运，我们最终找到了正确的人选。特兰尼推荐马克·奥内托（Marc Onetto）负责射线管部门的整顿和技术攻关。马克是个精力充沛、热情洋溢的法国人，当时担任我们欧洲的医疗设备业务服务部门的总经理。

我邀请他来费尔菲尔德，跟他强调这项工作的重要性，以及为什么必须把 CT 扫描仪的寿命从 2.5 万次提高到 10 万次。我保证他可以得到他所需要的一切资源。

我们给了马克一笔资金，让他改进他的工厂，并帮助他引进优秀人才。引进的技术人才中包括迈克·艾道奇克（Mike Idelchik），这是一位工程师中的工程师，一直负责设计飞机引擎。迈克离开了飞机引擎的技术基地来到这里担任工程经理，他和他的工程师在改进射线管的工作中发挥着关键作用。在这项工作的推进过程中，迈克得到一个极具诱惑力的工作机会，对方的条件是让他离开 GE。马克让我出面干预。我花了一个星期天的晚上与迈克面谈，希望他能留下来。他答应了。迈克后来成为照明公司负责工程的副总裁，在他面前还有更大的管理任务等着他。

马克想出了一个口号“射线管——设备的心脏”，以此来表明这个以前被忽视的部件的重要性。他把这个口号张贴到每一个地方，让所有人都注意到。

在随后的 4 年里，他每周都给我发一份传真，向我汇报他们团队的工作进展。马克回忆说，他从我那里得到过一份回函，上面写着：“太慢，太法国化，加快行动，否则换人。”马克把这些回复信件都锁到了他的抽屉里。

其他的时候，我会写信对他们取得的进步表示祝贺。马克就会把这些短函贴在工厂，让每一个人都看到（见下图）。

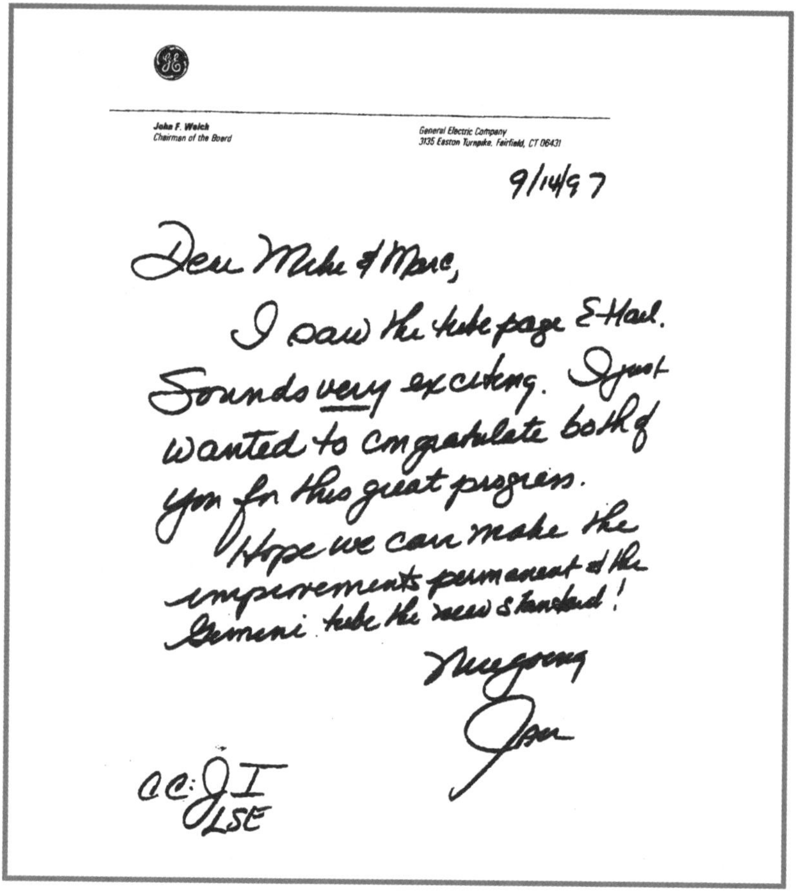

John F. Welch
Chairman of the Board

General Electric Company
3135 Easton Turnpike, Fairfield, CT 06431

9/14/97

Dear Mike & Marc,

I saw the tube page E-Mail. Sounds very exciting. I just wanted to congratulate both of you for this great progress.

Hope we can make the improvements permanent & the Gemini tube the new standard!

Nice going

Jack

cc: JI
LSE

我的贺信传真

在5年的时间里，这个团队把射线管的寿命从2.5万次提高到接近20万次。到2000年，利用“六西格玛”技术，他们研制出了平均寿命达到50万次的新型射线管，并且被定为行业标准。这一关键部件的突破，使我们推出了迄今为止销售最快的GE“光速”（Lightspeed）牌CT扫描仪。

通过将射线管作为设备的核心部分，我们的团队把部件生产部门员工的思想情绪扭转了过来。射线管项目的成功使得每一个人都受益匪浅。马克得到提拔，在整个医疗业务部门领导我们的“六西格玛”行动，现在已是一位高级管理人员，负责公司的全球医疗设备供应网。

还有一次“深潜”是在我们的工业钻石公司，那是项还在发展中的业务。1998年，GE塑料公司的CEO加里·罗杰斯（Gary Rogers）和工业钻石公司的总裁比尔·伍德波恩（Bill Woodburn）向我请求，说他们要来费尔菲尔德与我“秘密会谈”。

我不知道他们要跟我谈什么。GE从20世纪50年代就开始生产工业钻石。这些钻石是石墨在极高的温度与压力下发生反应而转化生成的，这些钻石不是宝石首饰，主要应用在重工业里的切割刀具和研磨轮上。

加里和比尔向我出示了一包棕色的天然矿石和6个包着蓝色麂皮的宝石盒子，里面盛着的是绚烂夺目的宝石级钻石。他们两人说话本来就很轻柔，这一次几乎是窃窃私语。他们告诉我，我们的科学家发明了一种方法，能够从矿土中提取天然棕色金刚石，并完成自然转化过程，获得纯净的珍贵钻石。这种新工艺技术的实质就是重新创造出在地核深处数千年里生成钻石的条件，将大自然已经开始的过程最后完成。

我惊呆了，同时为这一新技术可能产生的巨大商机而兴奋不已。我迫不及待地把自己投入进去，和他们一起讨论这项伟大而又有趣的工程——眼前重达28克拉的宝石，进入一个全新的、我们一无所知的消费行业所带来的挑战，以及由于我们的技术而使整个行业全部改观的机遇。

我立刻成了比尔的头号支持者。我帮助他组织各种资源，在随后的 3 年里与他参加了无数次会议，为每一件事——从给我们的产品命名到如何为产品定价，提供咨询。

听起来是不是很容易？

事实上，没有什么事情比进入这个已经有几个世纪历史的古老行业更加困难的了。由于担心我们会破坏钻石的定价，古老的安特卫普钻石贸易与批发商协会不择手段地要把我们排挤出这个行业。他们出具虚假的鉴定报告，蔑称我们的钻石是人造的赝品，不值得拥有。安特卫普的联合抵制使我们无法向他们批发出售，即每次出售 50~100 颗，而只能按照零售的方式每次向他们出售一颗或两颗。

为启动销售，我们向自己的员工打折出售，现在员工们的购买量大约是每月 10 万美元。我甚至以这种折扣向我们董事会的成员推荐购买，希望在 GE 2000 年的股权代理声明书中披露这一购买情况，借此制造一些公众效应。

有几个董事买了我们的钻石，价格从 2.6 万 ~41 万美元不等。可是有谁知道这件事呢？所有的媒体都曾大肆宣传各位董事的工资报酬和额外津贴，但唯独对购买钻石的事情不予任何报道。在你最需要媒体的时候，他们却都睡着了。

在我们的第二个全年计划中，我们准备完成 3 000 万美元的销售额，这比我们最初计划的三分之一还少。要在一个年营业额达数十亿美元的行业取得重大突破，这个计划显然不是我们的理想目标。我们的团队总是提醒我要有耐心，这是一项正在成长中的事业，又是一个我所珍爱但不得不留给我的继任者的项目。

我要留给后来人的另一个理念是在 2000 年秋天我访问日本时萌发出来的。我去过日本很多次，我发现要想吸引日本最优秀的男毕业生加入 GE 公司很困难。尽管我们在这方面的工作已经有相当的起色，但仍然有很长的一段路要走。

最后，有一点启发了我。我发现，将 GE 与其他日本公司区分开来的最好机会之一就是将目光放到女性身上。日本公司不太愿意雇用女性职员，而且她们在公司里也极少能晋升到很高的位置。

我再一次加速行动起来。很幸运，我们有安妮 · 爱芭娅（Anne Abaya）。安妮是 GE 金融服务集团的高级管理人员，一名理想的会说日语的美国女性。她同意去东京担任 GE 日本公司的人力资源总裁。我给她拨了 100 万美元发动一场广告运动，将 GE 定位为“女性首选的公司”。

我不知道我们已经在日本雇用了多少人才。2001 年 5 月，当我和杰夫前往日本做商务旅行时，我们与 14 位发展潜力很大的女性职员共进了一顿私人晚餐。她们中包括 GE 塑料日本公司的首席财务官、GE 医疗设备日本公司销售与市场部的总经理、GE 消费金融日本公司的营销总监，以及 GE– 东芝硅晶公司和 GE 医疗设备公司的人力资源总裁。

这些年轻的职员给我和杰夫留下了从未有过的深刻印象，这使我再次确信，雇用日本女职员带来的好处是多么巨大。

这次“深潜”的确才刚刚开始，但我知道，杰夫一定会将其推进到一个更高的水平。

我喜欢这些“深潜”带给我的兴奋感，可能比那些首当其冲承受我“捣乱”的人要多。

我绝对敢打赌，杰夫一定会做出他自己的“深潜”，而且会从这些“捣乱”中得到同我所获得的一样的快乐。

JACK 第三部分

商海沉浮

第十五章
唯我独尊

自信与自负之间仅一步之遥。这一次，自负占了上风，给我上了一堂终生难忘的课。

“我的天哪，杰克，你还要干什么？把麦当劳买下来吗？”

那是 1986 年 4 月，我在奥古斯塔高尔夫球场的第三洞发球时，四五个人在第七条球道上同我说笑。当时我们宣布购买 RCA 已经过了 4 个月，而且我刚刚买下了华尔街最老的投资金融公司之一——皮博迪的基德公司。

他们不过是在说笑，但的确有些人对我们最近的决策不以为然，至少有三位 GE 董事会成员对此不很热心，包括两名在金融服务界经验最丰富的董事——花旗银行董事长沃尔特 · 里斯顿（Walt Wriston）和摩根公司（J. P. Morgan）总裁卢 · 普雷斯顿（Lew Preston）。他们同当时的 Champion International 公司董事长安迪 · 西格勒（Andy Sigler）一道警告我说，这项业务与我们从事的其他业务有很大的不同。

“人才天天都在坐电梯，上上下下的，一转眼就会跑，”里斯顿说，“而你买下的不过是一堆家具。”

1986 年 4 月，我在堪萨斯城的一次董事会上据理力争，最后博得了大家的一致首肯。

这是狂妄自大的典型表现。自 1984 年成功收购安裕再保险公司（Employers Reinsurance）、1985 年成功收购 RCA 后，我有点儿收不住了。说实话，我已经目中无人。虽然从内心深处讲，我还在摸索公司的一种正确“感觉”，而在公司收购的前线，我自认为没有自己办不成的事情。

不久，我就会认识到，自己这一步迈得太大了。

收购基德公司的理由非常简单。在 20 世纪 80 年代，LBO（杠杆收购）大行其道。GE 的资金已经在 LBO 热潮中扮演了一个重要角色，曾在过去的 3 年里为 75 家公司的收购提供资金支持，包括早期 LBO 的一个成功案例——比尔·西蒙（Bill Simon）和雷伊·钱伯（Ray Chamber）并购吉布森贺卡公司（Gibson Greeting Cards）。

我们开始厌倦筹集所有的资金、承担所有的风险而眼巴巴地看着各个投资银行将大把的前期费用收入腰包。我们考虑的是，基德公司可能会给我们一个契机，以便获得更多的生意，进入新的分销渠道，而不必再向华尔街的某个中介机构支付昂贵的费用。

完成收购 8 个月后，我们发现自己卷入了一桩震动华尔街的前所未有的公共丑闻。基德公司的明星级投资银行家马蒂·西格尔（Marry Siegel）承认向伊凡·博斯基（Ivan Boesky）出售内部股票信息，以换取成箱的现金。他还承认，基德公司曾经从高盛公司的理查德·弗里曼（Richard Freeman）那里非法获取情报用于交易。他承认了两项重罪指控，并配合美国律师鲁迪·吉里安尼（Rudy Guiliani）开展调查。

结果是，1987 年 2 月 12 日，全副武装的联邦警探拥进了纽约汉诺威广场 10 号的基德公司办公室。他们对套汇部经理理查德 · 威格顿（Richard Wigton）进行搜身检查，铐上手铐并带离了大楼，他们还以涉嫌内部交易的罪名逮捕了曾在基德公司做套汇人的蒂姆 · 泰伯（Tim Tabor）和高盛公司的弗里曼。对威格顿和泰伯的指控最终撤销了，而弗里曼将被判入狱 4 个月、罚款 100 万美元。

虽然非法交易发生在 GE 收购基德公司之前，但是作为新主人，我们却被迫承担了法律责任。犯罪嫌疑人被捕后，我们便开始调查，全面配合证券交易委员会（SEC）和吉里安尼。调查显示，公司的控制系统漏洞百出。基德公司的董事长拉尔夫 · 德农西奥（Ralph DeNunzio）与该丑闻没有任何牵连，但是，显然西格尔享有很大的自由度。

西格尔彻底掌控了股票交易部分，当他要求风险套汇人进行某项交易时，几乎没有人会提出疑问。他还有一个导致他罪行败露的怪癖：他将收到的每一张粉红色电话留言单都保存在文件柜里。有了这些留言单和基德公司的详细电话记录，要勾画出西格尔的交易情况并不十分困难。

吉里安尼完全可以吊销基德公司的营业执照并令其关门大吉，但他要求我们解雇大部分高层管理人员。当时 GE 的一名副董事长拉里 · 博西迪用了几个周六的上午与吉里安尼协商解决办法。最后的结果是，我们支付了 2 600 万美元的罚金，关闭了基德公司的套汇部，并同意改进控制和流程体系。而在我们进行这些工作的同时，拉尔夫 · 德农西奥以及数名关键性人物决定辞职。

至于高级管理层，剩下的不过是里斯顿曾经告诫过我们的——只是家具而已。于是，我们不得不着手寻找能够重建公司信任的人物。我想到的最理想人选是赛 · 卡思卡特。此人精明能干、忠心耿耿，是一个我完全可以信赖的人。赛在 GE 的董事会任职 15 年，曾经担任过伊利诺伊工具厂的董事长。

我往芝加哥打电话找到了他，谈了我希望他来主持基德公司工作的想法，而他的第一反应却无法叫人振奋。

“你那糨糊脑袋出了什么毛病？”他问道。

“赛，你听好了，要么我过去找你，要么你来纽约，我们好好谈谈这件事。”

几天以后，我和拉里·博西迪在纽约的一家意大利小餐馆跟他会面。赛在一张黄色的便笺纸上罗列了 15 条理由来证明我出的是馊主意，他还列出了 6 个他认为比他更适合负责这项工作的人选。我看了看他写的东西，把纸揉成了一团。

“赛，我们遇到的问题很严重，而你是唯一能够帮助我们的人，”我说，“我们必须稳定局势，让基德公司回到正轨上来。这项工作至多不过一两年的时间，你和考琪在纽约将会有一次了不起的经历。你要退休还太年轻了。”

我的劝说恐怕比这要多得多，因为我和拉里太需要他了。赛最后同意回家与妻子考琪商量一下。幸运的是，考琪对来纽约感到兴奋无比，而赛也想帮助我们。几天以后，他回电表示同意接受这份工作。

* * *

5 月 14 日，也就是吉里安尼撤销对威格顿和泰伯起诉的第二天，赛作为基德公司的 CEO 和总裁走马上任了。拉里·博西迪于上午 10 点整通过基德公司的内部广播系统宣布了这项变化。对此，并不是所有人都举双手欢迎。不过《华尔街日报》的一篇文章引用一位不愿意透露姓名的基德公司官员的话说：“这正是我们所需要的一个脚踏实地干活儿的人。”

我们遇到的问题之一是，马蒂·西格尔并非一个简单的贪钱贪出丑闻的人，而是基德公司的明星人物。他不仅相貌英俊，温文尔雅，在这个职位上获俸禄最丰，而且还是华尔街投资银行家中的佼佼者。

媒体称西格尔是“基德特许经营”，他也是基德公司中许多交易人崇拜的偶像。由于对两项内部交易指控认罪，西格尔支付了900万美元的罚金，并被判处两个月监禁，缓期执行。至于为什么他已经拥有了那么多还要与博斯基和不干不净的钱搅在一起，则是所有人心中的不解之谜。

基德公司中有不少员工靠西格尔的特许经营为生。失去了这个特许权的同时，公司的士气也一落千丈。赛在公司中的进展逐渐深入下去时，发现情况很不妙。当他问及采购问题时——一种任何一个生产部门的人都会问及的问题，谁都不知道这个部门的负责人是何许人也，也不知道这个部门在哪里。奖金机制也是随心所欲。拉尔夫通常是与公司的上层人物坐下来，一个个地谈判年终奖金的数量。

说实在的，看到基德公司的奖金数额，我们大多数人都目瞪口呆。当时，GE全公司一年的奖金总额为1亿美元，而公司的利润为40亿美元。基德公司的奖金总数要高出许多，达到1.4亿美元，而公司赢利仅仅是我们的1/20。

赛记得，在基德公司员工拿到奖金支票的那天，公司简直在一个小时内就“人去楼空”了。“你就是放一发炮弹，也炸不到一个人。”他告诉我。他们大多数人的生活习惯已经全部依赖这些年终奖金了。这是一个我和赛都感到陌生的世界。

当赛第一次做奖金计划时，他让基德公司的每一个人都提交一份各自当年所取得成就的清单。然后他便发现，同一笔交易中总有6个人声称自己是起到主要作用的功臣，每个人都认为是自己促成了该桩买卖。这种态度典型地说明了问题的实质：这是一种权力型公司文化氛围，每个人都高估了自己的价值。

老天会在什么地方垂青于我们是个运气问题，这个说法在华尔街是最贴切不过的了。说起平民致富的情况，无论从人数还是从金额上看，华尔街都超过了世界上任何其他地方。自然，这里有明星级人物，他们赚的每一分钱都是应得的，而他们身边的人们却完全不同。在这个世界上，恐怕只有在华尔街，人们才会把 10 万美元的加薪视为小费。

当你把一张 1 000 万美元的支票递给某人时，对方可能会瞪着你说："1 000 万？街上那家伙刚刚拿了 1 200 万！"而"谢谢"的字眼在基德公司几乎是听不到的。

好年头疯狂花钱就够糟的了，遇到坏年头，我简直要疯了。这个时候，人们就会争辩道："是啊，这一年的确不容易，但你至少应该按去年的标准给他们，否则他们就会跳槽到街对面去了。"

这个地方玩得最好的是"我们赢、你们输"的游戏。

华尔街当年的情况应该是好一些的，因为那时各个公司都是私人的，股东们都在玩儿自己的钱，而不是"别人的钱"。"群策群力"和团队精神是天方夜谭。如果你从事的是金融投资或是贸易，而你的部门当年干得不错，那么整个公司如何就无关紧要了。他们要得到他们的那一份。

在这个地方，救生船总能把百万富翁成功地送到彼岸，虽然泰坦尼克号沉入了海底。

赛在基德公司的日子非常艰难。他改善了控制体系，雇用了一些好员工。1987 年 10 月，也就是他上任 5 个月后，股票市场崩溃了，基德公司的贸易利润消失了。那一年，基德公司亏损达到了 7 200 万美元，我们不得不将 5 000 人的员工队伍削减约 1 000 人。

对于我们所有人来说，基德公司与 GE 之间的公司文化差异之大是显而易见的。我悔不该当初没有听取董事会上的反面意见。我想脱离困境，但要寻找一条不会输个精光的脱身办法。我希望在卖掉公司之前能够取得一些成果。

赛也想脱身。他在公司的影响力很稳定，但就职两年后，他感到基德公司需要的是一个永久型领导人。我们雇用了一家猎头公司来找人替换赛，但未能如愿。

我和拉里问当时在 GE 金融服务集团任执行副总裁的老朋友迈克 · 卡彭特是否愿意掌管基德公司。我和丹尼斯 · 拉里是在 20 世纪 80 年代末认识的迈克，当时我们在努力收购坐落在芝加哥的一家有轨车租赁公司——全联盟公司（TransUnion）。那笔生意我们输给了鲍勃（Bob）和杰伊 · 普里茨科（Jay Pritzker），但认识了迈克，他当时在波士顿咨询集团工作，刚刚完成对全联盟公司的战略分析。

1983 年，我聘请他负责 GE 的业务开发。迈克在 RCA 交易中是个重要角色，在 GE 金融服务中负责我们的 LBO 业务时也干得非常漂亮。他希望独当一面，便于 1989 年 2 月同意接受基德公司这个非常艰巨的任务。

赛又待了几个月，帮助迈克接任。迈克继续着赛的努力，即树立公司一盘棋的风气。他还为基德公司的每一个公司制定了明确的经营战略。结果，利润回升了，基德公司由 1990 年亏损 3 200 万美元的局面一举改观，1991 年获利 4 000 万美元，1992 年获利 1.7 亿美元。

我们还是想抽身出来，便与美国 Primerica 公司的桑迪 · 韦尔（Sandy Weill）开始接洽。我们已经接近成交，眼看就要彻底摆脱了，然而，在 1993 年阵亡将士纪念日假期期间，谈判破裂了。那个周末的星期五，我和桑迪原则上达成了一致。我们都觉得在华尔街谈判要速战速决，可能的话就在周末期间完成，以免走漏风声，否则你就会很快失去自己的员工而陷入任人宰割的境地。当时的首席财务官丹尼斯·戴默曼周末期间就最终协议进行谈判，同时与去了楠塔基特的我保持电话联络。

我原计划在阵亡将士纪念日返回，最终完成与桑迪的交易。

然而，事与愿违。等我返回时，显然我们已经不可能按照刚开始谈判时商谈的那样成交了。桑迪通过大量收购公司建立起了一个企业王国，因而打了美国商界最漂亮的一仗。我是他最疯狂的崇拜者之一，但与他谈判却异常艰难。到了星期一，那个将使我们完全脱身的交易方案已支离破碎、面目全非了。

那天晚上，我花了几个小时时间，试图使谈判回到原来的起点。几番努力之后，我发现已是毫无希望，便走下大厅对桑迪说："这笔买卖对我们不合适。"他露出一丝微笑。我们握了握手，从此一直保持着朋友关系。

美国 Primerica 交易失败后，迈克返回他的岗位，我们则从前台消失了。1993 年，利润达到了 2.4 亿美元，局面似乎稳定了下来，至少我当时是这么以为的。

* * *

1994 年 4 月 14 日星期四的晚上，我正准备离开办公室去度个周末长假，这时迈克打来了电话，是那种你一辈子都不想接到的电话。

"我们遇到麻烦了，杰克。"他说，"一个交易者的账户里出现了我们无法确认的 3.5 亿美元的窟窿，而他已经失踪了。"

我当时还不知道谁是约瑟夫·杰特（Joseph Jett），但后来几天了解到的情况是我不情愿知道的。卡彭特告诉我，杰特负责公司的政府债券业务，已经多次虚报业务量以提高自己的奖金收入。伪造的业绩表面上使基德公司的报表收入大大上升。要清理这堆"垃圾"，我们将不得不用第一季度的收入来冲抵看起来是 3.5 亿美元的亏空。

迈克给我的消息叫我痛心疾首，3.5 亿美元！我简直无法相信。

这一打击太沉重了。我冲向浴室，吐得天昏地暗。我给已经在机场等我的简打了个电话，把我知道的情况告诉了她，并叫她回家。那天晚上，我给在克罗顿维尔教课的丹尼斯·戴默曼打了个电话。

等他拿起电话，我告诉他："这个电话是你的噩梦。"

事实上，这是我自己的噩梦。从一开始并购基德公司，我就铸成了大错。起初，这只不过是有点儿头疼、有点儿尴尬的问题，谁料到现在发展到了这步田地。

丹尼斯带着一个 8 人小组赶到基德公司办公室，开始周末的连轴作业。我没有多少可以做的，因为他们做的是硬邦邦的审计工作，检查收支账目。我坐在电话旁边，等待丹尼斯的最新消息。如果我也赶到那里，我可能会把他们逼疯的。

到了星期日下午，我不得不亲自去看一看。我赶到后，丹尼斯和迈克说，他们可以肯定报表上的收入数字是假的。我们还没有获得所有的资料，但因为两天后就要发布我们第一季度的收入情况，所以他们确信我们需要将 3.5 亿美元的非现金资产作冲销处理。

我用了好几个小时的时间，试图弄清楚数亿美元的钱究竟是如何在一夜之间消失的。这看起来是不可能的，但我们显然对于这种业务的了解太不够了。后来我们才发现，杰特利用基德公司电脑系统中的一个纰漏钻了空子。

那个星期天的晚上，我给 GE 的 14 位业务领导人拨了电话，通报所发生的一切，并向他们一一致歉。我沮丧透顶，因为这一突发事件会打击股票价格，伤害到 GE 的每一位员工。

我为这一灾难的降临自责不已。

在此之前的那一年，也就是 1993 年，杰特的虚构业绩达到了基德公司固定收入部门的近 1/4，还因此获得了当年基德公司“最佳员工”的称号。我们也批准了迈克关于给杰特发放 900 万美元现金奖金的请示，即使在基德公司，这也算得上是巨额奖励了。一般情况下，我一定会全面过问此事，我会深入调查一个人怎么会取得这么大的成就，并且坚持要会见他。但是，我没有那么做。

这全是我的错，因为我没有提出我通常会问的“为什么”之类的问题。事实证明，基德公司文化与我们的差异，绝不亚于基德公司员工眼中的 GE。

我们的业务领导人对这次危机的反应典型地体现了 GE 的公司文化，尽管季度性财务结算已经完成，他们中许多人还是立即提出为基德公司填补亏空。有的说他们能从自己管辖的公司中另外筹集 1 000 万美元，有的说 2 000 万美元，有的甚至许诺 3 000 万美元，用来填充这个窟窿。虽然为时已晚，但是他们这种伸出援助之手的意愿，与基德公司人员找出的各种借口形成了极其鲜明的对比。

他们不仅没有出来填窟窿，而且还怨声不断，嘀咕着这场灾难会对他们的收入产生什么样的影响。“这会把一切都毁了，”有人说，“我们的奖金打水漂了，那我们怎么能留住人呢？”两种企业文化及其差别从来没有如此清晰地印在我的脑海里。我耳朵里听到的都是：“我没做，从来没有看见，我从来没有见过他，我没跟他说过话。”好像大家谁都不认识谁，或者都不为别人工作。

简直令人作呕。

那天晚上，我们开除了杰特，并将另外 6 名员工调离。夜里，我回到家后告诉简要“夹着尾巴做人”，因为我们将度过一个漫长而艰苦的时期。

“媒体会对我穷追不舍的，等着瞧吧。”

残酷的报道铺天盖地。我再一次由一名王子沦为猪猡。在一年的时间里，我们无数次出现在《华尔街日报》头版靠右手的地方。《时代》杂志给我起了个新的绰号，叫“瓮中杰克”（Jack in the Box）。《新闻周刊》一名作家声称“你能听到立柱裂开的声音”。

《财富》的封面故事在评论这场灾难时，可笑地下了定论：基德公司的丑闻要归因于GE的管理不善。这真是胡扯！基德公司的问题仅限于基德公司。这都是由于聘用了一个小人，而控制力度也不够。

基德问题的内部调查工作由加里·林奇（Gary Lynch）领导。林奇曾是证券交易委员会的执法官，后来加入了戴维斯·波克–沃德威尔公司（Davis Polk & Wardwell）。在GE审计人员的鼎力支持下，他发现，问题的主要原因在于忽略了杰特的业务。林奇报告中说，对异乎寻常的业务利润的多次质疑“要么得到的是不正确的解释，要么被忽视，要么被回避……而随着利润率的提高，对杰特活动的怀疑常常被打消或藏在肚子里”。

在基德公司，固定收入部成了摇钱树，取得的利润超过了公司的总利润。对于他们所说的话，公司言听计从，没有什么人质疑他们获得成功的基础是什么。在华尔街，有此教训的并非只有我们。迈克尔·米尔肯（Michael Milken）和德雷克塞尔·伯纳姆（Drexel Burnham）就是活生生的例子，但是，像弗兰克·扎布（Frank Zarb）和皮特·彼得森那样的顶级领导人也在为雷曼兄弟的交易优势而苦苦挣扎。我们不乏前车之鉴，但是我们没有吸取他人的教训。

后来，证券交易委员会的一名行政法官发现，杰特在基德公司的营私舞弊行为已经到了“丧心病狂”的地步。卡罗尔·福克斯·福拉克（Carol Fox Foelak）法官发现，杰特用误导和自相矛盾的解释故意欺骗了他的上级主管、审计人员和其他人。她下令禁止杰特与任何经纪人接触，并判他支付罚金840万美元。

基德公司给我们带来了数年的麻烦，还使我们损失了一些最优秀的业务领导人才。到了 1994 年 6 月中旬，我不得不辞退我的朋友迈克·卡彭特。这是我做出的最艰难的决定。迈克是一位出色的业务管理人才，是他向杰特问题发起攻击的，而这个问题并非因他而起。

他是这一丑闻的最大受害人。媒体非要他的命不可，否则铺天盖地的负面报道就不会休止。我和他长谈了一次，最后我说："他们是不会罢手的，除非你离开。"他表示理解，并表现出了君子风范。杰特的顶头上司埃德·赛鲁罗（Ed Cerullo）——基德公司固定收入部的主管领导，在迈克离任后几周也辞职了。

为填补迈克的空缺，我们临时将丹尼斯·戴默曼调到基德公司，任董事长兼 CEO，同时调 GE 金融服务集团的另一位精明的老将丹尼斯·内登任总裁兼首席运营官。

4 个月以后，也就是 1994 年 10 月，我们终于达成协议，以 6.7 亿美元的价格卖掉基德公司，外加购买佩恩·韦伯公司（Paine Webber）24% 的股权。皮特·彼得森再一次扮演了重要的角色。GE 金融服务集团与佩恩·韦伯公司的 CEO 唐·马伦（Don Marron）之间的谈判曾在 10 月初的一个周末破裂过。

我致电给唐，看看还能不能重新达成一致。唐请来了他多年的朋友皮特作为这笔交易的顾问。我和唐并不十分熟悉，因此皮特成了谈判中的关键人物。我和皮特、唐、丹尼斯之间很快达成了原则上的一致，并握手成交。接着，我要去亚洲进行一次商务旅行，为期 10 天，由丹尼斯负责最终谈判。这期间，皮特给我打过几次电话，以解决几个障碍问题。我记得有一次是在凌晨 3 点，当时我在泰国。

大约用了 10 天的时间，我们的买卖成交了，从此我们 4 人之间的友谊从未动摇过。

这个故事的结尾有点儿戏剧性。2000 年年中的一个星期五下午，我正打算离开办公室，皮特给我打来了电话。

“杰克，对不起这会儿打扰你，”他说，“不过我是想让你过个愉快的周末。”

皮特说，他和唐已经达成协议，将佩恩·韦伯公司以108亿美元的价格卖给瑞士银行UBS。“我们刚刚为你挣了20多亿美元，希望你能同意。”

“这是让我过一个好周末？”我嚷道，“你是让我一年都好过了！”

唐和他的一班人马以及基德公司的几个关键人物一起使交易获得了巨大的成功。这一成功使我们从买下基德公司到出售佩恩·韦伯公司为止的14年里，最终平均每年获得税后回报10%。这绝不是金钱方面的成功，但最终结果要好过其他一些项目。

然而，不论为了多少钱，我们都不愿意回头再经历一次这样的过程。

* * *

基德公司的经历使我永生难忘。公司文化很重要，的确很重要。20世纪90年代末期的网络热潮中，GE金融服务集团证券部的几个人享受着成功的喜悦，如同在自己的客厅做短线操作的人们。他们表示，只要他们能够拥有一些他们用GE的资金投资的证券，他们就绝不离开GE。

我让他们看得远一些。有些人听从了我的劝告，媒体也在煽动我们，声称我们没有“随波逐流”。我们没有跟随新经济的步伐，“完全置身事外！”

于是，我在10月份的一次高级会议上指出，在GE只存在一种货币，那就是GE股票。虽然业绩表现的不同意味着不同数量的股票，但是大家都是在同一条船上。然而，同一种公司文化、同一种价值观和同一种货币并不意味着同一种风格，GE 的每个公司都有自己的个性。

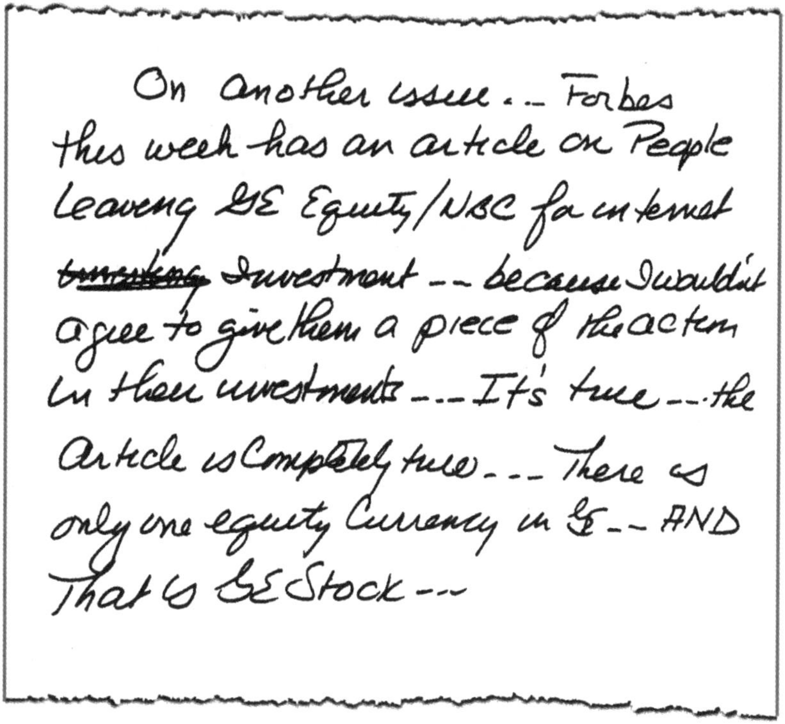

On another issue... Forbes this week has an article on People leaving GE Equity/NBC for internet Investment -- because I wouldn't agree to give them a piece of the action in their investments... It's true... the article is completely true... There is only one equity currency in GE -- AND That is GE Stock --

我在一次讲话中指出：在 GE 只存在一种货币，那就是 GE 股票……

出于同样的文化差异的原因，我放弃了看上去不错的战略投资项目——并购硅谷高科技公司的机会。我不想用 20 世纪 90 年代末期开始发展起来的文化来污染 GE。公司文化和价值观念的意义太重大了。

自信与自负之间仅一步之遥。这一次，自负占了上风，给我上了一堂终生难忘的课。

第十六章

GE 金融服务集团：增长发动机

这个不寻常的增长故事在许多人中流传，并从不同的角度被描述着。GE 之外的大多数人所不了解的是成功背后的全力以赴，以及创新和进取精神。

1998 年 6 月的一个晚上，我坐在家里的沙发上，翻看第二天 GE 金融服务集团董事会上要讨论的“交易议案”，其中有一项提请批准的议案是我执掌董事会 20 年来所遇见的最疯狂的一个。

建议书提出购买一批由泰国政府控制的破产融资公司的 11 亿美元汽车贷款业务。我知道这个国家正处于历史上最萧条的时期，而我们是唯一还能运营的汽车融资公司。

我向坐在我对面的简迅速地解释了这个交易议案。

“提出这个建议的家伙连屁股坐稳的机会都不会有，”我对她说，“我们会在 5 分钟之内把他轰出会议室。”

这可不是那种推磨式的董事会议。我们每年都要为许多企业提供融资，每月都要仔细研究潜在的交易。在这些会议上，参与讨论的是拥有总共 400 多年丰富商务经验的 20 多位 GE 局中人。他们对议题都已经过深思熟虑，而且会畅所欲言。

这班人在我们做出决定之前已经仔细审视了成千上万个交易。尽管所有的提案都要经过严格的初审之后才能提交董事会，而且一般来说 90% 的提案最终都能获得通过，但是我们还会退回 20% 的提案要求重新审议。

那天晚上，我读着这项泰国交易的细节，心里确信该提案没有什么通过的希望。这个方案提出与高盛公司各出资 50%，这将使我们控股这家泰国公司 1/9 的汽车业务。为此，我们必须额外聘用 1 000 名员工，以发放贷款、收取付款、处理召回汽车。如果我们的投标被接受，我们就可以按照市值 45% 的价格获得贷款业务。提出这个议案的是负责 GE 金融服务集团泰国业务的马克 · 诺邦（Mark Norbom）。

第二天上午，我面带微笑地走进位于费尔菲尔德的会议室。

“泰国汽车贷款？”我笑着说，“我可是迫不及待了。”

我翻到马克提案的地方，皱起眉头，又摇了摇脑袋。

“我们怎么可能在几个月之内就聘用并培训那 1 000 名员工呢？”我问道。

马克的回答给我留下了深刻印象。他说他的团队已经筛选了 4 000 名求职人员，面试了 2 000 多人，并准备好了 1 000 份合同，只待中标了。他告诉我们，在泰国，汽车是人们最看重的财产。人们几乎愿意为之付出一切，他们甚至愿意睡在车里，直到无力支付贷款为止。

听了马克的一番谈笑风生和热情洋溢的说辞之后，我们批准了这项建议。说到因为一次成功的演示和满腔的热情而改变自己原来的想法，在我的记忆中这是一个最好的例子。

我走进会议室时在想，这个家伙要滚蛋了；而我走出会议室时在想，多么利落！

马克是对的。在后来的 3 年里，GE 做得很成功，公司在泰国赢得了源源不断、利润不菲的汽车生意。这笔交易又促成了在亚洲购买不良资产的其他几个项目，使 GE 和当地经济都受益匪浅。

马克也做得不错，他成了日本 GE 的总裁。

泰国的这笔小买卖，只是 GE 金融服务集团成千上万个交易之一，它表明了从前的小摊位是如何成长为 GE 最有价值的一部分的。1978 年，当我作为一名部门主管首次了解这个公司时，GE 金融服务集团赢利 6 700 万美元，资产 50 亿美元。到了 2000 年，GE 金融服务集团赢利 52 亿美元，占 GE 总收入的 41%，资产 3 700 亿美元。

这个不寻常的增长故事在许多人中流传，并从不同的角度得到描述。GE 之外的大多数人所不了解的是成功背后的全力以赴，以及创新和进取精神。

1978 年，我所看到的是一个巨大的机会。这不仅仅是在收支平衡表上所看到的利润数字，而且是把资金和智慧这两大原材料融合在一起时所拥有的额外的力量。

由于我终身都在自己做事，亲力亲为，事无巨细，我很难相信事情“看上去”竟如此简单。这个公司已经显示它拥有很好的项目，资产良好，可以产生非常出色的投资回报。仅举一例：飞机租赁业务能够获得 30% 以上的回报。

我热衷于将原则和从制造业所产生的现金流与金融创新结合起来，发展壮大公司。当然我们需要合适的人来使之付诸实现。

丹尼斯 · 戴默曼总是用本 · 富兰克林的名言提醒我：“不收回成本就挣不到利息。”幸运的是，GE 金融服务集团已经形成的公司文化要求促成交易的人从头到尾做完项目。如果你提出了一个议案，那么你最好确保所建议的项目取得成功，否则你最好亲自接管并取得成功。

我确信机会是无限的，我们需要做的不过是领导公司往前走。好的人才和充足的资金投入就能产生巨额利润。

看到拉里·博西迪在打乒乓球，我非常高兴。拉里和GE金融服务集团的CEO约翰·斯坦格是能够翻云覆雨的人。通过我们在夏威夷的比赛，我理解了他的苦衷。1978年，GE信贷是个“孤儿”，不在公司主营业务之内。我刚加盟时，GE塑料也是如此。拉里希望能够将GE金融服务集团推到舞台的中央。作为来自GE金融服务集团内部的审计人员，他知道应当怎么做。

我在GE金融服务集团所做的第一个大动作是，1979年我征得了雷吉的批准，把拉里放在了首席运营官的位置。我和拉里一样，并非是个追求完美外在形象的GE高管。他完全不拘小节，人们从背后就能认出他来，因为他的衬衫下摆总在风中飘动。他的夏装概念就是套装配条白色的皮带，脚上换一双光亮的白皮鞋。由于在商界的知名度不断提高，拉里现在成了《GQ》①杂志的封面猛料。

他还是一个非常出色的家庭型男人。他的妻子南希把他们的9个孩子都带得很好。拉里也帮助做家务，但他常常工作到深夜，周末也加班工作。他们有3个孩子也来为GE工作，包括现在负责商用设备融资的保罗。该企业名列GE的20强公司之一，资产达380亿美元。

我和拉里在许多问题上的思路都一致，尤其在用人的问题上。我们不仅在C类会议上研究人的问题，还开展月度评估，让人们快马加鞭。我们看到人们真像是上足了弦一般，每月都提出项目——有时候，还得事后解释自己将如何摆脱困境。

---

① 美国男性时尚杂志，全称为*Gentlemen's Quarterly*，专门为时尚男士提供各种关于最新时装风潮、趋势、美食旅行等资讯。——编者注

* * *

我在涉入 GE 金融服务集团事务的 23 年中，亲眼看到它成长的 4 个显著阶段：从 1977—1985 年，CEO 约翰 · 斯坦格和拉里 · 博西迪将最好的人才吸引进了 GE 金融服务集团。80 年代后期，博西迪（当时的副董事长）和 CEO 加里 · 温特（Gary Wendt）开始大幅度扩大公司，使之成为一台收购机器。

整个 90 年代，温特和首席运营官丹尼斯 · 内登创建了一个全球性金融服务公司，使之成为这 10 年里前所未有的交易领袖。目前，以丹尼斯为 CEO、迈克 · 尼尔（Mike Neal）为首席运营官的领导班子正在扩大这个全球性联盟，并将“六西格玛”和数字化的生气引入金融服务领域。

回头看看那些年保持的两位数的年增长速度，简直就像是在做梦。我至今还记得当时是如何为 GE 金融服务集团的一笔 9 000 万美元交易而坐卧不安的。相较于泰国的汽车贷款以及我们今天在董事会上可能承诺的几十亿美元，这实在算不得什么，但那是 1982 年啊。

正是那个时候，我和拉里 · 博西迪、丹尼斯 · 戴默曼在波多黎各的一次 GE 金融服务集团管理会议上，争论着是否应当从鲍德温联合公司（Baldwin United）那里收购美国抵押保险公司（American Mortgage Insurance）。为了这笔交易——当时是 GE 金融服务集团最大的一笔买卖，我们简直筋疲力尽，反复研究报价多少，担心着任何潜在的麻烦。

这是个角度问题。在我们 1983 年决定收购美国抵押保险公司之前，丹尼斯实际上是亲自签署每一笔保单，因为他的保险业务量太小，找不到什么理由买一台签字机。收购交易完成后，我们不仅能够买一台机器，还成了这个行业的领头羊。

一年之后的1984年，我们打破了那笔小小的9 000万美元交易的纪录，用11亿美元收购了安裕再保险公司。约翰·斯坦格和丹尼斯·戴默曼第一次了解安裕再保险公司是在1979年，它是美国三大财产和伤害再保险公司之一。保险商要求我们充当“骑士”，击垮不受欢迎的康涅狄格通用保险（Connecticut General Insurance）的投标。当时，我们的保险资产并不雄厚。安裕再保险公司希望我们，而显然不是在行业内颇有地位的康涅狄格通用保险，能够成为他们的母公司。

但是，安裕再保险公司遵循的是他们自己关于理想的“白衣骑士”的定义，找到一家对保险业一无所知的公司——盖帝石油公司。在这桩10年来最臭名昭著的交易中，盖帝最终被德士古收购，而德士古对于保险公司来说没有任何用处。有了前些年工作的背景，我们便能迅速地了结安裕再保险公司项目。我与德士古的CEO约翰·麦金利（John McKinley）商谈了这笔11亿美元交易的最后细节问题。

当时，我们还算是“雏儿”。交易结束后，当安裕再保险公司一班人来到费尔菲尔德与我们共进周日晚餐时，他们告诉我们年度收入将低于交易中预计的数字。

我立刻要求在价格上打折扣。我在高盛公司的朋友约翰·温伯格是我们收购交易的代表。我打电话到奥古斯塔，将他从高尔夫球场上拽了下来，咆哮着说了收入预计降低的事情。我要他给麦金利打电话调整收购价格。

幸好，麦金利是个君子，他接受了新提出的收购数字，给了我们2 500万美元的折扣。最后，我们支付的是10.75亿美元。到今天我还为此感到尴尬，但是我当时还是个新手，可能有些过于急功近利了。

安裕再保险公司的收购使公司迈出了一大步。我们成功地经营了安裕再保险公司，净收入由1985年的1亿美元上升到了1998年7.9亿美元的顶峰，直到1998年和1999年，我们遭受到严格定价和暴风雨的打击。2000 年，我们只挣了 5 亿美元。

我们任命罗恩·普雷斯曼（Ron Pressman）为 CEO，以使业务重新纳入轨道。从前是审计师的罗恩曾创建了利润丰厚的房地产公司，能够完美地将智慧和原则结合在一起。价格情况好转了，六西格玛起了作用，如果老天爷不捣乱，罗恩就能使生意重新红火起来。

* * *

我们在 20 世纪 80 年代所做的大多数事情都是谨小慎微的，GE 金融服务集团的特征之一就是“先走再跑”的市场模式。在投身某个具体市场之前，我们首先要小心地试探一番。

我们从来没有为 GE 金融服务集团制定什么宏伟的战略性目标。

我们没有必要做到数一数二。市场是巨大的，我们需要做的不过是用 GE 的头脑来武装 GE 的收支平衡表，以求发展。

在 20 世纪 70 年代，我们的重点是传统型消费贷款，比如抵押贷款和汽车租赁，同时涉足交通运输和房地产投资。

在 80 年代，我们的重点转向加大公司发展力度，同时严格控制风险。我们没有改变 70 年代的传统型风险意识，我们所做的仅仅是聘请有特殊才华的人。我们让这些人解放思想去寻找创意，并由此创造投资机会，获得公司的成长。

我们的确成长起来了，生意从四面八方源源不断涌来。在过去的 20 年中，GE 金融服务集团一跃发展成为多个设备管理企业，从卡车、有轨车到飞机，无所不包。我们跨入了私人信用卡领域，扩大了房地产的活动。GE 金融服务集团由 1977 年的 6 个小融资公司发展到 2001 年的 28 家范围各不相同的企业。

如果说人的因素可以改变一切的话，那么这里就是最好的课堂。

多年来，我们引进了大量优秀人才——拉里·博西迪、诺姆·布莱克、鲍勃·赖特、加里·温特以及丹尼斯·内登，他们每个人都是公司内外的一把好手。

公司自己培养人才获得成功的最好例子是丹尼斯·内登。他1977年从康涅狄格大学毕业后直接担任飞机火车融资部门的市场营销助理。在过去的20年中，他一步步上升至温特的得力助手的位置，直到1998年被任命为CEO。

我们用来自工业企业的人才将GE金融服务集团从一个纯融资机构发展成为拥有交易和经营技能的企业。GE金融服务集团目前的高级领导层中，有一半人是从工业领域成长起来的。

我们的经理都知道如何经营企业。如果某项交易难产了，我们很少简单处理。我们痛恨注销坏账，相反，我们会接手自己经营。我们拥有经营能力，可以经营不良资产。

1983年，当一笔给Tiger International的贷款进入不良状态时，我们就接管了企业而成为有轨机动车租赁公司。当我们的一些客用飞机租赁期满而市场疲软时，我们就把飞机改造为货机，启动了独立的空运航线——博立航空。我们在飞机租赁方面的长期经验促使我们于1993年和1994年收购了Polaris公司，扩大了我们与爱尔兰吉尼斯·匹特航空的资产业务。今天，GE金融飞机租赁公司（GECAS）管理着180亿美元的资产。

* * *

我们用一笔笔生意，无论规模大小，建设着GE金融服务集团，其中大部分生意是在我们的月度董事会议上提出的。公司对于投入融资服务的赌注总是小心翼翼。我没有给20世纪70年代起就运行的

GE 金融服务集团风险程序增加任何新的规矩，不过我也没有减少规矩。所有超过 1 000 万美元的证券交易以及所有超过每家客户 1 亿美元的商业风险投资项目，都必须提交董事会讨论。

随着我们的成长，我们从来没有改变过审批权限规定。

我介入了几乎所有交易，因此所有的好决策都有我的功劳，所有的坏决策也都有我的过错。我们的确卷入了 20 世纪 80 年代的力量型产权收购热。在其中一项 LBO 交易中，我们在 1989 年为收购广告牌公司帕特里克传媒（Patrick Media）提供了融资。该企业现金流情况良好，有一定的成长性。只有一件事使我感到不安——出售帕特里克的是都市传媒（Metromedia）的老板、著名的生意人约翰·克鲁格（John Kluge）。

我不太懂广告牌，但我知道，只要是约翰·克鲁格卖的，我就不应当买。我在谈判考克斯项目的时候就认识了约翰。我非常喜欢他，但我知道他是最精明的投资人之一。我本应该相信自己的直觉，抬腿走人。当 20 世纪 80 年代末期广告牌的使用率进入低谷时，我们取得这家公司的所有权，避免了价值 6.5 亿美元的坏账。我们重建了公司，最终于 1995 年取得了过得去的利润。

我们还完成了 1988 年蒙哥马利商业中心（Montgomery Ward）的 LBO 交易。这次几乎是个“本垒打”。我们的合伙人伯尼·布伦南（Bernie Brennan）是名列《福布斯》400 强的世界首富之一，他的商业中心生意兴隆。后来，零售业受挫，尽管新的管理班子付出了顽强的努力，中心艰难挣扎着，但最后仍于 2000 年破产。

然而，好项目远远超过坏项目，而且项目的领域也不同寻常。比如，我们进入了汽车拍卖业。我一直喜欢这个行当，曾在 1980 年那次不成功的谈判期间在考克斯广播公司见识过。考克斯拥有汽车拍卖业的“领头羊”曼海姆（Manheim）。这是一种纯服务型业务，投资很小，收益非常好。当时经营汽车租赁的埃德·斯图尔特（Ed Stewart）自20世纪80年代初就开始收购小型拍卖公司。埃德最终买下了20多家汽车拍卖公司，与福特汽车成立了八二开的合资企业。

参加一场拍卖就像是走进跳蚤市场，市场建在地面上，围着一些木头露天看台，游走的小贩们卖着热狗、豆子和哈里－戴维森牌（Harley-Davidson）皮带。拍卖人每分钟卖一辆二手车，因而曼海姆也是我们卖掉企业的原因。他们比我们要大得多，有机会统一这个行业。我们挣到了钱，然后于90年代初把拍卖行卖给了曼海姆。

董事会讨论的许多最好的项目——其中有些是最疯狂的，均来自加里·温特。1986—1998年期间，他作为GE金融服务集团的CEO，领导企业取得了迅速发展。他所提出的项目既富于想象力，又具有创新性。加里不仅是个精明的生意人，还具有一种他人少有的能力，能够告诉你怎么做才能使某一笔不怎么样的生意起死回生。

加里是一位训练有素的工程师，哈佛的MBA，天生的谈判家。1975年，他在佛罗里达一家房地产投资信托公司主持工作能力测评时，被聘为GE信贷的房地产融资经理。后来，他负责所有商业融资项目，于1984年成为GE金融服务集团的首席运营官。1986年年中，GE金融服务集团CEO鲍勃·赖特离任去负责经营NBC，拉里·博西迪便让加里·温特接任CEO。加里和拉里继续合作，共建GE金融服务集团。

* * *

到了1991年，拉里希望自己独当一面。他已经55岁，是公司的副董事长，但是他在GE实在不可能再升迁了，因为我还能做10年的CEO。拉里希望有机会经营一家大公司，而加里·罗奇给了他这个机会。

6 月下旬的一个星期一上午，拉里带着这个消息走进我的办公室。

“杰克，”他说，“你知道是我该挪动一下的时候了。我不希望坐在这里度过自己此后的职业生涯。现在机会来了，我打算抓住它。”

“你打算什么时候动？”我问道。

“明天就会宣布。”

“那么，你已经下决心了？”我问道。

“是啊，我必须这么做。”他说。

那是一次令人动情的会谈。我们回顾了遥远的过去，一直从 1978 年说起，当时我和他在夏威夷一起打乒乓球，并说服他留在 GE。我们在泪水和欷歔声中相互拥抱。

然后，拉里告诉我，他将担任新泽西的工业产品公司联合信号（Allied Signal）的 CEO。

拉里说，联合信号十分令他满意，因为该公司正处于转型期，而且位置在东北地区，这样他就不必搬家了。

加里·罗奇事后给我来了电话。我说：“加里，你带走了我最好的朋友和伙计。我是左脸流泪右脸笑啊，因为他有能力经营世界上任何一家公司，他应该有他自己的舞台。”

* * *

在 90 年代，加里·温特想在自己去过的所有地方都插上一面旗帜。他告诉他的一班人马不要对一些“小伤亡”耿耿于怀。“我们会取得战争的胜利，”他说，“你们必须夺取阵地。”

虽然所有企业都在致力于全球化，但谁也不如 GE 金融服务集团实践得那么成功。欧洲处于经济萧条时期，加里发动了大规模的攻势。1994 年，加里和他的一班人夺取了 120 亿美元的资产，其中大部分是海外资产。1995 年，他们的步子加快了一倍以上，共获取资产 250 亿美元，其中 180 亿美元为美国之外的资产。

GE 金融服务集团在推进着全球化进程，收购着消费品贷款公司、私人信用机构和从卡车挂车到有轨机动车的租赁买卖。

这些项目背后的故事足够写好几本书。1995 年夏天，加里在度假期间和他的欧洲业务开发经理克里斯托弗·麦肯齐（Christopher Mackenzie）一起驱车穿过东欧。克里斯托弗是加里手下的智多星，负责为他开发项目。回来后他们热情高涨，要在那个地区做各种各样的生意。他们手中还有一个议案，要购买布达佩斯的一家银行。我们很喜欢匈牙利，而那家银行与已经在那个国家生根的 GE 照明公司非常匹配。

我们还在波兰和捷克共和国收购了几家银行，并运用这些银行推动当地市场的个人融资业务。购买捷克银行时有一个非常有趣的插曲：银行的主人还拥有一家电器分销公司和一座装满俄国电视机的库房。我们在对方确保我们不会陷入那项捷克电器业务之后，同意了收购交易。

如今，这三家银行都有可观的赢利，年度净利润达到 3 600 万美元左右。加里的驱车旅行还是值得的。

还有一件趣事发生在全球消费品信贷公司 CEO 戴夫·尼森（Dave Nissen）提议收购宠物保险公司（Pet Protect）的时候。宠物保险公司是专门出售猫狗寿险和健康保险的英国第二大保险公司。这家公司可以归为泰国汽车贷款那一类，当时已是苟延残喘。

1996 年，戴夫开始做陈述时这样说："这条狗还是能狩猎的。"

我对宠物保险市场了解不多。我们经调查发现这项业务每年以 30% 的速度增长，年度保险额达 9 000 万美元。从猫和狗的投保比例角度说，英国的市场仅次于瑞典，为 5% 比 17%，因此市场潜力很大。

GE 金融服务集团董事会成员、财务总监吉姆·邦特拿这个项目大开玩笑。吉姆审评该项目时奚落说，主要险种包括“狗主人突然生病住院而致的床位费用”，但不包括“狗咬人造成的灾难性损失”。

我们批准了项目建议，但不是因为我们了解宠物保险行业，而是因为我们信任那些提出此项建议的人。

这个项目标价 2 300 万美元，仍然是笔小生意。我们遇到过许多大一些的项目议案，提出了一些重大的疑问。1997 年有一次，尼森提议收购奥菲纳银行（Bank Aufina），那是瑞士一家大银行所属的消费融资机构。我对此有些犹豫。

瑞士银行家们是全世界银行的主宰力量，他们为什么会同意出售实际上还不错的资产呢？这似乎不合逻辑。尼森解释说，瑞士银行家是真正的银行家，喜欢做大买卖，对国际性投资银行更感兴趣，而个人贷款和汽车融资业务则属于支流。

最后，我们收购了瑞士的两家公司。2001 年，这两家公司赢利 7 800 万美元。

这些买卖是尼森要建立一个全球性消费品金融公司的宏伟计划的一部分。使 GE 金融服务集团在欧洲露脸的第一笔大买卖是我们于 1990 年收购的伯顿集团（Burton Group）的个人信用卡业务。该集团是英国最大的服装零售商。第二年，戴夫又收购了哈罗德公司和弗雷泽商行。

在这个项目的艰苦谈判过程中，哈罗德公司的领导人表现出咄咄逼人、与众不同的谈判风格。当他不喜欢谈判的进展方向时，他就会离开会谈室，并告诉大家他 5 分钟后回来，到时要给他一个更好的答案。在他将这种把戏玩到第 10 次时，尼森和他的一班人用卡片拼出了大写的“SCREW YOU”（去你的吧）字样。

哈罗德公司的头儿回到房间后，大家把字母举了起来。他大呼痛快。幽默消除了谈判的紧张气氛。很快，他们成交了。

在加里和丹尼斯推动 GE 金融服务集团全球化发展的同时，它在美国的业务也非常活跃。负责商务融资的迈克·高迪诺（Mike Gaudino）提出了一些非常有趣的项目。我每天都在审视我想收购的各家公司，而迈克在审视他想拯救的公司。他常常指出，美国有一半以上的公司属于非投资级别。迈克每年来董事会六七次，带来一些陷入困境、已经破产的公司，更多的是正走向破产的公司的情况。在评判公司领导层的同时，迈克也在挖掘我们应收账目回款和库存变现的能力。这是颠倒视角审视企业的方式，与我们所熟悉的角度正相反。

最好的例子是加拿大一家大型零售连锁公司——伊顿（Eatons）。1997 年，伊顿面临财务困难。其他贷款人已经不愿意再提供融资，而迈克要求获准提供 3 亿美元的贷款，以帮助该零售商扭转破产的命运。但是，在出现了又一次大滑坡之后，这家公司最后不得不清算结账。不过迈克已成功地收回了我们所有的投资，并取得了所有预计的投资回报。通过为伊顿这样的企业摆脱困境，迈克名声大振。在过去的 6 年中，他做的 200 多个项目中只有一次败笔。迈克的反传统做法和强劲的收购动作，使公司由 1993 年的收支平衡发展到 2000 年净收入接近 3 亿美元。

* * *

加里·温特已经成为 GE 金融服务集团发展的大祭司。他把业务开发放在公司文化一个重要组成部分的位置上。除了 200 多人从事寻找收购机会的工作以外，GE 金融服务集团的每个领导每天早上来上班时都在思考有哪些潜在的交易。这是加里带给公司的发展意识。《哈佛商业评论》将 GE 金融服务集团视为成功收购的典范，大量评述加里和他的一班人马是如何开展公司收购业务的——引用的案例不胜枚举。

在 20 世纪 90 年代，加里和丹尼斯 · 内登完成了 400 多笔收购交易，涉及总资产价值超过 2 000 亿美元。

加里生来就是做生意的料，谈判就是加里的一切。丹尼斯 · 内登记得自己和加里在香港时，他们走进一家商店买收音机。加里与售货员讨价还价了一个小时，要把价格降下来，最后高高兴兴地买了“便宜货”。接着在街上行走时，他在一个橱窗里看到了跟自己买的收音机完全相同的展品，标签上的价格比他费尽九牛二虎之力砍下来的价格还要低，他险些气晕过去。

整个周末他都气急败坏的。

加里也喜欢制定销售战略。迈克 · 尼尔谈起过自己的一次经历，那是 1989 年，他第一次向加里提交进入董事会前需要初审的项目建议。迈克想收购从事电信设备租赁业务的康泰尔信贷公司（Contel Credit）。在迈克的整个陈述过程中，加里似乎很不耐烦，但他一言未发，直到尼尔讲完。

“迈克，”他说，“这可能是我们遇到的最糟糕的一个收购项目建议。但是我们还有一笔买卖，又大又能赚钱。那是一个商务飞机项目，我们非常喜欢。我们打算让你在董事会上首先提出你自己的项目，然后再提交我们喜欢的那个项目。杰克很少连续否决两个项目。你可以给我们做铺垫，帮我们搞定。”

迈克走进董事会，提出了项目建议。我们认可了他的项目，而加里看好的那笔生意被否决了。

面对大量的项目建议，我们非常严苛，但是加里的成功率非常高。

在日本允许外国投资之前几年，加里就已经派了一支小型业务开发队伍到日本寻找潜在机会。20 世纪 90 年代中期，日本经济萎缩，银行和保险业不堪重负，手里握着大量不良投资项目。不良贷款回天乏术，他们需要新的资金、新的股东。

当日本打开外国投资大门的时候，加里的早期基础工作使得 GE 资产领先他人一步。

1994 年的第一笔交易是并购微型轴承（Minebea）。这是一家 10 亿美元的消费品金融公司，也是一家滚珠轴承公司的子公司。加里和当时负责 GE 日本业务的杰伊·拉平一起创造性地策划了多个消费品融资、保险和设备租赁项目。在我们的电器业务中担任过律师的杰伊是个非常出色的地区领导。经过艰苦的努力，他赢得了日本管理阶层和商界的信任。他热爱日本和日本人民，他们也知道这一点，并做出了积极的反应。在我访问日本期间，他在自己家中举办的宴会使我认识了许多日本最大公司的 CEO 以及一些主要拿主意的领导人。

到了 1998 年，我们在日本的名气真正打响了。GE 金融服务集团领导团队当年在寿险、消费融资和租赁领域又成交了两笔交易，使我们成为日本金融服务领域的一个重要角色。

第一个项目是在那年的 2 月，我们与东邦共同人寿保险公司（Toho Mutual Life Insurance）成立了 5.75 亿美元的合资企业。迈克·弗雷泽（Mike Frazier）向董事会提交了这个项目建议。迈克也在 GE 当过审计师。他曾在费尔菲尔德为我工作，并在 80 年代初担任过日本 GE 的总裁。迈克成功地统一归并了 13 个收购项目，建立了一家强有力的美国保险公司。现在，在加里的大力支持下，他把自己的业务扩大到了日本。

对此，我感到有些担心了，开始往回收缩。东邦是一家破产了的公司，收购的规模和范围使我震惊。另外，这是一个我们不熟悉的国度，而我并不了解那里的法律。我要确信迈克和他的一班人已经做好了调查研究工作，评测了所有风险，所以我们反复磋商了多次。12 月间，他在日本和美国之间往返多次，以消除我们和卖方的顾虑。生意在圣诞节前几天成交了。

第二笔生意在 1998 年 7 月宣布，是以 60 亿美元的价格购买日本第五大消费品金融公司雷克公司（Lake）的消费品贷款业务。雷克通过自动取款机提供短期消费品贷款。它在日本各地拥有 600 个分支机构和近 150 万客户，因而使我们成为日本消费品金融领域的一个重要角色。这是一个极其复杂的项目，公司实质上已经倒闭。我们花了近 3 年的努力才最后成交。

1996 年，戴夫 · 尼森的第一次提议被否决了，因为我们不想接收那家公司的债务。第二年的第二次提议比第一次没有多少进步。最后，到了 1998 年，尼森和他的一班人提出了一个非同寻常的框架，才使项目取得了成功。我们将买下雷克的个人贷款业务，同时帮助成立另外一家公司来处理雷克的其他资产，包括该公司业主购买的价值 4 亿美元的艺术品。我们同意，如果我们实现了某些收入目标的话，我们将向雷克的股东们额外付款。

为了促使交易成功，我们不得不找日本的 20 家不同银行，说服他们将他们在雷克的债务打折。尼森的班子甚至还聘请了克里斯蒂拍卖行（Christie's）来为挂在雷克办公室的毕加索和雷诺阿的作品估价。虽然我们并不需要买下所有这些昂贵的艺术品，但是如果雷克能够通过出售这些资产以及其他资产而获得更多的现金的话，那么根据我们的额外付款条款规定，我们就可以少支付一些。

在将雷克项目提交 GE 金融服务集团董事会批准之前，尼森和他的一班人通过了加里、丹尼斯 · 戴默曼和首席财务官吉姆 · 帕克的 8 次初审。

我喜欢他们的提案。收购了雷克后，我和沃伦 · 巴菲特一起在塞米诺尔打高尔夫球时，他告诉我他实在是喜欢我们刚刚在日本完成的这笔交易。在我的心目中，沃伦总是坐镇奥马哈，一副精明机智的样子。我以为他并不很了解国际上的事，但是他比谁的触角都要多。

“你是怎么知道雷克的？”我问道。

“这是我见过的最好的买卖之一，”他说，“如果不是让你抢了先，我就会把它拿下来。”

2001年，GE金融服务集团参加投标重组一家金融公司——菲诺瓦（Finova）时，沃伦表现得凶猛了一些。作为菲诺瓦的一个主要债券持有人，沃伦在努力解决公司的困难。我很想与沃伦合作，但是他不能跟我们携手，因为他在莱卡迪亚已经有了一个合作伙伴。我们投了标，但沃伦提高了报价，赢得了菲诺瓦项目。

这一回是我们站在圈外往里看。

* * *

加里·温特可以说有点儿古怪。你永远不知道他会从哪里冒出来，或者处于什么样的心情中。他尤其讨厌的是监督。无论是拉里·博西迪，还是鲍勃·赖特或是我本人，任何老板的监督都会使他暴跳如雷。如果身边有个老板时不时地跟他说“不”，他真的会怒不可遏。

1998年年末，与加里的分手是CEO继任程序造成的必然结果。

总裁丹尼斯·内登和常务副总裁迈克·尼尔都做好了准备。丹尼斯已经在GE工作了21年，是个出色的进取型人物、超级保险商，具备处理大型复杂交易的能力。他最突出的特点是他的执着，他能够全心全意扑在一个项目上，直至没有任何纰漏。如果说加里是个出主意的人，那么丹尼斯总能使之成为现实。

我一直把迈克·尼尔看成是GE金融服务集团的灵魂。他与大多数经理的不同之处在于，他并没有财务方面的背景。他当过GE供应公司的销售经理，必须学习业务，而他的确学了。迈克的最大强项是他与人打交道的方式。他深受大家的喜爱，而且聪明机智，随时能够消除办公室里的紧张气氛。

吉姆 · 帕克自 1989 年起担任首席财务官，是公司成长过程中的一个关键角色。他有很好的判断能力，对业务了如指掌。

丹尼斯 · 戴默曼在他的职业生涯中曾经三次脱离业务。他使我们备感宽慰的是，我们在 GE 金融服务集团所拥有的专家搭就了通往下一代领导人的桥梁。

有了这么一个已然就绪的接任班子，我和加里讨论的结论是，他不想为 GE 下一任 CEO 工作。他赢得了受之无愧的待遇，他离任的待遇就表明了这一点。而且我们还少了一个竞争者。

2000 年 6 月，康塞科保险（Conseco）和金融服务公司陷入了困境。1998 年，该公司的股票下降了 33%，1999 年下降了 41%，需要紧急援助。康塞科的主要股东欧文 · 雅各布斯（Irwin Jacobs）和托马斯 · 李协会（Thomas Lee & Associates）希望加里能够帮助他们脱离困境。事实上，加里是扭转局势的最佳人选。

他最终能够成为自己的老板。

我最喜欢的交谈之一是接听雅各布斯的电话，他告诉我为什么应当把加里从非竞争协定中解放出来。雅各布斯第一次给我打电话时问我需要多少钱才肯让加里获得这种解放。

“欧文，你肯定以为我是个土包子。你要我自己跟自己谈判吗？”

欧文问我 2 000 万美元够不够。

“算了吧。我不会放他走的。他太聪明，太宝贵了。”

欧文来过数次电话，提出了更高的价格，但距离加里的价值差得太远。

不久以后，我接到康塞科的董事、临时董事长、CEO 戴维 · 哈金斯（David Harkins）的一个电话。戴维和欧文一样和善，试图劝说我达成交易，且每次都稍稍提高一些价格。后来的两天里，他又来了几个电话。我们签订了协议。我同意取消非竞争协定，条件是康塞科必须为加里买断所有 GE 的债务，同时签订 1 050 万美元的保函，让 GE 以每股 5.75 美元的价格购买康塞科的股票，这是协议时的市场价。

这笔交易漂亮的地方是，所有人都是赢家。加里找到了自己理想的地方，当自己的老板，可以用自己的智慧创造奇迹。康塞科使自己的股票价格稳定了下来，而我们可以坐在一边再次为加里加油。我们沾着这场游戏的边，可以随着他一同发展。

* * *

加里离任后，我任命丹尼斯·戴默曼为 GE 金融服务集团的新董事长，同时他又被推选为 GE 的副董事长。我们把丹尼斯·内登从首席财务官的位置提拔到总裁兼 CEO 的职位。我感觉，他们两人作为 GE 金融服务集团多年来获得成功的功臣，能够展示我们所需要的领导才能，带领公司进入新世纪。他们保持着队伍的团结，而 GE 金融服务集团在自己的优势基础上继续发展。1999 年和 2000 年，公司收购了价值 470 亿美元的资产，其中 330 亿美元在美国之外。2000 年，GE 金融服务集团服务的净收入增长了 17%，达到 52 亿美元，又一次创下年度收入增长达两位数的纪录。

* * *

数字并不是故事的全部。

我最喜欢的图表是长期负责风险管理的吉姆·柯里卡（Jim

Colica）于 2001 年 6 月在 GE 的一次董事会上提供的（见下图）。它展示了 GE 金融服务集团的成长、范围和风险内容。虽然个别交易中有不少瑕疵，但是，我们的业务多样化和风险控制的理念保障了公司的持续增长。1980 年，GE 金融服务集团拥有 10 家企业，资产 110 亿美元，仅在北美发展。到 2001 年之前，GE 金融服务集团拥有 48 个国家的 24 家企业和 3 700 亿美元资产。

GE 金融服务集团是将金融和制造业融为一体的典范，让创造型人才与制造业的原则以及资金结合在一起，这种做法的确奏效了。

GE 金融服务集团

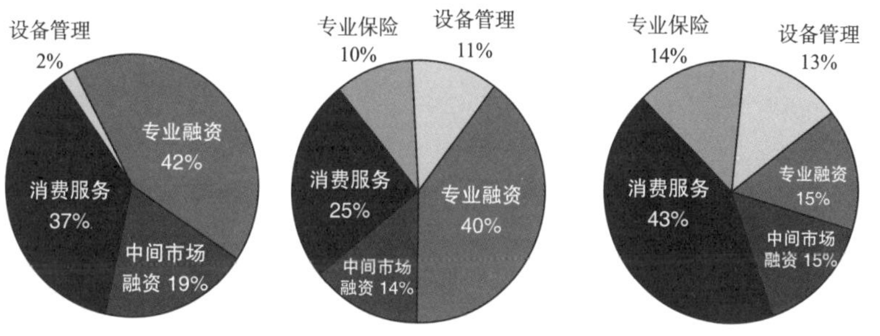

1980 年	1990 年	2000 年
10 家企业 /110 亿美元资产 / 北美地区	21 家企业 /700 亿美元资产 3 个国家 /90 亿美元国际资产	24 家企业 /3 700 亿美元资产 /48 个国家 /1 400 亿美元国际资产

审批权限

商务风险不超过每家客户 1 亿美元	没有变化 →
期货 1 000 万美元	2 500 万美元（限美国，非早期）→
董事会预备会	没有变化 →
月度董事会	没有变化 →

第十七章

NBC 与电灯泡的结合

人们总是跟我说："你怎么能买下 NBC 呢？你对戏剧或者喜剧根本就是一窍不通。"

的确如此。不过我同样不会造飞机引擎或涡轮机。我在 GE 的工作是进行资源运作，也就是人和钱的整合。

1985 年 12 月，当我们宣布收购 RCA 时，NBC 还处在鼎盛时期。整个电视网价值 30 亿美元，拥有 8 000 名生气勃勃的员工。在黄金时间收视率、午夜节目安排和周六上午儿童节目等方面，NBC 几乎都是第一名。在收视率最高的 20 个电视节目中，我们拥有 9 个，包括收视率最高的电视系列节目《科斯比秀》，还有《家庭纽带》《干杯》和《夜间法庭》。

我脑子里首先考虑的是，我们怎样让它运转下去呢？在我们于 1986 年 6 月完成收购之前，我在并购会议期间花费了大量的时间试图把握电视这个行业。

显而易见的是，支撑 NBC 的是两名顶梁柱型的人物：NBC 总裁格兰特·廷克和他的娱乐部主任布兰登·塔蒂科夫，是他们选择的节目将 NBC 推上了冠军的宝座。

格兰特厌倦了长年往返于纽约和加利福尼亚之间，便在收购的当日告诉我，他不会留下来了。格兰特认为他的领导班子已经到位，能够保持 NBC 的领先地位。他向我保证，所有人包括布兰登在内，都会留在 NBC。

幸运的是，我有一个老朋友，是独立电视制作人唐·奥尔麦耶（Don Ohlmeyer），我是通过纳比斯科的罗斯·约翰逊（Ross Johnson）认识他的。我们曾在纳比斯科－迪那海岸公开赛上一起打过高尔夫球。作为朋友，唐打电话告诉我，布兰登正跃跃欲试。

布兰登 30 岁时就成了大型电视网中最年轻的娱乐业总裁。他在 NBC 的所有重头戏中都起到了重要的作用，包括《洛杉矶法律》《迈阿密风云》《干杯》《科斯比秀》《家庭纽带》和《宋飞正传》。

我不想失去他。

我给他打了电话，请他于 5 月 12 日到纽约的普里马韦拉跟我一起吃晚饭。我们谈得很投机。他跟我一样，是个棒球迷。我向他保证，一切都会比过去好得多。一个月以后，他签署了一份为期 4 年的新合同。有布兰登领导我们的娱乐队伍，我相信 GE 在电视网络业中能够取得成功。

那年夏天，我面试了格兰特·廷克的员工，试图寻找能够代替他担任 NBC 的 CEO 职务的人选。他们都是些好员工。格兰特向我推荐当时负责新闻部的拉里·格罗斯曼（Larry Grossman），但是，拉里没有我想要的那种商业眼光和优势。

我告诉格兰特，我不能接受他的任何候选人。我请格兰特去见见鲍勃·赖特，他是我第一天见到时就觉得适合这个职位的理想人选。我安排格兰特飞往费尔菲尔德，与鲍勃和他的妻子苏珊一起吃晚饭。

苏珊是鲍勃取得成功的一个重要伙伴。虽然格兰特和鲍勃相互很投缘，但是，什么也打消不了格兰特想提拔自己手下的念头。

尽管如此，两个月后的8月份，我仍任命鲍勃为NBC的CEO。

人们的反应是在我的预料之中的。大家无法理解，一个“造灯泡的”怎么能够经营电视网呢？而我深信鲍勃适合这个工作。他在GE塑料、GE家用电器和GE金融服务集团都跟我共过事，还担任过GE金融服务集团的CEO。

鲍勃有很多优势。他在考克斯有线电视的3年经验使他能够帮助我们跨越电视网络界的传统业务领域；他善于管理人才和创新；他同时还是个慷慨大方的人，将商务友谊发展到更高的层次，并且在他人遇到困难时，他总是立即施以援手。

在我和鲍勃欢庆NBC娱乐业务成功的同时，已经有清晰的迹象表明我们即将遇到麻烦。NBC似乎还沉湎于过去，娱乐部分力量强大，但是有线电视正在失去观众。新闻方面已经赤字多年，到了1985年，每年的亏损大约为1.5亿美元。娱乐业务的典型问题是，开销方面似乎太大手大脚了。

NBC并没有及时面对这些现实。

我们首先着手解决新闻部的亏损问题。带着这个问题，我们再一次去找NBC的新闻部总裁拉里·格罗斯曼。

我和拉里好像生活在两个世界里。在他职业生涯的早期，他在NBC从事广告业务，后来成了PBS（美国公共广播公司）的总裁，然后格兰特于1984年又把他请了回来。

在我们的早期交往中，拉里邀请我和鲍勃以及我们的妻子到他家，与NBC的明星人物及其配偶聚会，他们包括《午夜新闻》的主持人汤姆·布罗考（Tom Brokaw）以及《今日》节目的联合主持人布赖恩特·冈贝尔（Bryant Gumbel）、简·保利（Jane Pauley）。

格罗斯曼夫妇为我们安排了非常不错的晚会。

但只有一个问题：那天晚上要进行 1986 年世界职业棒球锦标赛的第 6 场比赛，有我所钟爱的红袜队对纽约梅兹队。从 6 岁开始，我就对红袜队着迷到了死去活来的地步。

NBC 正在直播这场比赛，我怀疑拉里是否知道现在是锦标赛时间。那天晚上的结果是红袜队历史上最悲惨的一次，比尔 · 巴克纳（Bill Buckner）竟然让球从他两腿之间溜了过去，最后，红袜队在第 10 局输掉了比赛。

我吃惊地发现，拉里对比赛的重要性竟然如此不敏感，不过他可能同样感到沮丧，因为我会那么在意如此一桩“小事”。那是一个别别扭扭的晚上，但还不是我们之间最后一次不愉快。

尽管我们要求 NBC 新闻部减少亏损，然而，拉里在 11 月份进行预算审查时竟提出要求增加开支，着实让我大吃一惊。

拉里痛恨这种会议，他认为西服革履地谈论开支问题是一种屈辱。他的经营理论是，电视网络业在新闻公正的旗帜下进行新闻报道就应当赔钱。他那轻蔑的态度只能加剧我们之间的摩擦。开完会，我已忍无可忍了。

那天夜里，我陷入了深思。第二天上午，我决定直面这个问题，便请鲍勃和他坐直升机到费尔菲尔德开会。

“拉里，我不喜欢昨天的会议。”

“你为什么不喜欢？”他问道。

“我不喜欢你对我们提出的费用问题无动于衷。”

我一直没有打动他，我们似乎相距非常遥远。几个小时之后，拉里看了看手表，说：“杰克，我必须到此为止了。我得赶回纽约，因为我约了伯格大法官吃晚饭。”

“拉里，如果你想跟什么伯格法官吃饭，你最好赶紧解决这个问题。你是为鲍勃·赖特工作，你是为GE工作。立即调整好费用支出，要么就走人。”

我又忍受了拉里18个月，直到他于1988年7月离开。

在办理调离手续期间，拉里与许多人一样，最后坐在了埃德·斯坎伦（Ed Scanlon）的沙发上。我是在收购RCA会谈期间遇见的埃德。他是RCA的人力资源部门负责人，这样他理论上也负责NBC的人力资源工作，尽管NBC自我感觉是相当独立的。我的确非常喜欢埃德，他很直率，善于交际，在融合RCA和GE公司文化方面做了不少贡献。

我想留住他，但是没有与他在RCA的位置相匹配的职务。我认为他是RCA最好的人力资源官员，觉得他能够帮助GE与NBC做好衔接。埃德住在新泽西，如果要他负责NBC的人力资源工作，他只需自洛克街30号的大楼下40层楼。电视网络业备受公众瞩目，这一点对埃德有吸引力。

他接受了这个工作。

真幸运，我们终于可以喘口气了。埃德善于沟通，他与所有人都处得很好，无论是工会领导，还是广播人才，或是他们的代理商。我和鲍勃会跟他密切合作15年。

* * *

NBC的成功使得许多高层经理更加难以面对新的现实。1987年3月，在劳德代尔堡的喜来登·博纳旺蒂尔饭店召开的管理会议上，鲍勃请我讲话。这有点儿像6年前在西港召开的第一次会议。

这不是所有人都喜欢的会。

在晚餐前，我对鲍勃的100位高级经理讲话，告诉大家NBC必须转变，以适应一个新世界。“有线电视要来了，这会改变你们的生活。这个房间里有太多的人还生活在过去。太多的人还在搭乘娱乐这列容易赚大钱的火车过日子，而火车不会永远跑下去。你们必须掌握自己的命运，否则，鲍勃就会来掌握你们的命运。”

对于一流的人才来说，这可能是个真正的机会。

“对于蠢材来说，”我说道，“这最多也就是小事一桩。”

喜欢我这番讲话的人不会超过 20%，其他人则认为我应当被抓起来或关起来。

为寻找替代拉里 · 格罗斯曼的人选，我们付出了长期而艰苦的努力。《午夜新闻》的主持人、NBC 事务主任汤姆 · 布罗考极力推荐迈克尔 · 加特纳（Michael Garmer）。迈克尔在新闻方面的资历非常优秀。他担任过《华尔街日报》的头版编辑，《得梅因纪事报》（*Des Moines Register*）和《路易斯维尔信使报》（*Louisville Courier-Journal*）的编辑。尽管个性上有些浮躁，但他在编辑工作和财务方面是一流的。看起来他是个理想的人选，而且从许多方面看的确如此。

加特纳于 1988 年 7 月加入 NBC，而他的第一个管理动作最终将引导 NBC 取得巨大的成功。

蒂姆 · 拉塞特（Tim Russert）一直是拉里 · 格罗斯曼的副手，而加特纳希望用自己的人。因此，鲍勃 · 赖特建议拉塞特去做经营工作。蒂姆过去做过州长马里奥 · 科莫（Mario Cuomo）和参议员帕特 · 莫伊尼汉（Pat Moynihan）的助理，但从来没有从事过经营工作。

迈克尔让他去担任 NBC 华盛顿分社的主任，蒂姆不情愿去，担心自己是离开纽约的权力中心而被发配出去了。我和他谈了一个小时，向他解释为什么他应当立即接受这项工作去管理 NBC 新闻部最大的现场运作机构。这是他向大家展示他作为一名经理的才华的机会。

蒂姆调到华盛顿工作对大家都是一件好事。1989 年，他聘用凯蒂·库里克（Katie Couric）为驻华盛顿的通讯记者。这是她辉煌事业的开端。

1991 年 4 月，凯蒂成为《今日》节目的主持人并立即吸引了观众，建立了与上午档观众的融洽关系。收视率开始上升了，凯蒂也成为该节目为期最长的明星。不幸的是，1998 年，凯蒂遭遇了重大的个人悲剧——她的丈夫杰伊·莫纳汉（Jay Monahan）患结肠癌去世。

整个美国与她一起陷入悲哀。为了提高人们对结肠癌的警惕，她甚至在向全美播出的电视节目中播出自己接受结肠癌检查的过程，让人们重视检查。在最近的一次体检中，我的医生告诉我，由于凯蒂的努力，已经有人向他预约了第二年的体检。

与此同时，在《午夜新闻》各部门主任的每日电话会议上，蒂姆·拉塞特来自华盛顿的见解给迈克尔留下了深刻的印象。1990 年，迈克尔让他担任《媒体面对面》(*Meet the Press*）节目的专题讨论组成员。一年以后，蒂姆取代加里克·厄特利（Garrick Utley）成为该节目的主持人，加里克带着周末版《今日》节目搬到了纽约。

蒂姆在许多方面都体现出与众不同之处。他使《媒体面对面》成为收视率最高的节目，同时自己也成为引发争议的电视政治评论家。他并没有因为自己的名声大振而昏了头。他为人正直，在任何地方都备受人们的欢迎，尤其在 GE。他愿意去我们的任何一家工厂发表讲话、与员工见面。

我不知道他是否了解我们的股票期权计划。我接到通知说他的 10 年期期权在 3 个月后到期时，给他打了个电话说："你知道，你放在抽屉里的这一张纸值很多钱，离到期日还剩 90 天了。"

"杰克，我有信心。"他说。事实证明，他的信心和机智超过了我们大多数人，他将期权握到了最后几天。

加特纳不仅把蒂姆放在了走向成功的岗位上，还让杰夫·朱克（Jeff Zucker）成为《今日》节目的制片人。杰夫从哈佛一毕业就跟着 NBC 体育部主任迪克·埃伯索尔担任汉城奥运会的助理。迪克很喜欢他，便一直保护着他，让他介入《今日》节目。在埃伯索尔的鼓励下，加特纳和鲍勃决定任命 26 岁的杰夫为《今日》节目的制片人。在杰夫的领导下，《今日》节目大获成功，使他们的这种信心得到了千百倍的回报。2001 年，杰夫被任命为 NBC 娱乐部的总裁。现在，我们需要他在那里创造出自己的奇迹来。

迈克尔所管辖的地盘里并非一切都那么完美。他对电视的陌生，再加上他的管理风格，也带来了一些问题。他对 NBC 新闻部费用结构进行攻击的勇气，虽然得到我们的赏识，却没有使他获得人们的支持。但对迈克尔来说，他遭受的最大打击是《日期变更线》（*Dateline*）节目一则专题新闻引发的重大争议。1992 年 11 月 17 日，《日期变更线》播发了关于美国通用汽车公司（General Motors，GM）轻型货车安全性的部分评述。“等着爆炸吗？”描述的是通用汽车在撞击下爆炸的情形。1993 年 2 月 8 日，通用汽车公司控告 NBC 歪曲碰撞试验。

内部调查发现，部分报道的事实有疑点。尽管简·保利没有介入 GM 的报道，但她还是同意在《日期变更线》中公开道歉，因此平息了事件。这是团队精神的最好体现。简这么做非常漂亮，观众对她的信任大大说明了问题。

虽然迈克尔·加特纳并不直接负有责任，但他一直没有从《日期变更线》事件中振作起来。迈克尔在 3 月 2 日辞职之前，正在努力将尼尔·夏皮罗（Neal Shapiro）从 ABC（美国广播公司）那里挖过来，做《日期变更线》节目的制片人。尼尔在各个方面都很具有创新精神和真诚的态度，当之无愧地成为 NBC 最受欢迎的人之一。他不仅恢复了节目的可信度，还扩大了节目，每周都占用三四个小时的黄金时间。该节目为NBC取得了巨大的成功，尼尔成了功臣。2001年，他成了NBC新闻部的总裁。

《日期变更线》事件结束后，鲍勃几乎面试了新闻部的所有人，以找人替代加特纳。汤姆·布罗考再一次扮演了重要的角色。汤姆的名声很好，是NBC新闻部的公众人物。在他30年的职业生涯中，他是许多年轻新闻工作者的"辅导员"。

汤姆是个不知疲倦、严于律己的人，一直是鲍勃的得力助手。鲍勃在NBC新闻部的几乎所有重大决策上都采纳了汤姆的建议。在鲍勃面试了所有当然的候选人之后，汤姆又一次提出建议：鲍勃应当与安迪·拉克谈谈。当时安迪是CBS的一个制片人。

安迪和鲍勃在多塞特酒店吃了一顿耗时长久的晚餐，给鲍勃留下了深刻的印象。那次晚餐之后，鲍勃希望我见他一面。几天以后，我见了他。

我想我跟所有人都说过，安迪是我工作面试那么多人当中最令人兴奋的一个。他与我遇到的所有新闻领导人都大不相同。他幽默诙谐、举止自然、精力充沛，一切都那么自然随意——现在，你知道这些都是我非常喜欢的特性。

他彻底把我迷住了。

谈了20分钟之后，我转向鲍勃说："我们还等什么？"

"那就这样吧。"鲍勃说。

我看了看安迪，问道："你怎么没有激动得跳起来呢？我们给你的可是一份很了不起的工作。"

他回答道："在听说了关于你们俩的事之后，我在想自己能不能获得足够的资源让新闻部重整旗鼓。"

我们两人都向他保证，他能够获得扭转新闻部业务局面所需要的一切支持。

星期天，安迪给鲍勃打电话说，他接受了这份工作。星期一上午，他辞去了 CBS 的差事，于 1993 年 4 月初上任了。

* * *

与此同时，鲍勃正在开发有线电视。

我们收购 NBC 时，这个电视网的有线电视方面的唯一资产是艺术与娱乐频道 1/3 的股权。鲍勃立志要大规模进入有线电视业务，而且准备工作即将完成。1987 年年初，他聘用了在美国国会工作了几年的汤姆 · 罗杰斯（Tom Rogers）。汤姆从事的是通讯政策工作，是蒂姆 · 沃思（Tim Wirth）众议员在国会的助理。鲍勃让汤姆负责扩大 NBC 的有线电视业务。他与业内有着良好的关系，是个非常出色的谈判家、机敏过人的战略家。

汤姆和鲍勃首先找到了有线电视业的一位先驱查克 · 多兰（Chuck Dolan）。查克在长岛创建了有线电视系统公司（Cablevision Systems），该公司现已成为美国最大的有线电视经营商之一。查克还启动了 Bravo 电视频道，与他人一起创办了 HBO，并且开发了一批有线电视产业。鲍勃认识查克和他的家人，80 年代初还差点儿离开考克斯去担任有线电视系统的总裁。

1989 年 1 月，他们达成了合股协议，由 NBC 出资 1.4 亿美元购买查克的彩虹资产（Rainbow Properties）50% 的股份。这笔交易使我们在 Bravo、美国电影经典（American Movie Classics）、美国体育频道（Sports Channel USA）以及美国各地的地区性体育服务设施都拥有股权。NBC 还要购买法庭电视（Court TV）、独立电影频道（Independent Film Channel）、历史频道（History Channel）和浪漫经典（Romance Classics）的股份。

鲍勃与查克的这笔交易使得合股公司的双方都能够提出我们从头开始所需要的新思路，我们的第一个大项目是 CNBC——财经新闻网络。我从一开始就喜欢这个创意，我认为财经频道在市场上是有机会的，而且与娱乐和体育不同的是，财经节目制作不涉及版权费用的问题。

当时，我们唯一的竞争对手是财经新闻网络（FNN），而且它还处于亏损状态。查克同意与我们按五五开的比例共同经营 CNBC。1989 年 4 月，CNBC 开播了。

到 1991 年，我们的累计亏损达到近 6 000 万美元。财经新闻没有火起来，而 FNN 于是年 1 月破产。当时，FNN 已经接入 3 200 万户家庭，而 CNBC 的用户数量为 2 000 万。查克没兴趣收购破产了的 FNN。

他受够了。查克撤出了在 CNBC 的 50% 的股份，我们便单独去收购 FNN。

我们以为用 5 000 万美元就能将它收购。然而我们吃惊地发现，西屋电气公司和道·琼斯的开价竟然达到 6 000 万美元。当竞价至 1.5 亿美元时，鲍勃和汤姆·罗杰斯回来说他们还需要 500 万美元。虽然现在看来愚蠢至极，但是包括我自己在内的 GE 一班人非常恼火，因为收购价格竟然是我们对这笔交易评估价值的 3 倍。幸好我们当时急需一个财经电视网，于是在增加了 500 万美元之后，我们成交了。

这笔交易使我们的渠道扩大了一倍以上。我们留下了 FNN 中最优秀的人才，包括如今担任我们收视率最高的《商务中心》新闻节目主持人的罗恩·因萨纳和休·赫雷拉，以及主持《权力午餐》（*Power Lunch*）节目的比尔·加里菲斯（Bill Griffeth）。

* * *

在娱乐节目方面，事情也不太顺利。

1988—1992年，我们推出了十几个节目，都没有打响。在这方面我一钱不值。收购了NBC以后，我去过一次好莱坞，观看一些可在黄金时间推出的试播节目。

你应该去听一听每一个试播节目的展示和疯狂的成功预测。每一个节目都是精品：了不起的制作人、追求轰动效应的明星、艾美奖的获奖者，每一部喜剧都是《宋飞正传》再生，每一部正剧都是《急诊室的故事》。

感谢老天，业内竟然有那么多乐观主义者。

事实上，我从没看到任何人预测得完全正确。大多数节目最终都以惨败告终。最后播出的大约有十分之一，而播出的节目中有五分之一获得成功就非常幸运了。像《宋飞正传》《弗雷泽》《老友记》那样能够真正打响的连续剧大约只有千分之一的概率。

人们总是跟我说："你怎么会买下NBC呢？你对戏剧或者喜剧根本就是一窍不通。"

的确如此。不过我同样不会造飞机引擎或涡轮机。我在GE的工作是进行资源运作，也就是人和钱的整合。我能向我们的飞机引擎设计工程师提供的帮助，跟我能给予在好莱坞挑选节目的人们的帮助一样多（或者说一样少）。

我们做得不怎么样。NBC过去走红的节目大多数都已"油尽灯枯"。1991年，布兰登·塔蒂科夫离开NBC，去经营派拉蒙公司。鲍勃任命布兰登的副手沃伦·利特菲尔德为娱乐部总裁。沃伦接手的是个烂摊子。我们没有任何新节目，而电视广告市场也遭遇了20年来最严重的"大跳水"局面。NBC的利润从1989年6.03亿美元的最高点，下滑到了 1992 年的 2.04 亿美元。

那一年，我们不得不做出一个艰难的决定。1992 年，我们在博卡讨论应当由谁把《今夜秀》（*The Tonight Show*）从约翰尼·卡尔森（Johnny Carson）手里接过来。这是一个极其棘手的问题，因为当时杰伊·莱诺（Jay Leno）和戴维·莱特曼（David Letterman）都在我们的电视网。

接近半夜时分，我和首席财务官丹尼斯·戴默曼走进正在激烈讨论的会议室。大部分东海岸的与会者喜欢莱特曼，而西海岸的人则倾向于莱诺。鲍勃希望这两个人都能留下。他担心选择了一个会使另一个转身投向 CBS，而 CBS 当时在半夜没有什么节目。我和丹尼斯坐在会议室的后面，听着人们的辩论。这时，鲍勃转过身来。

“我说，你们是怎么想的？”

“你知道我没有资格选择任何人，”我说，“不过，如果我是你，我会这么做：我会选择 GE 的价值观。你喜欢莱诺的价值观，他对分台有好处，他是个好人，而美国大众会发现确实如此。”

由于选择了莱诺，我们备受责难。莱特曼离开我们，去了 CBS，在起始阶段还占了上风。

批评声不绝于耳，连格兰特·廷克也加入了批评者的行列。我很喜欢格兰特，并且认为我和他的关系不错。1994 年，他出了一本书，责怪我和鲍勃造成了业务滑坡。

他把我任命鲍勃为电视网负责人的决定说成是一种“自杀性的安排”，说我们让杰伊·莱诺接任约翰尼·卡尔森的决定是错到家了。他声称我们收购 FNN 钱花得太多，并且将 CNBC 列入了黑名单。

“除了它的股票还有一口气之外，CNBC 已经长不出人样来了。”廷克在他的书中说，“我一直怀疑杰克是否看它的节目，也不知道他是怎么看待这些节目的。”

格兰特恶狠狠的评论让我非常吃惊，直到我注意到他这本书的合著人是巴德·鲁凯泽（Bud Rukeyser）。巴德曾是 NBC 的公共关系负责人，于 1988 年春天以不够客气的条件离开了 NBC。

在业务下滑的同时，我们又遇到了新的问题。我们与查克·多兰合伙，打算做 1992 年巴塞罗那夏季奥运会的 3 个频道有线电视直播节目。只要另外支付 125 美元，有线电视用户就可以观看 3 个频道共计 1 000 多个小时的直播和录像节目，中间不插播任何商业广告。这一方案彻底失败了。

我们原先期望在 4 000 万户家庭中，能够与 300 万户愿意接受这种安排的家庭签订协议。结果，我们只吸引了 25 万户人家。我们被打了一记闷棍，在媒体领域和经济方面。光是这 3 个频道直播节目，我们的损失就达到 1 亿美元。虽然鲍勃相信查克会遵守协议，但我们的财务人员担心其中大部分难以兑现，尽管多兰是我们五五开的合伙人。

查克是个非常难缠的谈判对手，同时又是你见到的最令人尊敬的家伙。我们在 11 月份收到了他的支票，他支付了 3 个频道直播项目的损失中他应承担的 5 000 万美元。

直播项目只是我们困难时期的另一个例子。

1992—1994 年，我们花费了大量的时间处理所有这些问题，并寻找解决办法。由此引发了我们与许多影视公司的交流，包括派拉蒙、迪士尼、时代华纳、维亚康姆和索尼。我们的目标并不是现金流，我们是在努力重振雄风，使 NBC 成为一个更大、更强的角色。我们与迪士尼和派拉蒙走得最近。

1994 年夏天的一个晚上，我和丹尼斯·戴默曼以及我们的顾问们与迪士尼的 CEO 迈克尔·艾斯纳（Michael Eisner）以及迪士尼的一班人马共进晚餐。我们达成的初步谅解是：迪士尼购买 NBC49% 的股份，但掌握经营控制权，而我们保持大股东地位。我的主要条件是鲍勃·赖特做迪士尼电视制作工作室和 NBC 业务的 CEO。

迈克尔喜欢这个方案，我和丹尼斯激动极了。

但是，到了早上，迈克尔改变了主意，不想做这笔买卖了。我们又认真讨论了数次，包括与派拉蒙的马蒂·戴维斯（Marty Davis）谈判，但结果都是一样。在我们进行这些谈判的同时，媒体自然听到了风声。有关 GE 处理 NBC 的计划的各种猜测充斥着整个 1994 年。

我和鲍勃·尼尔森、丹尼斯准备了一份分析报告，论述了我们为什么认为从长远来说应留在电视网行业。当时的资产价值为 40 亿 ~50 亿美元。我们相信，我们能够创建价值高出许多的资产，且下滑的空间非常有限。1994 年 10 月，我将分析报告带到了董事会，建议我们继续留在这个行业。

我给董事会成员们一个个地做工作，以寻求他们支持这个决定，这是我第一次也是最后一次这么做。他们一致同意保留 NBC，于是我们向公众宣布了我们对这个行业的承诺。

* * *

与此同时，沃伦·利特菲尔德在开发新节目方面取得了成功。鲍勃决定给予沃伦更多的支持，并聘用了唐·奥尔麦耶负责西海岸业务，就是在塔蒂科夫问题上给我透露消息的那个老朋友。沃伦和唐是一对最佳搭档。沃伦常常深入到节目的细节，而唐是个粗线条人物，这个身高 1.90 米、虎背熊腰的家伙具有宣传促销的本领。他经营着自己的制作公司，做得非常成功。事实上，为了得到他，我们买下了他的公司。他那大块头的形象帮助我们赢回了对伯班克工作室（Burbank Studio）的自豪感。在上一任班子任期内就开始播出的《宋飞正传》和《为你痴狂》(*Mad About You*)已经迷倒了观众。

他们两人携手的18个月内，在唐的领导下，他们又推出了《弗雷泽》《老友记》和《急诊室的故事》。公司业务出现了转机。

新闻部在安迪·拉克的领导下也在享受胜利的喜悦。1993年4月安迪上任的时候，我们排名第三，与前两名相差甚远。我们的新闻节目没有一个是名列前茅的，无论是《今日》《午夜新闻》还是《日期变更线》。有人甚至提出建议，让我们把《今日》节目第二个小时的时间让出来，因为收视率太低了。

安迪作为新闻部总裁上任不到两个月，就在一次业务讨论会上提出了一些他的同事们认为非常疯狂的建议。他要把《今日》节目从GE大楼的三楼制作室中搬出去，并在洛克菲勒中心的街面上建一个新的制作室。

他认为这么做一定能够改变局面。

"我们可以用凯蒂·库里克和布赖恩特·冈贝尔来造成轰动效应，并吸引观众，"安迪说，"这可不是什么廉价的主意，要花我们1 500万美元。如果失败了，那就是一次惨败。"

"不！不！不！"我高声叫道，"不会失败。这是个伟大的思路。就这么办！"

"丹尼斯，"我说，"你有办法找到1 500万美元。"

18个月后，也就是1994年的秋天，《今日》节目搬进了新的制作室，并从此走向成功。巨大的玻璃窗允许人们往制作室内窥视，同时，节目进入了洛克菲勒中心，因而《今日》成了纽约市的一个旅游景点。每个星期五上午，《今日》在广场的室外音乐会直播常常能够吸引成千上万的人们。

在另一方面，已经在《今日》工作了15年的布赖恩特·冈贝尔对“晨练”感到厌倦了。他和他的代理人向安迪明确表示想进行一些新鲜的尝试。安迪和鲍勃开始考虑替代人选，而解决方案就在我们自己的后院。

作为 NBC 的纽约分台，WNBC 的总裁比尔·博尔斯特（Bill Bolster）一直面临着如何改进《今日》节目之前 5 点到 7 点档早间节目这个问题。几年前，他看过马特·劳尔（Matt Lauer）在第九频道主持的采访节目。

从那以后，马特的事业便停滞不前了。事实上，有一天早上，他在一家修剪树木的公司的卡车后面看到了“诚聘英才”的告示。他打了个电话，并留言想得到这份工作。第二天比尔·博尔斯特给他打电话时，马特还以为是那家园林公司，没想到是博尔斯特带来了一份更好的工作，一份好得多的工作！

他聘请马特做 WNBC 早间新闻节目的联合主持人。1992 年年末，马特上任不久的一天，我一大早就开始为 CNBC 挠头，在 6 点半观看他在 WNBC 上的节目。我和比尔一样，觉得马特是屏幕的主宰者。他并不张狂傲慢，但很有人格魅力，看起来是替代布赖恩特的理想人选。

不到一年，我就开始了我的“战役”。

我无休止地给安迪打电话，仿佛自己是马特最好的代理人。博尔斯特有“同盟军”了。

“你认为马特·劳尔怎么样？”

“他很不错。”安迪说。

“你打算什么时候给他那份工作？”

“他还需要再多磨炼磨炼。”

“哎呀……得了！行动吧！”

1994 年，《今日》节目的制片人杰夫·朱克让马特试着读新闻稿。逐渐地，当布赖恩特休假时，马特就上来顶替。大家都喜欢他的风格。

CBS 用很好的条件让布赖恩特脱离了早间节目，并让他主持自己的黄金时段节目。我们都为布赖恩特感到高兴。

1997 年年初，马特代替了他的位置。结果证明，凯蒂 · 库里克和马特是很好的搭档，他们立刻吸引了早晨的观众。

1996 年在早间节目中名列榜首的《今日》栏目拉开了与第二名——ABC 的《早安美国》（*Good Morning America*）之间的距离。第二年，汤姆 · 布罗考主持的《午夜新闻》仍然保持第一名的地位。《日期变更线》节目的制片人尼尔 · 夏皮罗与联合主持人简 · 保利和斯通 · 菲利普斯（Stone Phillips）一起，扭转了因通用汽车事件给我们的黄金时段杂志节目造成的不利局面。

安迪的确让新闻部的工作运转起来了。

* * *

使 CNBC 运转起来的人叫罗杰 · 艾利斯（Roger Ailes），他曾经当过乔治 · 布什总统的政治顾问、拉什 · 林博（Rush Limbaugh）的电视节目的制片人。鲍勃发现了罗杰，并于 1993 年 8 月聘他为 CNBC 的 CEO。我立刻举双手赞成。罗杰是个脾气暴躁、容易激动的人，但满脑子都是主意。他为 CNBC 营造了一种全新的形象，策划了黄金时间的节目安排，并打造出了克里斯 · 马修斯（Chris Matthews）那样的人物——克里斯，为报道华盛顿负面消息的节目带来了生机。罗杰还白手起家创建了一种“领导人谈话”网络，叫作“美国在说”（America’s Talking）。

他使 CNBC 的经营利润从 1993 年的 900 万美元提高到 1995 年的

5 000 万美元。我们与微软公司合资创建 MSNBC 是罗杰离开公司的一个间接原因。他不喜欢我们将他的宝贝“美国在说”纳入 MSNBC 的决定。1996 年 1 月，我痛心地失去了罗杰。他后来创建了福克斯新闻频道（Fox News Channel），并获得了巨大的成功。

我们安排将 WNBC 推向纽约第一名宝座的比尔·博尔斯特替代罗杰的位置。比尔在 CNBC 屏幕上播发实时股票市场价格，将我们的商务报道制作得好像快节奏的体育赛事。他将股票市场的《赛前节目》（*Pregame Show*）扩大为 3 小时的《扬声器》（*Squawk Box*）节目。

《扬声器》节目发掘出一批新人：马克·海恩斯（Mark Haines）、乔·克南（Joe Kernen）和戴维·法柏（David Faber）。他们的即兴评述和敏锐的观点，使得股市在开盘之前就沸沸扬扬了。该节目办得红红火火，吸引了美国几乎所有的 CEO 来观看。

报道股市的是 CNBC 的当家花旦玛丽亚·巴蒂罗莫（Maria Bartiromo），采用的常常是“一线”或交易场内报道的形式。她的内部独家报道使自己赢得了美国最佳财经记者的称号，享誉全美。

主持盘后节目《商务中心》的是罗恩·因萨纳和休·赫雷拉，该节目具有与 ESPN 的《体育中心》（*Sports Center*）一样的权威性。在他们的努力下，该节目成为电视上最权威的财经新闻节目。

在比尔安排全天的节目设置的同时，我不断地“骚扰”他。我把《华尔街日报》和《纽约邮报》相同内容的财经报道剪报拿给他，让他采用《纽约邮报》那种更加直截了当、更加具有娱乐性的风格。

不管怎么样，生意就是游戏。比尔和他的队伍在 NBC 纽约新闻部前主任布鲁诺·科恩（Bruno Cohen）的领导下，已经“玩”得很好了。

在那以后的 5 年当中，CNBC 的利润上升到了 2000 年的 2.9 亿美元，成为有线电视行业中赢利最丰厚的产业之一。

到了 1996 年，NBC 翻身了，经营利润首次超过了 10 亿美元。《急诊室的故事》成为电视上连续剧的头号节目，《宋飞正传》是情景喜剧的第一名。CNBC 获得了赢利并在迅速发展。在《今夜》节目的主持人杰伊 · 莱诺战胜了 CBS 的戴维 · 莱特曼后，美国承认了他最佳午夜节目主持人的地位。

* * *

1995 年年末，鲍勃 · 赖特知道微软在考虑投资于 CNN，便开始与他们谈判携手的可能性。我们一直就希望能够开发有线电视新闻频道，但是从零开始的费用太高了。1995 年 10 月，在一次 NBC 战略研讨会议上，鲍勃描述了他正在与微软谈判的情况。

我们正在苦苦思考如何与微软建立良好的关系，其中的一种可能就是签订一份许可协议。我站起身，走到图板架前，引导大家讨论各种方案，最终描绘出了一张与过去许多 GE 交易相似的合伙框架。在这个框架中，我们将建立两个五五开的合资企业：一个在有线电视领域，由 NBC 控制；另一个在互联网领域，由微软控制。

于是，汤姆 · 罗杰和鲍勃开始与微软的人马讨论这一概念。微软最初对于使用我们的新闻收集业务以及开发在线新闻频道非常感兴趣。但在它眼中，有线电视是次要的，这就使得谈判更加困难。在 1995 年 12 月计划召开新闻发布会公布伙伴关系的头天晚上，我们还有几个悬而未决的难点问题。

汤姆和他的人马已经整夜未眠，希望能够完成交易。比尔 · 盖茨关于有线电视的考虑是最后一个有待讨论的问题。

到了早晨 7 点，离 NBC 纽约工作室的大型新闻发布会只有两个小时的时间了，我们还没有成交。

计划中的新闻发布会是十分隆重的，将通过卫星连接在香港的比尔和在德国的汤姆·布罗考。为了成交，鲍勃·赖特请我找盖茨干预一下。

我给比尔打了电话。比尔担心他会陷入有线电视的重大亏损。

“杰克，”比尔问道，“你相信有关有线电视的预测吗？”

“我认为，有线电视并不是没有脑子，”我回答道，“你们的人就去啃互联网的骨头吧，我们会让有线电视成功的，对此我毫不怀疑。”

在有线电视的表现方面，我给比尔一些保证，确保微软在我们未能将频道接入更多家庭的情况下避免重大损失。

“这就够了。”他回答说。

大约在新闻发布会前40分钟，我和比尔·盖茨达成了一致。结果，2000年，MSNBC扭亏为盈，MSN成为互联网新闻网站的冠军。

MSNBC同时也给了NBC一个推出布莱恩·威廉姆斯（Brian Wiliams）的机会。布莱恩于1993年加入电视网，一直支持汤姆·布罗考的《午夜新闻》，并主持一些周末节目。安迪·拉克给了他一个独特的节目：《跟布莱恩·威廉姆斯看新闻》（*The News with Brian Williams*）。

虽然大家很少在电视上看见布莱恩，不过他可能是你见过的最有趣的家伙。事实上，我想他有这样的才华，如果不是已经投身于新闻主持人行当的话，他完全可以有自己的午夜节目。

鲍勃和汤姆·罗杰斯继续寻找着互联网的机会，投资了数个网络公司，并在后来将他们并购成一个名为NBCi的新上市公司。与许多其他网络公司一样，NBCi过于注重广告收入。2000年年初互联网广告市场崩溃时，其业务模式便无法运转了。2001年，我们重新收购NBCi，并用它作为宣传NBC其他节目的门户。

＊　＊　＊

将近 1997 年年底时，我和鲍勃得到了一些坏消息。电视黄金时间最热门的情景喜剧明星杰里 · 宋飞（Jerry Seinfeld）打算辞职。杰里不仅是美国最受欢迎的喜剧演员，也是我最喜欢的演员。1997 年 12 月的一个星期天，我们在鲍勃的纽约公寓里吃早午餐时，努力说服杰里再演一季剧集。

一年以前，我们已经遇到过这个问题，并说服了宋飞留任到 1997 年年底。当时，鲍勃给我打电话，让我去他的办公室，看看我能不能帮着解决这个问题。那是一次很特别的会谈。为了说服杰里留下来，我们给了他一沓股票期权和内部股票，而杰里要我解释那些东西的意义何在。这是一个无法用金钱衡量的时刻：我装作自己是在上一堂财经课，而学生有可能装聋作哑，也可能喜上眉梢。

我们当时说服了他回头，而在 1998 年到来之际，他又一次要离开。这一回，杰里带来了两位了不起的朋友——乔治 · 夏皮罗（George Shapiro）和霍华德 · 韦斯特（Howard West），他们本来可以像老式好莱坞经纪人一样闪亮登场。鲍勃用典型的 GE 图表方式做了一个很好的演示。他向杰里表明，他将是唯一一个自己的电视连续剧仍然在热播而本人已经离开的电视明星。在整个电视历史上，没有任何节目能够在第九个年头还在吸引越来越多的观众。

杰里希望在事业巅峰时期隐退，而鲍勃反驳说杰里甚至还没有看到巅峰。谈得太漂亮了，我们还另外提出给杰里 1 亿美元的 GE 股票，只要他再多留一年。

我和鲍勃都觉得已经成交了，这种感觉持续了大约 10 天。圣诞夜，我在佛罗里达接到杰里从伯班克打来的电话。

“杰克，”他说，“做出这个决定对我来说并不轻松，而且我实在不想令你失望。”

我感觉难受极了，因为我知道我们失去了他。

“杰克，现在是圣诞夜，我还待在自己的小房间里。所有的人都回家与家人团聚去了，而我还在这里写剧本。我不能再多干一年了，杰克，我不能这样。”

“我多希望你做出的不是这样的决定。”我说。

我对他为我们所做的一切表示了感谢，我尊重他的选择。他希望能在巅峰时刻隐退。他的确这么做了。

* * *

我们不仅损失了杰里，我们还损失了美国橄榄球联赛（NFL）。我们从1965年起就一直转播职业橄榄球赛事，但1998年年初，我们却丢掉了美国橄榄球联赛的转播权。

否决这项议案并不是一个很难做出的决定。NBC没有一个人——甚至是体育部的人愿意去碰一下为取得转播权而需要支付的金额数字。

当然，我最喜爱的报纸《纽约邮报》总是拿这样的事情“开涮”，他们在头版登出我“丢了球”之后的面部特写照片。

但是，这不是一次“失球”。我们否决了这个8年要价40亿美元的生意，因为这个数字简直让人发疯。

失去NFL之后，我们便致力于同世界自由摔跤联合会（World Wrestling Federation，WWF）负责人文斯·麦克马洪（Vince McMahon）一起，在2001年组成一个新的橄榄球联赛，取名终极橄榄球联赛（XFL）。结果我们惨败而归，而我成了众矢之的。如果你在别的行业把生意搞砸了，你通常能够予以掩盖，在电视业则是不可能的。

所有人都一如既往地观看比赛，尤其是批评家们。

我和公司里的所有人一样热烈支持 XFL。我们在星期六晚上没有什么节目，而文斯 · 麦克马洪很有天赋，WWF 也办得极其成功。由明尼苏达州州长杰西 · 文图拉（Jesse Ventura）来宣布这一消息，更使此事增加了戏剧效果。我们组建了新联赛，在一些主要市场共有 8 支球队。

我们的问题是，我们永远无法决定 XFL 应当属于娱乐还是橄榄球项目。当他们把拉斯韦加斯的赌注登记经纪人带到训练基地时，灾难开始了。这些经纪人不喜欢 XFL 提出的疯狂规则，因为那样的话，比赛的投注比例更难设计。我们的体育部认为我们需要赌球带来的信誉和知名度，如果改变了规则，就等于堵死了 XFL 今后更加娱乐化的道路。

第一场比赛开始时收视率非常高，尽管如此，在漫长的赛程中我们还是失去了观众。体育评论把我们批得体无完肤，联赛得到的唯一报道是一些关于 XFL 将如何威胁职业橄榄球之神圣感的论述。

球迷们既不喜欢我们的娱乐，也不喜欢我们的橄榄球。哀乐奏起来了：谁也不观看比赛，大家都在看着我们的惨败。

为期 12 周的赛季一过，我们便“鸣金收兵”了。XFL 以惨败告终，我们为此损失了 6 000 万美元，同两部失败的情景喜剧损失相当，而这类喜剧中，80% 都是不成功的。除了扫人兴致外，经济上的打击倒也不算大。GE 规模庞大的一大好处就是能够承受这种跌宕起伏。你并不总是需要将一切都联系起来看。

虽然 XFL 失败了，但是迪克 · 埃伯索尔所做的其他事情几乎样样都是成功的。1989 年加入的迪克是鲁恩 · 阿利奇（Roone Arledge）——《周一足球之夜》（*Monday Night Football*）和奥林匹克赛事报道的创始人的门生。迪克继承了鲁恩的事业，成为电视体育的大师。

1995 年，迪克获得了体育节目制作中最大的成功。国际奥林匹克委员会在其 20 年的历史中第一次同意，不经过竞标就将转播权交给 NBC。NBC 对 1988 年汉城奥运会、1992 年巴塞罗那奥运会和 1996 年亚特兰大奥运会的电视转播为迪克奠定了成功的基础。

1995 年，接近 7 月底的时候，鲍勃和迪克给我打电话，带来了一个新奇的建议。迪克和他的团队想向奥林匹克委员会提出前所未有的方案，要求拿下 2000 年悉尼奥运会和 2002 年盐湖城冬奥会的投标。迪克相信，通过一次争取两届赛事，他们就能够一次获得两个机会，并避免通常的投标过程。

他们想立刻采取行动。为了获得批准，迪克安排了一次电话会议：鲍勃在楠塔基特海面的一艘船上，丹尼斯·戴默曼在缅因州的小屋，我在楠塔基特的夏季住宅里。

要价实在是狠：12 亿美元。

“迪克，最糟糕的情况会是怎样？”我问道。

“我们会赔掉 1 亿美元。”他回答说。

我们都同意去争取一下。迪克立刻乘坐 GE 的专机赶往瑞典，与国际奥委会主席萨马兰奇会面，然后又飞往蒙特利尔与奥委会电视转播权负责人迪克·庞德会面。

在 72 小时内，他“锁定”了这两届比赛。

几天以后，迪克又在考虑做得更多些。到了 1995 年 12 月初，也就是 4 个月以后，我们又取得了另外 3 届奥运会的转播权——雅典、都灵和 2008 年奥运会，总计 23 亿美元。

奥运会交易给电视网，尤其是电视网的有线电视部分带来了巨大的机会。在两大有线电视网上转播奥林匹克的机会，使得负责有线电

视销售的戴维 · 扎斯拉夫（David Zaslav）可以大幅度增加节目播放时间，并将 CNBC 和 MSNBC 的“触角”伸向数百万户家庭。今天，CNBC 已经承诺要进入 8 000 多万户家庭，1995 年只有不足 2 500 万用户的 MSNBC，而到 2002 年会进入 7 000 多万户家庭。

* * *

多年来，NBC 已经为 GE 获取了巨大的利润。

我们从它的财务结果和品牌中获得了利润，大多数雇员会非常骄傲地穿上带有 NBC 徽标的 T 恤衫。鲍勃认为 NBC 不仅仅是家电视网络公司，他的眼光总是很准确。电视网受众在继续减少，更加证明他在有线电视上下注的英明。CNBC 是财经新闻的佼佼者，而 MSNBC 则是在 25~54 岁年龄组观众中 24 小时播报有线新闻的冠军。虽然在我撰写本书时，NBC 的家庭受众排名下降到了第三名的位置，但它仍然是 18~49 岁年龄组受众心目中的电视网络领袖，而这个年龄段是广告商眼中最重要的群体。

经过所有这一切之后，鲍勃 · 赖特已经成为电视历史上执掌电视网时间最长的领导人。他证明了“造灯泡的”也可以在电视行业中做大、做强。

第十八章
能屈能伸

只有诚实、正直且为正确之事斗争的有实力的公司，才能跟政府较量得起。

幸运的是，我们既正直，又拥有那种实力。

1945 年，我住在马萨诸塞州的塞勒姆。一天，我爬上楼梯去我父母住的二楼卧室，只听到妈妈在哭泣。这是儿童时代给我留下的最深刻的印象之一，那年我才 9 岁。在那以前，我还从来没听见妈妈哭过。我走进门，看到妈妈站在卧室的熨衣板前，一边给我爸爸熨烫衬衫，一边泪水哗哗地往下淌。

“噢，老天啊，”她说，“富兰克林 · 罗斯福去世了。”

我惊呆了。我不明白为什么总统的去世会让妈妈那么伤心，一点也不明白。但是，18 年后肯尼迪被暗杀时，我的内心也涌起相似的感觉，两眼死死盯着电视。

母亲对罗斯福的离世有那样的反应，是因为她从心底里相信是他拯救了我们的国家，拯救了我们的民主。她信任他，信任我们的政府。我父亲也是如此。他们两人都相信，政府服务于人民的意志，保护着它的公民，总是做正确的事情。

许多年来，我对政府有着父母那样的信任感，但是那种信任感已经数次受到了严峻的考验。我近距离观察过政府，有对的，有错的；有好的，也有几乎是邪恶的；有诚实勤奋的公仆，也有政治利益至上，阴险狡猾、自私自利之徒。

我见到过糟糕的政府做错过许多小事，而我遇到的第一件大事发生在 1992 年。

当时，我正在南加利福尼亚的佛罗伦萨开董事会。这时，我们的总顾问本 · 海涅曼把我拉到一边。他告诉我，《华尔街日报》会在第二天，也就是 4 月 22 日，报道一场官司，原告是上一年 11 月被开除的一名 GE 副总裁埃德 · 拉塞尔（Ed Russell）。

这可不是一场因不当解雇而引发的寻常官司。曾经负责我们在俄亥俄州的工业钻石业务的拉塞尔指控我们与南非的德比尔斯（De Beers）合谋操纵钻石价格。他声称，他被开除的原因是他对老板格伦 · 海纳（Glen Hiner）与德比尔斯之间关于操纵钻石价格的一次会议表示了不满。

那天下午，我离开董事会议，与本和我们的公共关系副总裁乔伊丝 · 赫根汉一起开会商议。我知道拉塞尔在撒谎。一方面，GE 塑料的领导人格伦 · 海纳的诚实正直是毋庸置疑的；另一方面，拉塞尔被开除的原因是他个人表现方面的问题。我知道这些，是因为在一个关键的时刻，我曾经写信给他的上司，告诉他拉塞尔必须走人，而这一点连拉塞尔本人也不知道。

1974 年，他作为战略策划人员加入 GE 后不久，我就遇见了他。他在我们的灯泡业务中被提拔上来，并于 1985 年成为 GE 超级磨料部门的总经理。这正是我们工业钻石业务的品牌。我对这部分业务非常熟悉，因为在70年代初，我在皮茨菲尔德管理过这项业务。起初，拉塞尔干得不错，公司收入和利润的增长比较可观。但是，1990年，他遇到了惨败，利润从上一年的7 000万美元下降到5 700万美元。

1991年期间，拉塞尔的问题还在继续，业绩没有改善，而且他在一系列审查中无法向他的上司——负责我们塑料生意的格伦·海纳做出解释。我为此忧心忡忡。多年来，我一直是支持拉塞尔的，而且当时也是我批准他担任GE超级磨料总经理的。

但是到了9月，我和海纳在皮茨菲尔德对拉塞尔做了最后一次审查。他完全不能够回答我的问题。而且，他还说他不打算回答有关他所负责业务中的一些直截了当的问题，因为他认为那不是会议的目的。我的财务分析师鲍勃·尼尔森当时也在场，他与我一样对拉塞尔的回答感到非常吃惊。

第二天，我给格伦·海纳写了一张便条，总结了头一天的会议情况。在纸条上面，我写了我的看法："拉塞尔7月份的表现愚蠢至极，而昨天他好像表现得完全失控……拉塞尔必须走人。"（见下页）

过了一个月，海纳打电话叫他回到皮茨菲尔德，并于11月11日将他开除了。

现在，拉塞尔提起了诉讼，并胡乱指控海纳的错误行径。在应诉之前，我想起了我给海纳的便条，并要求将便条给我传真到佛罗伦萨。幸运的是，我的便条上面写得非常清楚，拉塞尔被开除的原因是由于他个人的表现问题，而且是我开除了他，不是拉塞尔捏造罪名控告的目标人物——海纳。

我和本、乔伊丝给《华尔街日报》和其他记者起草了一份声明，明确表示拉塞尔被解雇的原因是"表现不佳"，而且他还曾多次与GE人员谈话，试图获得更优厚的离职待遇。拉塞尔在多次谈话中从未提及反垄断的问题，他是个被解雇的心怀不满的人。

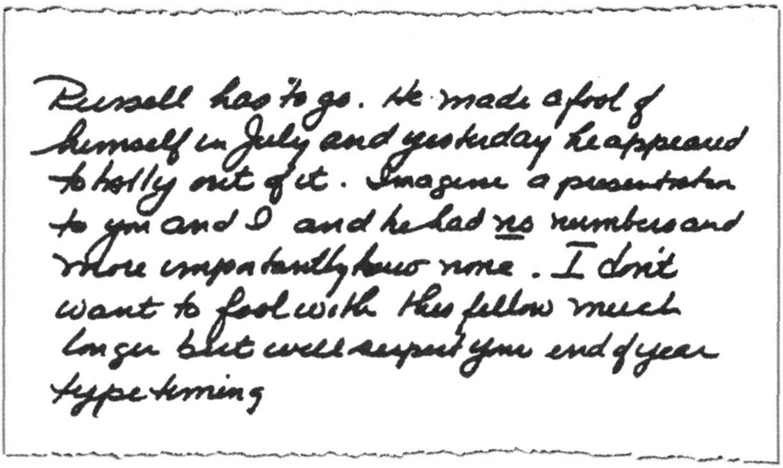

Russell has to go. He made a fool of himself in July and yesterday he appeared totally out of it. Imagine a presentation to you and I and he had no numbers and more importantly knew none. I don't want to fool with this fellow much longer but we'll respect your end of year type timing

我指示格伦·海纳解雇拉塞尔的便条

第二天的报道带来了更糟糕的消息：拉塞尔已经说服司法部就他关于操纵价格的指控开展刑事侦查。当《华尔街日报》的一名记者向我提到这个问题时，我称那“纯属胡说八道”。我们开始了自己的调查，请来了阿诺德–波特律师事务所（Arnold & Porter）的律师和温斯顿–斯特劳恩律师事务所（Winston & Strawn）的辩护人来讨论这起诉讼案。

这些外聘律师仅仅用了6周多的时间就得出结论：拉塞尔没有说实话。接下来，我们需要说服司法部。我们提交了调查的结果，并起草了一份“白皮书”，上面列举了拉塞尔证词中严重歪曲事实的12处内容。

司法部对此置之不理。

1994年2月，我和本·海涅曼到华盛顿去找司法部一位副部长陈述我们的意见。她对我们的辩护毫不关心，而是一心一意地求证某项指控成立。没有什么可以阻挡她。为了避免操纵价格方面的指控，她建议我们承认犯有某项重罪，并支付罚金。

这是我绝对不能接受的。我们没有做错任何事，而政府方面对案子的态度是建立在谎言基础上的。我们必须予以全面反击。

当政府有要求时，大陪审团的指控通常是例行公事。我们在华盛顿进行了 3 天的会谈后，她指控我们和德比尔斯非法合谋操纵价格。她不相信自己的助手，而是用政府的经费外聘了一名律师。

8 个月以后，10 月 25 日那天，法庭审理在俄亥俄州哥伦布的一个联邦法院进行。辩护团由丹 · 韦布（Dan Webb）负责，由阿诺德－波特律师事务所的比尔 · 贝尔（Bill Baer）和 GE 的内部法律诉讼负责人杰夫 · 金德勒（Jeff Kindler）提供大力支持。

辩护团的工作做得非常成功，他们驳斥了政府的指控，而我们完全不需要提供证词。

12 月 5 日，法官乔治 · 史密斯（George Smith）在聆听了政府方面的所有证词之后，完全驳回了这个案子。“政府的同谋理论完全不成立。”他说，“政府的指控没有法律依据……即便从完全有利于政府的角度来看待这些证词，也找不到合理的事实”证明 GE 有罪。

拉塞尔案件的大获成功，证明了我们应当为自己认为正确的事情而斗争。政府并没有什么可指控的，只是下意识地厌恶大公司。在辩护方为自己辩护之前，法官们几乎从来不会在庭审期间就驳回一宗刑事反托拉斯案。但是，我们的这个案子就是如此结束的。我们斗争了三年，在这三年中，每次提及此案，媒体都对我们进行负面报道。只有事实告诉我们，我们是对的。

这是政府最糟糕的状态。他们动用了联邦调查局，找到了一个被开除的雇员，却一无所得；他们花费了大量的时间去捕风捉影；他们高价聘请了外来的“枪手”——有些政府官员通过这种手段出了名。

当然，我们也不是尽善尽美。一年以后，在一宗完全不同的案子中，政府做对了。

* * *

这个故事也是从本开始的。1990 年 12 月的一个星期六的下午，他给我家里打电话。

“你绝对不会相信，”他说，“我们有一个雇员，他跟以色列的一名空军将军一起在瑞士的一家银行开了个账户。”

我简直不敢相信自己的耳朵。如果我在 GE 极力宣讲过什么的话，那就是诚信。这是我们的最高价值，具有至高无上的重要性。在每次公司会议上，我在结束自己的发言时从来没有忘记强调要诚信。

当本在那个星期六给我往家里打电话时，我们只知道以色列报纸上报道的内容以及一名 GE 员工在那里得到的消息。媒体报道说，我们飞机引擎业务部门的一名雇员赫伯特 · 斯坦德勒（Herbert Steindler）与空军将军拉米 · 多坦（Rami Dotan）合谋，从为以色列 F–16 战斗机提供 GE 引擎的主合同中将资金抽调出来。

19 个月以后，在经历了媒体的狂轰滥炸，并收拾完这个烂摊子之后，我们不得不处分了 21 名 GE 的主管、经理和雇员，向美国政府支付了 6 900 万美元的刑事和民事罚款，并在一个国会委员会上做证。我们飞机引擎业务部门的负责人不得不站在联邦法庭上代表公司认罪，而一位 GE 的副董事长在华盛顿花了一个星期的时间，以恢复我们的引擎业务。

听到本给我的消息，我差一点儿背过气去。设想一下你在给一个窃贼付工资的滋味吧。斯坦德勒立即被停职，而当他拒绝与我们的内部调查人员合作时，我们于 3 月开除了他。我们从威尔默 – 克特勒 – 皮克林律师事务所聘请了一批外部律师，以帮助 GE 的审计队伍进行调查。他们在第二年的大部分时间里，几乎住在了辛辛那提，那里是我们飞机引擎业务的总部。他们与我们的审计人员一起，调查了合同的每一个环节，与每一位参与者谈了话。他们在 9 个月的时间里，审阅了 35 万页文件，与 100 多名证人进行了交谈。

结果发现，多坦在斯坦德勒的帮助下，设立了一个虚假的新泽西转包商。斯坦德勒的一个密友拥有这家公司，然后他们用这家公司将大约 1 100 万美元的资金转移到多坦和斯坦德勒在瑞士银行的联名账户上。多坦是个既苛刻又爱威胁人的客户。早在 1987 年，有些员工就对多坦的一些交易提出过疑问。但是，那个空军将军以一个以色列伟大爱国人士的形象出现，能够避开繁文缛节，而斯坦德勒说服了他的上司什么都不需要担心。

只有一位员工故意违反我们的政策而获得了直接的经济利益，那就是斯坦德勒。将他一脚踢出去非常容易，但问题是，另外 20 名 GE 员工并没有得到一分钱，而且他们对这个阴谋没有任何意识。这 20 名员工在 GE 工作的时间加起来有 325 年了，有些人几乎在 GE 度过了自己的全部职业生涯——长达 37 年。许多人都有良好的历史记录和出色的业绩表现。他们中有两个人还是公司的经理，是我们飞机引擎业务部门负责人布赖恩·罗（Brian Rowe）的好朋友。

布赖恩在飞机制造业是个有传奇色彩的人物，是个至今仍热爱引擎设计工作的先驱。布赖恩很爱他的手下，对于怎么处理他们，感到非常为难。布赖恩的犹豫不决是可以理解的。除了最后进了牢房的斯坦德勒以外，涉入此案的大多数人都属失察之过，而不是故意的。他们谁也没有从中得到任何个人利益，他们是因为“智”不如人，或者说是懈怠，或者说是忽略了危险信号。

除了斯坦德勒，所有人的介入都是不明不白的。对大家来说，如此一来，怎样处分就很难决定了，对布赖恩来说更是如此。

唯一有益的一面是我发现了比尔·科纳蒂这个人才。比尔后来成为整个 GE 的人力资源部门负责人，当时他刚刚接任飞机引擎公司的人力资源工作。他挑起了处理此案的担子，确保每个人都能够根据不同情况得到公平的处理。所有涉入此案的员工都收到了一封长信，信中根据我们的内部调查详细列出了我们的“考虑”或“指控”。他们有机会在他们聘请的律师以及我们出资的情况下，陈述他们的情况。然后，比尔拿出对每个员工的处理意见。

在两个月中的一段时期内，我、比尔、布赖恩和本几乎天天通电话。

老实说，让我和本坐在费尔菲尔德严肃处理这个事件，要比可怜的布赖恩处理此事容易，因为他的多年好友卷入了此事。幸运的是，我们三个都非常尊重比尔，而他能够弥补我们仨之间的分歧。

最后，我们对涉及的 21 人中的 11 人做出了解聘或劝退处理，剩下的 6 人被降职、4 人遭到严肃批评。有一名公司经理被迫降职，另有一名经理也辞职了。

此事给全公司传达了一个清晰的信息：如果将军和上校们可以如同什么事情也没有发生过一样继续当官的话，那么军士们是不会被枪毙的。我们希望经理们清楚，如果在他们的管辖范围内出现了违反诚信原则的事情，那么他们就要为此负责，因为不重视诚实正直原则而导致“当官的被枪毙”，这在 GE 是一件大事。

这件事从许多方面都给我上了一课，无论是内部的纪律问题，还是外部与华盛顿以及媒体的关系问题。在 GE 之外，有一种观点开始抬头：是因为竞争的压力和对利润的追求，人们才会行骗。有些人不愿意面对现实——公司里有热线电话，有调查人员，有主动举报政策，有领导人对诚实正直的不断强调，因而这是件很少有的违纪事件。

1992 年 7 月，我前往华盛顿，在众议员约翰 · 丁格尔（John Dingle）主持的一个议会委员会上做证。我发现丁格尔非常严厉，但诚实而公道。我能期望的也就是这些。在前往国会之前的一周，我们与司法部达成了协议，同意支付 6 900 万美元的罚金。

做证绝不是我喜欢做的事情，但是我对自己的话感觉强烈，而且我希望能够亲口说出来。我对委员会说：“卓越和竞争并非与诚实和正直水火不容。”

我还补充说：“主席先生，如果从一个城市规模的角度说，我们的员工人数与圣保罗或坦帕的人口不相上下。我们没有警察，没有监狱。我们必须依靠我们员工的诚信，这是我们的第一道防线。不幸的是，我们的系统还不够好。但是我非常骄傲地说，我们在世界各地的 27.5 万名员工中，有 99.99% 每天早上起来后，就以我们的绝对诚信在努力地竞争着。他们不需要警察或法官，每天早上照镜子时，他们只需要看看自己的良心。

“在世界各地，他们每天都面对着最强大的对手，都要付出 110% 甚至更多的努力——为了竞争，为了成功，为了发展壮大，而同时他们本能地、不屈不挠地遵守我们在一切工作中绝对正直诚实的承诺。在他们的眼里，所有这一切之间，并没有什么矛盾。”

那天，我得到了公平的听证机会。虽然我是出于那倒霉的原因才去的，但是我为能够阐述这个观点而感觉良好，而且，到了今天，我更加强烈地感到，诚信是竞争的基础。

* * *

25 年以来——其中 20 年我身为 CEO，我不得不处理的最头疼的一件事是 PCB（多氯联二苯）事件。

PCB 是一种液态化学物质，1977 年以前常作为绝缘体用于电器产品，起到防火的作用。2000 年 12 月，PCB 成为环境保护署（EPA）哈得孙河疏浚方案中的焦点问题。

环境保护署是在克林顿政府执政的最后日子里提出这个计划的。这是科学和常识被极端观点之喧闹声所淹没的一个典型例子——他们怂恿政府惩罚一个全球化的公司。

多年来，这场关于 PCB 的争论已经演变成一场运动。极端主义者死死抓住类似 PCB 这样的问题，进而怀疑公司的基本职能。在这些人的眼里，公司都是些没有人性的东西，是没有道德标准和感情的。

GE 不仅仅是砖瓦和建筑构成的，使它富有生命力的是那些具有血肉之躯的个人，他们与那些批评家住在同一个社区，他们的孩子去的是同样的学校。他们拥有同样的希望和梦想，同样有心灵和肉体上的痛苦。

公司就是人。

当公司规模扩大时，它就容易成为攻击目标；而如果公司获得了成功，那么它就是更大的攻击目标。

事实上，GE 是世界上拥有最好的环境和安全纪录的企业之一。它旗下的 300 多处生产和组装厂，在遵纪守法问题上几乎与任何政府都没有争议。它在美国的近 60 个设施都已经达到了美国联邦管理部门认可的健康和安全方面的“星级”标准。

在过去的 10 年中，我们减少了 17 种消耗臭氧的化学物质的排放量，减少幅度超过 90%，总排放量减少 60% 以上。

这一切都不是偶然的。我们所有的工厂经理都要经过严格的培训，并且每年都要向他们的 CEO 和负责环境计划的副总裁汇报工作情况。每三个月，我都要审阅每个企业最新的环境和安全情况报告。

总而言之，我们对待环境和工人安全问题的态度，与我们做任何其他事情都一样，即制定高标准，按标准进行检查，要求有出色的表现。

我们并不完美，谁都不完美，但是我们总是在努力做到最好。

资金从来就不是问题。GE 有实力做正确的事情，而且我们知道，从长远来看，做正确的事情总能提高我们的利润。只有了解了这些情况之后，你才会理解，我们为什么对 PCB 问题如此坚持自己的意见。

对于我来说，PCB 事件是在 1975 年圣诞节前几个星期偶然发生的，当时我是皮茨菲尔德的公司执行官。有一天，我在锡拉丘兹访问一家半导体工厂，一位部门经理不经意间说起纽约环境保护部（DEC）不久将举行一次听证会。他说该听证会的重点是他在纽约州北部地区的两家电容器厂因向哈得孙河排放 PCB 而可能违反了规定。

我过去从来没有跟 PCB 打过什么交道，但是作为一名化学工程师，我对工厂排放问题是熟悉的，因此我对该听证会感到很好奇。

几天以后，我在我的皮茨菲尔德办公室开始了漫长的一天。我决定驱车翻过山去奥尔巴尼，看看那里正在发生什么事。我坐在听证会房间的后面，因此谁也不知道我在场。

那天，GE 的专家证人正在做证。那是我们聘用的一位生物学家、一个实验室的副总裁。他声称他的检验结果表明，从哈得孙河打上来的鱼所含有的 PCB 水平是可以忽略不计的。但是，我们的专家无论看上去或听上去都不像是个专家，他似乎对自己的工作没有把握，他无法直截了当地回答问题。我坐在后面，越听越冒火。

我知道，如果他不能说服我，那么他也就不能说服正在聆听的官员。

听证会结束后，我给我的法律总顾问阿特·普奇尼打电话，请他从皮茨菲尔德赶过来。问题看来非常严重，我不得不在那里过夜了。我和阿特叫那位“GE 专家”到我的汽车旅馆房间里。我们让他带我们逐字逐句地看一遍他那份手写的详细的质量控制报告。我们一直对他提问到凌晨两点半，最后得出结论——他的工作做得很不到位。我们感觉无法使用他的数据，也不能让听证会官员使用这些数据。

我真想掐死他。

第二天，我告诉我们的外聘辩护律师不要依赖他的数据，同时也通知听证会的官员。两个月以后，那位环境保护部官员临时裁定说“PCB 污染”的原因是“公司滥用权力和政府管理不当”，因为我们使用 PCB 是合法的，而且我们有该州的排放许可。

最后，我卷进去了。我和阿特与环境保护部司法行政长官彼得 · 伯利（Peter Berle）——后来伯利当上了国家奥杜邦协会（National Audubon Society）的主席，商谈解决问题的办法。环境保护部的那个听证会官员名叫阿贝 · 索弗（Abe Sofaer），是哥伦比亚大学的法学教授，他帮助我们进行协调。我们同意向一个河道清理基金支付 350 万美元，支持对 PCB 的研究并停止使用该化学物质。纽约环境保护部同意因此不再进一步追究我们对哈得孙河的责任。

我和伯利最后签署了解决协议。《纽约时报》刊登了我们两个人的照片（见下页），下面的标题是“GE 与州里的 PCB 协议被誉为解决其他污染问题的指南”。《纽约时报》引用索弗的话说，这一解决办法是“解决连带责任案例中的成功先例”。州长休 · 凯里（Hugh Carey）后来主动提出要喝一杯哈得孙河里的水，以表明他相信河水没有被污染。

1976 年 9 月 8 日的这份协议甚至要求州政府，如果需要采取进一步措施来保护公共健康和资源的话，可以找联邦政府获得资金。这一点在协议的第三页写得清清楚楚：“本协议就哈得孙河含有 PCB 而采取补救措施规定的资金，如果出现不足以确保保护公共健康和资源的情况，则环境保护部将竭尽全力从 GE 之外的渠道获取额外所需资金。上述之‘竭尽全力’包括环境保护署应制订一个获取这些资金的行动计划，包括尽可能迅速地向联邦机构或其他资金来源渠道提出申请。”

但是，事情并没有就此结束。

协议的基础是动物研究。我想知道 PCB 是否会导致人类罹患癌

THE NEW YORK TIMES, THURSDAY, SEPTEMBER 9, 1976

Associated Press

Peter A. A. Berle, left, Commissioner of Environmental Conservation, and John F. Welch, a vice president of the General Electric Company, sign an agreement in Albany settling the case of the PCB's dumped into the Hudson.

G.E.-State Pact on PCB Is Praised As Guide in Other Pollution Cases

Special to The New York Times

ALBANY, Sept. 8—The Columbia University law professor who conducted hearings on state pollution charges against the General Electric Company said here today that yesterday's agreement to stop the company's chemical contamination of the Hudson River was "an effective precedent for dealing with situations of joint culpability."

The comment, by Prof. Abraham T. Sofaer, came after Commissioner Peter A. A. Berle of the State Department of Environmental Conservation and John F. Welch, a G.E. vice president, signed a quasi-legal agreement under which the company pledged to stop dumping toxic PCB's (polychlorinated biphenyls) by July 1, 1977.

G.E. uses PCB's to make capacitors—an electronic device for storing a charge—at plants employing about 1,200 workers in Hudson Falls and Fort Edward, north of Albany. After the manufacturing process, the PCB's have been routinely discharged into the Hudson for about 25 years.

In recommending the agreement, Professor Sofaer, whose hearings earlier this year covered 11 days of testimony, noted that G.E. had "requested and obtained" Federal and state permits to dump PCB's into the Hudson.

Until exactly a year ago, Professor Sofaer noted, when former State Environmental Commissioner Ogden R. Reid began an action against the company, "no one had ever claimed that G.E.'s PCB discharges violated state water quality standards." Governor Carey joined Commissioner Berle in saying that the agreement emphasized the "shared responsibility of the state and G.E. in PCB pollution of the Hudson."

That is why, Mr. Berle said, both the state and G.E. will cooperate in attempts to cleanse a 50-mile stretch of the Hudson, from Fort Edward to Albany, of PCB's now encrusted in the earth as sludge beneath the river.

From what is described as "reclamation" of the river, G.E. and the state will each pay $3 million. The company has agreed to put up $1 million more for state-directed research into toxic chemicals.

《纽约时报》关于 PCB 事件的报道

症，以及我们的工人是否有危险。我知道，如果公司资助的某项研究要具有任何可信度，我必须请来我能够找到的最受尊敬的科学家。于是，我去见欧文·谢利科夫（Irwin Selikoff）博士，当时他是西奈山环境医学院院长。谢利科夫自从发现接触石棉可能导致肺癌以后，已经成为环境方面的权威人物。他仔细地倾听着我的请求。我问他能否到我们的工厂去，研究一下接触 PCB 最多的 GE 员工。多年来，这些员工整天的工作都是与 PCB 打交道。

我给予谢利科夫可以完全接触我们员工的权力。他组织了一支研究队伍，并在我们设在爱德华堡的工厂建立了一个实验室。谢利科夫首先检查了来自 GE 两个工厂的 300 多名志愿人员。他的那项最终于 1982 年完成的研究使我确信，PCB 不会致癌。

谢利科夫对死亡率的研究发现，在接触 PCB 达 30 年的工人当中，没有一例因肺癌死亡或出现其他严重副作用。一般情况下，按照他所研究的人口数量——即便是从来没有接触过 PCB 的人口计算，至少可以预计有 8 例会死于癌症。

还有一些科学家研究了大量接触 PCB 的市政工人和西屋电气员工。政府的国家职业安全与健康学院（NIOSH）的亚历山大·史密斯（Alexander Smith）博士就他 1982 年的研究工作做出了最简明扼要的总结。他写道：“如果存在因接触 PCB 而出现的人类健康受损情况，那么我们就可以预计在接触 PCB 最多的人群中应当最容易发现这种情况。但是，在所有发表的职业病或流行病研究报告（包括我们的研究报告）中，没有一份表明职业性接触 PCB 与任何健康受损的结果有任何关联。”

关于 PCB 的问题在很早以前的两次虚惊事件中就已经被提出来了。第一次是在 20 世纪 30 年代，当时有一种叫作光蜡（Halowax）的化学混合物含有 PCB，导致了一种严重的粉刺症状，而且在有些病例中导致了肝部疾病而致死亡。有一位哈佛科学家研究了这一事件后第一次报告说，PCB 是这种混合物中毒性最大的组成部分。

但是，在对此进行了深入研究后，他于 1939 年纠正了自己的观点，说 PCB "几乎是无毒的"。不幸的是，他的自我纠正几乎没有得到认可。将近 40 年后，到了 1977 年，国家职业安全与健康学院编写的一份政府报告声称，"'光蜡经验'继续被错误地引用"。

即使到了今天，如果某个记者来电话，声称自己在那些光蜡事件中发现了一些科学家和政府都拒绝相信的新的"爆炸性证据"，那你绝对不必感到惊讶。

另一场虚惊是 1968 年发生在日本的油病（Yusho）事件。大约有 1 000 人在烹调中使用了一种从稻壳提炼的素油之后，出现了严重的粉刺和其他症状。当人们在这种油中发现了 PCB 后，该事件就被称作"PCB 油病"。

但是，日本科学家后来分析发现，这种油还有含量很高的另外两种氯化物，都是 PCB 的高温副产品。他们还检查了日本电气工人，发现他们血液内的 PCB 含量高于油病患者。但是，这些工人并没有生病。当科学家们给猴子注射 PCB 和另外两种化学物质时，他们的结论是，导致油病事件的不是 PCB，而是那另外两种化学物质。

正是由于这些虚惊事件，美国研究员雷纳特·金布罗（Renate Kimbrough）博士开始为美国政府首先在老鼠身上进行 PCB 实验。金布罗博士发现，被大量注射 PCB 的老鼠，肝部的肿瘤增大了。20 世纪 70 年代中期，她大量进行这方面的研究，当时她在疾病控制和预防中心工作，后来又在环境保护署工作。正如我 1975 年需要谢利科夫那样具有无可争议的正直感和资深的知名科学家来重新研究 PCB 一样，这一次，在 1992 年的 4 月，我们请金布罗博士承担这个使命。

在公司内部，我们的 PCB 工作由史蒂夫·拉姆齐（Steve

Ramsey）负责。拉姆齐曾经是司法部环境执法部门的负责人，现在负责 GE 的环境和安全工作。他和 GE 的一位科学家史蒂夫·汉密尔顿（Steve Hamilton）博士知道，批评家们对 GE 资助的研究还抱有怀疑态度。于是他们成立了一个咨询委员会，对金布罗项目和其他研究进行平行审查。该委员会由美国政府和学术研究人员组成，由国家癌症学院的前任院长阿瑟·厄普顿（Arthur Upton）博士领导。

金布罗研究了 1946—1977 年在哈得孙瀑布和爱德华堡的两家 GE 生产厂工作的几乎所有雇员。我们聘请了私人侦探，通过工资记录和过去的电话号码簿对其中的一些工人进行跟踪调查，还检查了死亡证明书。调查研究涉及的过去和现在的员工合计约 7 705 人。

1999 年，金布罗博士提交了一份惊人的报告。因各种癌症而死亡的 GE 工厂员工比率等于或远低于总人口和当地人口的相应死亡率。

在做出最后决定之前，作为对金布罗研究工作的审查，环境保护署请南加利福尼亚大学诺里斯综合癌症中心的一位流行病学家发表意见。在他写给环境保护署风险方法组负责人的信中，托马斯·麦克（Thomas Mack）博士是这么说的："我发现金布罗的报告结构组织得很好，分析很恰当，解释得也很不错。跟踪调查工作是完整的……我的结论是，报告中的总结是合理的。我认为，降低 PCB 的优先级别是适宜的。"

我们是在根据《信息自由法》提出一次请求后，从环境保护署文件档案中才知道麦克的观点的。他写的最后一句话表露了他的心迹："我相信这对你不是十分有用，但是，我只能做到这些。"

我怀疑，如果我们没有运用法律手段从环境保护署那里把这封信挖出来的话，它是否能够重见天日。

在这场旷日持久的辩论中，GE 被描述成自哈得孙瀑布和爱德华堡生产厂向哈得孙河"倾倒"PCB 的不负责任的大公司。

事实是，我们从来没有“倾倒”过PCB。PCB的应用是由消防和建筑规范决定的，因为PCB解决了长期存在于电气设备中的问题。过去使用的绝缘材料容易失火，可能会引起爆炸，而PCB被认为是一种救命的化学物质。纽约州批准了我们的PCB排放，并因此签发了许可证。

我们的批评家们在把PCB用作攻击的靶子时，又是怎么说我们的呢？

首先，他们说GE的“超级基金”场地比任何其他公司都要多[①]。言外之意是，我们做错了什么事。这种场地我们的确有很多，确切地说是85处。但是，这个数字代表的是我们悠久的历史和庞大的规模。GE创建于1892年，我们拥有的工厂和工厂坐落的城市数量比世界上任何一家公司都要多。我们像大多数其他公司一样，合法地处理我们的垃圾，需要时均获得了政府的许可。

在大多数“超级基金”场地，GE的责任低于5%，剩余的责任属于其他几十个机构，包括城市、其他公司和垃圾运输公司。GE认真地担负起了自己在这些场地的责任。在过去的10年当中，我们花费了将近10亿美元来清理垃圾。

批评我们有这些场地，就好比批评某人长了白发。白发与秉性毫无关系，它说明的只是年龄问题。

另一种常见的指责是说我们在向《超级基金法案》提出质疑，以便逃脱清理的责任。是的，我们的确曾经对这项法案的一部分提出过质疑，然而美国人似乎习惯于进出法庭，无论是交通违章还是谋杀案件。

但是，当环境保护署颁布《超级基金法案》时，事情却不是那

① 1980年，美国国会通过了一项法案，以处理过去存放垃圾的场地。该法案被称为《超级基金法案》（Superfund Act）。

样。根据法律，我们实际上只有一个选择：依法行事，否则就将付出 3 倍的代价和每日的罚款。法律授予环境保护署无限制颁布法令的权力。你在被勒令做工作的时候并没有什么听证的机会；你的听证机会要等到许多年之后，而且届时还要看环境保护署是否告诉你工作已经完成了。

这是一种“先斩后辩型”法律。

我们认为那是错误的。我是一名化学工程师，不是宪法律师，但是，我无法理解根据我们的宪法该法律怎么会成立，因为它剥夺了你要求适当程序的权利。环境保护署的河道疏浚提案就是利用了这个法律。

如今，环境保护署说哈得孙河可以安全地游泳、划船、趟水玩耍并用作饮用水水源，秃鹰和其他野生动物在哈得孙河谷大量栖息。政府的疏浚提案依据的是一项疯狂的风险检测：如果一个人连续 40 年每星期吃半磅鱼，那么这个人患癌症的机会将增加千分之一。换句话说，你要是一年吃 52 餐鱼并吃上 40 年，患癌症概率的增长幅度也不过是千分之一。我们为什么不理智地得出结论说，这个风险实际上微乎其微？

我们不用理会哈得孙河鱼被禁止食用 20 年这个事实，也不去理会从 1977 年以来河水和鱼身上的 PCB 含量已经下降了 90% 的说法；20 多项研究——其中大多数完全独立于 GE 之外，均表明 PCB 与癌症之间没有关联。到了最后，我们发现在同样接触 PCB 的情况下，在老鼠身上发生的事不会发生在人类身上。现在，鱼身上的 PCB 含量水平已经下降到百万分之三至百万分之八，而食品与药物管理局说鱼类市场的安全标准是百万分之二。

请设想一下环境保护署议案的工程规模。他们提议从哈得孙河清除 80 亿磅淤泥，以获取大约 10 万磅的 PCB。为此，疏浚工程每年需要 6 个月的时间，每星期 6 天，每天 24 小时连续工作，需要大约 50 艘船日夜在河里忙碌，同时需要数英里的管道来输送 PCB。

环境保护署建议沿河建设工厂烘干淤泥，然后用成千上万辆卡车和有轨机动车运走。淤泥清出之后，环境保护署的提案建议将 20 亿磅砂石填回到河里。潜水员要重新种植因疏浚工程而毁坏的 100 万株水生植物。

所有这些都完成之后，疏浚工程还是不能从哈得孙河清除 PCB。填埋的 PCB 会流入河的下游，需要进行二次处理。

想象一下某人提出一项从哈得孙河清除任何东西的商业计划。要挖开河岸，要破坏生态系统，要砍伐树木以便拓宽穿过农场和院落的道路，方便运走他们想清理的东西。

那将是个环境灾难。

为什么有人要拿哈得孙河开刀呢？环境保护署自己在 1984 年就否决了疏浚计划，声称会毁灭生态系统。从那以后，什么都没有发生变化，除了政治以及鱼身上的 PCB 含量减少了 90% 这个事实。

GE 在研究、调查和清理方面已经花费了两亿多美元，从老设施中排放的 PCB 已经从每天 5 磅（2.27 千克）减少到每天 3 盎司（约 0.085 千克）。我们相信现在已经拥有了相关技术，可以将每天的渗漏减少到零。通过源头控制，外加河里的自然沉淀作用，鱼身上的 PCB 含量能够减少到疏浚工程可能得到的水平，而且不需要二次处理，也不需要破坏哈得孙河。

环境保护署提案令人疑惑不解的是，没有分析是否有破坏性较小的替代方案。

这不是钱的问题。只要能将事情做对，我们愿意付出任何数目的资金。

为了将情况告诉给哈得孙河上游的人们，并解释我们为什么反对疏浚工程，我们花费了 1 000 多万美元开展了一场信息运动。此举也引起了争议。关于该运动中所发布的信息，人们并没有什么异议。活动家们认为我们应当保持沉默，让做什么就做什么。

在披露事实方面，我们取得了一些进展。民意测验表明，从华盛顿到达奇斯县的哈得孙河上游的人们反对环境保护署疏浚提案的比率为 3 ∶ 1；哈得孙河上游反对疏浚工程的当地政府和机构超过 60%。环境保护署在做出最后决定以前，应当听一听受他们议案影响最大的人们的意见。

不幸的是，这个问题已经不再是有关 PCB、人类健康和科学的问题，不是关于怎么做才对哈得孙河最有利，而是一个政治问题，是一个要惩罚一家成功公司的问题。

你有没有反过来想一下，如果是我们认为 PCB 对人类有害，那么我和我的同事们会不会采取这种立场呢？绝对不会！

没有什么比公司的诚信更重要的了，这是任何机构最为重要的价值观念。它不仅意味着人们必须遵守法律的条文和精神，还意味着要做正确的事情，并为你认为是正确的事情而斗争。

在 PCB 问题上，我们自己已经确信 PCB 对我们的员工或邻居们没有危害。我们已经花费了数亿美元的资金，运用最好的科学手段，以最能够满足生态要求的方式清理我们的场地和哈得孙河，而且我们还会继续投入一切必要的资金。

自从那一天我看到我母亲因富兰克林 · 罗斯福的死而哭泣的场面后，我又见识了许多。是的，我已经成为一个怀疑论者，但愿还不是对政府的悲观论者。只有诚实、正直且为正确之事斗争的有实力的公司，才能跟政府较量得起。

幸运的是，我们既正直，又拥有那种实力。

JACK 第四部分

改变游戏规则

第十九章
全球化

全球化的创意跟其他创意一样，由播种到枝繁叶茂，最后长成了一个花园。一开始，我们从市场的角度考虑全球化问题，后来转为寻求产品和部件，最后又发展到挖掘各国知识资本的阶段。

如果你喜欢商业，你就一定喜欢 GE。

如果你喜欢创意，你就一定喜欢 GE。

在这个地方，各种创意和想法都可以在 20 多个不同的业务部门、30 多万名员工之中畅通无阻地自由流动。

无边界行为方式让创意可以来自任何地方。我们在一系列经营会议中规范了自己自由联想的风格，让各种会议密切地融合在一起。我们可能在召开 C 类会议，审查动力系统的经理们的业绩表现，而这时可能有人出主意说要从匈牙利挖掘人才。

我们会讨论医疗设备领域的问题，交流匈牙利最近的权力变化情况。不知不觉之中，人们谈及了东欧最近出现的一些新动向。会议内容没有局限，充满了幽默气氛，形式上也是无拘无束，效果很显著。

最好的做法和最好的人才总是从各个部门中涌现出来，推动着我们的业务发展。结果，这种无边界行为方式为我们创造了一种不断学习的“社会结构”。

在20世纪90年代，我们主要追寻的是四大理念：全球化、服务、六西格玛和电子商务。

每一种理念都源自某个小小的想法；而一旦进入了运作系统，这种想法就像种子一般获得了成长的机会。我们的四大理念现在都已经“茁壮成长”，为我们在过去的10年中获得的飞速增长起到了巨大的作用。

这可不是“嘴上功夫”。

在GE，我们对理念的定义是，必须能够抓住所有人——规模大、范围广、普及性强，对公司能够产生重大影响。一种理念应当有长久的生命力，能够改变公司的基础构架。不论理念来自哪里，我从来都是啦啦队队长。我总是热情洋溢地追随着每一种理念，几乎狂热到了发疯的地步。

理念可以来自任何地方，而且无所不在。全球化理念的发展受益于保罗·弗雷斯科的情有独钟。产品服务理念的迅速发展源自克罗顿维尔的一堂课，课上建议我们更广泛地界定我们的市场，以便加快增长的步伐。六西格玛的理念原是1995年一次员工调查时的突发奇想。我们的员工虽然认为我们的质量还是不错的，但是他们相信还可以提高许多。而电子商务的理念姗姗来迟，引人争议，但是它的到来，只是因为我们不能忽略之。我们曾经投身于一场变革，结果糊里糊涂地陷了进去。我们信任我们的运作系统所教给我们的一切。

为了使这些理念取得成效，我们需要从上层就投入全部的热情。除了热情之外，还要有强大的活力。我们不仅为每一种理念投入了最好的人才，还培训他们、评估他们并宣扬他们的成绩。归根到底，每一种理念都应当能使人得到发展并提高经济效益。

每一个企业的领导人都必须是吹鼓手，谨小慎微和基于理性的支持是无济于事的。他们必须确保我们投入了最佳选手来负责每一种理念。我们要确保回报——加薪、赠送股票期权以及认可在公司的角色，且必须十分诱人。

要看一个组织是否重视某种理念，只要注意观察他们安排的领导班子即可。在这一点上，GE 的六西格玛获得的成功就是最好的验证。如果我们没有安排最好、最聪明的人才，它可能只是被理解为一个“质量计划”。

我们在所有的会议上都强调我们的理念，无论是 1 月在博卡召开的会议、季度性会议、4 月的人力资源评估会、7 月的策划会议，或是 10 月的公司高管会议，以及 11 月的经营策划会议。

战鼓声声，我们在不断跟踪进展情况。

我们采用年度员工调查的方式，来了解这些理念在公司里扎下了多深的根。1995 年，我们开始在 1 500 名员工（如今是 1.6 万名）中进行不记名民意测验。我们用这种调查来帮助校正我们的方向，并且用作言者无罪的探测器。调查的题目都是直接关于那些理念的——我们的信息是否已经传达到位。

比如，我们在 1995 年启动六西格玛时，就询问员工们是否同意这句表述：“本企业采取的措施清楚地表明了质量是重中之重。”在我们的 700 名高级管理者当中，大约有 19% 的人表示不同意；到 2000 年，这个数字下降到了 8%。1995 年，3 000 名基层经理中有 25% 表示不同意；5 年之后，这个数字下降到了 9%。

理念的成功在于重视程度和真情的承诺。战鼓声不能停止，每一个领导层的动作都必须表明对理念的完全承诺。

理念的作用出现在了它应当出现的地方——经营业绩。1995—2000

年，我们的营业增长率翻了一番，而我们的经营利润从 1995 年的 14.4% 上升到了 2000 年的 18.9%。

* * *

GE 从来就是一家全球性的贸易公司。

早在 19 世纪末，托马斯 · 爱迪生就在伦敦的霍尔邦高架桥安装了电力照明系统，规模达 3 000 只灯泡。世纪之交，GE 在日本建造了最大的发电厂。公司一些早期的 CEO 们用一两个月的时间乘船去欧洲和亚洲寻找商机。

我很早就开始了全球化步伐。

20 世纪 60 年代中期，我和鲁本 · 加托夫成立了两家塑料领域的合资企业，其中一家是与日本的三井石化（Mitsui Petrochemical）合作，另一家是与荷兰的化学和纤维公司 AKU 合作。三井和 AKU 都是大型化工公司，我们那小小的特殊塑料制品项目看来不能引起它们的关注。我们已经被拴进了长期协议里，必须设法脱身。

我永远都忘不了我与三井的最后谈判。我和塑料制品公司销售负责人汤姆 · 菲茨杰拉德与三井的代表们一起在东京的大仓饭店共进午餐。我们脱了鞋，坐在地板上。在经过了一两天的谈判以后，我已经起草了两份意向书，打算彻底改变我们的关系。一份是在象征性地支付一些款项之后彻底分手的方案，另一份是三井继续留在交易中并逐渐退出的方案。

午餐期间，三井公司明确表示跟我们一样很希望退出。我高兴极了，我期望着能够进行谈判，就立即将那份“留在交易中”的文件递交给他们。等我看了我手里的那份文件后，我才意识到我拿错了文件。

我叫了出来：“噢，天哪，有个拼写错误。”

我把文件夺回来，从我的公文包里取出了那份结束交易的意向书。他们签了字，从此我们可以自由地在日本另外寻找合作伙伴了。汤姆一定无数次地讲述过这个故事，以表明他的老板多么愚蠢。

我们也从 AKU 的交易中退了出来，这次我没有搞砸。当时 AKU 已经建设了一个试验工厂，打算生产 PPO，并且已经为该项目投入了 2 000 万 ~3 000 万美元的资金。他们对 PPO 的主要兴趣是要把它用作一种纤维。当产出的聚合物无法用于那种用途时，他们便没有了兴趣。

但是，他们的副董事长与我在他的安海姆办公室见面时，表示希望得到几百万美元来终止合资企业，以便部分冲抵他们已经发生的亏损。我告诉他，如果要经过 GE 的官僚程序的话，我需要数月的时间，而且届时能否得到批准还是个未知数。但是，我说我有权决定 50 万美元以下的款项，可以立即给他付款。他接受了。于是我们在欧洲成立了我们自己的全资公司。

在日本，我们知道我们需要销售渠道，因此我们希望找一家相对小一些的合伙人。在调查了几家公司之后，我们选择了成濑公司（Nagase & Co.），当时该公司主要是经销柯达胶卷。我和成濑家族的负责人达成了协议，将产品和技术投入了合股企业。他们投入的是他们所拥有的有关日本复杂的经销市场的知识。我们一起投资于当地工厂，为日本市场生产混合塑料制品。如今，它已经成为我们在亚洲的塑料制品业务的中心。我们将这个模式应用到 20 世纪 70 年代末与横河的一家仪器公司横河正造（Shozo Yokogawa）合作的医药系统交易中。

这些商务关系及其背后的交易如今已经经过了 25 年以上的时间，即使在现实改变了的情形下，生意还是那么红火。GE 可能看上去非常大，但是它是由许许多多的小业务组成的。我们与成濑和横河交易的成功坚定了我们的想法，即最成功的伙伴关系是与小型公司打交道，因为项目对于他们的经营来说是至关重要的。而无论何时出现了需要解决的问题，我们的人都能接触到最上层，不需要经过大量的官僚手续。

我记得自己曾经因为日本人需要那么长的时间来做出一个决定而灰心丧气。然而，一旦他们做出了决定，你甚至可以放心地把自己的房子押上去。在 35 年多的时间里，我在日本几乎所有的商务关系最后都发展成为牢固的个人友谊。

我当上 CEO 以后，头几年我做的美国以外的生意只有寥寥的一两笔，每年只到欧洲和亚洲访问一次，检查业务情况。我们早期的项目之一是 1986 年与日本的 Fanuc（富士通自动数控）合资的，该项目与横河和成濑的合伙关系非常相似。我一直非常崇敬 Fanuc 和它的首脑正卫门稻叶（Seiuemonlnaba）博士。他们无疑是机床数字化控制领域的市场领袖，而我们正努力要做一个工厂自动化项目。销售“未来工厂”理念的业务 GE 一直开展不起来。“是要自动化？还是要移民？或者消失？”我们有这样的口号，但是没有什么生意。我们所有的只是美国的销售渠道和少数几种好产品。

我让当时负责 GE 日本的查克·皮珀（Chuck Pieper）拜访一下正卫门博士，看看我们两家公司之间有什么可以一起做的。查克拜访了 Fanuc 数次，为我在 1985 年 11 月与正卫门博士在纽约的会谈奠定了基础。

我们两人一拍即合，我们的销售渠道和 Fanuc 的产品技术将结成一段美好的“姻缘”。在经过了几轮会谈之后，我们达成了全球性的交易，交易总值为两亿美元，这是我们在 20 世纪 80 年代最大的一笔国际交易。和成濑、横河一样，Fanuc 和正卫门博士成为我们伟大的合作人，我们的五五开合资公司蒸蒸日上，挽救了我们的“未来工厂”理念。

实际上，我在80年代的前期并没有把自己的工作重点放在公司的全球化发展方面。我还解散了一个独立的国际部，并且明确要求各企业的CEO负责自己的国际业务。那个国际部有点儿像个记分员和帮手。

我一直认为所谓全球化公司是不存在的：公司是无法全球化的，公司的业务则可以。我无数次地在自己的各种讲话中明确表示，各个业务口的CEO们都要负责他们自己的业务全球化工作。

20世纪80年代早期，GE唯一真正的国际化业务是塑料制品和医疗设备系统。GE金融服务集团过去只是在美国进行过金融投资。我们的其他业务都或多或少地有全球性销售业务，其中两项业务——飞机引擎和动力系统，规模较大。但是，这些基本上都属于出口业务，相关设施无一例外都在美国。70年代，GE与法国国营飞机发动机研究和制造公司（Snecma）成立了一个合资企业，其业务范围是飞机引擎，服务于最普及的商业飞机——波音737飞机。

真正使我们启动这方面业务的是保罗·弗雷斯科。1986年，他被任命为国际业务高级副总裁，总部设在伦敦，地位与所有的业务领导相同，只是没有经营职责。保罗代表着我们的国际业务。他个子很高，相貌英俊，文质彬彬，且一副迷人的模样，是全世界都熟知的人物。他是个律师，意大利后裔，1962年加入GE，一直负责着过去的国际部。他当过欧洲、中东和非洲分部的副总裁，也是公司里最好的谈判家之一。

保罗成了“全球化先生”，是我们所有全球化活动的先行者。他每天早晨一起床，就思考着如何让公司在美国之外发展壮大。在每一次会议上，他都要怂恿他的同事们作全球化扩张计划。有时候，他显得非常絮叨，总是缠着各个 CEO，要了解他们的国际业务的细节，总是催促人们去做更多的交易，以使公司真正走向全球。他是个不知疲倦的全球化人物，在任何时区都感觉很舒服，且至少每个月要出国一次。

15 年来，我都和他一起在全世界旅行。我们每年都要出国 3 次，每次一两个星期。我们在一起度过愉快的时光，而且在大多数旅行中，我们都带上妻子。我们 4 个人亲密得如同一家人。幸运的是，我们的妻子成了最好的朋友。当我们在建立商务关系、进行业务谈判的时候，她们总是出去探索我们所访问国家的风景和文化。

如果说全球化业务有哪一年是突破口的话，那应该就是 1989 年。一开始是英国的 GEC 有限公司董事长阿诺德·温斯托克（Arnold Weinstock）先生打来一个电话。GEC 跟我们注册的公司名完全一样，虽然我们两家从来没有任何联系。直到 2000 年，他们把自己的名字改为马可尼（Marconi）后，我们才能够购买 GE 这个名字的所有权利。

温斯托克给我打电话是因为他的公司正面临敌意接管的危险，想看看我们是否能够给予帮助。于是，我和保罗、丹尼斯·戴默曼、本·海涅曼前往伦敦与英国的 GEC 有限公司领导见面。温斯托克所说的接管企图已经成为头条新闻，一些财经记者在跟踪着我们的一举一动。就在我们即将成交时，我们中断了谈判，回到我们的伦敦办公室，而他们则仔细地研究我们的提议。我们达成默契，即温斯托克与我联系时用我们副董事长埃德·胡德这个名字做暗语。

他打过数次电话，但办公室的一个助理反复告诉他我们正在开会，会后再给他回电话。温斯托克最后找到了保罗的秘书林。她知道埃德·胡德是谁，但还是走进会议室说："我想是一个记者来的电话，他声称自己是埃德·胡德。他的英国口音很重。"

“噢，不是，”我说，“我忘了告诉别人，温斯托克会用埃德·胡德的名字做暗号。”

可能在温斯托克看来，我们是在做“冷处理”。

如此并没有什么帮助。他自己也是一个冷静的客户，与我见到的所有人一样聪明机智、诡计多端。从某种意义上说，他是个两面人。在办公室外，他是个了不起的演说家，充满了魅力和风度。他把自己的赛马与女王的纯种马拴在一个马厩里。他的几套住宅都富丽堂皇，摆满各种了不起的艺术品，他还有个美丽的妻子。他是个热情大方的主人。

而在他那简陋的办公室里，他是个典型的“抠门会计”。GEC 的伦敦总部办公室充分体现了他那吝啬的作风。光线暗淡，家具稀少，走廊狭窄得必须侧着身才能从敞开的办公室大门边通过。

盥洗室的入口设在敞开式楼梯的狭小平台上。如果你排队进盥洗室，你永远有可能被里面出来的人撞下两级楼梯。

身穿吊带裤、坐在吊灯正下方的温斯托克是一副令人恐惧的模样。他常常从眼镜上方凝视对方，俯身在一大堆财务账册中。他用彩色铅笔在账册上做着记号，并在低于期望值的数字上画上圆圈。

尽管他是个非常复杂的人，但我发现他从总体上看非常迷人。

我们的谈判最终于 1989 年 4 月导致产生了一系列合资企业，我们并购了 GEC 的医疗设备系统、电器、动力系统和配电的业务。我们的协议使 GE 拥有了一个很好的工业型企业，在动力领域站稳了脚，从而进入了欧洲燃气涡轮机业务。我们还拥有了 GEC 电器生意 50% 的股份。

那一年的晚些时候，保罗帮助我们稳稳地买下了匈牙利最大、最古老的企业之一通斯拉姆（Tungsram）的大部分权益。我们一直想在奥地利找个地方，打算在匈牙利边境地区建一个照明厂，这时我们发现通斯拉姆可能要出售。即使在计划经济体制下，这家公司也很有名望，拥有许多技术。它是最大的照明公司之一，仅次于飞利浦、西门子和 GE。

保罗带着一小队人马到了匈牙利，开始与对方谈判。他在谈判桌上度过了一天之后，晚上就会从他在布达佩斯下榻的希尔顿饭店给我打电话，向我作详细汇报。谈判进行了没多久，保罗注意到一些奇怪的反应。他的谈判对手似乎开始对他与我在电话中私下谈过的事情做出了反应。

保罗向我透露说，他相信匈牙利人在监听我们的谈话。于是我们开始说些疯狂的内容，看看第二天的谈判桌上有没有反应。不出所料，对方的确有所反应。于是，我和保罗开始用电话来设计第二天的谈判。他告诉我对方要求我们出 3 亿美元购买大股东期权。

"听着，明天，如果他们要你花 1 亿美元以上的话，我要你立刻离开谈判室。"

第二天，保罗发现他们对价格表现得比较实际了一些。一旦我们需要打保密电话时，就会安排一名 GE 主管坐火车越过边境去维也纳，或者用美国使馆的隔音电话厅。而在其他时候，我们就用饭店的电话"玩游戏"。最后，大家都没有受到伤害。

我们达成了交易，用 1.5 亿美元购买了通斯拉姆 51% 的股权，剩余部分到 5 年之后付清。午夜时分，保罗用伏特加同对方一起祝贺成交。

第二天，柏林墙就被拆除了。我们在不了解这个背景的情况下，在东欧谈成了第一笔大买卖。自从托马斯 · 爱迪生给了我们电灯泡业务以来，照明几乎完全成了美国人的生意。通斯拉姆交易以及我们在 1991 年收购的英国索恩照明（Thorn Lighting）的大股东权益，使 GE 成为世界上最大的电灯泡制造商，在西欧的市场份额超过了 15%。

那年，另一件难忘的全球化事件是我在 1989 年 9 月底到印度的一次旅行。保罗第一次把我拖到了那里，而我立即发现自己非常喜欢那里的人民。保罗在那里已经与一位印度知名的房地产企业家辛格（K. P. Singh）建立了强有力的关系。

辛格是真正意义上的印度大使。他个子高高的，穿着整洁，仪态高雅，是个标准的绅士。他为我们安排了连续 4 天的商务会议和晚上的庆祝活动。

我们在德里与商界和政界要人——包括前总理拉吉夫·甘地，进行了一整天的会谈之后，又度过了一个令人终生难忘的夜晚。他邀请所有有名望的人到他自家大院里参加了一场巨型晚会。有两个乐队在演奏音乐，而数百名宾客同时欣赏着撒满花瓣的池塘和来自世界各国的美食佳肴。

这是何等的欢迎场面！

我们又进行了两天的商务会谈。在这次旅行中，我们计划选择一家高科技合作伙伴，帮助我们开发医疗系统低成本的低级产品。与 Fanuc 合作并启动了早期日本生意的查克·皮珀当时已经被提升为 GE 亚洲医疗系统的负责人。他已经进行了大量筛选，最后剩下两位候选人。他将他们带到德里的一家饭店与我们见面。这两位都是印度成功的企业家：一个锋芒毕露，另一个含蓄内敛。

我和保罗喜欢锋芒毕露的家伙所做的方案。在此人结束了充满激情的展示之后，那个比较安静的阿齐姆·普莱姆吉（Azim Premji）进来做了一个深思熟虑后的介绍，解释了为什么他的公司威普罗（Wipro）适合与 GE 合伙。查克相信普莱姆吉对我们更合适。参加了我们所有会议的辛格持中立态度，他认为两家都非常不错。

我们离开以后，查克给威普罗做了书面答复。我和保罗同意收回自己的意见，支持查克与普莱姆吉成立五五开的合资企业。这家医疗设备企业办得很兴旺，而威普罗进而大幅度扩大其软件能力，使之成为印度高科技行业的招牌。普莱姆吉身家数十亿美元，成为世界上最富有的商人之一。

我们在印度的最后一天，辛格安排我们参观泰姬·马哈尔陵。头天晚上，我们飞往斋浦尔。虽然我们认为在印度的第一个晚上非常特别，可是我们还什么都没有看到呢。

辛格已经打算尽自己的最大努力招待我们了。披红戴绿的骑士们在大象和马上迎接我们进入饭店——那是大君以前的宫殿。鲜花将饭店的整个前花园点缀成 GE 徽标。

在斋浦尔的那个晚上，大君在自己的宫殿举办了晚宴。晚宴结束后，又为我们特别安排了我一生中见到的最大的一次焰火表演。我们沿着蜿蜒的走道，一直走到屋顶，坐在巨大的蒲团和漂亮的老式地毯上。

我有点儿坐卧不安了：这实在是一种“皇室待遇”。他们的确希望 GE 能够热爱印度、投资于印度，并为我们开了所有的绿灯。

第二天，当我们的车驶向泰姬陵时，我被强烈的反差惊呆了：肮脏不堪的街道上到处都是牲畜，而泰姬陵完全超出了我的想象。那是一座气势磅礴的建筑，在阳光的照耀下呈现出灿烂炫目的粉红色，而在这辉煌的建筑的后面，隔江相望的是巨大的卫星通信雷达——古老的建筑和现代化的设施交融在同一幅画面里。

辛格和他朋友们的努力奏效了。他们向我们展示了我们热爱的印度和印度人民。在那里，我们看到了各种机会。旅行归来，我成了印度的吹鼓手。

在下个月的年度公司官员会议上，我把印度描绘成一个值得押宝的伟大国家。我希望在印度那个地方下赌注，是因为那里有强有力的法律体系、潜在的市场以及具有出色技能的巨大的人口。

在我的眼里，印度是一个巨大的市场，在其 8 亿人口中，1 亿以上的中产阶级正在迅速发展。印度人民受过高质量教育，也都说英语，而且这个国家有许许多多的企业家正努力摆脱官僚政府的沉重桎梏。

印度从知识的角度说是个非常发达的国家，但是基础设施极其落后。我认为，政府部门将致力于解决基础设施问题，并因此减少一些繁文缛节。

我完全错了。我们试图在那里建设照明和电器公司，但是进展不下去；动力发电项目总是断断续续；金融服务和塑料制品业务马马虎虎，只有医疗系统红火起来。

我同时又是完全正确的。印度的真正优势体现在其人民的聪明才智和高涨的热情上。我们在那里找到了科学技术、工程设计和行政管理方面的出色人才，而这些人才至今仍然服务于 GE 的各个公司中。

* * *

20 世纪 90 年代初期，我们将最好的人才投入到全球化工作中，通过收购和建立联盟关系继续推动着全球化发展的车轮。1991 年年底，我们采取了两个重要步骤。我们任命我们最好的一名企业 CEO——吉姆 · 麦克纳尼（Jim McNerney）承担起新设立的职位——GE 亚洲区总裁。吉姆到那里不是去经营任何企业，而是去促进该地区的发展，向企业领导人们展示该地区的潜力。他的全部工作就是寻找交易机会，建立商务关系，努力成为亚洲的吹鼓手。他是个说服力很强的家伙，具有不凡的影响力。

吉姆在 GE 亚洲分部上任 8 个月之后，我们又将在谢内克塔迪负责我们动力发电企业销售和市场营销工作的德尔 · 威廉森（Del

Williamson）派到中国香港，负责全球销售工作。将销售中心转移到香港是合乎逻辑的，因为在美国，已经没有人再来买发电厂了。商业机会在亚洲，而从心理上说，看到像德尔这样的高级人物在“远离谢内克塔迪故乡”的地方从事高层经营管理工作，这对于整个公司的意义也是巨大的。

这两个动作的象征意义震动了整个系统。我们突然听到人们在说：“他们是动真格的，全球化真的动起来了。”数字说明了问题。我们的全球销售额从 1987 年（当时我们任命保罗为高级副总裁）的 90 亿美元，亦即总收入的 19%，上升到今天的 530 亿美元，占我们总收入的 40% 以上。

* * *

我们的全球化战略的另一个重要部分是“与众不同”。我们把自己的大部分精力放在正在变革或其他人并不看好的地区。我们认为，在那些地区能够产生最好的风险回报。

20 世纪 90 年代初期至中期，欧洲在走下坡路时，我们看到了许多机会，尤其在金融服务领域。在 90 年代中期，墨西哥比索贬值，经济处于混乱状态，我们在那里收购和成立的合资企业数量超过了 20 家，大幅度扩大了我们的生产基地。90 年代末期，我们将金融服务业务转移到了长期排斥外国投资的日本。这些都是投机性的转移，但不是传统意义上的投机。我们到当地建立企业是为了长期的利益。

1994 年，我们在法国收购的 CGR、在匈牙利收购的通斯拉姆和在意大利收购的新皮尼奥内（Nuovo Pignone）都是政府经营的亏损或微利状态中的企业，这些企业给了我们新的渠道或好的技术，有助于我们将医疗、照明和动力系统业务全球化。

GE 金融服务集团从 90 年代初期就开始了全球化的扩张活动。它的重点在欧洲，收购的是保险和金融公司。自从 1994 年加里 · 温特聘用了伦敦的克里斯托弗 · 麦肯齐以后，业务活动开始大量上升。在加里的大力支持下，克里斯托弗开展了在欧洲大举扩张的业务活动。在 90 年代末，加里在日本领导了类似的工作。1994—2000 年，GE 金融服务集团收购的 1 610 亿美元的资产中，890 亿美元在美国之外的地区。GE 金融服务的全球化活动起步并不早，但是一旦启动了之后，它的确是全力以赴。

我们没有“一夜暴富”的案例。汤姆森医疗设备交易至少用了 10 年的时间才见效，而收购通斯拉姆也是如此。但是，最令我们感到欣慰的成就之一是收购了 3 家政府拥有的公司——CGR、新皮尼奥内和通斯拉姆，并将它们改造成生机勃勃的营利性机构。

也有一些思路没有“淘出金子”。我们在选择一家公司要进入中国市场时，首先从照明业务开始。我们认为我们的全球性竞争对手应当在中国，结果，中国几乎所有的市长都在建立灯泡工厂。到了今天，中国共有 2 000 多家灯泡制造商。

并非我们着手的所有全球化交易都走向了成功，有些还给我们留下了惨痛的教训。我只记得有一次，也许是两次，信任和诚实正直被抛弃了。最糟糕的一次是 1988 年，我和保罗到荷兰的艾恩德霍芬，与飞利浦公司的 CEO 会谈。我们已经听说他有兴趣卖掉公司的电器业务。如果那笔买卖成交，我们在欧洲的电器市场就拥有了强大的地位。

他是在 20 世纪 80 年代中期当上飞利浦 CEO 的，对于如何改革他的公司有一些大胆的设想。一天晚上，他在飞利浦大楼的工作晚餐上告诉我们，他打算卖掉他的主要电器公司（飞利浦在这个领域是欧洲的第二大公司），并且在考虑卖掉飞利浦的医疗设备业务。他甚至不知道自己是否想继续留在照明领域，尽管这个荷兰公司是我们在电灯泡业务领域最大的竞争对手。

他喜欢半导体和电子消费品。

晚餐结束后，我们冒雨赶往机场。路上，我对弗雷斯科说："你有没有在一个房间里同时听到过从两个完全不同的角度谈论同样的业务？我们两人不可能都对，我们有一个人最后会火烧屁股的。"

那天的会谈之后，我们开始谈判飞利浦的电器业务。那个 CEO 安排他的总裁与保罗谈判。经过几个星期的努力后，我们就价格问题达成了一致，便认为可以成交了。这时，令人震惊的变故发生了。

在他们握手后的第二天，那位总裁带来了惊人的消息："对不起，保罗，我们打算和惠尔浦（Whirpool）合作。"

我给那个 CEO 拨通了电话。"这不公平。"我说。

他表示同意。"你把保罗派过来吧，我们这个星期内解决这个问题。"

当时正在意大利科尔蒂纳度假的保罗立刻离开妻子飞到了艾恩德霍芬。他星期四用了一整天的时间就新交易进行谈判，同意为飞利浦的电器业务支付更多的资金。到星期五中午，细节问题也完成了。飞利浦方面叫保罗回自己的饭店去。

"我们下午 4 点之前过去，到时我们带去打印好的正式文件，就可以签字了，"那位总裁说，"到时我们喝一杯香槟。"

大约 5 点左右，他出现在保罗的饭店时，抛出了第二枚炸弹。

"我很抱歉，我们要跟惠尔浦合作。他们又回来了，报的价比你们高。"

保罗简直不敢相信。当他在半夜时分给我打电话时，我被震怒了。飞利浦在一项交易上动摇一次已经够糟糕的了，第二次谈判是我在高层商务交易中所从来没有见过的。

所幸，在我担任CEO的20多年时间里，经手了成千上万次兼并、合伙和交易，这种事情很少发生，而像艾恩德霍芬那次公然背信弃义的情况，也就是那么一次。

* * *

全球化的创意跟其他创意一样，由种子到枝繁叶茂，最后长成了一个花园。一开始，我们从市场的角度考虑全球化问题，后来转为寻求产品和部件，最后又发展到挖掘各国知识资本的阶段。

以印度为例。我对这个国家的智力问题是非常乐观的，但是，这方面智力的应用远远超出了我可能梦想到的地步。印度在软件开发、设计工作和基础研究方面的科技人才是不可思议的。我们在2000年设立了一个3 000万美元的中央研发中心，现在已经进入了第二阶段，到2002年完工时我们的投资将增加3倍。它将是GE在全世界最大的多领域研究设施，最终将雇用3 000名工程师和科学家。目前，我们已有1 000多人，包括250名博士。

印度拥有大量受过高等教育的人，可以很好地承担许多不同的工作。GE金融服务集团将它的客户服务中心搬到了德里，结果是轰动性的。比起我们在美国和欧洲的运作，我们在印度的全球客户服务中心质量更好，费用更低，数据采集率更高，更易为客户所接受。GE的所有工业企业都跟着GE金融服务集团到了那里。我们接受了彼得·德鲁克的建议，将GE从美国“后院”搬到了印度“前厅”。

我们可以在印度聘请到的从事客户服务和数据采集工作的人才，是我们在美国不可能吸引过来的。在美国，客户呼叫中心的人才流动性太大，而在印度，这些是人人垂青的工作。有些人考虑全球化会伤害发展中国家和这些国家的人民，我并不这么认为。当你看见那些因为获得了这些工作机会生活水平明显提高而两眼发亮的人们时，全球化给人的感觉从来没有那么好过。

最近这些年，随着更多的当地人才承担起领导工作，我们的全球化创意已经越来越多地赋予公司国际性色彩。在开展全球化工作的初期，我们不得不雇用驻外美国人。这些人对于我们起步时期获得的成功是至关重要的，但是，我们曾一度难以摆脱这种“依赖”。

我们通过强制性大量减少美国“驻外人员”来加快GE的全球化发展的步伐。通过检查每月各企业减少驻外人员情况，我们获得了两大利益：第一，我们必须更快地提拔更多的当地人到关键的岗位上去；第二，推行这项政策的第一年，我们的费用就减少了2亿美元。如果我们派遣某个美国人到日本工作，付出的工资是15万美元的话，公司的总支出将超过50万美元。我经常提醒我们的公司领导们：“你是愿意用三四个聪明能干、熟悉当地情况和语言的东京大学毕业生，还是找你在公司里的一个朋友呢？”

随着开展激动人心的升迁工作，我们的全球化步伐又前进了一大步，这表明我们的努力得到了回报。东京大学有一位1975届毕业生叫“富士”藤森良明（Yoshiaki “Fuji” Fujimori），1986年参与了我们的业务开发工作。2001年5月，藤森良明由亚洲医疗设备系统负责人的位置被提升为在皮茨菲尔德的GE塑料的总裁和CEO。

他是领导GE全球化企业的第一个日本人——从40年前我在塑料制品企业起步至今，已经走了这么远的路了。

第二十章

持续增长的服务业

在服务技术方面的大量投资已经彻底改变了我们服务业的基础。如果没有这些在技术上大量的投资以及我们关于六西格玛的承诺，签订长期服务协议就没有可能。

几乎与 GE 的所有其他业务一样，服务业的增长完全取决于人。

除了我们的医疗设备行业以外，公司里大多数制造大型硬件设备的人都把服务看作“售后市场”——为我们销售出去的飞机引擎、机车和发电设备提供备件。

“售后市场”这种说法本身就把服务放在了次要位置。

在我们的大型设备企业中，工程师们喜欢花时间去钻研那些最新的、最快的和最有力的，他们不怎么考虑“售后市场”。这种想法并非只限于工程师，我们的销售人员也是将主要精力放在客户对新设备的需求方面。

我们一直在努力推动服务工作的开展，但没有取得显著的成效。在三英里岛事件迫使我们的核企业停止建设新的反应堆以后，我们只好成立一个服务公司，以求能够生存。服务公司成立了，业务性质改变了，而最后他们在这个基本上为零增长率的市场中取得了两位数的收入增长。

在医疗设备方面，公司一直强调服务。公司的主要买主是放射科医师，他们也是设备的用户。自从 1976 年我们首次推出 CT 扫描仪以来，我们都是在“连续服务”的旗帜下开展销售工作的。这个口号是向放射科医师们表明，通过软件升级，他们就能够得到“下一代模型”。也就是说，他们不需要扔掉价值百万美元的机器设备，一切从头开始。这种连续服务的概念带来了服务收入的提高，也扩大了设备市场的份额，因为客户的投资“寿命”延长了。

在 1986 年担任医疗设备业务 CEO 的约翰·特兰尼，就是凭借这个早期的基础发展起来的。他是一名强有力的领导人，对数字尤其着迷。在约翰的眼里，服务业的机会更大。医疗系统是第一个推出长期服务合同的，也是唯一开展远程诊断服务的。该系统建立了全球性设施，用他们安装的设备提供每周 7 天、每天 24 小时的远程诊断服务。

根据所在的不同时区，世界各地的客户都可以从常驻在巴黎、东京或密尔沃基的技术代表那里直接在网上得到答案，而且通常都能排除故障。他们对服务方面的重视程度也与设备问题一样，因而医疗设备业务见到了成效。公司的总体医疗设备收入在 1980—2000 年增长了 12 倍，而服务是增长的一大部分。在 70 多亿美元的全部医疗设备收入中，1980 年的服务收入占 18%，1990 年为 31%，2000 年为 41%。

除了这两项业务外，我们并没有取得什么进展。前文说到的 1995 年的那堂课呼吁我们重新定义我们的市场，那是一个转折点。当其他业务更广阔地进行市场定位时，服务的重要性就不言而喻了。

1996 年 1 月，我在博卡指出，我们过去一直是一家“有我不多没我不少”的公司。我们也许有十几位高级主管人员争论我们应当每年销售 50 台还是 58 台燃气涡轮机，或者数百台飞机引擎。但是，“我们按照惯例是在以 1 万台涡轮机和 9 000 台飞机引擎为基础，看待我们的服务业务机会。”

这个状况必须改变。

克罗顿维尔那堂课后，1995 年 11 月我们召开了一次 C 类特别会议，重点讨论服务员工的配备问题。1996 年 1 月，我们在飞机引擎行业首次对组织机构进行非同寻常的重大改组。我们设立了一个新职位——引擎服务副总裁，并将公司与 P&L 中心分开。我们安排了一位真正的变革代理——曾担任飞机引擎业务首席财务官的敢说敢干的比尔 · 瓦里奇（Bill Vareschi）负责此项工作。

比尔是个咄咄逼人、固执己见、坚强实际的家伙，他正是我心目中可能实施这个创意的人选。他从审计人员中抽调出了一位年轻的金融新星杰夫 · 伯恩斯坦（Jeff Bornstein）。杰夫和他的老板一样，从来不惧怕清除“绊脚石”，比尔和杰夫将 1996 年的大部分时间用于组织所有的服务业务。

他们有几个大的问题需要处理。我们在全世界都拥有引擎维修服务商店。1991 年，我们从英国航空公司（British Airways）那里收购了威尔士的一家大型维修服务商店，作为向英国航空公司销售我们的新型 GE–90 引擎交易的一部分。这个商店并不赢利，主要是维修劳斯莱斯引擎，因此英国航空公司想甩掉它。该商店是我们涉足维修其他制造商引擎的第一个重要动作。1996 年，比尔在丹尼斯 · 戴默曼的帮助下收购了已经由国有转为私有的巴西塞尔玛维修公司（Celma）。于是，我们具备了维修普拉特 – 惠特尼（Pratt&Whitney）引擎的能力。两年以后，我们又收购了巴西 Varig 维修服务公司，从而能够用更低的成本维修 GE 引擎。

1996 年年末，引擎服务业务收入自 1994 年的 22 亿美元增加到

30 亿美元，并走上了繁荣的轨道。但是，这个行业已经开始整合了。1996 年，迈阿密的格林尼治航空公司（Greenwich Air Services）收购了一家飞机引擎大修业务公司 Aviall，我问比尔和其他人为什么我们没有去收购它。1997 年 2 月中旬，格林尼治再一次动手，宣布收购了另一家维修服务公司 UNC 的计划。

我再一次给比尔打电话，问道："这是怎么回事？"通过新的并购，格林尼治的力量更加强大了。我要求密切关注该公司。在格林尼治宣布收购计划后的第十天，我与飞机引擎业务的 CEO 吉恩·莫菲和比尔·瓦里奇开了个电视会议，想了解用什么代价才能收购格林尼治。比尔正在"消化"塞尔玛，觉得我们已经拥有足够的设施，可以依靠自己的力量发展业务。

可是，我越想越觉得焦虑不安。我不想抱着侥幸心理，希望我们的竞争对手当中没人会走在我们的前面去收购格林尼治。我催促吉恩和比尔晚上再考虑一下，第二天继续召开电视会议。

这次会议上，他们同意试上一试。认识格林尼治的创办人兼 CEO 吉恩·科尼斯（Gene Conese）的瓦里奇同意打个电话，为我们安排星期天上午的会面。我和丹尼斯·戴默曼结束电视会议时，我抓住他的胳膊说："我们必须把此事搞定。"他与我一样对此很积极。

3 月 2 日，我飞到迈阿密，跟比尔·瓦里奇一起到吉恩·科尼斯家里与他见面。他非常喜欢交朋友，是个白手起家的精明企业家。当我们在他家餐厅坐下喝咖啡时，他显然有兴趣出售公司。虽然吉恩并没有直接说出来，但我有一种感觉，他会想，自己已经把这个服务网络建立起来了，"你们这些家伙当时到哪儿去了？"

那天上午，我们就该交易进行谈判。当时格林尼治的股票交易价格为每股 23 美元，我报价每股 27 美元来收购该公司。吉恩还价 35 美元，最后，你可以想象得到，在经过几个小时的谈判以后，我们以

31 美元成交。那一个星期里，我们的人马全力以赴地工作，而丹尼斯后来也赶来，推动工作的继续进行。

到了第二个周末，我又回到那里，利用星期五和星期六晚上的时间就最后的细节问题进行协商，最后的成交价格为 15 亿美元。当我称赞吉恩精明时，我可不是随意地恭维一声。吉恩希望确保用自己的投资换取 GE 股票，他那么做了，而在交易结束时，股票价格上涨了 3 倍。这笔交易的确使我们在飞机维修服务领域上了榜，收入在一夜之间增长了 60%。

有了格林尼治，我们拥有了真正的公司，收入超过了 50 亿美元。比尔不得不领导企业走上一个新的台阶。为此，他必须调整这个组织结构。具体地说，他必须把人们设计新引擎的这种工程化思维模式，引导到已安装引擎的升级换代方面。我们把业内最好的设计工程师维克 · 西蒙（Vic Simon）调离设计岗位，去负责工程维修服务工作。我们还从 GE 运输调来一位年轻而“潜力巨大”的制造经理特德 · 托贝克（Ted Torbech）给比尔当维修服务的制造经理，并将该职位提升到公司副总裁的级别。

这两项人事调动达到了再次强调服务工作重要性的目的。在飞机引擎业务的总收入中，服务业务的收入比例从 1994 年的不足 40% 上升到 2000 年的 60% 以上。

* * *

在电力和交通运输系统，我们用同样的模式取得了同样的效果。现在，我们需要扩大我们的基地了。

为了普及该经验，我们于 1996 年成立了一个委员会，每季度将 GE 的所有服务业领导人集中到费尔菲尔德，而我或者副董事长保罗·弗雷斯科必定有一人参加。于是，每个人的表现情况立即会又一次清清楚楚地摆在大家面前，而到下一次会议情况往往会改变。会上的这种集思广益，对引起收购方面的兴趣和制定长期服务协议等事宜大有裨益。

在服务业增长的过程中，并购工作起到了重要作用。1977—2000年，医疗设备系统共收购了40家服务公司，动力系统收购了31家，飞机引擎方面收购了17家。甚至连交通运输领域也于2000年加入了并购的行列，用4亿美元收购了哈门实业（Harmon Industries），那是一家堪萨斯城的铁路信号和服务公司。

我们有3个独立的业务领域——交通运输、动力和飞机，与高科技飞机公司哈里斯公司成立了各出资50%的合资企业。这是集思广益的又一个很好的例证。这些信息系统公司让铁路公司知道列车的地点，让公共事业公司知道哪里的管道出现了问题。从那以后，我们又于2001年非常漂亮地收购了哈里斯在动力和交通运输业务中50%的股份。

我们在运作系统的每一个步骤中都强调进行更多的技术投资。各个领域都产生了效益，大多数情况下都使我们在技术研发方面的投资获得了3倍的回报，2000年年收益达到了5亿美元。

在服务技术方面的大量投资已经彻底改变了我们服务业的基础。如果没有这些在技术上大量的投资以及我们关于六西格玛的承诺，签订长期服务协议就没有可能。而要执行长期协议，就要求我们拥有精确的模型来预测今后10~15年的安全性成本。假如设备的运行状况出乎意外，业务领导人就要承担亏损的责任，因此这些合同还强调努力安排更多的服务技术方面的资金。

这些技术投资大大密切了我们和客户之间的关系。如今我们提供的服务升级，使得我们的客户能够从他们已经安装的设备中获得更高的生产力和更长的设备使用寿命。

在这个过程中，我们学到了许多东西。

我们早期的一些技术升级过于精密，对于客户来说，回收期需要 3~5 年，而不是一两年或者更短的时间，使他们很难做出合理的投资决策。我们改善了这个情况，现在将重点放在制定各行各业的客户快速回收解决方案，无论是延长某飞机引擎的使用寿命、提高某公共事业工厂的动力输出，还是增加 CT 扫描仪的患者“吞吐量”。例如，2001 年，西南航空公司向我们订购了 300 套升级系统，每套 100 万美元，用于提高他们的几架老式波音 737 飞机引擎的使用年限和油料使用效率。

我们的机车业务图表最能显示硬件领域的高科技价值了（见下图）。

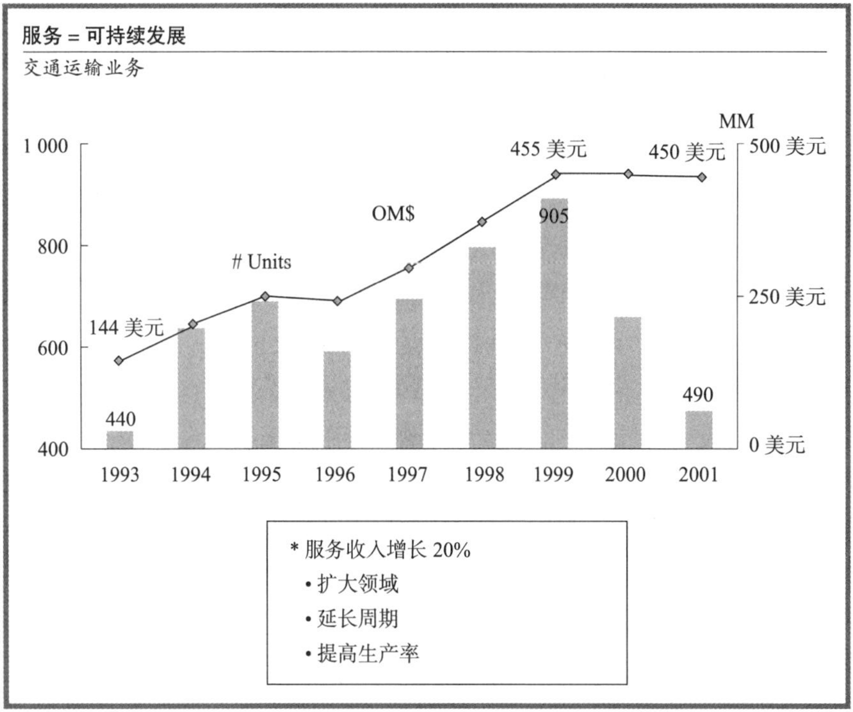

机车销售数量从 1999 年 905 辆的最高点下降到 490 辆，也就是 8 年里的最低水平。1993 年，销售了 440 辆机车，经营利润只达到 1.44 亿美元。而 2001 年，由于高科技服务业务的增长，经营利润粗略计算将与 1999 年高峰时期的水平持平，比 1993 年同样机车数量的利润大约高出 3 倍。

与所有工作一样，某种创意是否奏效的试金石是数字。我们的产品服务业务从 1995 年的 80 亿美元上升到了 2001 年的 190 亿美元，到 2010 年应当能够达到 800 亿美元。我们的长期服务业务量增长了 10 倍，即从 1995 年的 60 亿美元增长到 2001 年的 620 亿美元。

如今，我们还在花费同样的时间，以确保我们已经安装的“插座”在不断提高生产率，同时我们还在寻找新的“插座”。

第二十一章

六西格玛的里里外外

一台 100 万美元的机器可以从一个盒子里拿出来，接上墙上的电源就立即能够操作。这就是六西格玛的最佳状态。

在我担任 CEO 的 20 年中，我只缺席过一次公司 CEC（高级管理委员会）会议。那是 1995 年 6 月，是我们最重要的会议之一。

会前，我已经邀请了我的朋友和过去的同事拉里 · 博西迪到克罗顿维尔来，讨论一下六西格玛质量问题。拉里那时已经是联合信号公司的 CEO。

我未能出席那次会议是有充足理由的。当时我刚刚做完心脏手术，正卧床在家，还在休养身体。

自从 1 月底从印度回国以来，我总是感觉疲惫不堪。我想我是感染了某种病毒，使我感觉懒洋洋的。我一辈子也没有睡过午觉，可是从那时起我就在办公室的沙发上午休。我几乎看过了纽约的所有医生，而且一定是接受了所有的检查，但他们什么也没有发现。

我的不适还在继续，后来严重到简去找我的医生，描述了我的症状，带回了一些硝酸甘油备用。

4 月底的一个星期六晚上，我和简与朋友洛弗里斯科夫妇在费尔菲尔德的斯帕齐餐厅吃晚饭。我们吃了不少比萨饼，喝了不少红酒。我和简回家时已经很晚了，便直接上了楼。当我在卫生间刷牙时，我感觉自己的胸部像是被炸了一下。过去我曾经有过胸痛的情况，而且由于家族中有心脏病史，我至少有 20 多次怀疑自己得了心脏病。但是，这次的感觉是我过去从来没有过的。

这回是有点儿绞痛，或者是胳膊发酸。这回是真的有问题了。

我感觉好像胸部压了一块大石头。

我忙大声叫简。她来到卫生间，赶紧拿出了硝酸甘油。我拿起一片压在舌头下面，很快就感觉轻松了一些。接着，我感觉一阵心慌。我没有拨打 911，而是叫简去开车，我们直接开往桥港医院，她在那里的托管委员会工作。路上，我们在 25 大道上飞驰，我一眼看到了一家医院的标志，便大声叫简在下一个路口出去。

结果那个标志不是桥港医院，而是桥港的圣文森特医疗中心。当简闯过一个红灯时，一个警察拦住了我们。当我们解释了发生的情况以后，他闪着警灯、响着警笛带我们到了医院。

凌晨 1 点，简的车停在了急诊室门口。我冲出车，跑步穿过一个拥挤的候诊区，跳上了一张空轮床。

"我快要死了！"我叫嚷着，"我快要死了！"

我的叫声吸引了护士们的注意，她们立刻给我实施静脉硝酸甘油注射。疼痛感消失了。化验证实我的确是心脏病发作。5 月 2 日，也就是星期二的那天，罗伯特·卡瑟塔（Robert Caserta）大夫切开了我的主动脉，给我做了血管造影。他是个体育迷，康涅狄格大学和扬基队的仰慕者；而由于我上的是马萨诸塞大学，我死心塌地地支持红袜队。手术后不久，我回到了病房，这时，胸部又一次感到压了一块巨石，血管堵上了。我的心脏病又发作了。他们急忙将我送到心脏病房，此时一位牧师想给我作最后的祷告。

我盯着监视器，看到卡瑟塔大夫试图再次打开血管而没有成功，与此同时，一位外科医生正站在一旁，准备做我害怕的分流术。

“不要放弃！”我叫道，“再试试。”

我又在让人生厌了，在那里发号施令——不过，幸运的是，大夫忍受了。他打开了血管，我也就不需要外科医生了。

过了三四天，等我出院以后，我给不少人打电话咨询，包括亨利·基辛格和迪士尼的迈克尔·艾斯纳，他们两人都做过分流术。迈克尔的话非常鼓舞人，他告诉我那种手术没有什么大不了的。亨利强烈建议我去马萨诸塞总医院做手术。GE 的医生索尔·米尔斯（Saul Milles）大夫也是这个意见，并带着我的血管造影片子飞往波士顿。

索尔是个大圣人，也是位出色的医生。多年来，我的胸疼和对心脏病的怀疑一直在困扰着他。索尔不得不忍受世界上疑心病最重的三个人：拉里·博西迪、保罗·弗雷斯科，还有我。我们仨无论去哪里，总是带上一大堆药，而且总是一有什么不适就立即给他打电话，抱怨这里疼那里不舒服的。我们加在一起花费的医药费用可能比 GE 里 100 名员工加起来都要多。在过去的几年中，索尔的工作由我们目前的医务主管鲍勃·加尔文（Bob Galvin）医生和他的搭档肯·格罗斯曼（Ken Grossman）承担。

1995 年 5 月 10 日，我正在家中与保罗和比尔·科纳蒂开业务会议，索尔带来了不好的消息。他告诉我，通过片子已经证实，我需要做开胸手术。他已经为我预约，第二天就去马萨诸塞总医院，第三天就动手术。这一切来得那么突然，实在是一个巨变。由于我的家庭病史，以及过去 15 年来的心绞痛，我一直惧怕这一时刻的来临。但是，我没有多少时间考虑这些。

星期三夜里，我给孩子们打通电话，将这个消息告诉了他们。星期四那天，我和索尔、简到了波士顿，去见将为我做手术的卡里·埃金斯（Cary Akins）大夫。对于星期四夜里的事情，简比我记得更清楚。她在回忆当时的情况时说，凌晨4点的时候，我转向她说："如果出了什么差错，别让他们放弃。即使他们无法肯定，我希望你知道，我会在这里竭尽全力的。"

什么差错也没有发生。事实上，一切都很顺利。我很幸运，医生非常了不起。卡里用3个小时做了5处分流术。从那以后，我们成了密友。我们每年都要看望对方一两次，在医院之外。分流术一开始让人非常难受，全身上下疼痛难忍。幸运的是，你能感觉到自己在一天天好起来。7月5日，我回到了办公室，而到了月底，我又回到了高尔夫球场。8月中旬，在楠塔基特的桑卡迪–海德俱乐部冠军赛中，我赢了头三场，但在36洞的决赛中输掉了比赛。

当我回到家中休养时，拉里·博西迪来电话建议他撤出6月份的CEC会议。他担心会造成现在我不在而他又回到GE的印象。我理解他对此的敏感，并告诉他不必担心。

"去吧，把你关于六西格玛的一切想法都告诉他们。"

我感觉我们可能正处在一个关键的时刻。我知道拉里是施以援手的最佳人选。共事多年，我们两人对于质量工作一直不那么热心。我们都觉得早期的质量计划过于强调口号，而轻视了结果。

90年代初期，我们没有重视我们的飞机引擎业务中的一个"德明计划"（Deming）。我没有把它当作一种创意，因为我觉得这个计划过于理论化了。

GE内部的意见是错不了的。我们在1995年4月的员工调查中发现，质量问题已经为许多员工所担忧。"新拉里"的态度变了，变得对六西格玛非常热衷。他说，对于大多数公司来说，每 100 万次操作中平均出现差错 3.5 万次，而如果达到了六西格玛的质量水平，则生产或服务程序中每 100 万次操作中出现的差错将少于 3.4 次。

也就是说，完美率能够达到 99.99966%。

在工业领域，操作的正确率通常在 97% 左右，也就是三西格玛和四西格玛之间的水平。举个例子说，就是每周手术失误 5 000 次，每小时遗失邮件两万份，每年开错药方成千上万份。想起来实在不容乐观。

无论怎么说，拉里为我们的团队做了一次出色的展示说明。他证明了六西格玛的确可以节省大量开支，而不仅仅是“感觉良好”的利润。我们的团队很喜欢他所说的话，我也收到几个与会者打来的电话，他们都表示了肯定意见。

我回到工作岗位，并得出了结论：拉里的确钟爱六西格玛；大家都觉得六西格玛是对的；我掌握了调查结果，表明 GE 有质量问题。

一旦各种条件都得到满足，我就迷上了六西格玛，并立刻启动了这个计划。

我们为此安排了两名关键人物。公司创意负责人加里 · 赖纳和我多年的财务分析家鲍勃 · 尼尔森进行了成本效益分析。他们证明，如果目前 GE 的运作为三西格玛、四西格玛，那么该质量水平上升到六西格玛时所节省的开支为 70 亿 ~100 亿美元。这可是一个大数目，等于销售收入的 10%~15%。

有了这个数字，我们就不难决定全力开展六西格玛行动。

和我们的其他重大创意一样，一旦我们决定启动，我们就会不遗余力。我们的第一个动作就是任命加里 · 赖纳为六西格玛的终身负责人。由于他头脑清晰，工作起来全心全意，因此他能将我们的热情转化为具体方案。

接着，我们请来了在亚利桑那州斯科茨代尔管理六西格玛学院的前摩托罗拉经理米克尔·哈里（Mikel Hazy）。哈里是六西格玛狂热分子。10 月，我们请他到克罗顿维尔参加我们的年度公司高管会议。我取消了我们往常的高尔夫球活动——可以说是绝无仅有的一种姿态，这样，我们 170 人就可以聆听哈里讲述他的计划了。

在整整 4 个小时的时间里，他兴奋地从一个写字板架跳到另一个写字板架，写满了各种统计公式。我简直不知道他到底是个疯子还是个空想家。听课的人当中，包括我在内，大多数都不怎么明白那些统计学语言。

但是，无论如何，哈里的讲演成功地吸引了我们的想象力。他给了我们足够的实际案例，来表明他计划的意义。那天，大多数人在听完讲演后都对自己缺乏统计学知识而忧心忡忡，但是同时又对这个计划的可能性兴奋不已，其切入点的原理尤其受屋子里工程师们的欢迎。

我意识到这远远不只是工程师的数字问题，但是它更多的意义是什么，我心中一点儿底都没有。从大的方面来说，六西格玛是关于质量控制和统计数字的。看起来是这样，却又远远不只这些。最终，它通过提供对付难题的方法，能够驱使领导层把工作做得更好。六西格玛的核心是将公司从里往外翻个个儿，让公司将着重点向外放到客户身上。

1996 年 1 月，我们在博卡推出了六西格玛计划。

“我们不能再等下去了，”我说，“这个房间里的所有人都必须带头抓质量。这个问题是没有投机性可言的。摩托罗拉用 10 年时间所办到的，我们必须在 5 年实现——不是通过走捷径，而是通过学习他人。”

我想，单单是短期财务影响就足以证明计划的可行性。从长远角度说，我想其意义会更加深远。

我在博卡会议的结束语中，将六西格玛称为公司前所未有的最雄心勃勃的工作。“质量问题可以真正地使 GE 从最了不起的公司之一这个地位上升到全球商界绝对最了不起的公司。”（我又在下定论）

那年离开博卡时，我们摩拳擦掌地要把六西格玛做成重磅炸弹。我们对各个业务公司的 CEO 们说，他们要将各自最好的下属变为六西格玛领导人，也就是说，要把我们的人从现有的岗位上撤下来，给他们安排两年的项目任务，使他们能够达到六西格玛术语中所谓的“黑带”水平。

项目任务的头 4 个月将结合课堂培训和实际方法的应用。每一个项目都必须与业务战略和利润挂钩。每一个企业都产生了“黑带”级项目，提高了呼叫中心的回复率，增强了工厂的生产能力，减少了开单失误和库存数量。在我们的六西格玛计划中，一个基本的要求就是，我们要进行跟踪检查。我们安排一名财务分析师验证每一个项目的结果。

我们还培训了数千名“绿带”级人员，他们要经过为期 10 天的培训，学习六西格玛的原理以及在日常工作环境中解决问题的方式方法。这些人并不脱产，相反，他们获得的是增进日常工作的一个方法。

在被我称为“六西格玛小人物班”的高级管理人员课程上，我们做了各种各样的试验，以便掌握这个原理。我们叠了些纸飞机，在房间里抛掷，测量它们会落在何处。我对“黑带”课老师说，我不希望我们的员工会从窗户往里看，看见我们在玩儿纸飞机。看着这些纸飞机落在房间各处，就是我们学习方差的开始。

如同所有创意一样，我们用奖励机制做支持。我们调整了整个公司的奖惩计划：奖励的 60% 取决于赢利结果，40% 取决于六西格玛结果。2月，我们把大部分股票期权发给了参加“黑带”培训的员工，而这些员工应当是最出色的。

2月，我们把期权推荐申请表发出去以后，电话便一个接一个地打了进来。有一个典型的电话是这样的：

“杰克，我的期权不够。我们公司得到的期权不够用。”

“你这是什么意思？你们有足够的期权，可以确保所有的‘黑带’都有。”

“是的，但是我们不能把所有的期权都只给我们的‘黑带’啊。我们还得考虑很多其他人。”

“为什么？我觉得你们最好的员工是‘黑带’。他们应当得到期权。”

“呃……可他们不代表所有的最佳员工。”他们说。

我的答复是：“你只需要把最好的员工放到六西格玛计划里去，然后给他们期权。我没有更多的期权给你了。”

我总是希望我们的奖励机制能够确保我们将最好的员工安排到每一项创意里去。谁也不愿放弃时时刻刻表现自己的最佳才能。他们要达到的目标很高，需要最好的经理来促使他们达到目标。我们在六西格玛的创意上遇到了阻力。一开始，只有1/4或者1/2的“黑带”候选人是最好的、最聪明的，而剩下的都是滥竽充数。

其中一个比较突出的案例是我们在审查由迈克·高迪诺负责的GE金融服务集团的商业融资业务时发现的，该交易涉及的大部分是非投资类公司。要为这些交易寻找一名六西格玛型领导人不是一件容易的事情。

这一点在1996年的I-S经营战略审查会上是个显而易见的问题。我们要求所有的CEO将他们各自的六西格玛型领导人带来，以展示他们在这个创意上的进展。

迈克已经找到了一个人负责此项工作。现在，他只好坐在那里，看着他选的人在演讲中“投三不沾的球”。于是，所有在场的人都非常清楚，六西格玛在这个企业里没有任何进展。当时，大家都开玩笑地说，这个六西格玛领导人在电梯还没有到达总部的首层时就“决定离开”了。

下一次，迈克决定不再心存侥幸了，他安排了一名最优秀的员工来负责。史蒂夫·萨金特（Steve Sargent）接任了这个工作，他表现得非常出色。后来，史蒂夫成了GE金融服务集团的六西格玛领导。2000年，他再次被升职，担任我们欧洲设备金融业务的CEO。这种I-S战略审查程序取得了效果。迈克获得了更好的质量计划，而且5年之后，GE又出现了一个企业的CEO。

我们还用股票期权计划让“黑带”们去发现最薄弱的环节。如果这个创意或任何创意要获得成功，那么一开始就必须由最出色的人来负责。在这个问题上，我非常执着，坚持不考虑让在1998年年底前没有受过至少“绿带”培训的人担任管理职务。即便有了我这样一个啦啦队队长，再加上在C类会议和其他场合的强调，我们还是花了3年的时间，才把所有的最佳员工放在六西格玛计划中。

在一次审查中，核业务部门向我们推荐了一个叫马克·萨沃夫（Mark Savoff）的人负责服务工作，他们在推荐中没有将他在六西格玛方面的背景说清楚。我们的人力资源部门负责人比尔·科纳蒂给加利福尼亚打电话说：“我们想让他过来，跟我们谈谈他六西格玛方面的资历。”马克从圣何塞飞到费尔菲尔德，使我们确信了他在六西格玛方面的坚定立场。

于是，他得到了这份工作，后来又得到升职，负责GE的整个核业务。

如今，我们在推荐任何人从事任何工作时，六西格玛方面的条件总是介绍得清清楚楚。

我们在第一年共培训了3万名员工，在培训方面投入了2亿美元，并节约了1.5亿美元左右的支出。

我们已经取得了一些初步成果。例如，GE金融服务集团在一年当中收到的抵押客户来电为30万个，其中有24%不得不使用语音邮件或拨打两次电话，因为我们的员工忙不过来或当时不在。一个六西格玛小组发现，我们的42个分部中有一个分部在回答来电方面达到了近乎100%的程度。该小组分析了这个分部的系统、运作流程、设备、布局安排和员工配备情况，并将其“克隆”给另外41个分部。过去客户有将近1/4的时间联系不到我们，如今第一次拨打电话就能找到GE人员的概率达到了99.9%。

GE塑料也是一个很好的例子。历新聚碳酸酯具有非常高的纯度标准，但还是不能满足索尼高密度光盘驱动器和音乐光盘的要求。有两个亚洲的供货商获取了索尼的所有买卖，而将我们晾在了一边。一个“黑带”小组解决了这些问题，在设计上改进了生产工艺，使我们获得了索尼所要求的颜色和静电质量。我们的水平从3.8西格玛提高到了5.8西格玛，因而赢得了索尼的生意。

第一年，我们在整个公司范围内应用了六西格玛，用于降低成本、提高生产力、调整有问题的工艺流程。在一个极端的例子中，我们有一个企业发现，通过应用六西格玛，它能够大大提高工厂的生产能力，从而在10年内无须做任何生产能力方面的投资。

下一个阶段的工作就是应用六西格玛的统计方法调整并设计新产品。在这方面，动力系统最大限度地体现了六西格玛的重要性。90年代中期，市场对发电厂的需求非常一般，我们新设计的燃气涡轮机发电厂被迫停产。剧烈的振动导致转轮咔啦咔啦作响。1995年，已安装的37个运行机组中有1/3只好拆除。

通过应用六西格玛程序，1996年年末，振动减少了300%，问题得到了解决。从那以后，在每天超过 210 个运行机组中，没有一台遭受计划外拆除的命运，比六西格玛的标准还要高。解决了这个问题，我们在新技术燃气涡轮机市场就占到了领先地位，且正好赶上了 90 年代末期的能源需求热。由此，GE 获得了新型发电厂的全球市场主要份额。

在新产品设计方面，我们的医疗设备系统企业走在了前面。运用六西格玛设计并投放市场的第一个主要产品是一种新型 CT 扫描仪，叫作“光速”（LightSpeed），于 1998 年面市。胸部扫描用传统的机器需要 3 分钟时间，而现在，用这种新产品只需要 17 秒。更叫人高兴的是，一位放射科医师写信给我说，他简直不敢相信，一台 100 万美元的机器可以从一个盒子里拿出来，接上墙上的电源就立即能够操作。这就是六西格玛的最佳状态。在过去的 3 年里，医疗设备系统共推出了 22 种运用六西格玛程序的产品。

2001 年，医疗设备系统的全部收入中，有 51% 将来自六西格玛的设计，而且每一种投放市场的新产品都应用了六西格玛。如今，这已经是我们所有企业的方向。

* * *

我们的六西格玛项目由 1996 年的 3 000 个上升到了 1997 年的 6 000 个，那年我们实现了 3.2 亿美元的生产率收入和利润，比我们原先设定的 1.5 亿美元目标翻了一番多。效益显示在我们的财务结果中。到了 1998 年，我们通过六西格玛节省了 7.5 亿美元的投资，并于第二年节省 15 亿美元。

我们的经营利润从 1996 年的 14.8% 上升到 2000 年的 18.9%，六西格玛正在发挥着作用。

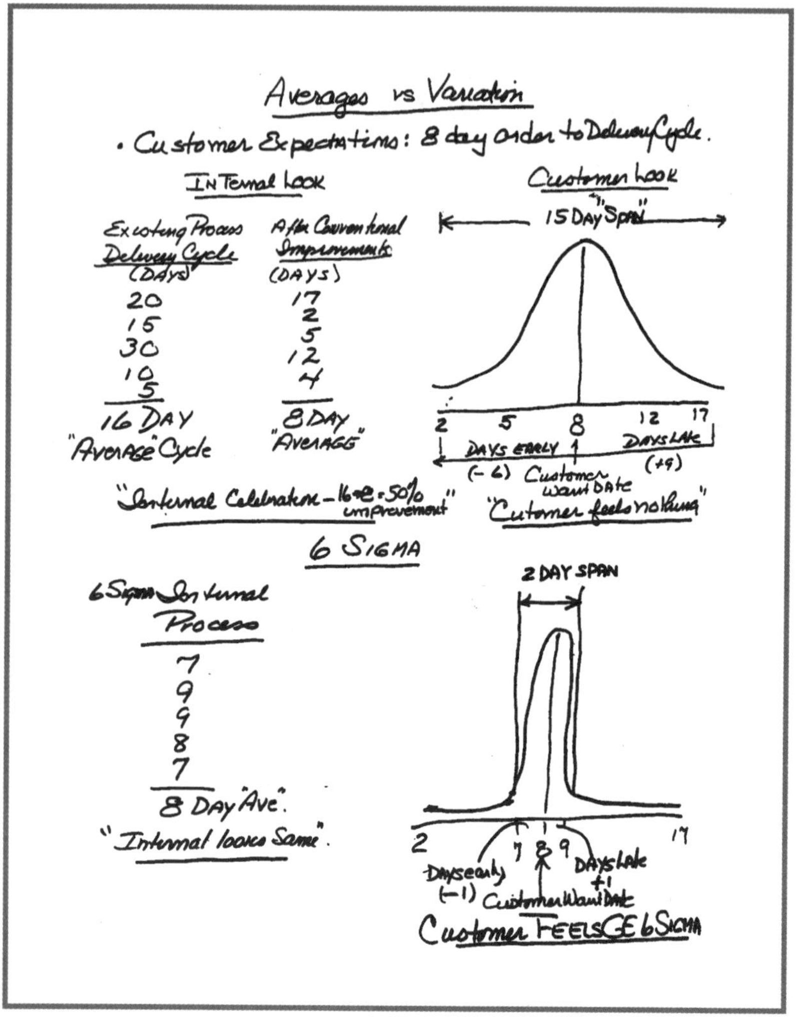

我以图表的形式就应用六西格玛前后向客户交货日期的变化做了个对比，同时分析了内部运作情况。我通过图例说明，交货周期可以从过去的 15 天范围缩减到应用六西格玛之后的两天，从而使客户能够切身感受到 GE 应用六西格玛后带来的好处。

我们对结果感到欣慰，但是，我们还是经常听到人们说，我们的客户没有感觉到质量上有什么区别。我们认为，问题是市场上的许多产品在我们启动六西格玛之前已经开发了多年。

我们不得不到西班牙走一趟，这才找到了解决办法。

1998 年 6 月，我在考虑聘请一名全职的六西格玛副总裁，这是我作为 CEO 设立的第一个也是唯一一个新职位。当时，我在西班牙的卡塔赫纳参观我们一个新的塑料工厂，以便与皮特·范阿比伦（Piet van Abeelen）及其小组一起作项目审查。皮特是全球塑料产品制造经理，已经在荷兰海岸贝尔根奥普佐姆的一家工厂里展现出了六西格玛的力量。皮特和他的一班人马通过应用六西格玛在没有实质性增加投资的情况下，将每周 2 000 吨历新的产量翻了一番，达到每周 4 000 吨。皮特完全掌握了六西格玛究竟能起什么实际作用，并能够用最简单的语言予以解释。

那天，我们在卡塔赫纳现场一个大庄园后面吃午饭。我问皮特有没有兴趣到费尔菲尔德来承担我正在考虑设立的职务。我告诉皮特，他要建立一支很小的队伍，两三个人，在全公司讲授并传播六西格玛经验。这个工作对他很有诱惑力，因为他身上有这种教师“细胞”，而且还很多，尽管他当时正负责着一个庞大的全球制造系统，拥有数千名员工。

非常幸运的是，他签字同意了。

关于为什么我们的客户没有感觉到我们的六西格玛带来的进步，皮特找到了答案。皮特的理由非常简单。他让我们所有人都明白了，六西格玛只关乎一个问题——方差！包括我自己在内，我们都学过这个问题，是我们在教室里扔纸飞机的时候学的。但是，我们从来就没有按照皮特解释的方法来看待这个问题。他将平均值和方差联系在一起，这是一个突破。

我们抛开了平均值，通过压缩我们称为的“数值范围”把注意力集中在方差上。我们希望客户在需要时能够得到他们所需要的。从客户需要产品那一天起，数值范围就在测量方差，无论是这种需求的几天前还是几天后。如果能将数值范围减到零的水平，那么客户就总是能够在他们提出需要时得到产品。

我们的内部问题是，我们总在根据一个平均值来测量有多少进步，而平均值只是计算了我们的制造或服务周期，并没有将客户联系在一起。打个比方说，如果我们能够将交货时间从平均的 16 天减少到 8 天，那么我们的进步就是 50%。

而我们还在那里愚蠢地欢庆胜利呢！

但是，我们的客户则什么也没有感觉到，除了方差和不确定性。有些客户收到所订产品时晚了 9 天，而有些则早了 6 天。当我们应用六西格玛和包含数值范围在内的基于客户的方法来指导工作时，交货的数值范围从 15 天降到了两天。现在，客户确实感受到了进步，因为收到所订产品的时间更加接近他们所希望的日期了。

听起来很简单，而且的确是简单，只要我们掌握了的话。

我们开展六西格玛工作 3 年以后才真正掌握了它。压缩数值范围对所有人来说都容易理解，并且成了公司上下各级的“战斗口号”。我们需要的正是要破解六西格玛的复杂性。我们的塑料业务将他们的数值范围从 50 天减少到 5 天，飞机引擎从 80 天减少到 5 天，抵押保险从 54 天减少到 1 天。

现在，我们的客户注意到了！

数值范围还有助于我们集中测量对象。过去，在大多数情况下，我们使用的是销售人员与客户和工厂双方商谈后承诺的交货日期。而我们却没有测量客户真正想要的是什么，以及他们什么时候要。

今天，我们又向前迈进了一步。我们测量的数值范围是从要求交货日期到我们的客户第一次实现收入：CT 扫描仪的周期是客户要求的日期到机器第一次为患者服务的时间，飞机引擎维修车间的周期为引擎从飞机机翼上拆下到飞机再次上天的这段时间，发电厂的交货周期为客户订购时间到开始发电的时间。

于是，每一份订单都附上了客户启动日期的标签，跟踪方差的图表挂在了所有的工厂里。这样，对所有人来说都一目了然。运用这些测量办法，方差的概念“活”了，客户能够看见、感觉到我们所做的一切。

六西格玛是一种全球通用的语言。无论在曼谷还是上海，人们对方差和数值范围的理解与克利夫兰和路易斯维尔的人们都是一样的。

我们进一步扩展了这个创意，用我们称之为“六西格玛：从客户出发，为客户服务”（Six Sigma：At the customer，for the customer，ACFC）的口号，让它直接与客户见面。也就是说，我们将 GE 的“黑带”和“绿带”带到客户的商店，以帮助他们提高业绩。

一旦得到客户的认可，我们便取得了成效。2000 年，飞机引擎领域在 50 家航空公司做了 1 500 个项目，帮助客户获取了 2.3 亿美元的经营利润。医疗设备系统的项目有将近 1 000 个，为他们的医院客户创造了 1 亿美元以上的经营利润。

通过将我们的内部测量与我们的客户需求并轨，我们赢得了更密切的客户关系和更多的客户信任。

* * *

我们发现，六西格玛不仅仅属于工程师们。在质量计划方面，一种常见的错误理解是认为这些计划只是针对技术脑瓜的。而实际上，它适用于任何工种中最好的、最聪明的员工。

工厂经理可以运用六西格玛来减少废品，增强产品的稳定性，解决设备问题，或提高生产能力。

人力资源经理需要它来减少聘用员工所需的时间。

地区销售经理可以用它来预测可靠性、定价政策或价格方差。

同理，管道工、汽车修理工和园艺工人可以用它来更好地理解客户的需求，调整自己的服务以迎合客户。

虽然六西格玛在 NBC 的许多领域都起了作用，但是我们在选择情景喜剧方面的“命中率”却没有因此提高。

我必须承认，我很难找到什么例子来说明六西格玛对律师和咨询人员有何益处。也许对于他们来说，应用六西格玛很困难，因为他们的生活如何与方差无关。

总体来说，六西格玛正在从根本上改变公司的文化，以及我们开发人力资源的方法，尤其是我们“极具潜力”的人才。多年来，我们一直在实施出色的功能性培训计划，尤其在财会领域。但是，公司的业务多样化让我们感到很难制订一个统一的培训计划。六西格玛给我们的正是我们所需要的用于通用管理培训的方法，因为它既可以用于客户服务中心，又适合于生产环境。

2000 年，GE 的高级管理人员中有 15% 经过了“黑带”级培训；到 2003 年，这个数字应当能够达到 40%。杰夫·伊梅尔特的接班人很有可能是某个六西格玛“黑带”级人物。

在过去的几年里，我在克罗顿维尔的会议上经常开玩笑说，我之所以在电子商务方面启动晚了，是因为我们首先在完善六西格玛。

“当我最终写我自己的书的时候，”我对班里的学生们说，“我会这样写：我知道在我们投身于电子商务之前，必须在 GE 采用六西格玛创意。电子商务需要速度和准确无误地满足需求，而六西格玛能够给予我们这些东西。”

整个班级会哄堂大笑。他们都很年轻，也很聪明，他们知道我在理解互联网的意义问题上，一直表现得很迟钝。

互联网方面的变革是下一步的任务。

第二十二章

电子商务

电子商务是我所见过的唯一能使30天前制定的目标在30天之后看起来荒诞不经的活动，因为这条学习的“曲线”实在是太陡了。每当我们回头看看当时以为自己知道的事情时，我们总是会大吃一惊。

互联网革命几乎与我擦肩而过，幸亏简让我对它产生了兴趣。许多年来，她一直通过网络和朋友们联系。晚上，在我研究文件加班工作时，她总是坐在我的对面，打开电脑，不停地打字。

简从1997年起就在网上进行股票交易，在网上掌握自己的账户情况。她做得非常好，于是我让她也替我关注我的股票。无论我们去什么地方，简的笔记本电脑总是跟着我们一起旅行。每当她试图说服我也用笔记本电脑时，我总是拒绝，因为我认为我不会打字，要电脑没用。

“杰克，”她反对说，“连猴子都能学会打字。”

但是，到了1998年年末，我开始听见人们在上班时说起在网上采购圣诞商品。最后，我认真对待起这个问题，在博卡会议上谈起圣诞假期时，说了互联网的重要性。那只是一个开始，而互联网真正让我动心是 3 个月以后的事情。

1999 年 4 月，我和简在墨西哥的一个度假胜地庆祝我们的 10 周年结婚纪念日。这回，她可不像我在巴巴多斯那样浪漫。

简全神贯注地摆弄她的笔记本电脑。有一天下午，她告诉我网上的人们在谈论 GE 一只股票分割的可能性，以及我的接班人计划。她叫我过去看看 GE 在雅虎的公告栏。我被人们对公司的一些说法迷住了。

“看看是可以的，”简笑着说，“可你永远不会回答。”

她哄我写了几封电子邮件，又带我看了几个网站。我一边享受假期，一边产生了上网查看新闻以及人们对 GE 的最新评论的急迫念头。有一回，我甚至把简一人丢在游泳池边，自己回到房间去上网。

20 分钟以后，她回来了，发现我正趴在她的电脑旁。

她知道我上瘾了。巴巴多斯又回来了。

我很晚才参与到电子狂欢中，但是我一进去就大吃了一惊。我终于看到了这项新技术能对 GE 产生什么样的影响。我不很肯定具体什么时候、用什么方式和内容，我只知道我们必须大张旗鼓地进入这个领域。

在 90 年代后期的网络氛围中，每个人都在迅速地遗忘一些大型的老公司，所有注意力都集中在某人又启动了某项互联网业务上。当时一个时髦的论题是“旧经济对新经济”，但我并不感冒。人们只在互联网上买卖商品，正如人类 100 年前在马车上交易一样，唯一不同的是技术。

是的，这种新型的交易方式速度更快，更加全球化，对企业的影响很大。当我们意识到在互联网上建立商务网站并非像获得诺贝尔奖那样困难时，我们开始对互联网有了深入的了解。在网上开发一个拍卖网站既简单又节约了运输成本。

一旦我们认识到数字化的简单易行，那么有此认识的大公司们显然没有什么可惧怕的，而且事实上它们只会得到进一步的发展。

我画了一张图（见下页），帮助我了解互联网及其对 GE 的影响。当时，对所有跟网络沾边儿的东西，人们都会如痴如醉。我在整个公司里使用这张图，并把它带到了投资领域。它引发了大量的对话，并有助于安慰那些担心自己要去玩昨日游戏的员工。这张图还在向投资人保证，GE 有了一个必胜的游戏计划。

在网络公司的模式下，由于在互联网上的开发成本以及品牌广告、兑现承诺等方面的支出，费用会大幅度上升，而亏损的加剧与这些费用是成正比的。收支平衡点在哪里是模糊不清的，而且几乎永远取决于收入情况。

对于过去的大公司来说，唯一的额外支出是用于网络开发的。大公司已经有了强有力的品牌和系统来满足订货要求。由互联网产生的节支部分迅速体现出来。达到收支平衡所需要的时间更短，投资回报更加有把握，而收益一般并不依赖收入情况。

这张图罗列了 GE 相对于电子网络公司的优势。我们不需要提高广告费用；我们已经建立了品牌；我们不需要设立兑现承诺的机构或建设库房来运送货物；六西格玛已经到位，能够提高我们的运作效率；我们可以应用数字化的手段来突出优势，取消公司内的低附加值工作。每一个流程都能够得到改善，生产率可以得到提高。由这项技术产生的效率对于大公司而言是极其可观的。

通过电子商务，我们可以扩大我们的市场，找到新的客户。GE 的供货基地可以变得更加全球化。我们在规模优势方面所做的技术投资体现了规模大实际上是有好处的。对于我来说，互联网世界的利润所在是："旧经济"型公司在生产率和市场份额方面的收益抑制了"新经济"模式的增长机会。

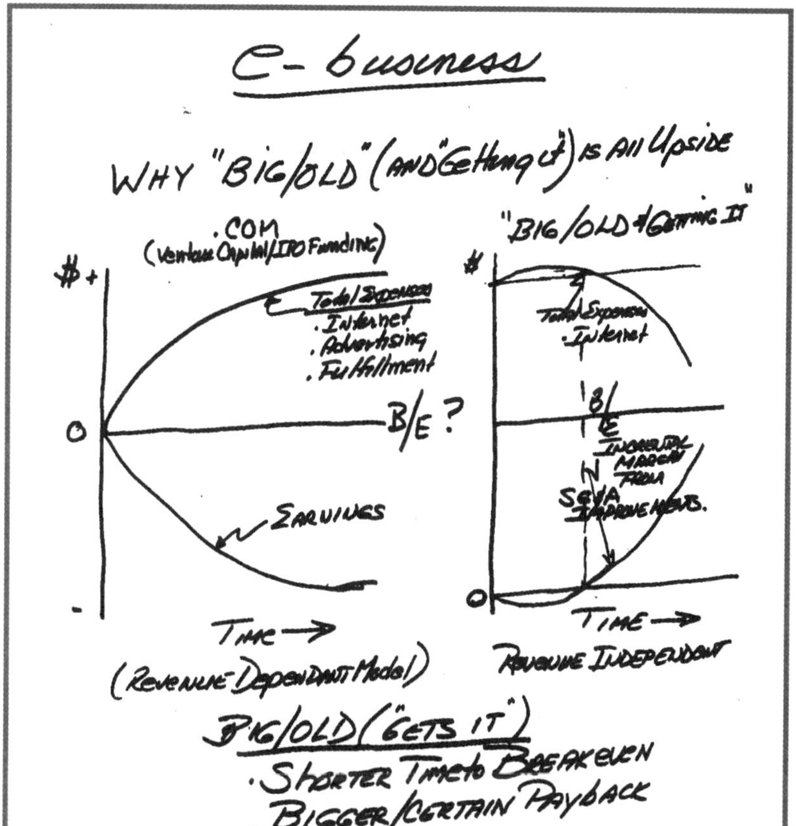

我用图表的形式对比说明了为什么“大型老公司”能够在电子商务领域的发展中占尽上风：与新兴电子网络公司相比，“大型老公司”达到收支平衡所需要的时间比较短，回报更大，更有把握。

有些持怀疑态度的人认为我们在 GE 已经不可能再提高效率了，他们常问我，在 GE 这个柠檬里还有没有可以榨出来的汁。网络给了我们一个全新的柠檬，一个柚子，甚至是一个西瓜——全都放在一个盘子里。

* * *

在我们眼中，互联网的机会分成三块：采购、制造和销售。

“采购”部分，每年我们为集团采购的商品和服务达到500亿美元。如果将其中的一部分业务转向网上招标，我们就能够接触更多的供货商，降低成本。即便是网络采购只占很小的一部分，我们能够节省的开支也非常可观。

一开始，我们听说我们所有的采购业务能够节省支出10%~20%左右。计算到最后的利润时，能够节支5%~10%。在许多情况下，新供货商会带来一些新的成本——质量验证成本、各种税费、运费和其他费用。但是，2000年我们在网上招标中的60亿美元采购业务仍然节省了大量的开支，而2001年我们预计在网上采购的数额将达到140亿美元。

对于GE来说，通过数字化能够实现的“制造”部分的改善是我们的“秘密宝藏”。大公司都有一些“粗活儿”，比如在巨大的车间工作，生产成堆的纸张。通过数字化我们可以免去大量的此类粗活儿以及其他单调乏味的工作，从而能够提高许多公司的工作质量。2000年，我们获得的收益为1.5亿美元。2001年，我们预计即使投入6亿美元的项目实施成本，从数字化“制造”部分仍可节支10亿美元。

在“销售”方面，有了互联网，我们能够进一步提高我们的服务。我们可以更快地兑现承诺。新老客户无须多次拨打电话就可以收到所订货物的发运信息。发货人从此不再需要欺瞒客户说货物已经上路了。在结合六西格玛的情况下，互联网能够帮助我们为客户提供更好的服务。2000年，我们在网上的销售收入达到70亿美元，2001年预计为140亿~150亿美元。

* * *

一旦融入我们的运作系统，数字化便启动了。1999年1月，在博卡的管理会议上，我要求我们的高级管理者仔细考虑一下，并在6月份的战略会议上提出他们的最佳电子商务计划。3月份，我邀请电子商务方面的4位外部权威中的一位参加了CEC会议，即Trilogy Systems公司的乔·利曼特（Joe Liemandt），其他三位分别为IBM的卢·郭士纳（Lou Gerstner）、朗讯科技的里奇·麦金（Rich McGinn）和思科的约翰·钱伯斯（John Chambers）。

乔谈到的关于网络公司构成的威胁，着实让我们感到恐惧万分。郭士纳关于网络以及网络公司职能的一些更加实际的观点，让我们的心神安定了一些。里奇描述了目前还处在襁褓之中的互联网的情况，以及它最终会发展成什么样子。约翰向我们展示了通过互联网来科学规范我们的内部程序并减少成本产生的最大益处。

乔·利曼特给我们“通了电”。我认识他时，他还是皮茨菲尔德的一个孩子。他已故的父亲在我们开展塑料制品业务的早期就是我的战略规划人。乔用非常肯定的措辞描述说，外面有成千上万的年轻人在等着将我们“除名”。

他老实告诉我们：“你们是些又大又肥、麻木不仁的家伙，你们正坐在那里等死呢。”

他那毫不留情的预测正是我们需要用来激励公司的。我们把在不同办公楼里的各个小组集合在一起，分析讨论各种互联网模式，以使我们能够像亚马逊一样通过网络开展图书销售业务那样开展我们的事业。

我们以典型的变革热忱，指定这些小组为DYB（destroyyourbusiness.com，意为“摧毁你的企业”）网络小组。DYB小组的目标就是为我们现有企业确定一种新型的商务模式，而不必受那些按照“旧路子”运作的企业的影响。

我上的第二堂互联网课是在1999年春天的一次商务旅行中。我在伦敦见到了负责消费品金融业务的36岁的CEO。在我们检查业务时，他无意中提到他刚刚见过他的顾问。

我问他：“你的顾问？怎么不是你给那些很有潜力的人才当顾问？”

“不是的，不是那么回事，”他说，“我有个23岁的伙计，每星期都要花三四个小时教我如何使用互联网——他是我的顾问！”

我立刻对这个主意产生了浓厚的兴趣，尤其是那么年轻的CEO还在用顾问。第二天，我正在布达佩斯给一群匈牙利企业家作午餐演说，与往常一样，我认为自己是在传授各种智慧。讲演结束后，有几个听众冲上前来，礼节性地表示“讲得太好了”。接着，他们说：“你有一个伟大的想法是我们永远忘不了的。”我内心暗暗失望，因为我“雄辩的讲演”只让他们记住一个想法。他们对我说，我那关于顾问的主意给了他们很大的启发。

我一回到美国，就立即要求我们最高职位的50名领导人去请互联网顾问，最好是30岁以内的。这些顾问大多数比我们小一半以上，他们每星期跟我们这些“原始人”工作三四个小时。我请了两个顾问，我的正式顾问是在GE的公共关系部工作的帕姆·威克姆（Pam Wickham），她在建设GE的第一个塑料网站中起到了关键作用，后来被提升到总部工作。

我的助手罗莎娜（Rosanne）是我日常工作中的“救星”。每次我卡在哪儿了，就会冲着门外喊：“罗，快来救命！”她就马上进来帮助我脱离由于我想超水平发挥而陷入的困境。她总是能够解决我的问题。

2000年年初，我们将这个计划扩大到公司内的3 000名高级经理。这是将公司弄个“底儿朝天”的好办法。我们那些聪明而精力旺盛的年轻经理们来与公司的高级管理层见面。是的，他们在向领导们传授互联网的知识。但是，通过互联网课程期间多次轻松的交谈，经理们也同时在发现新的人才，对于在公司里真正发生的事情有了更好的了解。

我们甚至聘请一位“顾问”进入我们的董事会。1999 年 10 月，我请太阳微系统公司（Sun Microsystems）的 CEO 斯科特 · 麦克尼利（Scow McNealy）当董事。我们曾经请他给我们所有的想法挑毛病。他不仅那么做了，而且在我们 1999 年的公司经理会议上以直言不讳的方式做了一次精彩的陈述，吸引了我们所有人。

斯科特不仅是个出色的、具有建设性的批评家，还成了高尔夫球好手。以我的年纪，他获胜的概率在上升。斯科特还极富幽默感。我收到过他的一封邮件，说他和他妻子苏珊就要有第四个孩子了。“我是不会感到吃惊的，”斯科特写道，“我们一直在玩儿冰球[①]，却一直没有什么结果。”

在 GE，我们在努力学习着，但是仍然承受着巨大的压力——要求我们仿照网络公司那种交易模式，投身于可能会适得其反的事物中去的压力。其中一个例子是第三方电子交易。我们和其他人一样，几乎忘了一条最根本的商务规则：永远不要让任何人插在你和你的客户或你的供货商之间。这种关系需要很长的时间才能建立起来，具有很高的价值，是永远不能失去的。

在避免这种错误方面，我们有一个非常好的例子，那就是“塑料网”（Plastics Net）。它是一家网上塑料商，所提供的是任何人都能够

① 英文 hockey 指冰球、曲棍球，但有时也指精液，这里用的是双关语。——译者注

找到的产品，从所有售出的产品中提成——在互联网理应摆脱制造商和买主之间的“第三者”时还充当着中间商。

在我们这边，我们有“聚合物天地网”（Polymerland.com）。于2001年6月被选为副董事长的加里·罗杰斯（Gary Rogers），当时是GE塑料业务的CEO，是公司里走在电子商务最前沿的人。与“塑料网”不同的是，他知道我们有产品可出售，还有所出售产品的信息。当时，“聚合物天地网”每周的网上销售额还不足1万美元，这实在不值得一提，但是超过了“塑料网”。

为了开展业务，塑料公司改变了自己的销售奖励计划，鼓励网上销售，并在各地区设置了全职电子商务专家，从而使得客户可以放心地在网上采购。我非常喜欢塑料公司的这种模式，不断地给管理班子打电话、发电子邮件。我要得到他们每天的数字。这是一种非常好的学习经历，而且乐趣无穷。大家都听腻了我关于塑料公司网站的絮叨，于是一窝蜂地拥向“聚合物天地网”。

经验在四处传播。

我们原先认为1999年塑料业务的网上销售收入能达到5亿美元，结果是10亿美元。我们低估了这种机会。我们没有做那么好的梦，因为我们认为那是在做脑部手术，但结果不是。今天，“聚合物天地网”每周的销售收入为5 000万美元，而2001年的年销售收入将达到25亿美元。

表现出色的并非只有塑料业务。2000年，我们整个公司的在线销售收入为70亿美元。虽然这些收入的大部分来自现有客户，但我们还赢得了新的客户，并从现有客户中获得了更大的份额。

在网络白热化时期，我们做的另一件蠢事是急于建立网站——任何网站。它体现了我们的热情和精力，但到了2000年年初，局面开始失控了。我们的电器业务开发了一个娱乐性新网站，叫“搅拌汤勺”（MixingSpoon.com）。网站搞得很好，有食谱、讨论栏、优惠券下载、购物忠告，一切厨师所需要的东西都应有尽有。问题是，它根本不卖电器。

它成了我们称为“网络尘埃”的样板——那些看上去十分漂亮但在经济上没有任何理由存在的网站。我们得到的教训是，如果你不能将荧屏变成钱，无论是直接的商品还是间接的更优质服务，那么当初就不应当建立它。

我们的 DYB 小组很快得出结论：互联网代表着更多的是机会，而不是威胁。我们重新设定了它们的任务，使它们成为“GYB”（growyourbusiness.com，意为“发展你的公司”）小组。它们不再与主流业务分离，而是将自己的数字化小组融入到现有的业务模式中去。

1999 年 6 月，我发出了公司内部的第一封电子邮件（我知道我迟到了）。在 48 小时内，我在我们单独建立的一个网站上收到了将近 6 000 封回复。世界各地每个公司的员工，包括工厂的工人和高层管理人员，通过他们回复的电子邮件，告诉我他们的想法、印象、反应、抱怨、担忧和兴奋。每个人都“入局”了。

* * *

我们的电子商务创意产生了许多经营的新方法。塑料公司将电子探测器安装在部分主要客户的仓库里，当材料存储量下降时，其会自动向 GE 的库房发出警告，通过互联网发出新的添货订单。GE 金融服务集团用网络来监测某个贷款客户收入报表的日常现金流动情况。如果该客户可能出现资金短缺情况，公司就会立刻知道，从而减少了潜在亏损的危险。现在，GE 大多数企业领导的电脑屏幕上都有电子报表，实时更新所有重要数据，以帮助他们管理企业。

每个星期五，高级管理层的所有人员都能够共享GE最大的22个企业在采购、销售和制造方面的数字。这些数字是一个缩影，表示的是每一个企业在网上采购了什么，进行了多少次招标活动，招标中价格下调了多少，以及当年的目标是什么或提高到什么程度。这些每周的数字非常直观，能够激励每一个人工作得更加勤奋。

电子商务是我所见过的唯一能使30天前制定的目标在30天之后看起来荒诞不经的活动，因为这条学习"曲线"实在是太陡了。每当我们回头看看当时以为自己知道的事情时，我们总是会大吃一惊。

另一堂重要的课是思科的约翰·钱伯斯给我们上的。他劝告我们关闭网上、网下工作流程并举的"双轨"通道。在我们听从他的建议之前，人们还是依赖纸张文件，而不去真正地运用数字化手段来提高生产力。在约翰演讲后几个月内的时间里，有150名以上的GE经理去效仿思科。大家都想了解思科是怎样实现工作流程数字化的。不久以后，我们就搬走了打印机，将复印机联了网，又将所有的出差和费用报告、奖励信息和内部财务报告都放在了网上。

每个人都开始用数字化来考虑问题了。今天，禁止在办公室出现纸张的GE业务管理者绝非个别现象。对于整个公司来说，这是一次了不起的洗脑经历。

那年春天，我坐着听取我们抵押保险业务的电子商务总结。他们的业务领导人大致介绍了他们的一项战略，即从工作流程中取消了他称之为"接触点"的程序——由员工处理的文件审批手续。如果能够实现，那么他们预计，企业的日常开支将减少30%。

这是我们的"电子制造"（e-make）战略的开始。我们预计，工作流程的数字化能够大大节省开支，可达100亿美元之多，也就是我们行政费用总额的30%。机会是难得的，我们总是在为提高效率而奋斗，而在数字化方面，我们发现了削减经费这个日思月想的目标。

最终，电子商务将提高许多工种的效率。以销售为例，今天，销售人员与客户见面的时间从原来的 30% 提高到 35%。销售人员在行政管理、催促交货、为应收款争执、寻找迟滞货物等方面花费的时间太多了。让互联网来做这些事情效率会更高。我们正在增加销售人员与客户的见面时间，让他们的职责从接订单、催货的角色转变到真正的顾问身份。

在我们的医疗系统业务中，丹佛的医生或放射科医师已经可以连接到他们的主页，将他们的医治患者数量与世界各地成千上万个不知姓名的同行作比较。这种相对业绩数据让他们能够看到他们与其他医院相比是什么情况。在网上，我们有各种服务项目，可以解决他们所发现的任何缺憾。

在我们的动力系统中，当地公共事业公司的总工程师可以到他们的主页上，拿自己的热效率和涡轮机的油料燃烧情况与将近 100 家不知名的公共事业公司作对比。然后，只要再点击一下，他们就能够从我们这里订购服务项目，以达到世界级的性能标准。

电子商务与 GE 的基地是互为补充的。

电子商务成为公司 DNA 的一部分，其原因是我们最终意识到它是 GE 再造、变革的途径。

至于我，我还在跟我的电脑较劲儿。

“嗨，快来救命！我又被卡住了！”

JACK 第五部分

回顾与展望

第二十三章

“回家吧，韦尔奇先生”

朋友们问起我与霍尼韦尔的这笔交易。我指着外面的那块地说：“想象一下，你买下了这个漂亮的高尔夫球场，为了结束这笔买卖，城市官员要求你把第二、第三、第四、第五和第八洞——水边最好的几个洞，交给另一个球场使用。然后他们还叫你放弃自己的部分房产。”

2001 年 6 月 7 日，星期四，我们飞往布鲁塞尔，希望能赢得欧洲委员会的最终支持，让 GE 整合霍尼韦尔国际公司 440 亿美元的资产。早在 8 个月前，我就和霍尼韦尔公司董事长迈克·邦西格诺（Mike Bonsignore）在纽约 NBC《周六晚间实况》（*Saturday Night Live*）节目中宣布了这项决议。从那时起，两家公司数以千计的员工就在为这一并购的实现而积极努力着。

在我与霍尼韦尔的航空电控系统负责人迈克·史密斯从纽约起飞之时，我们在布鲁塞尔的同人已经向着解决欧洲并购事务促进会提出的问题迈出了重要的一步。本周早些时候，我们提出蜕资霍尼韦尔公司 4.25 亿美元的太空产品销售额——这是一次较大的让步，以此来确保欧洲委员会的支持。

这些让步的内容包括放弃霍尼韦尔为短程喷气机生产的新型飞机引擎以及霍尼韦尔的引擎启动装置。GE 及其最大的引擎竞争对手劳斯莱斯（Rolls Royce）和帕瓦特都曾是这些产品的客户。由于美国和其他 11 个国家的反托拉斯官员已经认为这些资产剥离是必要的，所以我们感觉这些让步是有意义和及时的。

那天我正在波士顿哈佛商学院讲课，临走时竞争委员会委员马里奥·蒙蒂（Mario Monti）从办公室打来的电话让我吃了一惊，他取消了原定在星期五举行的面谈。这个电话恰好在我们去布鲁塞尔的前一天晚上打来。这显然不是一个好兆头。

尽管如此，我们还是起程前往布鲁塞尔，那时我们的人还在谈判桌上，揣摩事务促进会对我们的建议会有什么反应。谈判是艰难的，因为促进会让你不停地给自己的建议提出解决方案。实际上，你是在和自己谈判。

虽然有困难，我仍然希望结束谈判并达成协议。我和迈克·史密斯在飞机上过了一遍会议的概要。委员会的要求可能超出了我们预先的准备，在这种情况下，迈克可以让我领会到他每一笔航空电控系统生意中的策略性暗示。我试图找出 3 000 万 ~5 000 万美元的“贿赂”来满足委员会。

这是个痛苦的过程。迈克和他团队中的许多产业都是从零做起的。当我们谈到可能的生产线剥离时，我感觉我像是在夺走他的孩子。如果哪个老板卖掉了我经营的塑料生意的一部分，我也会伤心欲绝的。

突然，我在飞机上接到一个电话，是丹尼斯·戴默曼和本·海涅曼从布鲁塞尔打过来的。事务促进会要求的是数以十亿计，而不是百万计的额外让步。

我和迈克合上了会议概要，因为再怎么强扭也无法达成这项协议。

* * *

这项被媒体称为历史上最大的工业兼并从一开始就够清白的。

2000 年 10 月 19 日，我与老朋友阿齐姆 · 普莱姆吉在纽约证券交易所（NYSE）见面。这位企业家是我 11 年前第一次去印度时认识的，他来庆祝他的威普罗公司在纽约证券交易所上市，我来帮他更快地启动他的新股票。

下午 4 点阿齐姆敲了收盘钟后，我们来到交易大厅。CNBC 的一位记者在采访完阿齐姆后，将麦克风塞到了我面前。这位叫鲍勃 · 皮萨尼（Bob Pisani）的记者问我对联合技术公司（United Technologies）将收购霍尼韦尔的报道有何感想。

“这是个不错的主意。”我勉强答道。

“那你将如何做出反应？”他问道。

“我们必须回头好好想一想这个问题。”

事实上，我几乎要瘫倒在地。我瞅着股票行情收报，看到霍尼韦尔的股价攀升了近 10 美元。来自鲍勃 · 皮萨尼的消息让我吃了一惊，确实是大为震惊。

8 个月前我们就看好了霍尼韦尔，我认为它对 GE 再合适不过了。霍尼韦尔的业务能对我们公司的飞机引擎、工业系统和塑料这 3 个主要领域形成补充，产品层次上也没有直接的重叠。比如，霍尼韦尔在生产小型商用机引擎上占有领先地位，而 GE 则在大型机引擎方面具有显著优势。总体来看，这项并购将给 GE 带来 250 亿美元的收入和 12 万名雇员。

2000年2月初，在仔细看过财务状况图表后，所有职员都对公司报价不满意，认为我们为收购霍尼韦尔所提出的价格不妥当。当时，股票的交易价为50~60美元。

然而，自2月份以来，事情发生了很大的变化。1999年年底将联合信号公司和霍尼韦尔公司合并且成为公司董事长的拉里·博西迪，于2000年4月离任。在接下来的季度里，霍尼韦尔宣布无法达到预计赢利，于是股票下跌。就在我去交易所之前，霍尼韦尔的股价已跌至36美元。

一个季度的疲软使整个公司的市值从2000年年初的500多亿美元下跌到350亿美元。

我走出交易所，很想多了解一些情况。晚饭前，我开始打电话。我联系到董事会成员赛·卡思卡特，提醒他我们已经看好了这项并购。就目前的股票价格来看，它非常具有吸引力。我让丹尼斯·戴默曼带一队人马第二天早上来纽约办理可能的收购事宜。

恰巧我们正在选我的继任者，于是我打电话给最后3个候选人，让他们能从思想上跟上我们未来的规划。他们全都想争取这件事，尤其是吉姆·麦克纳尼，公司飞机引擎业务的CEO。

实际上，在过去的几个星期里，麦克纳尼和他的首席运营官戴夫·卡尔霍恩一直在和外部银行的一帮人考察与霍尼韦尔合并的可能，是他们建议我们这么做的。我还知道GE工业系统的CEO劳埃德·特罗特也看上了霍尼韦尔的工业业务，甚至在霍尼韦尔与联合信号合并之前就看上了。

第二天早上，星期五，几支由GE人员组成的队伍在费尔菲尔德挤上了两架直升机来到纽约，他们带上了反映公司以往状况的数据。我打电话给大通银行（Chase Manhattan）的董事长比尔·哈里森（Bill Harrison），问他的副董事长兼投资银行负责人乔夫·布瓦西

（Geoff Boisi）可否做我们的顾问。结果他同意了，并很快来到 GE 位于洛克菲勒中心的办公室，和我们的工作组一起进行数字上的计算。

通过电视会议，吉姆 · 麦克纳尼和戴夫 · 卡尔霍恩参加了讨论。他们相信霍尼韦尔高科技的航空电控系统正好适合我们的飞机引擎业务——产品根本不存在重叠，霍尼韦尔的小型机引擎业务能使我们进入原来无法与劳斯莱斯或帕瓦特竞争的市场。劳埃德 · 特罗特对工业业务的分析也得出了同样的结论——事实上和 GE 的产品没有任何重叠。

电视会议快结束之时，我们得出结论，和联合技术相比，我们只需稍加投入，就能让霍尼韦尔觉得我们更具吸引力。而联合技术与霍尼韦尔有更多的重叠产品，而且更具有潜在的反托拉斯问题。我们意识到必须马上采取行动，因为我们听说这两家公司的董事会都在开会，准备最后批准合并。

在还价问题上我们有个优势——联合技术的并购条款已经泄露。我们很清楚我们面临的是什么。联合技术打算通过购买股票收购霍尼韦尔，在这笔交易中，霍尼韦尔的股票索价每股 50 美元出头，总共 400 亿美元。

我想联合技术公司给了个好价钱，但我知道我们能给得更多。

我和丹尼斯探讨了这项交易可能对我的退休产生的影响。我本打算 2001 年 4 月 30 日离任，也就是我 65 岁生日后的第五个月。如果我们做成了这笔生意，我就还得留在公司直到整个项目完成。我不可能将这样一项并购生意扔到新手头上。

另一方面，我也不能坐守不前，让这笔大生意在 GE 的历史中就这么擦肩而过。假如我们得到了霍尼韦尔，我还会待一段时间，可这并不会拖延决定谁是我的继任者，只是那个人被称为“继任董事长”的时间比原定计划要长几个月而已。

丹尼斯以及我曾电话联系过的董事会成员的意见都一样，认为我们应该继续出价。

大约在上午 10 点半，我打电话到位于新泽西莫里斯敦的霍尼韦尔总部，找到该公司的 CEO 迈克·邦西格诺。他告诉我，他和他的董事会正讨论联合技术的出价事宜，并已经进入了执行阶段。迈克的行政助理不想中断董事会议。

所幸，我的行政助理罗莎娜·巴多斯基认识迈克的这位助理，她曾经是拉里·博西迪的候补行政助理。罗莎娜打电话给她，让她相信这件事非常紧急。她向迈克转达了我的意思，如果不终止会议，我将立即举行新闻发布会，宣布我们向霍尼韦尔出价。迈克·邦西格诺接过电话，说董事会将在 5 分钟后完成与联合技术的交易。

"别，"我说，"我想给你出个更好的价钱。"

我告诉迈克我会马上乘直升机，在一个小时内到莫里斯敦面见他和他的董事会。他却说没有必要，并补充道，如果我们是认真的，他需要的是书面的东西。

"没问题，我立刻给你发传真。"

我在一张纸上起草好了我们出价的基本纲要，10 分钟后的 11 点 20 分他就收到了。我提议用 GE 的一股换霍尼韦尔的一股。

"迈克，我真的很想尽快到莫里斯敦，澄清你脑子里的所有问题。"我写道。

经过我的传真和后来的几次电话讨论，霍尼韦尔的董事会休会，暂将联合技术搁置一边。而联合技术的董事会已经通过了这项交易，正等着霍尼韦尔的答复。让迈克推迟决定为我们叩开了谈判的大门。

股市收盘时，联合技术公司发布声明说，并购会谈已经结束。同时有消息透露我们已进入这项交易。

星期五晚上我离开办公室时，事情已经有了眉目。我和简到市中心去见 NBC 董事长安迪·拉克及其夫人贝茜。我们在公园南大道边上的 21 街一家名叫“平原”的意大利餐厅共进晚餐。白天我无法和简联系，所以在吃晚饭时，我兴奋地将这个消息告诉了她。

她觉得难以接受，但表示谅解。她正盼望着我 4 月份退休呢。我们已经开始计划在费尔菲尔德新购买一座小点儿的房子，一星期前我还为康涅狄格州谢尔顿的一间办公室签下了租约。我们还计划 6 月去意大利卡普里岛度 10 天的假。如果我们做成了这笔生意，就意味着我和妻子的假期计划可能改变。

* * *

早晨的报纸报道说我们正在和霍尼韦尔进行谈判。

星期六下午，我同丹尼斯·戴默曼、本·海涅曼和凯斯·谢林（Keith Sherin）——继戴默曼之后的新任首席财务官，在纽约见到了迈克·邦西格诺、霍尼韦尔公司的法律总顾问彼得·克林德勒（Peter Kreindler）以及他们的首席财务官理查德·沃尔曼（Richard Wallman）。我们聚集在霍尼韦尔时代广场的法律公司——世达律师事务所。经过两个小时的价格谈判，出现了僵局。我们的出价——全部以 GE 的股票计算，略低于 450 亿美元，比联合技术公司答应付出的多出近 50 亿美元。但我提出用 GE 的一股换霍尼韦尔的一股，可迈克希望得到 1.1 股，并且立场坚定。我们退让了一步，同意换 1.055 股。

我们握手成交，达成了协议。

迈克和他的董事会审查了协议后，让我向他们保证我在并购进行期间留任。我同意了。

我赶紧回到公司，以便我们的律师能够完成附属细则。晚上 6 点 20 分，我为了庆祝这笔交易成功，坐上了去扬基体育馆的地铁，那里将举行世界联赛的开场赛，由扬基队对梅兹队。

我赶上了比赛。

* * *

星期天，律师们和投资银行的人为完成协议忙碌着。在局外人看来，他们可能认为这样一笔交易易如反掌。实际上，在过去的 3 年里，我们一直关注着霍尼韦尔。在联合信号还是个独立公司时，吉姆的飞机团队就在研究它的各种数据。霍尼韦尔尚未被并购时，劳埃德的工业团队就看上它了。正当联合信号和霍尼韦尔的并购案正在进行而且股价下跌之时，机会出现了。

联合技术的报价使得我们的出价显得很自然。

这次很像和 RCA 的那笔交易，只不过这回的战略中心是飞机。得到霍尼韦尔，我们的飞机业务就能扩大一倍，所涉及的引擎产品范围更广，甚至覆盖到我们不曾有过的产品——高科技航空电控系统，那是飞机的指挥中心。

并购还将使我们的工业业务扩大一倍。在化工产品方面将增加一些新的生产线，塑料制品中将增加尼龙产品。像与 RCA 的那次交易一样，它还提供了一些合适的业务，比如涡轮增压器，可作为今后发展的筹码。

但这两笔交易有明显的不同。RCA 那次，我们是付出 GE19% 的市值以获得 14% 的收入，而从霍尼韦尔那里，我们付出 8% 的市值就能获得 16% 的收入。我感觉用经营 GE 的一套方法能对霍尼韦尔的资产作更多的安置：提高服务的竞争力，增加六西格玛计划，用电子商务启动霍尼韦尔的运作。我们已计算出这些启动工作和其他一些有效措施将为公司节省 15 亿美元。

而且，这笔交易是在我们公司的强盛时期进行的。2000 年，我们的收入达到了创纪录的 127 亿美元，增长了 19%，账面收入达到 1 300 亿美元。我们已经连续 5 年达到两位数增长了。

为向华尔街的分析家及新闻媒体透露这个消息，整个星期天，我和 GE 的公关经理贝思 · 科姆斯托克（Beth Comstock）都在处理有关细节材料的工作。贝思是个明星。我是在 NBC 发现她的，她起初在 NBC 任新闻公关负责人，后来又在鲍勃 · 赖特手下任网络公关经理。她在这方面极具天分，所以她从 NBC 来到了 GE。

由于更多的细节公开，周日早上，贝思麻利地答复着记者们了解细节的电话，她还安排了新闻发布会来宣布这项协议。我知道媒体会对我留任 CEO 的事大做文章，我可不想被说成是紧抓着这个职位不放。世上最简单的事本应是急流勇退。我还建议贝思在新闻发布会上放个幻灯片，表现一个人为了保住宝贵的性命用手拼命抓住东西不放。我想不妨和新闻媒体开个玩笑（结果我们没能很快地将幻灯片做成）。

不管怎么样，我们在周日深夜签完了所有的文件。

* * *

第二天早上，我和迈克 · 邦西格诺草草吃过早餐后，为媒体和分析家们举行了整整 4 个小时的招待会。NBC 的 8H 演播厅是《周六晚间实况》的播出地点，上午 9 点，新闻发布会就在这个挤满了人的演播厅里开始了。我与迈克坐在舞台的导演席上，流利地回答着提出的问题。

“我想让你们见见我在过去 72 个小时的约会对象。”

“是呀，”迈克答道，“在这 72 个小时里，我和杰克在一起的时间比和妻子在一起的时间还要长。”

我们列举了这项交易的理论依据。我尽量让大家明白，我们完成这次并购，不是为了让我在这个职位上多待一阵子。

“这可不是个不能离开位置的老蠢货的故事，”我说，“别担心，我不会再做一笔 500 亿美元的交易，好在这里再混 6 个月。”

当有人问我是否能获得有关部门的批准时，我说这根本不会有问题。我预计这笔交易会在 2 月成交。

“它将是你们所见到的最清白的交易。”（我至今相信这一点，谁都相信，除了欧洲委员会。）

那天晚上，我感觉好极了。从我们召开的新闻发布会到与华尔街分析家们的会面，一整天都进展顺利。因为耗时太长，所以我一直待在纽约，没有回费尔菲尔德的家。取下隐形眼镜时，我把一只眼睛的角膜给划伤了。由于疼痛难忍，我无法入睡。

我打电话给我的医生，他叫我立即去纽约医院。真不走运，我碰上了一位不会说英语的出租车司机，他一开始就把我带错了方向。我午夜才到达医院急诊室，那里挤满了人。我排了两个小时的队才看上病，幸运的是，医生很快缓解了我的疼痛。

我从第一大街往回走，希望找到一辆出租车。等了很长一段时间我才拦上了一辆，凌晨 3 点后我才上床睡觉。

我突然有所领悟。半夜发生的意外很快把我带回了现实。回想起来，那可能就是个不祥的兆头。

* * *

我完全没有料到的就是欧洲委员会漫长的反托拉斯调查。上一年，委员会批准了联合信号和霍尼韦尔的合并，所以我有信心这次不会有什么问题。霍尼韦尔只需做些态度上的改善，再给法国电子公司泰利斯公司（Thales）一点儿让步，大约 3 000 万美元，就可获得批准。

事实上，欧洲委员会在世通公司和 Sprint 公司两大电信公司的合并以及时代华纳与百代唱片公司的合并问题的处理上就不符合正常程序。这些合并都存在产品重叠的情况。

1 月份我们隐约感到有些不妙。我们听说泰利斯又回来了，他们要求委员会强迫实行各种霍尼韦尔的蜕资方式。

我于 1 月 11 日乘机抵达布鲁塞尔，与蒙蒂委员及其随员初次会面。GE 的欧盟联络员约翰 · 瓦萨罗（John Vassallo）和我们公司主管外联事务的律师也参加了会议。我要求委员会在 3 月 6 日前告诉我们他们所谓“第一阶段”的决定。否则，漫长的“第二阶段”将会拖到 7 月。

蒙蒂委员在会议一开始，就高度评价了双方成员之间的出色合作。经过一段时间的讨论后，我强调了获得第一阶段批准的急迫性，每个来到这里的公司都会这样。

在当时的情况下，我们有充足的理由获得第一阶段的批准。霍尼韦尔和联合信号的合并进行了一年，但两者并没有完全成为一个整体。任何过度的延误都会使问题恶化。我说我将尽我所能确保我们快速回应委员会所关注的问题。

我还告诉委员会，听说有些竞争对手正将欧洲委员会的审查过程看成是对霍尼韦尔资产的一次“钱袋”勒索。我们知道他们对这笔交易垂涎欲滴。

蒙蒂委员回答说，我们的对手不会影响到这笔交易。

“我保证在这次调查中绝不存在勒索之嫌。”他说。

当我问到是否会对客户和竞争者的意见给予同样的重视时，蒙蒂委员和委员会并购案件组负责人恩里克·冈萨雷斯–迪亚斯（Enrique Gonzalez-Diaz）说，两者对于整个过程都很重要，而且很有必要。

冈萨雷斯–迪亚斯认为竞争对手是实际信息的很好的来源，他必须倾听他们的意见。但是，他又说，他听取意见的时候往往会“半信半疑”（我后来才理解这句话的完整含义）。

“你们认为我还该做点儿别的吗？”我问，“我以前从未亲身经历过这样一个过程。”

“我想你的所作所为是无可指摘的，”蒙蒂委员答道，“我们会非常诚恳的，会寻找各种途径推进进程。我向你保证。”

会议结束后，我和蒙蒂委员私下里花了两个半小时吃了顿午餐。我发现他亲切而睿智，就是有点儿古板。

席间我们畅所欲言，我觉得我们之间很和谐，只是他坚持叫我韦尔奇先生。

“蒙蒂先生，请叫我杰克好了。”我说。

“等这笔交易结束了我才会叫你杰克。”他说。

不管怎样，饭后分手时，我对尽快得到决定感到非常乐观。然而到了 2 月中旬，我们听到了不妙之音。好像是事务委员会准备对这项交易作更广泛的调查，那样就会花 4 个多月的时间。我决定飞回布鲁塞尔，希望能够阻止可能的拖延。

* * *

我于 2 月 25 日一个阳光明媚的星期天下午离开佛罗里达的家，直接飞往布鲁塞尔。我们星期一一大早就到了目的地，当时天正下着小雪。本·海涅曼和一帮律师为一个战略会谈已经先期来到了这里，然后我们所有人都到了欧洲委员会的总部。

会议伊始，蒙蒂委员照本宣科，似乎已经打定主意要把截止日期拖延到 7 月。

我为自己争辩了一个小时，并且认为取得了一点儿进展。我的争辩主要围绕 GE 在欧洲的业绩进行。其显著的成功给以前的国有公司注入了活力，在欧洲有 8.5 万名雇员，而且 GE 和霍尼韦尔不存在任何重叠产品。为了解决某些问题，我们还提供了非蜕资补救方案，就像霍尼韦尔与联合信号早期所做的那样。

我再次强调了快速做出决定的重要性。

蒙蒂委员似乎被我的争辩感动了，他建议我们先回旅馆，他和他的同事们再考虑一下我陈述的观点。大约下午 6 点半，我们接到电话，可是得到的结果仍然是他们没有改变看法，他们将进入第二阶段。

更糟的是，他们对该项交易提出了不寻常的反对理由，这些理由远远超出了一般反托拉斯所应考虑的问题。他们想研究一下 GE 和霍尼韦尔合并后对整个飞机业的“范围影响”。

我很喜欢蒙蒂委员，但我没能打动他。虽然失望，可这也是可以预料的，没有什么理由可以让委员很快批准这项交易。最大的反对声来自它的欧洲成员，特别是劳斯莱斯和泰利斯。不仅是它们，还有我们的竞争对手，其中联合技术公司和罗克韦尔 · 柯林斯公司（Rockwell Collins）的反对呼声很高。

然而这笔交易实施的前景在我看来仍然是乐观的。尽管存在管制上的障碍，两家公司的工作人员都在为确保交易结束前做好所有主要并购决议而忙碌着。

5 月 2 日，我们得到一个好消息，美国司法部批准了这项交易，前提是我们同意出售霍尼韦尔的军用直升机引擎业务，并对小型喷气机引擎和辅助动力装置开展服务业务。

6 天以后，欧洲委员会拿出了一份长达 155 页的反对意见书。意见书同他们此前说的进行第二阶段审查的话大同小异，只是内容更为详尽。

第二阶段的最后部分是 5 月底的一个为期两天的听证会。就是在听证会上真正出现问题了。案件组和委员在扮演了数月的调查员和公诉人后，摇身一变成为法官和陪审团。他们根据他们自己的提议做出裁决。

听证会本身是毫无价值的。

第一天，我们就指出委员会的陈述是有漏洞的。我们请来的经济学家和客户以及我们自己的法律人员驳倒了委员会的陈述。最终为委员提建议的恩里克·冈萨雷斯－迪亚斯在听证会上进进出出，有时离席时间长达半个小时。

第二天，竞争对手们亮相了。这时出现了不少值得注意的事情。联合技术公司提交了一份与事实不符的书面陈述。正在分离出柯林斯包装上市的罗克韦尔·柯林斯公司，在听证官员面前的表现跟面对潜在的投资者时完全不一样，根本无法自圆其说。在这次会议中，冈萨雷斯－迪亚斯很少离开座位。

听取了竞争对手们长达一整天的陈述后，听证会官员总共只给了我们 15 分钟来反驳他们的指控和索赔要求。

这是怎样的一个过程呀，听证会上的公诉人俨然已经是法官了！

* * *

听证会后，在委员会的并购事务促进会快要做出决定之际，我于 6 月 7 日又去了布鲁塞尔，这是我的最后一次布鲁塞尔之行。我和霍尼韦尔的迈克·史密斯（Mike Smith）在飞机上接到了一个坏消息，委员会的要求正在增加。上午 8 点半，我们一到布鲁塞尔就直奔康拉德饭店，GE 和霍尼韦尔小组及律师正在那里研究当天接到的这个消息。

我们已准备在 6 月 8 日周五早上的会议上达成一致意见。我和小组成员们研究到深夜，双方一致同意做些让步，我们的价钱提高了 3 倍，达到 13 亿美元，还第一次包括了一些关键的航空电控系统。

星期五早上，我和蒙蒂先生没有参加会议，因为蒙蒂先生认为双方立场分歧太大了，建议由我们的工作人员参加会议就可以了。会议如期召开了，霍尼韦尔和 GE 在会上提出了 13 亿美元的建议。

晚上我离开布鲁塞尔到卡普里岛与妻子、马琳（Marlene）和保罗·弗雷斯科共度周末。保罗是我以前的合作伙伴，GE 的董事会成员，现在已成为菲亚特的董事长，总能给我一些有用的建议。周一晚上，我回到布鲁塞尔，和 GE 小组成员一起吃晚饭。丹尼斯告诉我，他们那天早上和事务促进会的会议研究了委员会对 GE 报的 13 亿美元的冷漠反应。

他还讲了一件令人啼笑皆非的逸事。

上星期五做出 13 亿美元报价的同时，我们附加了明显的让步措施，其中就有一些诱人的航空电控系统的部件。星期一上午，一位事务促进会成员问我们的人，为什么报价不包括位于华盛顿州雷德蒙的霍尼韦尔公司一幢大楼里生产出的一种无人知晓的部件。

丹尼斯被问得哑口无言。我们这边甚至没人知道他们说的究竟是什么部件。只有一位对霍尼韦尔业务和生产地点了如指掌的竞争对手，才可能说出这些小得几乎看不到的事情。

而那就是让冈萨雷斯－迪亚斯心生疑虑的事。

6 月 12 日，我们回到谈判桌上，报价提高到了 19 亿美元。霍尼韦尔的总顾问彼得·克林德勒曾对我们的让步提议给予关键指导，他向事务促进会作主要陈述。他声明把霍尼韦尔公司最好的航空电控系统产品加进该项交易中，应该能让委员会满意。事务促进会问了许多问题，他们好像对此挺感兴趣的。

星期二下午，本、彼得和我同意了 GE– 霍尼韦尔并购案的最后报价。彼得写信给本，告诉他达到多少钱和怎样的具体蜕资方式，我们才能算履行了并购协议中规定的义务。我们为做到这一步付出了很多，但我们认为在这种情况下，仍然可以做成这笔交易。6 月 14 日是委员会规定的提交建议书的最后期限，我们将提交 22 亿美元的蜕资清单。

彼得在信中告诉我们，为了尽快结束这笔交易，我可以在第二天给蒙蒂委员 3.4 亿美元的甜头。那样我们的出价就是 22 亿美元。

所有人都建议我一个人去参加 6 月 13 日的会议，不知道我将会单独会见蒙蒂委员，还是会有其他人在场。

我走进蒙蒂先生位于洛瓦路的办公室，迎接我的是他的助手。看到只有我一个人来了，她好像很吃惊。

“您的随行人员呢？”她问。

“只有我自己。我来听听官员们对我们最后报价的反应。”

蒙蒂先生走出来，带我进了他的办公室。在一阵简短而诚恳的问候之后，我们走进一间会议室，里面坐满了并购事务促进会的官员和他们的随行成员。

放下公文包后，我在桌子的另一端坐了下来。我对面坐了近 10 个政府官员。蒙蒂委员的身边是并购事务促进会调查组的负责人恩里克·冈萨雷斯–迪亚斯、竞争委员会主任亚历山大·绍布（Alexander Schaub）和并购事务促进会的主任格茨·德劳兹（Götz Drauz）。

蒙蒂委员在会议开始时宣读了一份声明，感谢我们的小组成员所做的积极努力。可他在总结他的发言时说，我们的提议还不够充分，然后继续念了他们起草的一串要求。我记录着蒙蒂委员建议我们蜕资的一个又一个霍尼韦尔业务。

他所建议的蜕资项目又将增加大约五六十亿美元，基本上否定了GE 和霍尼韦尔之间达成的所有并购的想法。

“蒙蒂先生，我对这些要求感到极为震惊。”我说道，“我不可能接受这些。如果这就是你们的立场，我今晚就回去。我要回去写书了。”

桌子对面那个身材矮小的圆脸德国人亚历山大·绍布大笑起来。

“这将是你那本书最后一章的内容，韦尔奇先生，”他说，“标题就是‘回家吧，韦尔奇先生’。”

这一番话打破了会议室的紧张气氛。所有人都发出咯咯的笑声，可我的心却沉了下去。

后来大家又讨论了 GE 金融飞机租赁公司（GECAS）的全面和部分销售，我们的飞机融资和租赁业务，还有其他重大的蜕资项目。但是没有任何进展。

当晚，我和蒙蒂先生进行了第二次会面，时间不到 20 分钟。我告诉他，我们和霍尼韦尔公司在协议中已经做了很大的让步。我还告诉他，明天我们会提交最后的报价。

他点点头，我就离开了。

第二天，6 月 14 日，我们在电话中进行了简短的通话。我谈到我们又向霍尼韦尔让步 3.4 亿美元，总报价已达 22 亿美元。

“昨天让我谈这个问题确实有些为难，因为我们的差距有数十亿美元。”我说，“但这将是我们最后的报价。”

他谢谢我告诉他这些，可他对我的报价仍然不感兴趣。

我们回到律师事务所，GE 和霍尼韦尔的小组成员已经在那里一起度过了好几个星期。我们全都筋疲力尽。虽然我只与事务促进会见了几次面，我们的两个小组却花了大量时间和他们一争输赢。

GE 和霍尼韦尔标明蜕资总额 22 亿美元的正式提交书在当天送到

了委员会办公室。

离开布鲁塞尔之前，蒙蒂委员打电话向我告别。他说我们之间的交往很愉快，而且第一次叫我“杰克”。我向他表示感谢，并向“马里奥”告别。

“现在交易结束了，”他说，“我可以对你说，‘再见，杰克。’”

“再见，马里奥。”

* * *

在那个时刻，我不相信他们会放弃这些好处——连同美国的蜕资，总共有 25 亿美元的让价，约占主要航空生产线的 40%。

我希望并购事务促进会好好考虑一下这些。

事务促进会的决定备受关注。许多报纸和杂志纷纷批评委员会反对我们这笔交易的做法，华盛顿的政客公开抨击这项决定，敦促委员会重新考虑这件事。

看到已经形成了公众的舆论压力，我们和霍尼韦尔商定作最后的尝试。于是，6 月 25 日星期一，丹尼斯、本和我在纽约会见了迈克·邦西格诺和彼得·克林德勒。我们同意以私人方式卖出 GECAS 的 19.9%，给一个或多个 GE 选择的投资者，并请一人作为 GECAS 五人董事会的独立董事长，但我们表示不会接受竞争对手做 GECAS 的小股东。迈克和彼得赞同我们的意见。

我们讨论了航天蜕资项目，同意将 GECAS 的 19.9% 出售同 11 亿美元的霍尼韦尔资产剥离结合起来，这个售价只有 6 月 14 日所提供的 22 亿美元的一半。迈克和彼得一致认为这是我们需要做的最后一步。

第二天早上，我打电话给蒙蒂先生，问他能否在布鲁塞尔见见我和迈克·邦西格诺，以便我们交上最后的提议书。他认为这个时候见我们不太合适，最好是由我们在欧洲的律师递交新的提议书。我让他也这样告诉迈克·邦西格诺。我和迈克表示，只要我们得到了蒙蒂委员的通知，我们就准备去布鲁塞尔。

我们的律师遵照旨意交上了提议书，很快蒙蒂委员就来找我们了。6 月 28 日星期四下午，蒙蒂先生与我和迈克开了个电话会议，他称我们上次的报价“不够”，说如果我们早两个月提交就好了。

“我们尽力对我们所听到的一切做出反应，我们为此付出了这么多，这样的结果显然太令人失望了。”我告诉他。

迈克·邦西格诺也表达了同样的心情。

迈克下午 5 点半左右打回电话，告诉我他准备在早晨发送最后的请求。

我劝告他，我们已经将所有的东西都给他们了，现在应该做的只有激怒委员会。

“杰克，我要用尽我的最后一枚子弹。”他说道。

* * *

第二天早上，我收到了霍尼韦尔的一份新提议书。这封两页纸的信也被迈克公之于众了，他在信中让我还是按照 6 月 14 日的提议，蜕资 22 亿美元。但他也让我修改一下 GECAS 的建议，让欧洲委员会同意小投资者和独立董事会成员的加入。总之，为了符合委员会的立场，霍尼韦尔除了提出以前的所有蜕资意见外，还加上一个烦琐的 GECAS 概念。

作为交换，迈克提出并购协议的修改意见。他降低了霍尼韦尔的价格，从用 GE 的 1.055 股换霍尼韦尔的一股，降到以 GE 的 1.01 股换霍尼韦尔的一股。

我们不能接受这样的条件。自从 12 月当选继任董事长以来，杰夫·伊梅尔特参与了霍尼韦尔的每项决定，他和副董事长们与我的意见一致，认为这样的提议并不明智。我们为双方公司那些在这项交易中为并购计划努力工作数月的人们感到难过，但我们无法同意霍尼韦尔的提议。

然后我打电话给 GE 董事会，解释了我们的处境，并就拒绝霍尼韦尔提出的并购协议的修改一事取得了董事会的赞同。这倒不是个困难的决定，委员会已经毁掉了做这笔交易的战略理由。

“委员会所追求的东西使我们失去了这项交易的主要战略性的理论基础，”我在给迈克的信中这样写道，“出于同样的战略性原因，你为迎合委员会而提出的新建议对我们的股东没有意义。”

委员会驳回了霍尼韦尔的请求，这对于双方来说都是不幸的。这项交易是那么合情合理，我们都为它付出了最大的努力。

对我来说，如果这项交易正值我职业生涯的中期，那它不过是又一次挥棒击球不中的例子。可它出现在我任职最后的日子里，在我推迟了我的退休以后，GE 失去的这最大一笔生意越发显得损失惨重。

我和蒙蒂委员之间从未有过个人恩怨。我和他总是坦诚地交往，我们都尽力克服我们的差异。遗憾的是，我们都在一套规则下做事，以至于委员会成了我们的反对者和仲裁者。

一旦并购事务促进会消除了这项交易的战略性理由，我们的股东就无利可图了。

这并不是我个人的事。

但同他们有关系——我们的员工就是我们最大的股东。

* * *

周末，我参加了一个婚宴，在费尔菲尔德乡村俱乐部的门口喝着鸡尾酒，看着外面的高尔夫球场和长岛海峡。四周碧水环绕，真是一块风景宜人的地产。

朋友们问起我与霍尼韦尔的这笔交易。我指着外面的那块地说："想象一下，你买下了这个漂亮的高尔夫球场，为了结束这笔买卖，城市官员要求你把第二、第三、第四、第五和第八洞——水边最好的几个洞，交给另一个球场使用。然后他们还叫你放弃自己的部分房产。"

相信这番话能让他们明白我在布鲁塞尔的遭遇。

在今天这样一个具有高度监控性和好打官司的世界里，公司很容易成为议论的目标，自由泛滥的官僚主义作风对 CEO 来说是根永远的刺。在我们这个事件中，我们有两次都是在正当合理的过程中被否决的。

美国环保署（EPA）引用的是《超级基金法案》，就是说，你要么满足他们的清理要求，要么就面对 3 倍的损失和一天 27 500 美元的罚金。只有在你完成了所有的工作时，你才有上诉权，而那已是好几年以后了。

正是因为它缺乏公正的程序，我们才在联邦法庭上指出该法规违宪。

欧洲委员会驳回霍尼韦尔并购案，又没有合理的审查过程。官僚主义者可以持最极端的立场，并且没有任何妥协的动机。在美国，反托拉斯机构要阻止一笔交易必须有法院指令，在欧洲则不然。公司应该拥有一种权利进行公平公开的听证，这个听证应由公正的法庭在合理的时间内举行。

只有政府能阻止这类不公正事件的发生。

再进一步说，公司应该争取同样的权利，就好像一个人为一张交通罚单奋力抗争——争取当庭申辩的机会。

第二十四章

CEO 到底是干什么的

像其他工作一样，当 CEO 也有利有弊，当然是利大于弊。早在一年前就把工作日程安排得满满当当的，每天还要想办法挤入新的日程。工作时间虽已超长，你还得和时间赛跑。无论你做什么，工作都不会离开你，你考虑的问题总是那样有趣。

当 CEO 可不是什么好差事！一大堆乱七八糟的想法涌进我的脑海：超越极限、狂野、快乐、粗暴、疯狂、激情、永恒运动、平等交换、开会至深夜、不可思议的友谊、美酒、庆典、漂亮的高尔夫球场、在真正的较量中做出重大决策、危机与压力、多次挥棒击球、少有的几次本垒打、成功的喜悦、失败的痛苦。

这样也不错！酬金很高，不过真正的收获是在过程中感受到的快乐。

像其他工作一样，当 CEO 也有利有弊，当然是利大于弊。早在一年前就把工作日程安排得满满当当的，每天还要想办法挤入新的日程。工作时间虽已超长，你还得和时间赛跑。无论你做什么，工作都不会离开你，你考虑的问题总是那样有趣。

当CEO有各种各样枯燥的外界职责，但是内心的职责一点儿也不枯燥，至少对我来说是这样，因为议程由我来制定。我应邀参加了不少正式宴会和企业联合会的会议。最棒的一点在于，我不是非去不可。有的宴会的确很特别，比如白宫的国宴，你甚至希望你父母能活着亲眼看到。在那里我见到不少才华横溢的人，本来我只能在书本上认识他们，我发现他们大多数都谦恭有礼，风趣大方。

没有一天称得上是例行公事。5月底，我正在写这本书，其中有一天被我排得满满的，从早上8点半到晚上8点半会议不断。第二天，华纳出版公司（Warner Books）的CEO拉里·基尔什鲍姆（Larry Kirshbaum）揶揄我，要我多下点儿功夫在我的书上。

"看在老天的分儿上，拉里，"我回答道，"昨天我什么也干不了。我整天都忙个不停。"

"怎么了？"他问。

听了我的解释，他坚持要我写在书里。

昨天就是我们所说的"交易日"（Deal Day）。早上8点半，GE金融服务集团董事会开始了每月例会，这次会上，我们有很多东西需要回顾，从出价55亿美元收购在日本的一家破产的人寿保险公司的资产，到贷款5亿美元在密西西比建一个发电厂。GE金融服务集团的CEO丹尼斯·内登在领导团队开始分析现状之前，向他们介绍每一笔交易的基本原则。

GE的财务总监吉姆·邦特负责为GE金融服务集团领导团队作各项交易的分析。在会议的头一天，他通过电子邮件将一两页的交易小结及自己的个人建议在各成员中传阅。作为GE金融服务集团董事会的老成员，吉姆一贯眼光挑剔。这个才华横溢的疯子总能从数字中找到幽默和潜在的危机。2000年秋天，我留他在公司再做两年，他精明的头脑和玩世不恭的态度真是一笔难得的财富，我希望我们的新CEO能受益于他敏锐的洞察力。

在最近的一次会议上，他向我和杰夫·伊梅尔特敲响了警钟，因为我们未征求他的意见就擅自公开了对一项交易的赞成意见。他以嘲弄的口气写道："根据路透社2001年5月17日的报道，既然董事长和董事长接班人希望这样……若有人在这一点上有异议，请现在提出，否则就永远别说。"

我们花了4个小时讨论了11项生意，5项是美国以外的。9项得到赞成，一项40亿美元的收购意向被打回去再讨论，一项价值1.11亿美元的资助纽约市4幢办公楼建设的生意被枪毙了。我们已至少两次栽在不动产生意上。随着纽约处处竖起了起重机，人人都在担心市场饱和。只有邦特除外，他喜欢这种交易的结构，并且承认说："我知道别人会说：'邦特，你疯了吗？'"

我们很少不采纳他的建议，这就是其中一次。

休会期间，我从大厅里抓了一个三明治带回会议室，继续主持仍未解决的霍尼韦尔收购计划的战略会议。我们飞机引擎部的CEO戴夫·卡尔霍恩从辛辛那提飞来，许多霍尼韦尔公司的人也从凤凰城来参加这个会议。

我们正在同欧委会举行听证会，研究这一并购计划在竞争中的影响。尽管我并不认为这里存在任何反托拉斯的问题，我们仍希望通过放弃一些原则来博得委员会对此事的赞同。我们需要知道霍尼韦尔对每个事项的战略价值的看法。

有关霍尼韦尔的会议开了整整两个小时，以至于原定下午1点的一个会议推迟到了3点才开，这个会是我一直期望的，因为它全是关于人的：前6个星期对C类区域所作视察的汇总。人力资源部的比尔·科纳蒂为5个小时的会议准备了资料，杰夫·伊梅尔特在这里主持，我则试着成功地克制自己。

我们在基层视察期间，时常从各项业务中“发掘”三四名新星，并积极为他们创造新的机会。最后，我们参加综合会议时，不可避免地发现已有四五项不同的工作适于每名新星去做。因此，这次会议让我们重新整理了我们在该领域的承诺，并就执行官在各项业务中的换位问题进行了热烈的讨论。

我们总结回顾了所有 GE 企业中的领导继任计划，并讨论了关于职位最低的 10% 的执行官的计划。有时候，这 10% 的人在一个企业里比另一个企业中的中层官员做得还要出色，于是制造出很大的压力。

这次，我们从整体上回顾了一下霍尼韦尔的并购案，包括飞机引擎、工业和塑料部门的新组织。我们花了一个小时讨论霍尼韦尔公司的执行官们在即将合并的公司中能任何职，以及 GE 的哪些人员需要调换。我们从 50 来位候选人名单中选出了大约 35 名经理参加 2001 年高级管理开发课程（EDC）。这可是件大事，因为我们实际是在向我们所有的领导者展现未来的蓝图。

多年来，这类会议的重点之一就是多样性。从 2001 年的明细小结中可以看出，女性和少数民族的管理层人员与 1996 年相比增长超过了 70%。在增加的 3 000 名行政管理者中，30% 以上都是“多样化”的。

多样化副总裁的数量 2000 年达到了 25%，现在代表了 GE 副总裁的 16%。这还算不上六西格玛，但是超过 300 亿美元的 GE 收入现在都由女性和少数民族执行官来管理。我们的管道正在迅速地建立，我们的顾问计划已经奏效。

在会议的最后半小时里，我们回顾了在基层视察过程中每个创意的两三种最佳实施，杰夫肯定会在 6 月份召开的 CEC 会议上对此赞不绝口。

整个会议到晚上 8 点才结束，我最不愿想的是，我又要回去写这本该死的书了。

* * *

当然，也不是每天都那么紧张，CEO 要做的事也不是一成不变的。每个人的做法都不一样，不能说谁做得对，谁做得不对，也没有唯一的评判标准。我当然也没有什么制胜法宝，不过既然现在是在写这本书，我就冒昧地说一下我的一点儿经验，与大家共勉，希望其中一些会对大家有所帮助。以下就是我从中筛选的几点。

诚信

一位费尔菲尔德大学商学院的大一学生在一次讨论会上问我："你如何能将虔诚的天主教徒和优秀的商人这两个形象同时兼顾呢？"

我以强调的口气答道："我就是做到了！"

答案很简单：做人要以诚信为本。一旦形成这种人格，不论在何种有利或不利的情形下，它都支持我做的一切。不可能所有的人在所有的事上都同意我的看法，我也不可能任何时候都正确，但只要大家明白我做事诚信就行了。这样才能建立与客户、供货商、分析家、竞争对手及政府部门的良好关系。这是为企业确定基调。

我从不制订两套方案，只有一条路可走，那就是走直路。

企业与社会

每个人对企业在社会中扮演的角色都有自己的见解，我也一样。

我认为一个强大、有竞争力的公司才能对整个社会负起责任，只有健康的企业才能提高并丰富人类及其社区的生活。

一个强大的公司，不仅是通过纳税这一主要方式服务于社会，它更为全球提供了符合和超过安全环保标准的世界水平的设施。强大的公司会不断投资到人力和设备中。健康发展的公司提供良好而稳定的工作，职员可以获得充足的时间、精力和各种资源，加倍地回报给社会。

另一方面，没有实力在生死线上挣扎的企业往往会成为社会的负担。它们的利润几乎为零，交的税也少得可怜——即便交的话，它们也要想尽一切办法省下每一分钱，而在提高员工素质和改善工作环境上，几乎不作资金投入。经常裁员的威胁让员工没有安全感和稳定感，总为自己的未来担心。这样一来，它们就更不可能有时间和金钱帮助其他人了。

我在马萨诸塞的皮茨菲尔德亲眼目睹过此类事情，在GE工作的头17年我几乎都在那个城市度过。我见过两种企业，一种是健康的，一种是失败的。我们拥有一个充满活力、不断成长的企业。我们请了有能力的人员，建起新的实验中心。我们有全身心投入的员工，他们为社区建设出了不少力。在同一条街上，GE的变压器厂10年来一直苦苦挣扎，亏损却年年增加——这个厂变得毫无竞争力，于是我们在80年代把它关闭了。从长远来看，亏损的企业不可能为社会带来长期利益。

我们不得不关闭变压器厂时，皮茨菲尔德城愤怒了。然而并不是我或者GE更偏爱塑料而不是变压器，或者更偏爱一个城镇而不是另一个，这是企业的健康发展状况及它对整个社会的隐患所决定的。

作为一名CEO最首要的社会职责，就是确保公司能够赢利，而只有一个健康发展的成功企业才有能力、有条件去做好事。

定调

整个企业的工作是从最上层的领导开始的。我经常跟我们各公司的领导说，他们工作的力度决定了他们所领导的企业的工作力度，决定了他们工作的努力程度及与下属的沟通能否获得成百上千倍的效用。所以，CEO 为整个公司定下了基调。每天，我都努力深入每一位员工的内心，我要让他们感觉到我的存在。

当我到很远的生产工厂（欧洲、亚洲或其他地方）出差时，每天我要花上 16 个小时与数百（如果没有达到上千的话）名员工沟通。在克罗顿维尔，我成功地组织了 1.8 万名经理相互交流。每次对人力资源问题进行回顾时，我总是与工会领导会面，了解他们的想法，也让他们知道我的想法。我不希望自己只是年终报告中的一张照片，我想让 GE 公司的每个人都了解我。

集体智慧最大化

让每一位员工全身心投入到工作中来是 CEO 工作中的一大块内容。让每个人把最好的想法拿来，与其他人交流，这就是秘诀。没有什么比这一点更重要了。我把自己比作海绵，吸收并改进每一个好点子。首先，要做到善于接受每个人、每个部门提供的最好想法。其次，在整个机构中交流传播这些想法。“群策群力”推动了无边界行为，使这些想法和建议不断得到改进和发展，然后被付诸实践。我们用这个价值观严格地评估每一个人，以此强调它的重要性。把所有的会议联系起来（“运营系统”），从人力资源到战略，使这些新的想法更加完善。在克罗顿维尔的经历帮助我们相互学习，并找出了每个人的闪光点。

寻找更好的出路，及早地把新知识拿出来与大家分享，在今天已成为 GE 的第二天性。

人为先，策为后

让合适的人做合适的事，远比开发一项新战略更重要。这一宗旨适用于任何企业。我在办公室里坐了多年，看到不少似乎很有希望却从来没有任何结果的策略。我们曾经有过一个关于超音速的很好的计划，但是，直到我们找到了一位这方面的专家，才使这个计划得以实施。在飞机引擎、动力能源和交通运输方面，我们有着多年的服务策略，但是，在我们找到一位有勇气打破陈规的人来领导这项事务之前，服务一直是“二等公民”。

我们费了很多周折，才知道我们获得了世界上最好的策略，但是如果没有合适的人选去发展、实现它，这些策略恐怕也只能“光开花，不结果”。

不拘礼仪

官僚作风往往令人窒息，非正式的管理方式则能让人呼吸顺畅。创造一种非正式的气氛更有利于竞争，而过于官僚化是最大的障碍。不拘礼仪并不等同于直呼其名，乱停车，衣着随意，它的意义更为深远。它的宗旨就是要让每个人都起到作用，并且让每个人都知道他们所起的作用。头衔并不重要，也没有肩章，没有从办公室的角落里发出的僵硬指令，只有每个人都能感受到并可以不断扩大的一种开放精神。“掩饰你的错误”是愚蠢的。激情、和谐和奇妙的主意能从各个阶层、各个角落不断涌现出来，这才是关键。每个人都受到欢迎，并得到鼓励去追求成功。

自信

傲慢自大是致命的，充满野心也一样。自大与自信有明显的区别。拥有适度的自信会在竞争中获胜，判断是否自信的标准是有没有勇气敞开胸怀，不论来源于何处，只要是有意义的变动和新的思想都能接受。自信的人也敢于面对别人在观点上的挑战。他们喜欢那些丰富思想的智慧碰撞，他们决定了一个企业的开放性和兼容性。那么你如何才能发现这种人才呢？找出那些自我感觉良好的人，那些不怕展示自己的人。

千万不要为任何机构里的任何该死的工作而妥协“自我”。

热情

每次我去克罗顿维尔，向一个小组或团队提问，拥有什么样的素质才能称得上一名“顶级的玩家”，我常常高兴地看到第一个举起手来的人说：“是工作热情。”俗话说一美遮百丑，对我来说，极大的热情就是那“一美”。如果有哪一种品质是成功者共有的，那就是他们比其他人更在意。没有什么细节因细小而不值得去挥汗，也没有什么大到不可能办到的事。多年来，我一直在我们选择的领导者中发掘工作热情，热情并不是浮夸张扬的表现，而是某种发自内心深处的东西。

优秀的企业能够燃起员工的工作热情。

拓展

拓展就是使超出你想象的可能变为现实。我总是把年度计划作为一个很好的例子。

你可能知道编程是怎么一回事。有个专业小组为了实施一个计划在总部工作了一个月，并为了提高他们预计的最小销售量而努力。总部的一个工作小组也加入到相关会议中来，目的是使公司的收益最大化。这个专业小组拿出各种图表，列出经济形势不佳、竞争激烈等不利因素，然后说："我们能做到 10。"而高层经理那天早晨走进来，却希望他们能提到 20。

计划往往是关在房间里制订出来的，没有顾客在现场。但你知道会有什么可能。通过无数次幻灯片演示和数小时的商讨，计划最终定在了 15。

这是在缩减计划上做的无用功。

专业小组又飞回来，相互击掌祝贺，他们不必对总部唯唯诺诺，而高层经理也认为这是不错的一天，因为目标计划又提升到了新的高度。

为什么会这样做？多年来，所有的人都知道，如果完成计划，就会得到赞许，提高待遇；如果完不成计划，就会受到惩罚。

每个人都按照这一规则行事。

在一个提倡拓展的环境中，同样一个行业小组会被要求带着体现他们想法的"执行计划"来，即他们认为在"拓展"范围内可能达到的最高数量。讨论围绕的是新的方向和成长计划，以及激励人的东西。

会议结束了，每一位与会成员都透彻地理解了这一计划将达到什么目的，他们该做些什么。执行计划反映的是实际情况。这个小组明白，他们的执行计划将与上一年和竞争中的相对表现作比较，而非同一个协商后的内定数字作比较。他们的拓展目标总在鞭策他们。

我们始终没有做出一个"拓展的执行计划"，然而我们所做的远比我们想象的结果好得多，比华尔街的预计更胜一筹。

形成拓展的思维习惯并非易事，也不是整个 GE 公司上下都具有这一品质。有时我们发现，有的低层经理把拓展的数字作为预计数，谁没达到就惩罚谁，我想这种情况可能不再多见了，但也不敢肯定。

无论如何，我们会不断努力地“拓展”。

庆功

经营不能没有乐趣。对于太多人来说，它只是“一项工作”。

我发觉庆祝永远是激励整个组织的有效方法。从我在 GE 塑料的最初岁月起，我总是想尽办法去庆祝一次哪怕小小的胜利。

在克罗顿维尔，我问学生们：“你们有没有足够的庆祝活动？”他们变得沉闷起来，小声答道：“没有。”我常常感到很沮丧。

我喜欢鼓励他们庆祝。

我会跟他们讲：“别看着我，我不会为你们开庆祝会的。在 GE 公司，我们也不会安排什么庆祝升任副总裁的仪式。你必须学会自己去庆祝。你有这个权利，回去后付诸实践吧。也不必太过破费，一小桶啤酒或两人晚餐都可以。”

“你的任务是让你的小组成员与欢乐相伴，当然，他们必须努力创造效益。”

酌情调整薪酬

这一点你必须做得合情合理。

一次，我惊奇地看到第四季度的收益很可观，却没有利润，我问：“这到底是怎么回事？”

“是这样的，我们开展了第四季度的销售竞争，每个人都干得非常出色！”

“那利润到哪里去了呢？”

“我们没有要求他们创利润。”

这是一个简单得不能再简单的通病：要求多少就完成多少，报酬有多少就完成多少。

静态的计划会变得陈腐无用，市场条件在变化，新的商业项目在发展，新的竞争对手在不断出现。我经常在家里推敲这样的问题："我们是在检验和奖励我们所需要的特定行为吗？"

不调整衡量标准和酬金，结果往往事与愿违。

区别对待造就强大的企业

没有人愿意充当上帝，把人分成三六九等，特别是分出最底层的10%。区别对待是每个经理都感到棘手却不得不面对的问题。我认为我的工作就是探讨这个问题，每天贯彻下去，并要求所有人都这样做。我从第一天起就认为，这是造就强大企业的必经之路。对我们而言，活力的不同造成了工作的区别。我们运用这个方法，坚持不懈地推动领导者们去努力提高自己的团队。年复一年，经理们不得不把业绩最差的人排除掉，这正是对付官僚作风的良策。我们的调查显示，我们越是深入最基层，对我们最差表现的关注也就越多。较基层的执行官远比高层经理更不愿意遭受落后的冲击。

区别对待是很难做到的。谁觉得这很容易办到，谁就不适于在这个企业中生存。如果谁做不到这一点，也是一样。

留住人才

我们总是告诉我们的企业领导："你拥有这个企业，但你只是在雇用人员。"我和比尔·科纳蒂都感到，我们担负着这750名最高层经理的人事责任。我们负责他们的成长、收获和进步，我们运行着一个人力资源工厂，造就优秀的领导者。

我们企业的CEO们明白，如果他们发掘出人才更大的潜力，是能得到回报的。我们的无边界文化改变了规则，将储备最优秀的人力资源变成了资源共享。

当然，在给某个领导者打电话说“很抱歉，您失掉了某某”时，有时我也会听到一声叹息。

放弃最优秀的人才当然不是正常的行为。但接下来，我们就要谈到从候选人名单中选出谁来填补空缺。有我们这样的用人机制，后来的人比原先走掉的人干得更出色。

随时做出评价

做出评价对我来说无时不在，就像呼吸一样。在能人统治中，没有什么比这更重要。我随时都要做出评价，不论是在赠送股票期权时，还是在提升某人时，甚至在走廊里跟某个人撞个满怀时也是如此。

我总是想让每个人都清楚地认识到自己目前所处的位置。每年，我都写张纸条，跟年度奖金一起附在我的陈述报告中。我会写上两三页纸，概括我对员工来年的期望，和上年的信放在一起。上年的信则做上红色标记，以保持程序上的连续性。

这些纸条起了不少作用。我从中回顾了每个企业的运营，并权衡了一下我的哪些想法更重要。我的陈述报告表明会有后续工作跟上，我也很注重这一点。这项工作十分耗时，有时为此甚至要工作到周日深夜，我真希望当初没有启动这件事，但我必须善始善终。对我来说，它是一条必须遵守的纪律（附录 C 中有我给接班人杰夫·伊梅尔特写的信。和我写的其他东西相比，这些都应当算作嘉许之词）。

文化的重要性

基德公司在这方面给了我一个教训。在霍尼韦尔与联合信号合并的过程中，我看到了文化的重要性。两个公司合并一年之后，仍有少数人因为哪一方的文化是主流的问题而争论不休。当戴姆勒 – 克莱斯勒作为“平等合并者”加入时，麻烦就更大了。

所以说，从一开始就确定我们文化的基调对我们以后的快速发展是非常有益的，反对者必须尽快离开。

一个真正想做到智能最大化的企业就不能让多种文化并存。在 20 世纪 90 年代末期的国际互联网狂潮中，GE 金融服务集团股票组中的一些人突然觉得他们是天才了。他们在投资 GE 公司的过程中，认为自己应该在公司里起一定的作用。

我们告诉他们一边儿待着去。在我们这里只有一种货币——带有 GE 价值观的 GE 股票。

90 年代末期，我们在加州放弃了对许多高科技企业的收购，原因就是为了保持自身的文化。我不希望 GE 在网络公司的狂潮中迷失自我。

但这也并不是说 GE 人没有自己的个性空间，或者不能因出色的表现得到丰厚的报酬。在个人风格和待遇面前，我们的文化会做一定的让步，但绝不能遭到破坏。

策略

商界的成功并不是通过浮夸的预测得来的，而是在变化发生时能够迅速做出正确反应的结果。这就是为什么策略必须有灵活性和预见性。

我的长期金融分析家和 GE 历史的研究专家鲍勃 · 尼尔森在他提交的关于普鲁士将军赫尔穆特 · 冯 · 莫尔特克（Helmut von Moltke）的一篇文章中，向我透露了他的这一想法。莫尔特克的信念给我们带来了一连串值得思考的问题，多年来，这些问题对我来说远比在策略性计划书中处理的资料更有用。

以下 5 个简单的问题使我对生活有了策略性的思考：

- 你了解你的企业以及你的竞争对手在全球的准确地位吗（市场份额多少，产能如何，当今在区域内的能力）？
- 在过去的两年里，你的竞争对手采取了哪些行动以改变竞争局面？
- 你又在这两年里做了什么来改变这一局面？
- 在未来的两年里，你最害怕你的竞争对手采取何种措施来改变竞争？
- 你在今后的两年里将会采取何种防范措施来避开他们的策略？

竞争对手

经过长期验证，我总结出两条关于如何应对竞争的“真谛”。

其中一条是这样的：“我们失掉了原来的市场份额，是因为我们的竞争对手疯了，他们将他们的产品到处分发。”在我的从业生涯中，这种话听得我耳朵都生茧子了。通常，这句话到头来只是谬论。事实上，此时的竞争对手在成本上占据了一个更有利的位置，或是他们的行动有着充分的策略性理论基础。过了好一阵子，我才醒悟过来，不得不扪心自问：“我们哪个地方出了错，而他们没错？”

另外一条是：一支队伍是奔着超过领先竞争对手的目前位置而来的。这个假想的含义是，当我们正在开发新产品时，我们的竞争对手还在睡大觉呢。事实并非如此。

我们努力研制 GE–90 型飞机引擎。工程师们说服我：如果我们开发这种新型的引擎提供给波音公司的远程 777 客机，我们正好满足了他们对 9 万磅推力引擎的需求。他们说帕瓦特和劳斯莱斯没有能力依靠现有的技术达到 9 万磅，但事与愿违。后来帕瓦特和劳斯莱斯成功地研制出 9.4 万磅推力的引擎。

幸好这个计划还算有了圆满的结果。我们新型引擎的推力能达到 11.5 万磅，这正是波音 777 远程飞机所需要的。我们依靠我们的引擎，签下了这种飞机的绝大部分供应合同。

尽管不容易，我们还是费尽心机，试图了解每一项新的产品计划，同时认真考虑最精明的竞争对手将如何胜过我们。

千万别对对手掉以轻心。

基层

我从来不认为老待在总部就好，当了 CEO 更强化了我这一观点。自从 1972 年第一次得到任命以来，我就想走出办公室，和那些真正干实事的人在一起。我至少花了三分之一的时间跟 GE 的各种企业在一起，我不清楚作为 CEO 应该在基层花多少时间才合适。不过，我明白我每天都在努力尽量不在办公室里办公。

我时常提醒自己：总部大楼内不可能制造或出售什么产品，扎根基层才是了解实情的最有效途径。

市场 vs 思想

市场是不成熟的，但有时思想是成熟的。我们之所以宗教般狂热地追求“数一数二”“修复”“销售”或者“退出”的策略，是因为没有什么东西比这个更真实、更成熟了。从不同的角度来观察同样的一项业务，完全有可能改变我们的想法。我们要求每一个业务部门去重新定义他们的市场，这样他们的市场份额不会超过 10%，于是貌似成熟的市场成了发展的机会。要知道，即使是几匹野马，时间一长看上去也像纯种马了。以同样的业务量，我们的收入增长率在 90 年代后期增长了两倍多。

创意 vs 策略

在过去的 20 年里，我们确实拥有了 4 项创意——全球化、服务、六西格玛和电子商务。

创意是层出不穷的。它们使公司发生了巨大的变化，同时它们也相互促进。GE 运营系统中的一切都强调着这 4 个创意。

另一方面，我们还需要短期的策略步骤来为一个职能或公司重新注入活力和能量。这里有 3 个例子。我们提高了采购的领先地位，使供应商全球化，这使我们节省了好几百万美元。通过鼓励雇用本地人并将公司包装成国际化企业，我们减少了外国服务部门的美籍雇员（FSE），将他们调派回国，这也使我们节省了好几百万美元。我们利用互联网减少了内部的旅行访问，这又使我们节省了好几百万美元，并且还有助于我们解决工作与生活的时间平衡问题。我们的员工减少了日常飞行的里程数，却能待在家里过得更好。

理解基本原则和快速恢复方法之间的区别，能够帮助一个组织保持活力。

交流者

我是我们所有行动蛮横的拥护者——从以前要求我们面对现实，到要求我们改变公司文化、重塑公司形象的创意。每当我有了一个我希望贯彻或传达到公司里去的主意或信息，我都是怎么说也说不够。我不断地重复、重复，再重复，在会议上，在作总结时，年年如此，直到我窒息得说不出话来。

我总是觉得自己必须“超越极限”，才能让公司的几十万人接受一个想法。

我翻看 21 年前我在博卡时发表的一些讲话的手写便条，回想起我总是从不同的角度、不同的侧重点，不知道反复多少次重复同一个话题、同一件事情。“无边界”是我最难说好的词，我上百万次磕磕绊绊地说出来，可我从不回避它。

我的行为经常是过分的，也许还是强迫性的，但对我来说却非常奏效。

员工调查

我们几乎使用了所有的方法来获得员工的反馈信息：克罗顿维尔、C 类会议、活力曲线，以及股票期权。这些方法强迫管理人员以一种坦诚的方式来和员工们沟通。1994 年，让员工调查变得有意义对我们来说是一次巨大的突破。

我们没有问员工们对餐厅饭菜质量的看法，也没有过问福利计划。我们问的问题始终都围绕着一个基本的主题：“你从年度报告中读到的公司是不是你现在正为之效力的公司？”

我们没有通过投票的方式来管理公司，而是在完全相信我们员工坦诚的前提条件下，通过不记名在线调查的方式帮助我们将侧重点放在正确的创意上。我们不仅将调查结果拿给我们的员工看，还给董事会的成员看，给证券分析家们看。我刚开始这样做时，着实让证券分析家们吓了一跳，但是我们的确在这些表格上下了极大的功夫。

知道并且面对我们员工的所思所想，是我们成功的一个关键性因素。

提升职能

每当我认为一个公司的职能不如应有的那样强时，我就会责备自己不是一个合格的领导，例如采购上 10 亿美元的零件、产品和服务的过程。

采购部门曾经是安顿那些在制造业里不怎么成功的人的地方。20世纪80年代中期，我们的购买成本居高不下，我们显然需要作一些改变了。我成立了一个委员会，每个季度将公司的采购领导召集起来，到费尔菲尔德见我。有些业务部门的CEO认识到他们要派什么人去时，简直魂飞魄散。

我通常一眼就能看出一些能力比较差的人。

我们在负责服务的领导、六西格玛领导及电子商务的倡导者中间也进行了同样的尝试。将委员会和这些领导召集在一起，到费尔菲尔德来见我或一位副董事长，使我们可以将公司里最优秀、最出色的员工挑选出来。

我们一旦充分地调动和挖掘了这些领导的积极性和潜力，思想就会像水往低处流那样传向公司其他部门和人。

广告经理

维护公司的形象和声誉是CEO显而易见的职责之一。我可能将它推向了极致。在这20多年里，我看了宣传公司及产品的数以千计的广告。我从来都不允许任何一个自己不喜欢的广告被播出。

我们拥有非常出色的两人广告宣传团队，开始由莱恩·维克斯（Len Vickers）领导，后来由理查德·科斯特洛（Richard Costello）领导。1978年，为了一个新的GE宣传标语，莱恩·维克斯让几个广告商来参加了角逐，最后BBDO赢得了这次角逐。BBDO富有创意头脑的菲尔·杜森伯里（Phil Dusenberry）想出了一个好标语——“GE：我们为生活创造最美好的东西”。

我一听到这个标语，就喜欢上了它。有时我对这个过程的细致管理让广告商和我们的人都受不了。我喜欢琢磨广告，有强烈的个人观点，而且希望对GE所有的广告宣传都感到自豪。我认为星期天早上的电视新闻节目将吸引美国的思想领袖，于是我们的很多广告都被安排到这个时段。我的一些观点和看法继续影响着我们的广告宣传。就在我即将退休的几个月前，我还在检查我们将在电视上播出的一则新型节能型冰箱的广告。

形象很重要，我确信这是我的职责。

有张有弛的管理

知道什么时候应该干涉，什么时候该放手让人去做，纯粹是一个需要勇气的决定。我干涉过在医疗设备系统中出现的试管问题，但我没有参与我们在癌症探测方面的最大突破——一个价值 270 万美元的扫描仪计划和定价程序。

这里面很大一部分纯属直觉。当我感到干涉可以产生很大的影响时，我就会严加管理。每当我知道我起不到什么作用时，我就会放手让别人去干。

在这里，一致性并非必需贯彻的。有些时候为了工作能够尽快完成，可以不用太拘束和守规矩。你可以选择和挑选机会，因为此时你的干涉可能起到重大的作用。当我认为自己能玩的时候，我喜欢亲自上场；当我认为自己不属于这个游戏时，我也很喜欢在一边呐喊助威。

图表制作者

2000 年 11 月，我可能是唯一一个 65 岁了还在为演讲画商业图表的老头。我总是认为画图比别的方法更能理清我的头绪。将一个复杂的问题用简单的图表表示出来，对于我来说是一件非常兴奋的事情。在每一个分析会议上，我都会和财务及投资关系小组待上很久，一张图表接着一张图表地画，然后撕掉，然后再画。我喜欢画图表，因为我从中得到不少有用的东西。可笑的是，我们总是认为最后一张图表是我们“画过的最好的一张”。

投资者关系

华尔街在这份工作中发挥着至关重要的作用。我们换了负责维护投资者关系的人。我们拥有一批杰出的人才，但是过去的模式对于金融业务人员来说是一项没有前途的工作。他们一般都会在总部待着，被动地回答分析家和投资者提出的问题。

20 世纪 80 年代末，我们选择了一些年轻有为并且对市场非常敏感的财务经理，这种模式终于转变了过来。他们每个人都成了 GE 股票主要的市场推广人员，他们不停地拜访投资家，宣传 GE。这份防御性的后卫型工作终于转变成一份主动的中卫型工作。所有拥有这份工作的人每天早上起来时，都会觉得他们被 GE 的股票价格所衡量。由于他们敏感的财务意识，他们已经在业务上得心应手，利用这份工作提高了他们的营销和表达能力。

这个职位从无人问津转变成一个最热门的应聘岗位。它还是一个锻炼人的极佳起点：沃伦·詹森（Warren Jensen），我们 1989 年新模式下的第一人，当了 NBC 的首席财务官，接着又成为达美航空公司（Delta Airline）的首席财务官，而现在他是亚马逊网络公司的首席财务官；马克·贝格尔（Mark Begor）是前者的继任，现为 NBC 的首席财务官；杰伊·爱尔兰是第三个，他现在是 NBC 广播电台集团的董事长；还有马克·瓦尚（Mark Vachon），在这个岗位上做了三年，他是一个特别乐于助人的人，已经同意再待上两三年，帮助我们做到 CEO 顺利交接之时。

我们整个的投资关系队伍由两个人组成。这是因为我们的明星背后有一个强大的支持者——乔安娜·莫里斯（Joanna Morris）。她是我们审计人员中有硕士学位的人，人们经常用她培养新星的事来逗弄她，她非常喜欢训练这些未来的明星。她已经结婚，并有两个孩子，希望在费尔菲尔德定居下来，不愿四处奔波。

我们现在只需要两个人来讲述 GE 的故事——比我们 20 年前要少得多，而且现在事业才刚刚开始，而不是结束。

打滚

“让我们进去打滚吧。”这是我经常说的一句话。它的意思是让大家聚在一起，一般都是随意的，就一个复杂的问题进行争论。参与其中的唯一资格是你知道如何去做，不论头衔或者职务。我们在公共关系问题、环境问题、博卡的会议日程以及 M&A 这笔大交易中“打滚”。我们不需要纸和备忘录，我们只需要新思路，然后我们暂且把各种结论放在一边，再继续打滚。在无拘无束的打滚中，我们做出了不少很好的决定。

这些决定一般都与放弃等级制度的概念有关。所有人都知道，他们是这张桌子上地位相等的伙伴，在这里他们的意见可以非正式地、坦诚地说出来。

你的后院是别人的前厅

这句话应该归功于彼得 · 德鲁克。我们只是实践了它。

不要自己办食堂，让一个食品公司去做吧；不要开一个打印车间，让一家打印公司去做吧。你们应该明白，你们真正的附加值在何处，这样你们才可以将你们最优秀的员工和最丰富的资源集中在某个地方。

规划中的后院永远都不会是最吸引你的地方，我们应该将它转变为别人的前厅，因为这对他们来说是最吸引他们的。我们曾经这样做过多次。这就叫“利用外部资源”。这也是我们在20世纪80年代早期解雇一些人、把这些工作岗位剔除的原因。

一些政治家和经济学家声称，美国所有的工作机会都是由小型企业提供的，每逢这个时候，我就会觉得很不舒服。事实上，这些工作中的很多机会都是从大公司转移出去的。

速度

在克罗顿维尔，即使在我做CEO的最后几天，都有人不停地抱怨说我们的速度不够快。我知道自己很少因为做事而感到遗憾，但是却往往因为做得不够快而感到非常遗憾。我从来不记得自己说过：“我希望能再给我6个月的时间，让我想清楚，然后再作决定。”

我想在我早年加入GE时，无论对人、对工厂，还是在投资方面，我的果断应该是我能够脱颖而出的一个重要原因。尽管如此，40年后我将要从GE退休时，我的一个最大的遗憾就是在很多时候我的行动还不够快。如果有两个问题：有多少次我应该推迟一个决定？有多少次我希望我能够动作快一点儿？这时候，我会发现后者出现的频率比前者要多得多。

忘记零点

在一个大公司里，小的东西容易迷失。当业务和公司发展起来时，它们的规模会成为阻力，而不是动力。大规模的缺点——交流不畅、多层次性以及缺乏规范性，所有这些都对创造一个充满活力的氛围产生了副作用。

小公司的优点——灵活、高速以及交流的便捷，在大公司里往往会失去。在塑料部的经历告诉了我小规模的好处，“就像你自己拥有它一样”。我承担了CEO的工作后，知道将项目分割成小项目，再将它们放到主流之外才是发展的道路。

我们有很多将大宗业务分割成相互独立的小项目的成功范例。我们几乎在所有领域都这样做了——塑料中的改性聚苯醚、CT 扫描仪以及医疗设备业务中的超声波，还有 GE 金融服务集团中的融资和财务问题。并非所有的分割都是成功的，但是每一次总有一点是相同的：将业务分割开以后，会使大家的精神状态更好、更有活力，并有合适的资源作为支持。

较小的风险能够取得令人瞩目的成绩，能够造就英雄，既颂扬那些成功者，也为那些失败的人庆祝，因为他们充分体现了冒风险的价值。

我们当然明白规模意味着什么。一个公司在处理关于它的规模问题时，最棘手的就是如何去“管理”它。规模既可以用作解放的杠杆，也可能使你麻痹。我们每天都应该记住，规模的益处就是它让我们能够做更多的事情。

上面这些只是些想法，对我有用的一些东西，再有就是很多的运气。

* * *

在过去的 24 年里，我有一个幸运符——一个棕褐色的皮革公文包，它跟着我走遍了每一个地方。我的助手罗莎娜给它起了个绰号叫“幸运先生”。我是在 1977 年的亚特兰大高尔夫球比赛中赢得这个公文包的，同年，我第一次来到费尔菲尔德。它度过了它最美好的时光，现在已经被弄得破旧不堪了。就像罗莎娜说的：“它看上去真恶心，就像一个病人！”

我对“幸运先生”非常好，它对我也非常好，我永远都不会抛弃它。它唯一一次没在我视线里，是罗莎娜为了修补它里面的一个口子，把它带回家一个晚上。不过这并不是说我迷信什么，我从来都没有想过为自己增加运气。

最后一天我离开总部时，我和“幸运先生”在一起。正如我的朋友拉里所说：“这就是杰克。他不再需要一个新的。他来的时候带的是它，走的时候带的还是它。”

第二十五章
来自高尔夫的启示

高尔夫是一种你总是想做得完美无缺的运动。如果你喜欢一项公平交换的比赛（我当然喜欢这种比赛），高尔夫球赛就是最能让人兴奋的。

做 GE 的 CEO 是我一生中最大的乐事。如果还有一次选择的机会，我宁愿去当一名专业的高尔夫球员。自从在肯伍德乡村俱乐部当球童的日子起，高尔夫就成为我毕生最热爱的运动。是父亲使我开始学习这项运动的，他是正确的：和我小时候玩儿的冰球和橄榄球不同，高尔夫才是伴随我一生的运动。

这种运动结合了我所热衷的东西：人和竞争。我一生中最牢固的友谊就是在高尔夫球场上结下的。任何一个曾经从开球台打出稳健的第一杆或在果岭按标准杆把球推进 14 英尺外洞里的人，都了解这项运动的诱人之处。

总的来说，我是个自学成才的球员。9 岁时我就开始学了，那时是和肯伍德的一些比我大的球童一起练习。背着半打缠带的球杆，我很幸运自己的杆数能低于120杆。如果想在星期一早上（球童们的时间）之外的时间可以更多地练习，我就必须悄悄地溜到场地上去。

在高尔夫运动中，似乎每件事情后来都发生了。当初为了5个好球杆，我可以不惜一切代价。现在别人都免费为我提供成套的最好的球杆，而且我还有幸在全球最好的场地上练习高尔夫球。

不过，我想我从来没有忘记过当球童的日子。2000年的夏天，我发现64岁的自己又开始用力地拖着球杆袋，这一次是为我7岁的孙子杰克，当时他正在参加楠塔基特岛桑卡迪–海德俱乐部为高尔夫初学者举办的比赛。

小杰克的动作比我第一次打球时好得多。我的动作一直就像一名典型球童的姿势——没有过多的花架子，而且握杆的姿势总是错误的。我就那么推着球到处跑。我很少练习，就想外出比赛。我曾经在塞勒姆高中担任过副队长，还参加了大学的新生队。

我的高尔夫朋友拿我开玩笑，说我曾向每一个我遇到的人请教打球的技巧——球员、球童、更衣室的看守，甚至是俱乐部的服务员。所有秘诀都值得一试。我总是要最新生产的球和最新上市的发球杆，为了能打远一点儿我不择手段。有一次，为了得到一些专业意见，我去找杰里·皮特曼（Jerry Pittman），他是佛罗里达赛区了不起的塞米诺尔前职业选手。我问他："怎样才能使我的开球杆多打10码呢？"

"你今年多大岁数了？"他问道，"你去年又是多大？为什么你就不明白呢？"

我不想明白这些事情，因为我确信自己可以做得更好。

事实上也确实是这样。高尔夫是一种你总是想做得完美无缺的运动。如果你喜欢一项公平交换的比赛（我当然喜欢这种比赛），高尔夫球赛就是最能让人兴奋的。

我想不出来一种更富于交际性的运动。我在打高尔夫时还遇到过一些当今最伟大的人，很多都成了我毕生的朋友，如 40 年前在皮茨菲尔德伯克夏高山乡村俱乐部（Berkshire Hills Country Club）遇到的约翰 · 克雷格（John Kreiger）、25 年前在康涅狄格州里奇菲尔德银春乡村俱乐部遇到的安东尼 · 洛弗里斯科和卡尔 · 沃伦（Carl Warren），还有 15 年前在桑卡迪 – 海德遇到的雅克 · 伍尔史莱格尔（Jacques Wullschleger）。

在公司，我还同飞机引擎部的查克 · 查德韦尔（Chuck Chadwell）和戴夫 · 卡尔霍恩以及 GE 供销部的比尔 · 麦多夫（Bill Meddaugh）玩儿 4 人对抗赛。我们水平相当，竞争激烈，一天至少打 36 洞，有时还能打 54 洞（有几年他们的奖金不得不“无缘无故”地减少）。

做 GE 的 CEO 给了我机会，在高尔夫球场上结识很多有趣的人。户外体育比赛不仅给我带来了美妙的早上和下午，还给我带来了一些有趣的故事。我还记得一次在楠塔基特岛和几个朋友打球。他们是沃伦 · 巴菲特、比尔 · 盖茨以及我的朋友弗兰克 · 卢尼（Frank Rooney），他将他妻子的制鞋公司卖给了沃伦。这次比赛中我和盖茨一队，对抗沃伦和弗兰克。

当我们打到第一洞结束时，沃伦将球轻推入洞，正好是标准杆。

“噢，”比尔 · 盖茨这时说，“比赛结束了。”

“这是怎么回事？”我不解地问道。

比尔解释说他和沃伦打了一个赌，第一个打了标准杆的赢得 1 美元。如果他们打到第 9 洞还没有一个标准杆，那么杆数低的那个赢。这两个世界上最富有的人在一起比赛，而赌注却只有 1 美元。

有一次，我以为他们要走回俱乐部会所去了。

我遇到的另一件有趣的事情和梅尔维尔公司（Melville）前董事长弗兰克 · 卢尼有关。很多年以来，他和沃伦说好了每周在一起工作一次。我想他们肯定是将所有这样的时间都用来打球了。一次，我和弗兰克在一起打球，他打到了 78 杆，几乎和他的年龄一样，击败了我。

后来针对这件事我给沃伦写了一张便条，说到他的员工很显然工作不够努力。

沃伦马上给我回了信。“没有一个伯克希尔 – 哈撒韦（Berkshire Hathaway）的员工可以打破 80 杆的纪录，不过我也不记得工资单上有个叫弗兰克 · 卢尼的人。”他说道。

高尔夫甚至给我带来一个 GE 董事会的成员。大约 3 年前，《高尔夫文摘》（*Golf Digest*）列出了一个 CEO 高尔夫球手的名单，并将太阳微系统公司的斯科特 · 麦克尼利列在首位。而我呢，则紧随其后排在第二。斯科特很快向我发出了挑战：“如果我要成为第一的话，我想确信自己是真正的第一。杰克，你选地方——任何时间，任何地点，我们将一决雌雄。”

我一看到这个消息，就给他打了个电话。我们确定了时间，斯科特那年夏天宽宏大量地来到楠塔基特岛，和我打了 36 洞，那次我赢了。两个星期后，斯科特送给我一个镌刻着“韦尔奇杯”字样的纪念品。第二年，为了保卫这个战利品，我在奥古斯塔再一次跟斯科特打了 36 洞，这次我又赢了。2000 年，他赢了一场“简化”的比赛，我们只打了 18 洞，这一次的战利品现在在加利福尼亚（我说这是一次“简化”的比赛准会气死斯科特的）。

只是我第一次击败斯科特后，我才邀请他来我们的 GE 董事会。这是一次绝好的时间安排，因为这正好让我们可以初步达成电子商务的合作。

我非常幸运。在我的高尔夫技术刚刚开始提高时，斯科特出现了。在打高尔夫的这些年里，我在球场上只知道把球好歹推进 18 个洞就完了，能赢只是因为在果岭或果岭周围的短杆打得好。

直到 1989 年和简结婚后，我的技术才提高到了一个新的水平。那时我的差点大约是 10，但在教她打球的过程中，我发现自己进步了很多。有一时期我的差点降到 2 或 3，并且还在桑卡迪 – 海德俱乐部赢得了两次俱乐部冠军。而在遇到简之前，我往往在第一轮或第二轮比赛中就被淘汰了。

我不明白为什么会这样，但是当我第一次教她时，我确实使自己减缓了速度，并且注意分析了自己的姿势。当我告诉简挥杆时尽量往后摆得远一点时，我感觉到自己也不得不同样这样做了。所以现在我自己也在练习摆得远一点，我也开始学习如何收杆。在此之前，我从来没有完成过挥杆动作。

现在，每当我准备来一次重击时，我就不停地对自己说，弗雷德 · 卡普尔斯（Fred Couples），弗雷德 · 卡普尔斯，弗雷德 · 卡普尔斯。我认为他的收杆姿势非常完美，而且总是试图把他的挥杆动作铭记在心，这样我就可以学着他的样子来打球。

教简打球使我注意分解动作，集中精力在力学上。由于逐渐掌握了技术要领，我发现自己在比赛的最后环节不再慌张了。我打得更好了，而且我也越来越喜欢这项运动了。

1992 年，在桑卡迪 – 海德俱乐部比赛开始的前 10 天，我每天都打 36 洞。最后我的差点到了 2，从而赢得了比赛。

两年以后，我又赢得了一次比赛。在最后的决赛中，我赢了我的朋友雅克 · 伍尔史莱格尔（Jacques Wullschleger）。他是一个非常厉害的高尔夫球手，在过去的 16 年里，我们同场竞技 40~50 次。100 场比赛中，他可以赢我 99 次。而幸运的是，第 100 次，也就是我赢的那次，是在 1994 年的俱乐部冠军赛上。在这次延长赛中，在打到第 37 洞的时候，我打了一个 15 英尺的推球入洞，以低于标准杆一杆的成绩赢得了这场比赛。

雅克是个非常特别的人。在那次输了我之后，他花了数天的时间，雕了一个木制的桑卡迪灯塔送给我作为纪念品。

我曾参加过的最广为人知的一场比赛是1998年春的佛罗里达达人杯比赛，比赛在佛罗里达的韦恩·休伊曾加（Wayne Huizenga）球场举行。《今日》节目的联合主持人马特·劳尔认识高尔夫职业选手格雷格·诺曼（Greg Norman），并请他来参加我们的比赛。这是一场友谊赛，对一帮水平一般的比赛者来说，格雷格简直就是鹤立鸡群。他随便打了打，70杆，低于标准杆2杆；马特打了78杆。

我实际上杆数低于格雷格，我从蓝球台开的球打了69杆，而他从金球台开球打了70杆。这对于我来说是一个非常令人兴奋的日子。我想要告诉全世界的人，将记分卡电传给每一个我认识的人看。在一

Floridian

HOLE	1	2	3	4	5	6	7	8	9	OUT	PLAYER:	10	11	12	13	14	15	16	17	18	IN	TOT	HCP	NET
PAR	4	5	3	5	4	3	5	3	4	36		4	4	3	4	4	5	4	3	5	36	72		
1997 World Series Champions MARLINS	410	543	210	598	435	201	503	185	436	3521		394	409	197	438	390	534	335	223	505	3425	6946		
Dolphins	395	530	183	575	415	185	485	171	420	3359		373	394	180	421	361	526	327	200	495	3277	6636		
PANTHERS	380	510	175	550	390	175	475	155	395	3205		351	378	165	402	340	495	311	173	476	3091	6296		
HANDICAP	11	9	13	1	3	15	7	17	5			12	4	16	2	18	6	14	8	10				
5 Jack	4	5	3	5	4	3	5	3	4	36		3	3	3	4	4	5	3	3	5	33	69		
8 Matt	5	5	3	5	5	4	5	3	5	40		4	4	4	3	3	5	5	5	5	38	78		
+/-	+1	+2	+1	[illegible]	x	[illegible]	[illegible]	[illegible]				-1	-2	[illegible]	-2	[illegible]	x	[illegible]	x					
Greg	4	4	4	4	3	3	4	3	4	33		5	4	3	4	4	5	4	3	5	37	70		
18 Bob W	5	7	3	7	5	5	7	3	4	46		5	7	3	5	5	6	6	6	8	50	96		
16 W	5	6	4	6	6	3	8	4	5	47		5	6	3	6x	5	5	4	5	6	45	92		
MANATEES	315	456	147	436	343	143	465	132	356	2793		315	339	145	346	295	430	216	125	446	2657	5450		
HANDICAP	11	7	13	5	9	17	1	15	3			10	2	16	8	18	4	12	14	6				

Date: Scorer: Attest:

我与格雷格·诺曼的高尔夫比赛记分卡

周以后的商务会谈中，每当有人问起我这场比赛的结果，我总是说："稍等一下。"然后我就会从衣兜里掏出记分卡。

格雷格也非常有趣。他在我的记分卡上签名，并允许我拿着它到处炫耀，即使这不过是一场非正式的比赛。我告诉他，等我四处炫耀之后，他会变成从女性开球用的红球台，而我从好手用的金球台开球。可能我宣传得有点儿过分了，特别是在我"胜利的故事"出现在杂志和报纸上时，唐·伊穆斯（Don Imus）甚至开始在广播里谈这件事情。

有一次，格雷格给我打电话，并开玩笑地问我："杰克，你已经告诉全世界的人了吗？"

"你发现还有我没通知的人吗？"我大笑着回答，"如果有，请将他们的地址告诉我。"

第二十六章
“新人”

杰夫的表现使我回想起我一生中最快乐的时光：那是 39 年前的一天，为了庆祝我的第一个孩子凯瑟琳诞生，我夹着一罐糖果走进我在塑料大街的实验室。

刚开始还是先不说他的名字，我们都叫他“NG”。这是我们称呼“新人”（New Guy）的代号。

将我的继任者的情况保密，这一点很容易做到，而这也是唯一一件容易做的事情。选择继任者的工作不仅是我职业生涯中最为重要的一件事，而且是我曾经面临的最困难也最痛苦的选择。整个过程几乎使我发疯，给我带来了无数个难眠的夜晚。

至少有一年的时间，这是我每天早上思考的第一件事，也是每天晚上占据我整个头脑的事情。

使问题变得难以解决的原因是我们有三个非常好的最后候选人：杰夫 · 伊梅尔特，他主管我们医学系统的整块业务；鲍勃 · 纳代利，他负责能源系统的工作；以及吉姆 · 麦克纳尼，他主管飞机引擎的业务。他们三个都超出了我们的期望，他们的表现都非常出色。

他们中的任何一个都完全有能力管理GE。这不仅是因为他们是非常优秀的领导者，而且他们都是我的好朋友，我知道我肯定要使他们中的两个人失望。

我知道，这是我必须处理的最为困难的事情之一。

在经过长时间且有些强迫性的思考和讨论过程之后，我们做出了决定，和我20年前一样，我知道自己喜欢什么和不喜欢什么。如果我在得到这份工作的几年后就着手选择继任者，那就有可能和雷吉在选择我时所做的一样。他的继任遴选工作做得很完美，经过了深思熟虑，而且他的举措博得了业界的一致赞誉。在这20年里，公司发展得如此之快，我可以稍微改变一下做法。

从几年以前以业务为中心的模式开始，GE已经发展为一个非常规但是合作非常紧密的企业，并由坚定的价值观和荣誉支撑着。每一个候选人都是社会发展的产物。他们在变革中成长起来，有着充足的自信心。我们的步骤，从每季度的CEC会议到经常耗时一整天的C类总结，使我们走得更近，而且能够更加深入地相互了解。

我根据以下的一些想法和观点，开始了整个挑选继任者的工作进程。

第一点，我希望我的继任者成为GE无可争议的领导者。我担心自己给他留下了一些失望消极的员工，因为这些员工的低落情绪很容易使得整个公司好不容易才建立起来的精神和价值观发生动摇。

第二点，我希望将官僚主义因素排除在整个过程之外。权力的交接对企业来说是一个很大的震荡过程，此时的焦点应该放在公司外部，而不应该是在内部。当年，在我完成最后的接任工作后，一切马上变得极度官僚化和分裂。雷吉并不是有意造成这种官僚化的局面，是这个遴选的过程导致的。将所有的候选人召集到总部，这样雷吉就有机会让每一个人看得更清楚，不过它的代价就是那场严重的官僚主义动荡。

第三点，我必须确信董事会对这个决定是非常关注的，是设身处地地认真考虑过的。为了今后的工作，公司的董事们必须团结在一个人的周围。在我早年一些比较关键的岁月里，我有幸能得到这样一股力量来支持自己。这是天赐的好运。在我处于"最低谷"时，董事会的支持对我来说是非常有益和珍贵的，这一点在我被称为"中子弹杰克"时以及受困于皮博迪的基德公司问题时最能体现出来。

第四点，我希望选择足够年轻的候选者，在未来至少10年的时间里来做这份工作。虽然一个CEO马上就可以产生一定的影响，但我总觉得人们应该承担自己的决定产生的后果，特别是自己的错误。我肯定有过类似的情况。一个在职时间比较短的领导者有可能试图做出一些疯狂的举动，好在公司中留下他自己的印记。我看到过很多类似的例子。在我当公司董事长的这一段时间里，有些公司就已经换了五六个不同的CEO。我不希望这种事情在GE发生。

上面就是我在1994年春着手这件事时所想的一些问题。当时我58岁，还有7年的时间就要离开这个位置了。我觉得我们需要充足的时间来做出正确的决定。选择自己的继任者是一件很困难的事情。你的赌注是未来，而不是过去。我们需要选择能够在变化的环境中生存并发展的人，他将把GE带向一个新的水平：5年、10年，甚至20年。

1993年11月，我任命比尔·科纳蒂做我们人力资源部高级副总裁时，我告诉他我俩最重要的一项工作就是为公司挑选下一任CEO。"我和你将要长期关注的一件事就是为这个职位找到最合适的人选。"

事情确实是这样。当时我们不知道这件事几乎会耗尽我们所有的力气。

几个月以后，也就是1994年的春天，斟酌挑选的工作开始了。我们从来都备有应对“突发性事件”的继任计划：一旦我发生不测时可以接替我位置的人选名单。现在，我们第一次比考虑紧急情况看得更远，撒了更大的网，来筛选有充分潜力的人在2001年接替我的位置。

在我们匆匆记下这些名字之前，我们执行发展部门的副总裁查克·奥克斯基（Chuck Okosky）将一名“理想的CEO”应该具备的条件和要素进行了归纳，列了一个名单。

这些特点完全囊括了我想要的技能和特性：诚实、价值观、经验、愿景、领袖气质、锐利、名望、公平、精力、平衡性，以及勇气。查克的名单上还包括这样的品质，如“学习知识的无穷欲望”和表达“勇敢的主张”。我也加入了自己的一点希望，如“对任何详细复杂的事情能应对自如”以及“有胆量和耐心去做高风险的事情”。

不过这个方法并没有起到很大的作用。当我们准备按照这个标准开始实施时，连圣人都不能说是完全胜任的。

我、比尔和查克在C类员工名册中反复斟酌挑选，总共列出了23名候选人。这个名单中不仅包括高级副总裁要位上的很突出的人选，还第一次列出了16位潜力颇大、分散在更广泛领域的候选人，其中包括成为最终候选人的三个人。这些人中最年轻的只有36岁，年纪最大的是58岁，显然后者肯定是紧急时刻的候选人。候选人来自很多不同的部门，既有负责我们不同业务的CEO，也有我们年轻的副总裁。这是我们1994年最有希望的候选人。

我们为每一位候选人写出了一个发展计划，为每一个人设计了升迁的机会，直到2000年。我们希望在多种业务上给这些年轻人更宽广、更深入、更全面的展示机会。

我和比尔在1994年6月向董事会的管理发展委员会正式提出了继任者的问题。我们向董事们展示了写着23名候选人的“理想CEO”

名单，还有我们为16位有发展潜力的候选人所设计的详细的发展计划。这样，从那时起，他们职业生涯中所有关键性的决定都来自这个继任者培养计划。

尽管我们的计划做得非常周到详细，但看看今天的结果还是使我们清醒。23名候选人当中现在只有9人继续留在GE。其中一个当然是新CEO，3人是副董事长，还有5人将分别负责GE的大业务。有11人出于各种各样的原因离开了GE，包括7人现在正在其他公司当CEO的候选人；还有3人退了休，其中包括两位副董事长。

这些年来，我们像老鹰一样关注着这些家伙。我们不停地在他们面前制造新的考验。有8个仍是竞争者的候选人到1998年的6月为止已经尝试了17种不同的工作。我们免去了吉姆·麦克纳尼GE亚太区总裁的工作，当初任命他是让他履行我们的全球化承诺。吉姆在生产、信息服务和金融服务等方面已经有了一些经验，他成了我们主管照明设备业务的CEO。两年之后，我们又让他去当了主管飞机引擎业务的CEO。

鲍勃·纳代利曾经在我们的电器和照明设备业务部门工作过，接着又成为负责交通运输系统的CEO，后来我们又任命他为能源系统的负责人。

杰夫·伊梅尔特将他的绝大多数时间花在了塑料业务上，接着尝到了电器工业残酷竞争的味道，后来又重新回到了塑料部门。他于1977年成为主管医疗设备系统的CEO。

1994年6月第一次董事会陈述后，我们决定在每年的6月和12月举行一次董事会对继任者的评估会。我自己在每年的2月还要做一次实时的评估，这个时候我会抽出一部分资金作为激励奖金，发给我们的高级执行官们，每年9月讨论给予股票期权的时候再做一次评估。

为了帮助董事们对这些候选人有一些会议室外的接触，他们每年

4 月会和这些候选人在奥古斯塔打高尔夫球，每年 7 月在费尔菲尔德打高尔夫球或网球。我们还举行一年一度的圣诞派对，也邀请配偶们参加。在每一次类似的活动中，我和助手罗莎娜都要认真地安排四人对抗赛的位置和午餐时的座次，以确保董事会的成员们至少有一次和不同的候选人进行交流的机会。

1996 年，我希望董事会的成员们能有一次机会进行更深入的调查，不用我在场。我请赛 · 卡思卡特主席带他的委员会到每一个业务部门去参观。赛 · 卡思卡特是一个很好的朋友，一位卓越的董事会成员，还是一个私人顾问。他智慧而坚强，在我需要被拧一下时，他会很热情地给我一下；他为人慷慨，每当他认为我需要称赞时，他也会毫不犹豫地说：“好样的！”

当雷吉提名我为董事长时，两位董事赛 · 卡思卡特和米切尔森已经是董事会的成员了。为了保持延续性，我希望他们和第三个成员弗兰克 · 罗兹（Frank Rhodes）在交接时能够继续留任。弗兰克 · 罗兹也是遴选委员会的成员，但是他们三个都准备退休了。我请求董事局暂时延缓他们的退休时间，这样公司可以从他们的经验中受益很多。弗兰克和克劳迪娅 · 冈萨雷斯（Claudio Gonzalez）以及安迪 · 西格勒是赛 · 卡思卡特委员会的成员。克劳迪娅 · 冈萨雷斯是金佰利（Kimberly-Clark）墨西哥策划执行部门的 CEO，安迪 · 西格勒是尚皮恩国际的前董事长。

他们同每一个部门的领导及他们的团队度过了一天的时光，包括晚上在一起进餐或者打球。没有一件事情是我筹划的。在那以前，一些候选人打电话过来问我：“杰克，下面应该做些什么？”

“现在该你们自己表演了。”我回答道。我想让董事会的人知道，每个部门的领导者是以什么方式处理事情的。他们中有些人会给出详尽的报告，另一些人可能就只有几张纸。有些人会和他的员工们一起去完成某项任务，另一些人可能只需要一两个助手就搞定了。每一次旅行之后，赛·卡思卡特都会给我一张字条，说明委员会的印象。

第一份名单提出后4年，有人退休、卸任或被淘汰，总之原来的23位候选人缩减为8位实打实的候选人。我们继续围绕着那份“理想的CEO”名单做工作，添加或者删除一些限制条件，但是看上去似乎只有超人才能满足这些条件。最后，比尔、查克和我于1998年制定了对我来讲非常有用的8个基本目标：

1. 选择最强有力的领导。

2. 寻求最优化公司行政管理者才能的方案。

3. 在交接完成后，尽量留住所有的竞争者，使他们进入下一届行政管理工作。

4. 将损害组织机能的竞争最小化。

5. 在最后决定做出之前，创造机会更加深入地了解和评价每一位竞争者。

6. 考虑到公司的规模和复杂性，我们需要给出必不可少的交接时间。

7. 提前考虑在全体选举的公告中所需的条款并写出框架。

8. 尽量让可选择的时间长一些，与第4和第5个目标保持一致。

这只是个理想的列表，但这个列表还是相当不错的。我们没有实现所有这些目标。我后来也认为第3个想法是不现实的。我们不会留住所有的候选人，我后来认识到我们也不应该留下他们。基本目标中的第4个和第5个到头来证明是互相矛盾的。将他们召集到费尔菲尔德，然后更“深入”地了解和评估他们，已经冒了损害组织机能的风险。其他的目标都坚持了下去。

我从选择继任者的过程中得到的一个最重要的教训就是，必须防止所有的内部官僚主义行为。这一点也许让人感到难以置信，但最后表现出来的情况就是这样。当整个过程结束之后，“决赛选手”们告诉我，他们也是这样看的。

我们的价值观起到了非常重要的作用，如果任何一个候选人要花招，就会遭到同伴们的唾弃。1998 年年末，我们确定了最后的 3 位候选人，媒体开始大力施压，不过他们仨并没有做出任何损害他人名誉的事来。事实上，他们只会做相反的事情。

我们让他们仨继续在各自的岗位上做他们当前的工作，使得他们除了自己的业务外，不用再费神在其他业务上——鲍勃 · 纳代利在斯克内克塔迪，杰夫 · 伊梅尔特在辛辛那提，吉姆 · 麦克纳尼在密尔沃基。不搞政治，不对他们的朋友以前干的事“事后诸葛亮”，不用再对付组织中的新官僚阶层。他们各自的缺陷是很明显的。我不想像雷吉那样，把我们所有人都召集到费尔菲尔德，然后一个接着一个地进行考察和评估。

我不需要进行更深入的考察了。三年来我一直都跟这三人打交道，不过我还是为更好的观察创造了机会，而不用将他们都叫到总部来。举个例子，1997 年，我将他们都列入了 GE 金融服务集团董事会，在每月一次的例会后，我都会和他们一起吃顿饭。在这些正式的宴会上，我尽量让气氛变得不那么正式。我们开玩笑，我还问他们对 GE 金融服务集团董事会实施的这些举措有些什么看法。这样做确实奏效了一段时间，不过到了后来，每个人都觉得有些尴尬，于是我们就不再这么做了。

我还做了另一件事情。这有点儿像雷吉那时的选择过程，不过这次是在办公室以外。1999 年的春天，我邀请了 11 位主要部门的 CEO，参加我举行的私人宴会。席间，我问他们对我们现有的业务有些什么想法，如什么业务我们应该继续保留，什么业务我们应该抛弃，以及应该由谁来组成最高的领导团队。我请他们选择三个领导者，我不想强迫任何人陷入只许选择一个的踌躇中。

这些会晤非常有助于组织一支团队，但对于选择一个公认的领导者却没有什么用处。

我在2000年的春天又重复了这样一个过程，这次我将重点放在他们所负责的业务之外。我想知道他们对我们当前的工会协商和环境问题有什么看法，我还让他们坦诚地交换了对彼此的看法。这次同样也没有什么特别的情况。他们对彼此都非常尊重，也非常喜欢。此外，我还提了很多关于我们这个选举过程及其意义的问题，即他们对这个过程哪些地方满意，哪些地方又觉得不够好。

我问他们仨的问题中，一个最重要同时也最富挑战性的问题是："如果你没有被选为CEO，你会离开吗？"他们中的两个——其中一个比另一个表达得更直接，说毫无疑问他们会离开；还有一个说他希望得到这份工作，他非常喜欢这家公司和公司里的员工，所以他会留下来看它如何发展。我对这番话打了一个折扣，因为我想猎头公司绝对不会放过他们。事实上，他们获得了如此之多的瞩目，所以到最后，事实证明了我的这个假设是多么的正确。所以那个时候，我下定决心不再努力让他们仨都留下来，因为这是不现实的。

从一开始，我并不是将整个过程看成简单地提名一个CEO，我还希望利用副董事长的位置来满足这些新人，以便能够创建一支更强大的团队。我不想使未能接任我位置的人或未能与我的继任者共事的人失望。我觉得最佳的方案应该是：当时GE金融服务集团董事会的CEO丹尼斯·戴默曼，负责NBC的鲍勃·尼尔森。他们两人在我的宴会交谈中，总是和别人很融洽。丹尼斯·戴默曼在1997年被任命为副董事长，鲍勃·尼尔森在2000年7月被任命为副董事长。丹尼斯从一开始就是我们培养的对象，而鲍勃则在成为副董事长以后才真正加入继任者的角逐中。

当媒体在2000年越炒越热时，整件事的不确定性也开始攀升。在我的克罗顿维尔课堂上，有人问我将以什么方式把这三人留在GE，再有，当他们中的一个当了CEO后，这个人的位置由谁来代替。华尔街的分析家们也问我同样的问题。

我有过很多想法，有好有坏，但是直到6月的一个周末，我才有了一个真正的好主意。这个主意是我在淋浴时产生的，其实我的很多好想法都是在这种时候产生的。由于三人中的两人肯定会离开，所以我决定“丢掉”他们。

我决定马上指定继任者，而不是等到他们被提升或者离开时再考虑。杰夫、鲍勃和吉姆可能会在他们这份工作最后的5个月里过得不是很舒畅，但是在他们离开以后，他们所负责业务的新主管必须得到很好的锻炼，以承担这份工作。他们各自所在的机构应该知道他们的下一任领导是谁，而且早一点儿选出他们的接班人会减少一些不必要的流言蜚语。我还认为这样做会使华尔街放心。

在我们的C类会议中，每一个企业的领导者都必须提名他或者她的继任者。这成了一个常规性的过程。2000年4月，随着11月最后任命CEO的日子临近，我给我们所有的主管写了一封信，并请他们所有人至少花一个小时的时间，讨论谁来接他们的班。这些讨论使得这3位候选人中最受欢迎、最被需要的接班人浮出了水面。

星期一早上，我非常高兴地告诉比尔和丹尼斯我在周末产生的新想法，他们也显得热情高涨。我们现在就可以将我们认为合适的众多CEO人选安排在新的重要位置上。因为董事会对所有人已很了解，所以打个电话就很容易在当周召集到董事们，告诉他们这个新的想法。他们喜欢这个想法。

现在，我必须将这个决定告诉鲍勃、杰夫和吉姆。我承认，这看起来可能有点儿不公平，但是我这样做对他们的员工和我们的股东们而言，是利益最大化的做法。

尽管这样，他们还是吓了一跳。

“喔，你是说，我要么被提升，要么就走人，是吗？”一个人问道。

“对，情况是这样。你曾经告诉过我，如果事情不如你愿，你就会离开，所以当时你就准备好了迎接挑战。现在我要说：‘好吧，这里有个人，他将来代替你。现在你需要训练他 6 个月。’”

“怎么是这样的结局！”他回答道。

“瞧，我知道这样做是有一点儿残酷，但这是不可避免的。我现在必须这样做。”

他们中没有一个认为这是一件好事，但他们知道，这样做确实符合公司的最大利益。我们已经确定了三个人作为我们新的首席运营官人选，他们全都只有 43 岁。

戴夫·卡尔霍恩曾经是全体审计人员的负责人，后来担任过一系列的 CEO 职位，如亚洲的塑料业务、交通、照明设备和再保险业务。他不仅聪明、风趣、敏捷、热爱运动，还很善于公关。戴夫在吉姆·麦克纳尼主管飞机引擎业务的部门是一个非常出色的首席运营官。

我第一次遇到约翰·赖斯（John Rice）是在斯克内克塔迪和年轻审计人员共进午餐的时候。他有着与众不同的个性、精辟的见解。我马上就喜欢上了他。我告诉他：“你不用再做财务工作了，来做运营工作吧。”约翰这样做了，并且直接进了电器制造公司。在一系列提升之后，他先是接替了戴夫·卡尔霍恩在亚洲塑料业务的 CEO 职务，接着又担任了 GE 交通运输业务的 CEO。这些经历使得他很自然地成为鲍勃·纳代利在能源系统业务中的首席运营官。

乔·霍根在成为 GE-Fanuc 的 CEO 之前，主要工作是负责塑料部门中的全球性业务。乔已有 43 岁，但看上去好像才 15 岁。他可能进每一个酒吧都得出示身份证。他看上去好像是这样，但他确实是一位慎重成熟的经理人，有着极佳的交际能力和天生的领导才能。他在杰夫手下做首席运营官之前，我们曾让他在医疗器械系统中干了几个月的电子商务主管工作。

让这三个明星做这些新工作是一个改变游戏规则的举措。虽然 30 万名员工，包括我，还不知道他们的董事长将会是谁，但我们最大的三个业务部门都已经知道了他们的新 CEO 将会是谁。

对外界，我说这次变动是“我们领导权交接过程中一个很自然的步骤”。不过对于那些想讨论这次人事变动或其他涉及继任者问题的记者，我一概采取了回避的态度。

鲍勃、杰夫和吉姆也同我一样，我们都不希望事情被媒体搅和得一团糟。我天真地认为我可以完全使媒体不乱说话，毕竟，关于我的继任者的第一个故事在 1996 年就开始炒得沸沸扬扬。当我们进入 9 月时，即离任命我的继任者只有两个月时，几乎所有的媒体都将注意力转移到了 GE 的接任事宜上来。

一周大概有三四天，《商业周刊》《华尔街日报》《金融时报》，还有伦敦的《星期日泰晤士报》上都会出现与 GE 接任事宜相关的报道。这些文章不仅提到了有希望的候选人，还对他们进行各种预测和介绍，全然不需要我们的帮助。

当这些报道见诸媒体的时候，我正在澳大利亚看奥运会。我在宾馆的房间里看到这些电传过来的文章，很惊奇我们公司的接任事宜会引起如此广泛的关注。我同样也觉得非常可怕，因为我知道，这会给三位候选人带来多么大的压力。

深夜 1 点半，我在宾馆的房间里用笔记本电脑给他们三个人各写了一封电子邮件：

杰夫、吉姆、鲍勃：

非常抱歉你们不得不承受媒体的这些胡言乱语。

我本来以为，我可以让每个人留在自己的业务领域工作，这样我的接任工作就会比雷吉做得更好。结果表明，媒体会将每一次的接任转变成冲突。谢谢你们这些非常不错的家伙。公司非常幸运，你们能够一直坚持下来。你们在做任何一件事情时出色的成绩和非凡的态度使得这个过程对我来说变得更具挑战性。谢谢你们真的这么优秀。

这封信是我的真实想法。下面是我收到的一个典型的回复：

杰克，最基本的一点是，我们非常幸运能够成为其中的一员，这种感情压倒了公众的密切关注带来的不快。成长、挑战和乐趣会使这件事情永生难忘，不论下一步会发生什么。你为 GE 所做的这些是完全正确的，我确信我们全都支持这个程序。

你最喜爱的参赛者

这些回复充分展现了他们的品质，而这使得我更加难以做出选择。我有时开玩笑说，现在我希望他们中的一个人做出一些愚蠢、疯狂的事情，因为一个丑闻会使做出决定的过程变得容易很多。当我和董事会又一次讨论这个问题时，我想让董事们了解，这对我来说是多么困难。山姆·纳恩（Sam Nunn），这位来自乔治亚州的前美国参议员，从 1997 年开始就已经是我们董事会的成员了，他给了我一个回答。

"杰克，"山姆说道，"不要再为选择这些人中的一个而自责了。你已经使他们很出名了。他们将拥有全美最好的工作，况且还不清楚他们谁会最终获得这个职位。这就意味着他们都是非常不错的。他们到了今天这一步，你已经为他们的职业生涯做了很多了，如果他们没有被发现，他们根本就走不到现在这步。”

这些话着实让我宽慰了许多，不过这并没有使他们三人日子好过些。当这些报道泛滥时，他们都在佛蒙特州斯托的一个保诚投资会议（Prudential Securities Investment Conference）上，而且还在一起吃早餐。他们是屋子里所有人关注的焦点。几天以后，我偶然碰到了约翰·布莱斯通（John Blystone），他也参加了这个会议。约翰在1996年离开GE，到SPX公司当了CEO。

“你真应该感到骄傲，”他告诉我，“他们在开会时还互相开玩笑，他们互相支持。坐在那里的股东们看到了公司的最高层像一个团队那样运作。你对此应该感到非常高兴才对。”具有讽刺意味的是，约翰不知道他是我们1994年第一次列出的16名新星之一。

事实上，我确实以他们仨为荣。每个人都或多或少有一点儿区别，但他们全都是非常优秀的人才。在赢利、市场份额和员工士气方面，他们都以创纪录的成绩运作着各自负责的业务。

鲍勃在1995年曾被调去管理一项动力涡轮机业务，这一业务的净收入连续3年都在走下坡路。他发动技术骨干去解决这个问题，从动力能力的缺陷方面找到了可以提升的地方，并促使涡轮机的需求量如火箭般急剧增长。他还建立了一个非常好的运行机制，充分利用了这次机会。他总共进行了几十次全球性的收购。

他将1995年开始只有7.7亿美元运营收入的业务发展成为2000年的28亿美元的业务。更为重要的是，1999—2002年，他保持着每年净收入增长10亿美元的业绩。众所周知，全球在税后还能有10亿美元收入的企业是不多的，而鲍勃在此后的3年内每年都可以为公司创造10亿美元的利润增长。

吉姆同样也取得了非常出色的成绩。在他主管我们飞机引擎业务的3年里，他为GE创造的利润比GE最大的20个业务中的任何一个业务创造的利润都要多。他使这个业务从1997年的78亿美元增长到2000年的108亿美元，平均每年增长21个百分点。他发展了服务业，使其最终占据了整个业务利润的一半以上。他还使得GE–90引擎，这个体积最大而且能量也最大的引擎，成为波音777远程喷气式飞机的引擎，这是一次出色的战略性成功。

杰夫同样也将我们的医疗设备系统方面的业务带入了一个新的阶段。他构思了一个全球产品公司的概念，这家公司将成为公司每一项业务的典范——从世界的每一个角落寻找人才、元件和成品。他完成了很多次并购，并能够将它们很好地整合起来。他将医疗设备这种硬件业务做得更像一个信息公司。

三年里，他领导这个企业创造了新的利润和收益纪录，销售收入从1996年的39亿美元增长到2000年的72亿美元，同样也是每年21个百分点的增长率。杰夫使我们在欧洲成为强劲的竞争者，同样也使我们成为亚洲的第一。此外，医疗设备部门还利用六西格玛技术，比公司的其他部门创造了更多的产品。

并不仅仅是他们出色的成绩使我难以做出抉择。我不时会回想起和这三人共同度过的日子，他们曾经参加我在克罗顿维尔的学习班。早在他们成为每个部门的CEO时，我花了很多时间和他们在一起，进行各种各样的讨论。我培养他们，看着他们成长，在经历了非常艰苦的工作后，他们终于成为自信心很强的领导者。

我第一次遇到杰夫还是他1982年在哈佛商学院念MBA的时候，当时他选择了GE，放弃了摩根士丹利。摩根士丹利的一个合伙人试图说服他放弃GE。

“去GE？听着，如果你到摩根士丹利工作，你只用6个月的时间就可以在杰克·韦尔奇面前演讲。但是如果你去GE，可能，如果可能的话，你在你的第10年才会瞥到他一眼。”在杰夫加入GE的第30

天，他已经和我以及其他 5 位从公司营销团队来的同事坐在了一张桌子上。

和很多坚强的经理人一样，杰夫也经历了很多挫折，我在那个时候只不过是他的陪衬而已。1989 年，为了增长他的经验，我们把他调到电器公司这样一个锻炼人的部门。这次调动工作给了他更多的经验，而且其增长速度比我们想象的要快得多。一次，在新投入使用的生产冰箱的流水线上出现了压缩机故障事故，杰夫果断地做出召回所有压缩机的决定。杰夫和 7 200 名员工昼夜奋战，排除了 300 万个压缩机中存在的故障。在这次危机中，在每月举行的运营评估会上我一直仔细观察他。

另外一次我对他感到不安是他在塑料部门时日艰难的 1994 年。作为 GE 塑料美国业务部门的总经理，他签订了大量固定价格的塑料订单。当年正好遇上了原材料价格上涨，但他已经向我们的顾客做出了承诺。这一次他损失了 5 000 万美元的净收入。当杰夫 1995 年 1 月来到博卡谈这件事时，他总是试图避开我。他很晚才去吃饭，很早就上床睡觉。最后有一天晚上，当他走出房门准备冲向电梯时，我突然出现了。

我一把抓住他的肩膀，让他转过身来。

“杰夫，我是你最大的支持者，虽然你遇到了你在公司最困难的一年，但那只不过是最困难的一年。我爱你，我知道你能够做得更好。你如果不能解决这个问题，我就会让你下台。”

“你看，”他说道，“如果结果不尽如人意，你不需要亲自来辞退我，我自己会离开的。”

当然，最后他解决了这个问题，而且此后他成功地完成了每一个项目。

我还能说出关于鲍勃和吉姆的类似故事。对于我来说，这是一次感情上的抉择。这里面有着无数的心血、汗水、亲情和感情。

我在作决定时从来没有遇到过困难，然而这次却不一样。

在 2000 年 7 月的董事会议上，我们和遴选委员会花了 3 个小时，反复讨论了每一个候选人的优缺点。这是一次开诚布公的会议。从头到尾，我控制住自己不要做出任何决定。我要将自己的看法留到最后才公开。在早上的会议告一段落后，我们照例和各个部门的 CEO 打高尔夫球、郊游。我告诉委员会，让他们在讨论结束并休息了一晚后，提前一个小时来参加第二天早上的会议。

直到 2000 年的 10 月 29 日，一个星期天的晚上，我才提出了我的推荐意见。因为董事会要视察一个动力涡轮机厂，我们来到了南卡罗来纳州的格林维尔。这次视察活动是在一年前就安排好了的，这可能是我做过的最不明智的安排。这将给鲍勃·纳代利造成他不应该承担的压力，但是我想让董事会的成员们知道，这里的气氛是多么的热烈。谢谢鲍勃，没有什么地方比动力系统更热烈了。第二天，他表现得很好。

至少从雷吉时代开始，我们就有一个传统，就是每年和许多现任董事及前任董事一起，在奥古斯塔打一周的高尔夫球。这次打完后，我们飞到格林维尔，在一品红俱乐部（Poinsett Club）的私人房间里共进午餐，这是一幢漂亮的老式南方豪宅。

那个星期天的晚上，在我们做出继任者决定之前，还有点儿小事要做。事情是这样的，《60 分钟》节目即将播出我的简介，来自动力系统的鲍勃的团队和我们的董事会成员在一起，关注着餐厅里的每一个电视屏幕。

当橄榄球赛使《60 分钟》拖延了近半个小时以后，我开始有点儿紧张了。雷斯利·斯塔尔（Lesley Stahl）对我的采访进行得很成功，但是你并不知道会有什么样的反响。他们为 15 分钟的介绍用掉了 23

个小时的录像带。

一个人如此暴露在大家面前时，什么事情都会发生。事实上，雷斯利很照顾我，整个过程完成以后，我觉得很放松。

晚餐过后，我们的董事被安排到附近的希尔顿酒店。我们在那里订了一个楼上的会议室，专门用来开这次特别的会议。为了保证会议的内容不被泄露，我们让 GE 的保安在外面守候。这里唯一不是董事会成员的是比尔 · 科纳蒂，他从一开始就和我一起安排遴选接班人程序。鲍勃和他的团队分别回到了他们的房间或家里。

10 点刚过，我宣布开会。

“我们要下结论了。”

在接下来的大约 15 分钟里，我告诉了董事会，为什么我认为杰夫应该是这个“新人”。他在我们的医疗设备部门取得了很多出色的成绩，并将成为 GE 未来的模范。我觉得杰夫同时拥有智慧和协调的能力，浓缩了各种优秀的个性，这一点对于我来说是很重要的——他真正能够做他自己。尽管竞争激烈，但我认为他就是最佳的人选。

丹尼斯 · 戴默曼和鲍勃 · 赖特谈了他们的一些想法。丹尼斯回忆了他 1982 年在哈佛商学院第一次面试杰夫的情形。他主要谈到他的领导才能和以客户为中心的思想。鲍勃接着这个话题又谈了一些。然后，董事会的每一位成员都加入了进来，他们都一致表示同意。在会议的最后，弗兰克 · 罗德斯着力强调了杰夫学习和成长的能力。他说，在他看来，杰夫拥有最出众的学识，他应该是最正确的选择。

这是我曾参加过的最成功的一次会议。每一个人都希望说些什么，我们都承担着相同的责任。董事会议中至少有两名董事提出试图留下其他两位候选人之一的可能性。失去那么多人的确令他们很痛苦。

“你肯定你不希望留下一个吗？”一位董事问道。

“我已经想过这个问题了，”我说道，“我知道这样会出现什么结果。任何一个成为这家公司董事长的人必须充满自信心，并且热情高涨。我想让他充满成就感，我不希望他得小心提防着谁。”

这时我让比尔·科纳蒂谈谈他的看法，他曾经偏向于留下两者之一。比尔说，他最初认为其他两位候选人的经验和技能非常丰富和高超，我们至少应该试图留下他们其中的一位，但最后他不得不同意我的看法。

最后，我们都觉得没有被选择的两位应该去其他公司当 CEO。

我用下面的这句话结束了会议：“我不希望现在就做出最后的决定，我们再用 3 个星期的时间来好好思考一下。你们有什么想法，请随时给我打电话。”我告诉董事会的成员，感恩节前的星期三，我将再次召集遴选委员会的成员，重新讨论这个决定并请求他们最后的批准。

午夜，我们结束了格林维尔两小时的会谈。我的助手罗莎娜这时进入了会议室，将所有的会议用纸收了起来。

在 10 月的格林维尔会议召开前 6 天，有些事改变了我离开公司的时间表。我们宣布了对霍尼韦尔的收购，于是我同意继续留任 CEO 直到整个整合过程结束，而原计划我要在 4 月离任的。这次交易是我们公司史上最大的一次，从而引发了媒体的争相报道，继而也影响到了这次交接的过程。

但是，从我们内部来说，我们中间没有一个人认为这次交易会产生任何影响。确实没有什么影响。我最终将在 2001 年的 9 月离任，比我们在 1994 年制订的计划推迟了 4 个月。

在随后的 3 个星期里，至少有半打董事给我打来了电话，对这个决定和过程表示赞同。他们还试图使我打起精神来。虽然我对这个决定感到很激动，但是我仍然非常痛苦，因为我必须告诉鲍勃和吉姆他们将得不到这份工作。

感恩节前的星期三，我召集了遴选委员会的全体成员，获得了他们的同意，将任命杰夫为董事长的决议递交给将在星期五举行的全体董事大会。为了避免又一轮的交接报道引起公众的注意，我们在感恩节的假期里做出了决定。其实有很多人希望我们在常规的 12 月 15 日董事大会上宣布这项决定。

我召集全体董事在星期五下午 5 点休市以后进行正式投票选举。

11 月 24 日，当全体董事一致同意杰夫当选董事长之后，我 5 点半给还在南卡罗来纳和家人一起度假的杰夫打了个电话。

“董事会做出了最后决定，这对于你来说是个绝好的消息。我希望你最好明天到棕榈滩来。带上你的家人，我们会等你们吃午饭。”我查看了精心设计的日程安排。

这次，我们没有用 GE 公司的飞机，而是安排了一架包机，上午 10 点半到查理斯敦去接杰夫、他的妻子安迪和他们的女儿萨拉。为了保证安全，杰夫以赛的儿子詹姆斯 · 卡思卡特（James Cathcart）的名义包乘这架飞机。赛还从他的俱乐部叫来一辆汽车，将杰夫 · 伊梅尔特接到我的家里来。最后为了安全起见，飞机将在斯图尔特飞机场降落，而不是 GE 飞机经常降落的西棕榈滩。

当车停下来时，我已经站在汽车道上，准备通报他这个最好的消息。我们在北棕榈滩的一家意大利餐厅吃了午饭。午饭后，简带着杰夫的妻子和女儿去了我在伊斯特波因特的公寓。我和杰夫回去准备星期一在纽约召开记者招待会。碰巧，比尔 · 科纳蒂当时在佛罗里达度周末，他也过来帮忙。我们审核了已经起草并准备向外公布的任命书，并将代表新人的“NG”从中挑出来，然后填上杰夫的名字。

丹尼斯 · 戴默曼、鲍勃 · 赖特和他们的妻子当天晚上也乘飞机赶来了，这样我们所有人就可以在我家为杰夫庆祝。我们度过了一个美好的夜晚。但我还是有一块心病，因为我的工作只完成了一半，而且是比较容易的一半。

第二天，当我不得不告诉鲍勃和吉姆，他们将得不到这份工作时，我感到非常的难过。

星期天，我一直等到下午两点才打电话。我已经了解到三位候选人直到年底的工作安排，这样我就知道在哪儿可以找到他们。

我打电话时，鲍勃和吉姆都在家。

“我和董事会将召集一次会议。我最好出来总结一下这个决定及其背后的合理性。”

我没有打算在电话里告诉他们，他们将得不到CEO的工作，因为我觉得我应该当面告诉他们这个消息，不过我也不想给他们一种希望增加的错觉。为了准确表达我的意思，上面的话我在家里至少练习了十多次，甚至在打电话前我还和简排练了一次。

我冒着瓢泼大雨，在下午3点到达了西棕榈滩的飞机场。这场影响了大半个美国的东部暴风雨完全有可能造成感恩节假期的飞行事故。很多飞机场都关闭了，飞机停在飞机场上。当我告诉飞行员我们不按照原计划降落到威彻斯特飞机场，而是到辛辛那提时，他们吓了一跳。在起飞都很麻烦的恶劣天气里，他们必须改变所有的飞行计划。

飞行员说恶劣的天气要使我们在地面上多待几个小时，于是我躺在沙发上，思考我该说些什么。我憎恨那些我必须做的事情，这就像你不得不选择一个孩子，而放弃另一个孩子。这看上去是那么的不公平。他们为公司呕心沥血，他们从来没有同我或彼此间有过不公平竞争。

他们付出了百分之一千的努力。

在这个事件中，我要他们仨去完成某件事，他们全都完成了；接着又是另一件事，然后他们又全都完成了。他们大大超过了我们的期望。现在我不得不告诉他们其中的两个他们职业生涯中最坏的消息——我没有任何别的话来鼓励他们，只能说他们将在别的地方获得更好的 CEO 职位。

那天下午，天黑得比较早。我 5 点半离开棕榈滩时，天已经全黑了。我大概在 7 点到达了辛辛那提的伦肯航空基地。那个地方潮湿、阴沉、黑暗，这是一个寒冷的夜晚。在薄雾下，我走在飞机跑道的柏油路面上，朝着一个有微弱灯光的私人飞机库走去。我觉得非常孤独，身边只有我的旧公文包。

周围没有一个人。当我来到门口时，吉姆已经在那里了。我和他打了个招呼，然后我们马上来到一个小型的会议室。

“很显然，”我说道，“这会是我一生中最难的一次谈话。”

吉姆的失望马上显露在他的脸上。

“我选择了杰夫。如果要生谁的气的话，就恨我吧。把我的头像钉在墙上，用飞镖扎我。我甚至不能告诉你这是为什么，我是凭我的直觉。我有三个金牌获得者，却只有一枚金牌。”

吉姆开玩笑说没有重新计票。当时正值佛罗里达总统竞选的混乱之中，说他有多么宽容和亲切也不过分。

“我想让你知道我是很希望得到这份工作的，但是我同样也想告诉你，我认为这个过程是公平的，因为你在整个过程中一直都是公正的，你给了我们每一个机会。”

在接下来的 40 分钟里，我们谈得很好。我们谈到了人生、他的父亲以及他在 GE 的 18 年经历。我告诉吉姆，从我们 1982 年的第一次见面开始，他已经取得了巨大的进步。我还回忆起他是如何被我们在皮茨菲尔德的一位老员工格雷格 · 莱门特从麦肯锡咨询公司挖来的。从他在我们信息服务部门的第一份工作开始，到最后这份工作，他为我们做了许多非常好的事情，没有人比他对我们的飞机引擎公司做出的成绩更大。

“你的最后两年是你做得最好的两年，而且你一天比一天做得更好。无论你到哪里，你都将会是一位非常出色的 CEO。”

我回到了飞机上，把我们的飞行员又吓了一跳。

“我们不去威彻斯特了，我们现在必须飞到奥尔巴尼去。”他们忙乱地做完准备工作后，我们穿越了浓密的云层，在 9 点到了奥尔巴尼一个空荡荡的飞机场。这里仍然潮湿、寒冷。因为顺风，我们比预期的时间到得要早，那时鲍勃并不在那里。

他不在我反而感到一身轻松，对他说他没有得到这份工作对我来讲尤其困难。在他们仨中间，我认识鲍勃的时间最长，我在 70 年代末就认识他了，那时他是一间工厂的经理。他的父亲在 GE 工作了一生，和杰夫的父亲一样。

当鲍勃于 1988 年离开 GE 加入凯斯公司时，他是为数不多的几个我试图力劝他们留下来的经理之一。我没能说服他留下来，但是 3 年后他又回来了。从那时起，我观察他，并非常欣赏他的经营成绩。他所创造的数字是我 40 年里见过的最辉煌的数字，同时也是 GE 历史上最好的经营纪录。

在我到了 10 分钟以后，鲍勃准时出现了。我们在又大又空的休息室的沙发一角坐了下来，那儿只有我们两人。

我告诉了他这个消息，他的失望之情溢于言表。

“我本来还能做些什么？”他问道。

“鲍勃，你比我曾梦想过的做得多得多，你做出了非常出色的成绩。所有人都爱你，而且你也将成为一名出类拔萃的 CEO。但是我不能回答你这个问题。我不能提供令你满意的信息。你做了每一件我们要求做的事情，而且做得更多。我相信杰夫是让这家公司继续向前发展的正确人选。这里只有一个人应该受到责备，那就是我。”

我和鲍勃进行了一次长时间的深入讨论，我无法满足他想知道更多信息的需求。他出色的经营成绩使得他很难接受这个决定。

我再次试图去缓解他失望的心情。

“鲍勃，你将是一个最出色的CEO，外面有一个更大更幸运的公司在等着你。”

我们握了手，然后紧紧地拥抱着。

回到飞机上，我要了一大杯加冰的伏特加酒，最后回到了威彻斯特。我呆呆地看着窗外的夜色，啜饮着我的酒，沉浸在深深的矛盾之中。整件事情结束了，我也宽慰了。我为杰夫感到高兴，也为我们充分自信地选出了最好的接班人而感到高兴。同时我也很痛心，让两个为公司做出了这么多贡献的朋友失望了。我发誓要当他们的经纪人，只要我可以做到，我将不遗余力地帮助他们。

我们星期一召开的记者招待会非常成功，我对杰夫的表现非常满意。他显示出了所有我在他身上看到的自信心和品质。会场上唯一的不足是，我们俩都没有检查对方的服装。我们俩在会场出现时，都穿着同样的蓝色衬衣和蓝色西装。

媒体将这件事作为笑料进行了报道。

这件事结束后，我花了几天的时间和我的朋友们商讨鲍勃和吉姆的工作问题。他们是海德思哲国际咨询公司的加里·罗奇和斯宾塞·斯图尔特（Spencer Stuart）的汤姆·奈福（Tom Neff）。汤姆游说我让两者之一到他的客户朗讯科技去。我告诉汤姆说，我认为这不是一个好主意。

10天以后，吉姆被聘为3M公司的CEO，鲍勃则成为家得宝公司的CEO，我们的一个董事肯·朗万（Ken Langone）在鲍勃的新工作中起到了重要的作用，他在接任工作中非常积极，在最后结果刚出来时便迫不及待地招募鲍勃到家得宝，他是家得宝的缔造者，并拥有相当大的股份。

当吉姆、鲍勃和他们的妻子加上雷吉、我和杰夫在GE大厦的彩虹室（Rainbow Room）参加我们一年一度的圣诞晚会时，我想，没有什么比这更能说明 GE 的价值观了。当我在演讲中提到他们的名字时，我们的董事们和主管们都起立向他们鼓掌。

没有人比我鼓得更起劲。

我真正感到自豪的是几个星期以后在博卡的时候。那时，我正盼望能有一个机会，让杰夫发表他当选新董事长以后的第一次演讲。这时，新当选的总统乔治·W·布什邀请了很多 CEO，包括我，去参加他在奥斯汀举行的一个经济短会。所以，在博卡我只做了一个简单的开场白，就离开了会议现场，这是我 33 年来第一次离开我们的行政管理会议。

这是一个预料之外但是非常走运的中断，因为这给了杰夫一个机会去做他自己的事情，而我不用再坐在前排了。我晚上回来时，一盘他主持会议的录像带早已放在了我酒店的房间里。

看着他开始运作整个公司，我感到由衷的喜悦。杰夫是那么的睿智、敏捷、有远见，而且令人难以置信的强大。

他是 CEO！

在博卡会议的结束语中，我告诉大家我在酒店房间电视屏幕上看到了杰夫的表现，我为他感到自豪，那感觉就像第一次当上父亲一样。杰夫的表现使我回想起我一生中最快乐的时光：那是 39 年前的一天，为了庆祝我的第一个孩子凯瑟琳的诞生，我夹着一罐糖果走进我在塑料大街的实验室。

在博卡，我表现得就像杰夫的父亲一样，他的父亲在 GE 的飞机引擎部门已经工作了 38 年，我们可以看到他的胸脯总是挺得高高的。

我确信，这个“新人”就是正确的选择。

后记

JACK ▲

大约20年前，我站在纽约皮埃尔酒店的讲台后面，向华尔街那些分析家们描述我构想的GE前景。尽管当时我的预期目标非常宏大，但我无论如何也没想到这家公司及其员工能达到今天的高度。

我们抛弃了官僚主义，创造了一个世界级的企业，其卓越的模式被各大洲认可。我相信，我将离开的GE是一个真正由能人统治的公司，一个汇集了拥有良好价值观和刚正不阿的品质、全心投入、满腔热情的人的公司。

这个公司每天都充满了这样那样的好点子，这里的人的确每天早上一起床就开始探寻更好的点子。

这真是一段奇妙的旅程。GE 是一个百年企业，然而，GE 这 20 年的发展就公司的悠久历史而言，只是短暂的一瞬。更令我激动的还是 GE 未来 20 年的发展前景。我知道这壮丽的未来会在一个相当出色的管理团队的带领下到来。

我在 GE 的头 10 年每天就像在打仗。我们在斗争中不断调整策略，并为此受到指责。这里没有温和的革命。

当然，这里也没有简单的组织框架的重组。

与外界的传闻相反，我在大多数时间都是小心谨慎的。开除那些没有能力或不愿意面对现实的管理者让我等了太长的时间。我曾在进行某些并购时犹豫不决，拥抱互联网时步伐缓慢，甚至在抛弃那些官僚主义的繁文缛节时也显得有些胆怯。

几乎所有这些工作都应该而且能够处理得更迅速一些。

尽管如此，GE 还是一个锐意变革、利用自身规模承担更多风险并将核心目标放在客户而非自己身上的公司。我一直认为，当一个机构内部的改进速度低于外部变化的速度时，公司离关门也就不远了。

唯一的问题是什么时候动手。

学会改革对于一家百年老店来说是件非同寻常的事，但我即将离开的 GE 恰恰做到了这一点。一个放手让多样化业务部门依靠自身的力量发展得更快、更好的操作系统，激发了我们学习和共享新构思的激情。

是优秀的人才而不是宏大的计划成就了一切。我们在招募、培训、开发和奖励人才方面花了很多的时间。如果最优秀的人才没有倾注全力不断提高自己，我们的目标和成功会受到很大的限制。

全球化是我们的业务扩展的必然结果。我们在全球范围内寻找最好的产品和人才。我们医疗系统中的 Proteus 放射治疗仪就是一个很好的例子。这款在北京制造的产品是跨洲供应链的产物，其 719 个部件都是质量最高、成本最低的。其零部件来自美国、加拿大、墨西哥、北非、摩洛哥、班加罗尔、韩国、中国台湾，以及西欧和东欧的国家和地区。其扫描部件的发电机由印度制造，悬浮装置在墨西哥生产，而电子管则来自美国。上述的所有零件被运至北京组装。

六西格玛统领全局。

* * *

一般这类自传都应该以预言作为结束……

但预言是非常困难的。

当我成为董事长时，一般的看法可凝练成三个“不可避免”的趋势：你可以将一桶价值 35 美元的石油卖到 100 美元，只要你能弄到它；日本的制造业迅猛发展，大有赶超美国之势；目前 20% 的通货膨胀率有可能永远保持在两位数。

预言到此为止。

然而，显然还有一些因素会影响我们对市场、组织、管理方面的看法和观点。

在当今的中国，市场经济已经空前繁荣。在新的世纪里，这个国家将对全球经济产生巨大的影响。中国的企业家从未像今天这样开放，这样愿意变革。中国的高层领导将借着经济高速发展的东风把国家治理得更加繁荣昌盛。

那些坐在会议室里、轻松地划分市场份额的人不要忘记了，这块蛋糕中将有一半是要留给中国人的。在今天的中国，有一些你可能闻所未闻的公司发展迅猛，会在未来 10 年以巨无霸的身份出现在我们面前，威胁我们的基本生存。

所以，中国并不仅仅是个巨大的市场，它的民族工业正在成为强大的竞争对手。

中国经济实力的增长将使欧、美、日之间的关系更加复杂化，贸易摩擦将会加剧。我不知道以后的贸易保护主义会以什么样的形式出现，但我确信对此的争论将在很长一段时间里成为热点。

官僚主义体制已经没有生命力。未来的公司组织实际上将会是无层级、无边界的，是一个由更多的电子技术、更少的人员进行管理的信息网络系统。各种信息将变得更加透明，再也不会有某位领导能一手遮天，使偏于一隅的办公室拥有巨大权力。

管理者用于商业决策所需的大部分信息将出现在一个“数码管理驾驶舱”的电脑显示屏上。这个驾驶舱包含每一段的实时数据，并在公司业务发生滑坡时自动示警。

尽管可以前所未有地获得信息，但使公司高效运作的主导力量仍然是人的正确判断和英明决策。

* * *

在我离开 GE 之前几个月的一天晚上，我在纽约第五大道的一家商店买套头衫。一位雇员帮我去仓库找我穿的尺码，这时商店老板走到了我的面前。

“韦尔奇先生，”他说，“我能跟你谈谈吗？”

他是一个非洲裔年轻人，说他在头天晚上查理·罗斯（Charlie Rose）的访谈节目中见过我。他对我谈到的观点很感兴趣，但还想请教我一个问题。在访谈节目中我曾指出，不断地裁掉公司里最差的 10% 的员工对公司的良好发展至关重要。

这位经理把我带到一个楼梯口的下面，这儿有个隔间，所以没有人能听到我们的谈话。

他解释说，他的店里有 20 名员工。

“韦尔奇先生，”他问，“难道我一定要让其中的两位走人吗？”

“原则上是这样，如果你想拥有第五大道上最优秀的售货员团队的话。”

我听到了关于我的节目的反馈，但不是从公司内部，而是来自第五大道的一位服装店老板，这让我忍俊不禁。我想那位老板一定理解了：如果你想成为同行中的佼佼者，其道路是相当艰难的。

因为要做到这一点，需要自信、勇气和顽强的意志，当你的决策受到某些人的抵触时，要顶得住压力。

* * *

鲍勃·纳代利和肯·朗万在家得宝的关系常常成为我们谈论的话题。肯是一个让人过目难忘的人物，他身材魁梧、爱出风头、乐观开朗、固执己见，而且相当精明，是一个理想的董事。但我在 1999 年把他推荐到董事会，是因为他认识每个人，绝对是每个人。我希望杰夫能有肯做啦啦队队长，正如 20 年前沃尔特·里斯顿为我大声喝彩一样，让肯去告诉每一个人：杰夫会是全美最好的 CEO。

最初事情比较顺利。在鲍勃加入家得宝的头几个星期里，我听说肯在纽约对鲍勃的工作赞不绝口。我因为这件事给他打了个电话。

“好吧，我听你的，”他笑着说，“从现在起只有杰夫、杰夫、杰夫。”

几个星期以后，《财富》杂志的记者帕蒂·塞勒斯（Patty Sellers）又告诉了我一件事情，说她曾经为一篇即将发表的写家得宝的文章采访过朗万。当我问她肯对杰夫有什么看法时，她答复说肯对鲍勃推崇备至，但从来没有谈到杰夫。

我现在有了证据。于是我叫来了肯，将他斥责一番。

“你这狗娘养的，”我开玩笑地说，“我听说你现在还在到处推销鲍勃。但是你答应过我，说只谈杰夫、杰夫、杰夫！”

我知道肯有理由有复杂的感情。作为家得宝的创始人和 GE 的董事，他同时看到了两位出类拔萃的 CEO。而我，必须逼他“诚实”。

* * *

在 2001 年 9 月离开 GE 之前，我有许多次说再见的机会。让我难忘的是，2001 年 1 月初在博卡拉顿有 GE 的 550 位高层领导参加的辞别会。经历了 33 年（我的大半生）中的许多次这种会议之后，这次是我参加的最后一次。

1981 年我接管了一个非常优秀的公司。我相信我的继任者会接管一个更优秀的公司，并把它变得更伟大。这就是董事长工作的全部。

我想在结尾时把我的意思表达清楚。我在我的便笺簿上草草记下我的想法，像我平时做的那样。我花了两天的时间来构思我要讲的内容，我不想表现得太伤感。

我想让所有人明白，GE 在今后的两个 10 年里应该比过去 20 年变化更快。

那天早上我给他们讲的一些话可以应用到其他任何一个企业当中去。这番话的中心思想很简单：请忘记我们已经取得的成功，忘记昨天。

“我 20 年前得到这份工作，我们在一起进行了很多变革，”我说，“这是一段有趣、精彩、充满美好回忆和长久友谊的旅程。对于我们曾在一起做的许多事情，请忘记它们吧。”

“这将成为一个全新的游戏：你闻所未闻的变化正在以你闻所未

闻的速度进行着。那些抓住了它的人将是多么的幸福，而那些与之失之交臂的人又将是多么的不幸和害怕。”

在我演讲的最后，我要求所有人把这个公司掀个底儿朝天，摇晃它，掀掉屋顶。

我的演讲受到了热烈的欢迎，这样的结局令我和我的老朋友们感到万分激动。

博卡的一个惯例是在三天日程的最后一个夜晚，由乔伊丝·赫根汉，也就是我以前的公共关系经理，现在 GE 基金的总裁，宣布下午高尔夫和网球赛的成绩。

那是一个寒风凛冽的日子，实际上一些人由于天气寒冷，打了 4 个洞后已经从球场上退出。乔伊丝宣布了我的成绩，并且说：“我相信这里的每个人都有一个最喜爱的杰克·韦尔奇故事，但因为我有麦克风，所以你们得听听我的。”

我想：不会是又一次告别吧。

“13 年前，”她说，“我在纽黑文医院住院做外科手术。手术后我接到了杰克的电话，他说要来看我。我并不激动，而是告诉他，我不想见他，因为我的头发太乱了。”

“他的回答是纯杰克式的：‘我简直不能相信你说的话。我是来为你欢呼的，又不是和你跳上床的！’这就是杰克。我当时都快要死了却还在担心我的头发，而杰克的幽默、坦诚和友善使我很快找回了自我。”

550 人在球室里欢呼，我的脸有点儿红了。她说的是真的。我猜这该是一个小公司董事长或路边杂货店老板对员工说的话。

杰夫·伊梅尔特接着发言，这时成群的侍者在屋里走来走去，端着装满香槟的玻璃杯。他当晚说了很多关于我的美好故事。他回忆起我 1981 年在皮埃尔大酒店的发言，当时我告诉分析家们我的梦想是创造一家公司，这家公司可以使人的发展超出他们的极限。杰夫说他和在场的每个人都经历过他们认为不可能做到的事。

我被杰夫的话触动了，特别是大伙站起来欢呼时。杰夫在迷宫般的桌子中间挤出一条路走向我，我们紧紧地拥抱。然后我坐下，希望大家都坐下。

他们不愿坐下。我最后跳上椅子，举起杯与在场所有的人干杯。

“我们在一起，做了许多我们没有想到的事，我们去了我们没有想到的地方，我们实现了我们认为不可能的梦想。我来自一个跟你们大多数人类似的地方，我很感谢你们出色的工作。感谢你们给我的特殊待遇。我爱你们大家。”

这是个不平凡的夜晚，我真希望我的母亲也能在场。

致谢

JACK ▲

在我生命中的每一刻，我都幸运地和很多朋友携手同行，给予我支持、鼓励和爱护，使我周围的世界无比精彩。他们给我的人生带来无穷乐趣和新知，使我的状态越来越好。书中提到的一些人是那样不寻常，如我的母亲，这里就无须再提了。然而，还有许多其他的人，我在本书中未能提及，如我的写作顾问，来自伊利诺伊州的吉姆·威斯特沃特（Jim Westwater）博士，便是其中的一员。若不是他们的帮助，恐怕很多人还没听说杰克·韦尔奇这个家伙的名字。

我曾经说过，虽然我不是吊灯中最耀眼的一个，但多年以来我始终相信自己能使所有的灯泡放射出最大的光亮。我担心很难对所有给予我恩惠的人都致以谢意，所以如果有人被漏掉了，请接受我诚挚的歉意。也许我的感谢太肤浅、太轻描淡写，但其中包含着最真挚的谢意。

首先，我要感谢我的妻子简，感谢她对我的深爱和包容心。她是我最好的朋友和知音。当我沉迷于这本书时，简不仅理解我，更在各方面都给予我支持。我要感谢我的 4 个好孩子：凯茜、约翰、安妮和马克。我知道对于我这个公务缠身的人来说，要做一个称职的好父亲是不容易的，但孩子们总是尽力支持我，使我减少了许多后顾之忧。他们还带给我 8 个非常可爱的孙子、孙女，使我尽享天伦之乐，他们此后将成为我生活中更为重要的一部分。

在我的职业生涯中，我学会了要较好地完成一项工作，其关键在于要有能力强、高效率的助手来协助管理。我曾有 4 位这样的助手：在塑料公司的尤尼丝·赫尔利（Eunice Hurly）、我在集团工作时的路易丝·科瓦尔（Louise Koval）、我到费尔菲尔德后最初 7 年做 CEO 的赫尔加·凯勒（Helga Keller），最后是罗莎娜·巴多斯基。如果没有罗莎娜的帮助，我在公司中的好多日子都不好过。在过去的 13 年里，她始终如一地全力支持我。罗莎娜的助手休·拜耶（Sue Baye）则是 20 年如一日地帮着我处理各种繁杂的事情。

在我的一生中有许多恩师，在此我必须提到他们。在杰克·韦尔奇产生影响之前，GE 已是一家百年老店。能够从一些德高望重的前辈手中接过 GE 的大旗，我感到受宠若惊。我非常感谢弗雷德·博尔奇（雷吉·琼斯的前任），是他力排众议选我做副总裁，还有他的企业战略策划人杰克·麦基特里克（Jack McKitterick）。弗雷德和杰克都富有冒险精神，他们总能挣脱传统束缚，并热衷于新技术。虽然他们的新构想未必都能实现，但其中有不少是成功的。

当我想到 GE 的现在和过去，很难提到每个曾帮助过我的人。有些人在我刚到 GE 时给了我不小的影响，使我后来逐渐走向成功之路。

惠特·里奇韦（Whit Ridgway）使燃气涡轮机的全球化业务上升到新的台阶；格哈特·诺伊曼（Gerhard Neumann）是喷气式引擎最早的倡导者；“嘀哒”克洛克（“Ticker” Klock）在GE金融服务中看到了希望。他们和他们的助手出色的才能为我们的后续工作打下了坚实的基础。

我要感谢塞尔扣克的每一个人，在那里我第一次成功地管理了一个部门。30年来，从比利·麦克（Billy Mack）到凯文·默里（Kevin Murray）的每位员工都一直与我并肩作战。

千言万语也无法表达我对特德·勒维诺的感谢。作为前GE人力资源部负责人，他敏锐地洞察到GE需要大的改革。在董事长竞选中，他给我的支持也是至关重要的。我任职期间非常幸运地拥有几位精明且非常合作的人力资源部的搭档，他们是弗兰克·多伊尔、杰克·派弗（Jack Peiffer）和比尔·科纳蒂。在早期，有许多人对我们的重组计划提出怀疑时，是弗兰克力排众议使我们顺利渡过难关。

我对上述各位的赞扬都绝不夸张。无论是格伦·海纳（他成功地掌管着塑料事业部已有数年），还是身为分销、电器、塑料三个部门CEO的加里·罗杰斯。2001年，我还兴奋地获悉杰夫·伊梅尔特提名加里为董事会的副董事长。

我们还有许多很了不起的执行官，他们以卓有成效的工作在GE公司的史册中留下了自己光辉的一笔。其中包括：电器部门的迪克·斯通希弗（Dick Stonesifer）和拉里·约翰斯顿（Larry Johnston）、电力能源部的杰克·厄克特（Jack Urquhart）、汽车事业部的吉姆·罗杰斯（Jim Rogers）、塑料制品部的尤维·瓦舍尔（Uwe Wascher）、交通事业部的卡尔·施莱默（Carl Schlemmer）。当初是卡尔独具慧眼说服我们在机车方面投资，虽然当时许多人对此不感兴趣，但今天交通事业部已成为GE的CEO摇篮。

我在前文中曾提到劳埃德·特罗特（工业部的CEO）在商务运作方面具有非凡的能力，给我帮了大忙。在此我要特别感谢他在许多其他方面的功勋。比如他对GE的敬业精神堪称员工中的楷模，而且他成功地倡导了GE的非洲–美洲论坛（African-American Forum），该论坛使公司里的高级管理者与各层员工能畅所欲言，互相交流最科学的管理方法。

多年以来，我们拥有许多优秀的员工，他们与GE的客户保持着良好的关系。他们非常重要，不仅是在我们管理的转型期。他们中有：飞机引擎部的埃德·巴瓦利亚（Ed Bavaria）和查克·查德韦尔、动力部的德尔·威廉森、医疗器械部的吉姆·德尔莫罗（Jim DelMauro）、保罗·米拉贝拉（Paul Mirabella）和汤姆·邓纳姆（Tom Dunham）、交通运输部的戴夫·塔克（Dave Tucker），以及塑料制品部的查理·克鲁（Charlie Crew）、奥默·莫菲（Omer Murphy）和赫伯·拉姆拉斯（Herb Rammrath）。

我已经在本书中提到公司董事会的几个成员，但更多没有提到的无名英雄也是这个故事的重要组成部分。我要特别感谢桑迪·华纳（Sandy Wamer），在每次会议上他总是能提出有价值的关于经济全球化的愿景展望。我还要感谢亨利·亨利（Henry Henley）、芭芭拉·普雷斯科尔（Barbara Preiskel）、韦恩·卡洛维（Wayne Calloway）、乔治·洛（George Low）、鲍勃·默瑟（Bob Mercer）、吉姆·卡什（Jim Cash），以及近期的一些合作者，如安德烈亚·琼（Andrea Jung）、安·富奇（Ann Fudge）和谢莉·拉扎勒斯（Shelly Lazarus）。

我们从RCA得到的不仅仅是后来成为副董事长的吉恩·莫菲。我们还得到了里克·米勒（Rick Miller），他成功地将GE和RCA的电视机生产业务结合起来；得到了约翰·里滕豪斯（John Rittenhouse），他也同样成功地组合了航天和国防业务。我们还得到了三位了不起的董事："布拉德"索恩顿·布拉德肖，前参谋首长联席会议主席、美国英雄戴维·琼斯（David Jones）将军（如果有英雄的话）和美国前司法部长威廉·弗兰奇·史密斯（William French Smith）。

我想有三个人不能忘记，是他们使公司的退休金保障体制更加完善可靠。他们是：埃德·马隆（Ed Malone）、戴尔·弗雷（Dale Frey）——他十分出色地扩展了为退休人员提供服务的范围，以及现在的负责人约翰·迈尔斯（John Myers）。他们的工作是富有创意的，例如他们在纽约中央公园西一区对海湾西方大楼进行了投资。他们在20世纪90年代中期房地产市场不太景气时，接手这个地产。他们与唐纳德·特朗普（Donald Trump）合作，以后者的名气和在房地产方面的天才使这座大楼成为纽约赢利最高的酒店之一。

对于非GE员工，除了要感激彼得·德鲁克，另外一个就是拉姆·查兰（Ram Charan），他常常能激发我的灵感。我喜欢和拉姆一块儿讨论方案和企业规划。当我和他谈论到GE的价值和重要性时，他创造出一个术语——"社会建筑学"。

我要特别感谢比尔·莱恩，他在我每年做年报时帮了不小的忙。比尔对待年报的态度跟我一样认真。

我非常幸运地在业务助手以外也有很多好朋友。其中有两对特别要好：安东尼·洛弗里斯科和他的妻子埃莉诺尔，卡尔·沃伦和他的妻子唐娜。还有我在业务和社会上的朋友弗雷斯科、博西迪、赖特和普奇尼斯，他们带来了许多欢笑和美好的友情。

我每到一个地方，都要参加一个高尔夫球四人组，这令我的周末充满乐趣。年轻时在伯克夏丘陵乡村俱乐部，小组的成员有戴夫·丹瑟洛（Dave Dansereau）、皮特·琼斯和约翰·克雷格。在皮茨菲尔德的乡村俱乐部，小组的成员有塞尔·阿瑟顿（Sel Atherton）、厄尼·萨加林（Ernie Sagalyn）和吉姆·奥布莱恩（Jim O’Brien）。在银春俱乐部的小组成员有卡尔·沃伦、罗恩·韦伯（Ron Weber）和查克·洛奇（Chuck Lokey）。在费尔菲尔德的乡村俱乐部，是奥西·亚当斯（Ocie Adams）、汤姆·格雷厄姆（Tom Graham）、比尔·格雷（Bill Gray）、汤姆·克雷特勒（Tom Kreitler），还有我，我们 5 个人轮流。

我要感谢比尔·哈顿（Bill Hutton）和他的妻子琼。比尔 90 多岁高龄了，仍每天到信诚证券咨询的办公室。他是真正的绅士。比尔和琼多年前曾获得桑卡迪 – 海德俱乐部冠军，他们在简连球座上的高尔夫球都打不出去时，处处呵护着她。每当 GE 股票达到新高时，比尔仍会打电话到我办公室，让我知道，他仍在为我们加油鼓劲。

我还要感谢斯特拉特·谢尔曼（Strat Sherman）和诺埃尔·蒂奇，他们写了第一本关于我的书。与他们一起工作使我的许多思路变得清晰。诺埃尔在克罗顿维尔的复兴中也扮演了极其重要的角色。

写书和我以前做过的那些事不同。这对我是个极大的挑战，超乎我的想象。幸运的是，我得到了 GE 人在各方面的大量帮助，特别是杰夫·伊梅尔特和丹尼斯·戴默曼对我的帮助，他们提供了关于本书的一些有价值的批评和见解。我还要感谢鲍勃·尼尔森、布莱克特·丹尼斯顿（Brackett Denniston）、比尔·科纳蒂、贝思·科姆斯托克和乔伊丝·赫根汉，他们对部分原稿做了修改。帕姆·威克姆（Pam Wickham）和凯蒂·瓦尔纳（Katie Varner）帮助收集了重要的事实和图表。

NBC 的安迪·拉克为本书取了书名，我对此表示感激。《华盛顿邮报》的鲍勃·伍德沃德（Bob Woodward）给出了相同的建议，这促使我采用安迪的想法，毕竟，两位成功的记者各自给出了相同的结论，这对我来说是个好的想法。

我已经在本书中用我所知道的所有方式表达我对雷吉·琼斯的感激，感谢他对我坚定不移的支持。但是我还想在这里感谢他能让我和我的合作者约翰·拜恩通过两次长谈分享他的生活和他关于成功的观点。

对于本书，没有人比我的助手罗莎娜投入的时间更多，没有人比她的贡献更大。她放弃了很多周末休息时间并且工作到深夜，大大提升了本书的文字。她帮助修改了一些不妥的句子，提出了很多建议，并纠正了许多错误。

几位我童年时的朋友，特别是比尔·卡伦和乔治·赖安也曾帮助我回忆在塞勒姆时的一些细节。另外一位老朋友约翰·克雷格对回忆我们在皮茨菲尔德的生活特别有帮助。我还要感谢我的第一任妻子卡罗琳，她几次与约翰·拜恩谈我们在一起时的生活。

红十字会的负责人伯纳丁·希利（Bernadine Healy）给了我“阳奉阴违”这个词组，我认为这准确地说明了官僚主义者的言行举止。

是马克·麦科马克（Mark McCormack）说服我写这本书，他这几年每年都来看望我两次。我在麦科马克的IMG代理马克·里特（Mark Reiter），帮我联系了全美乃至全世界最好的出版商。

最后，也是最重要的，我要感谢我的搭档约翰·拜恩。我们在一块儿花了1 000多个小时来字斟句酌。约翰为了全面了解我的过去拜访了50多人。他的轻松与平和的态度使我们的团队保持稳定。有一次，在连续工作16个小时后，大家都开始打退堂鼓，而他以无比的热情和非凡的毅力又重新打开计算机来修改文章，这极大鼓舞了士气。

时代华纳出版公司起到了至关重要的作用。我们选择这家公司是因为他们热情的董事长拉里·基尔什鲍姆（Larry Kirshbaum）和责任编辑里克·沃尔夫（Rick Wolff）对此很感兴趣而且全身心投入。事实证明我们的选择是明智的。

拉里夜以继日地把初稿审了一遍。我们和他形影不离，他基本上和我、约翰住在一块儿。在一个深夜，我对拉里说:“你知道吗，每次我看到你的时候就好像看到镜子中的自己。”我非常喜欢拉里的人品和热情。

里克对这本书非常投入。我们戏称他为“火车司机”，因为他总是催促我们在最终期限前完工。由于“火车”常常晚点，所以执行主编哈维–简·科瓦尔（Harvey-Jane Kowal）和编辑主任鲍勃·卡斯蒂略（Bob Castillo）不得不一次次地创造奇迹来使这本书如期出版。

再说一遍，我可能还是漏掉了一些人，没有他们的帮助恐怕你们今天看不到这本书。希望你们每个人都知道我心中深深的感激。

附录 A

经济萧条中的快速发展①

我们将往哪里去？GE 将成为什么样的公司？公司的战略又是什么呢？

如果我此时能从口袋中取出一个密封的装有 GE 公司未来 10 年发展的宏伟蓝图的信封，这是再好不过的了。然而我不能，也不打算为了显示自己的智慧，往 GE 多种多样的创意上系蝴蝶结——这些多样化的创意包括为新建塑料工厂所投入的 15 亿美元拨款；收购像卡尔玛公司（Calma）那样的 CAD/CAM 供应商；在最近 4 个月中收购 4 家软件公司；为提高一家机车厂的生产效率和产量而许诺投资 3 亿美元；在斯克内克塔迪的研究中心新建一家微电子实验室；在罗利 / 达勒姆投资一家微电子应用程序中心，以及在弗吉尼亚州的夏洛茨维尔投资新建一家自动化实验室。

如果仅仅为了简洁的缘故，就把这些创意和其他单独的商业计划硬塞到一个无所不包的、GE 完全核心战略的一个庞大的计划中，是

① 1981 年 12 月 8 日在纽约皮埃尔大酒店的经济界代表大会上的发言。

根本没有意义的。

与许多分散的计划以及公司最初的战略相关，并起到促进作用的东西其实并不是核心战略，而仅仅是个核心理念，一个在 20 世纪 80 年代指引 GE 前进和调整我们多种计划和战略的简单的核心理念。

在试图阐明这些理念并与诸位分享的过程中，我们发现了班得斯的一位策划经理写给《财富》杂志编辑的一封有力的信件。这里我想与你们共同分享，因为他领会了我为 GE 公司所做的战略计划的大部分内涵，使我很难在此基础上更加精练。他是这样写的：

“因为你当前出色的战略计划实践途径符合一个普遍的规则：不停地寻求按数字指示着色的方法，这种方法自动地给出答案，却不断地遭受失败。

“冯·克劳塞维茨在他的经典之作《战争论》中总结道：人们不可能把战略简化为一个公式。过于细节化的计划必然会失败的，因为它会遭遇不可避免的摩擦，如偶发事件，执行中的偏差和反对的力量。反之，人的感情因素是最重要的：领导能力、士气和优秀将领的近乎直觉的悟性。

“继冯·莫尔特克之后，普鲁士总参谋部在实践中对这些概念加以完善。他们不期望行动计划能够延续到与敌人第一次接触之后。他们只制定广泛的目标，并强调抓住不可预见的机会——战略并不是冗长的行动计划，而是依据不断变化的环境而革新的核心观念。

“商业和战争在目标与管理形式上可能不同，但他们都要面对对立方的独立意志。每本入门指导书的内容在对付独立意志方面比较薄弱，或者未能应对现实世界展示的情况。”

现在让我将这种思想——战略并不是冗长的行动计划，而是依据不断变化的环境而革新的核心观念，与 GE 的管理结合起来。

事实上，正像我们所看到的，在 20 世纪 80 年代，通货膨胀是头号敌人，各国政府都要用某种形式的通货紧缩和财政措施与之斗争。其结果不外乎使世界增长速度减缓，比过去 30 年都要缓慢的增长速度明显会成为 80 年代计划的基础。

在 80 年代低速增长的环境下，当公司与国家都在与产量减少作斗争而同时被失业问题所困扰时，平庸的生产和服务商将没有生存空间。在这个经济萧条的大环境下，只有能够洞察到那些真正有前途的行业并加入其中，并且坚持要在自己进入的每一个行业里做到数一数二的位置——无论是在精干、高效，还是成本控制、全球化经营等方面都是数一数二，或在某项边缘科技方面遥遥领先，在市场竞争中有明显的优势，才能成为赢家。

当我们投入持续发展的工业环境中，当我们已在业界成为佼佼者时，对于 GE 的挑战是："我们自己的公司要做多大，发展速度要达到多快，要投入多少人力、财力来抓住机会，以保持住领先地位？"

另一方面，如果我们没有数一数二，也不可能看清获得技术优势的正确道路，那么我们就要问自己一个彼得 · 德鲁克式的尖锐问题："假如你对新业务还没有做好准备，那么你会在今天投入其中吗？"若答案是否定的，那么再问第二个问题："你将如何做好下一步准备呢？"

那些在 80 年代不这样做并出于种种原因（传统、感情、自身的管理不足）一意孤行地走向失败的管理者和公司，到 1990 年就将不复存在了。想一想，在 1945—1970 年的高速增长期内，几乎有一半本该跻身于《财富》500 强的企业消失了，要么是得而复失，要么是因为增长乏力而悄无声息地从名单上掉出去。

我们确信这样一个核心理念——成为数一数二的公司不仅是一个目标、一个要求，它还将促进我们拥有一系列在世界范围内独一无二的业务，即使在 10 年以后也不会落伍。

围绕这个有形的核心理念的是那些无形的核心价值观——以统一占有支配地位的主题，由于 GE 的企业文化，这一主题将成为我们组织的第二特性。第一，我们要面对现实；第二，要追求优质和卓越；第三，要注重人的因素。

让我来描述我们所指的现实是什么。它看上去好像很简单，但任何组织或者集团的成员以其固有的思维而不是以他们所希望的方式来审视它时，我们又会发现这并没有看上去那么简单。我们必须将这种态度灌输到公司的每一个员工的思想中去。事实上，就是创造这样的一种氛围，可以鼓励人们去观察事物的本来面目，按照应有的而不是他们希望的方式处理事情。我们还将现实的观念植根于整个企业中，因为这是为顺利执行公司核心理念的前提之一，即在每一件我们所做的事情中，我们都应该去争当第一或者第二。

当我们谈到质量问题时，我们的意思就是创造一种环境氛围，使公司的每一个员工都能够为我们所做的产品和所提供的服务而感到骄傲。我认为这的确意味着我们所有的员工都准备去挑战自己的极限，而且在很多情况下，他们比我们理想的标准做得还要好，因为几乎每天我都可以在公司所有方面的业务中看到这种情形。

力争最优的观念创造了我们的第三个价值观，也是最后的一个价值观，我只能称之为“人力资源因素”。我将利用我们已经创建并将继续创建的良好人力资源政策为敢于尝试新鲜事物的员工们提供一个最优环境和氛围——在那里，人们只会觉得是由于他们自己的创造力和驱动力的限制，他们个人对优秀标准的评价的不同，而不是别的原因，决定他们能够发展多远、多快。

正是这三种价值观——现实、质量和人力资源因素，这些“软价值”交织在一起，使得一个公司不仅比只有其二十分之一或十五分之一的小公司更有活力，而且更容易适应环境并保持其灵活性。这些优点将使我们能够继续秉承我们的传统、我们的文化，而且我们同时还要给予我们的经理以充分的自主权，因为是他们在领导、在运营整个企业，是他们为我们的公司能够稳居第一或者第二的位置立下了汗马功劳。我们还为他们提供了充分的资源，这样他们就不必去回避将在商场上遇到的竞争对手。事实证明，我们应该让员工拥有像 GE 这么大规模的公司所能提供的优势——财务、技术和管理；同时，赋予他们公司主人翁的角色，使他们拥有更大的自由和灵活性，这是想在 80 年代成为赢家的企业必须做到的一点。

GE 是由一系列各种各样的公司构成的，从石油到高科技，每一个单独的业务部门几乎都成为同行羡慕的对象。这些业务中，有的比他们想象的发展得还要快，但也有些业务至今还没有进入正轨。不过我们已经是一个成功的、多元化的、高利润的、工业化的企业。无论从哪个角度估算，我们在 70 年代都为国民生产总值和 SQP400 做出了巨大的贡献。我们实现了我们将在 80 年代做得更好的承诺。你们中的一些人很喜欢将 GE 和国民生产总值联系起来，如果真要联系起来的话，我想 GE 将是拉动国民生产总值的火车头，而不是跟在后面的货车车厢。

我预言你们将会从同样的角度来看待这家公司，而且我还请你们来审视和评价我试图描述的我们公司今后的发展前景。

谢谢各位的聆听。

附录 B

2001 年 C 类会议日程安排

1. Business Leadership（企业领导）

- Forecast Business and Organization Drivers During the Next Year and Discuss Required Organization and Leadership Changes (*On Organization Charts, Highlight Those With Less Than Two Years in Role*).
- Evaluation of Direct Report. Reference all EMS's from the e-EMS System for Performance/Promotability Discussion.
- Utilize Format Provided for Relative Rankings (20-70-10) for all Officers and SEB's.
- List Best Back-Ups for Each Direct Report Position (*indicate 60 Experience*).
- Use "Bar Chart" to Indicate Compensation Differentation and "Bucket Chart" to Illustrate Hire/Attrition Dynamics.

2. e-Business–Digitization（电子商务——数字化）

- CEO, CFO and Team to Review Digitization of Decision Support and How You Are Changing Your "Leadership Day."
- Review your Vision/Actions of a Digitized Organization (*Fewer Layers. Front-Room/Back-Room Resources Redeployment, New Ideas*). Provide Examples of Your "Leadership Cockpit."

3. Quality–Customer Centricity（质量——以客户为中心）

- CEO/Quality Leader Discussion re 6σ Organization Status and Vitality.
- Provide 6σ "DNA" Summary of 2000 Promotions From MBB/BB Positions Into Operating Roles With Best/High Impact Examples. Discuss Future MBB/BB Pipeline.
- Discuss Quality Training Programs and Describe Plans to Achieve and Maintain 100% Employee Six Sigma Certification.

4. Globalization（全球化）

- CEO/Sourcing/Manufacturing Leader Review Describing Organization/Leadership Moves to Accelerate Major Sourcing Intiatives Globally (*Intellect, Technology, Auctions etc*).
- Review Metrics and Structure of your Global Business (*Team Measurements, Global vs. Regional Dynamics FSE and Localization Plans*).

5. Sales/Services–Technology（销售 / 服务——技术）

- CEO/Sates/Service/Technology Leader (*Service, Product*) Discussion regarding Performance and Effectiveness of the Leadership Team in Driving New Opportunities.

- Describe Processes and Resources for Seamless Integration of Sales and Service Teams to Drive Growth.

6. EB Talent（EB 人才）

- Rank the Performance of EB Employees (20-70-10) with Promotability Overlay (*Format Attached*). For Key Top Performers, Discuss Development Plans. For Least Effective, Planned Resolution.
- Use “Bar Chart” to Indicate Compensation Differentiation and “Bucket Chart” to Illustrate Hire/Attrition Dynamics.

7. Diversity（多样化）

- 2000 Progress/2001 Plans (Including EB* U. S. Diversity #’s) For All Populations.
- Review Status and Results of Staff Mentoring and Plans to Increase Diverse EB and Above Population.
- CEO/Affinity Group Leaders Review of 2001 Game Plans to Develop and Coach High Potentials.

8. Pipeline Development（管道开发）

- High Potential Lists and Best Bets for Officer and SEB.
- Nominations for EDC/BMC/Executive Assessments (*Include Name, Title, Band, Performance Rating, Divers, Status, Home Country*).

9. Honeywell Integration（霍尼韦尔整合）

• Detail Organization Opportunities and Key Talent.

10. Appendix（附录）

• "Bucket Chart" Back-UP for Officers/SEB's/EB's (*#, Name, Diversity Status. Title, "From/To"*).

• "Bar Chart" Back-Up (*Name, Ranking, Diversity Status, Title*).

2001 年 C 类会议　　企业领导评估表

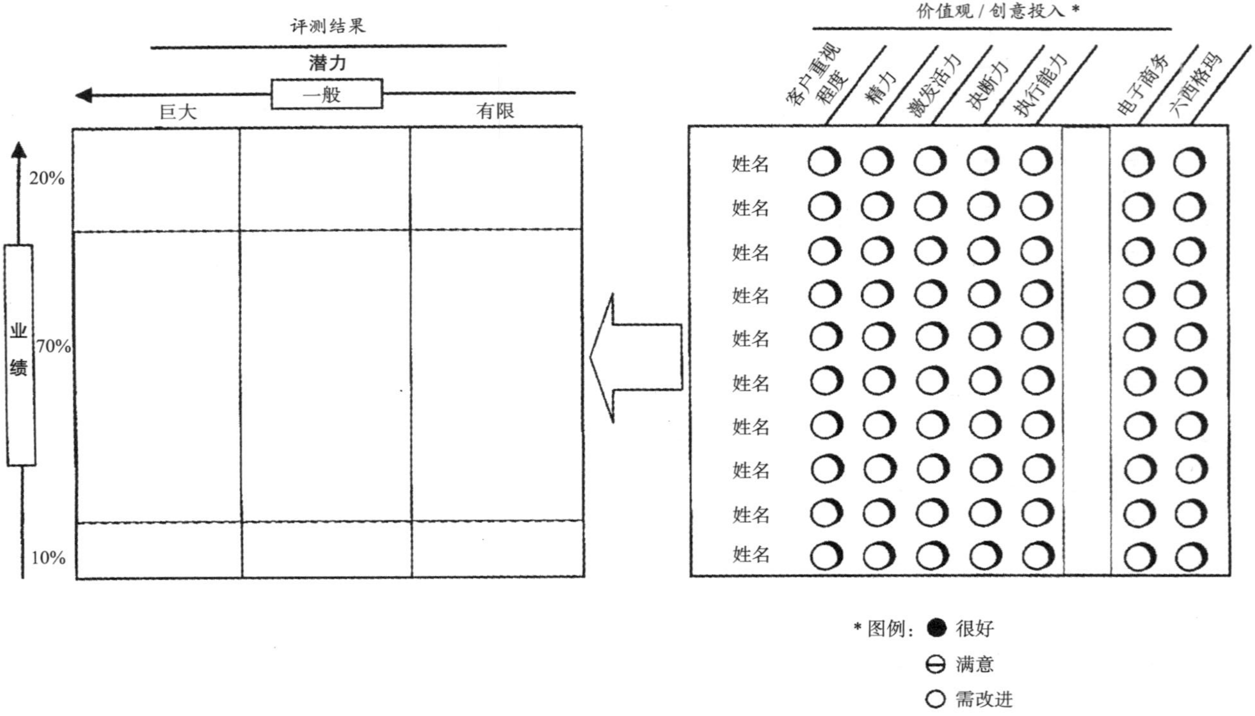

2001 年 C 类会议　　EB 活力

业绩表现 / 晋升机会（图例：* 妇女，† 少数民族，δ 六西格玛经历

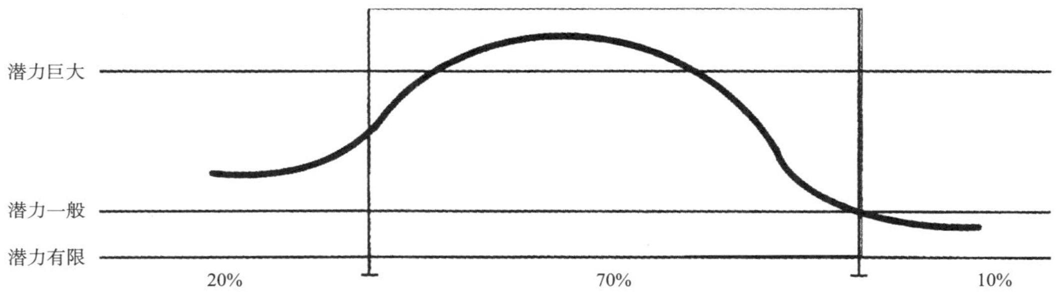

奖励差别

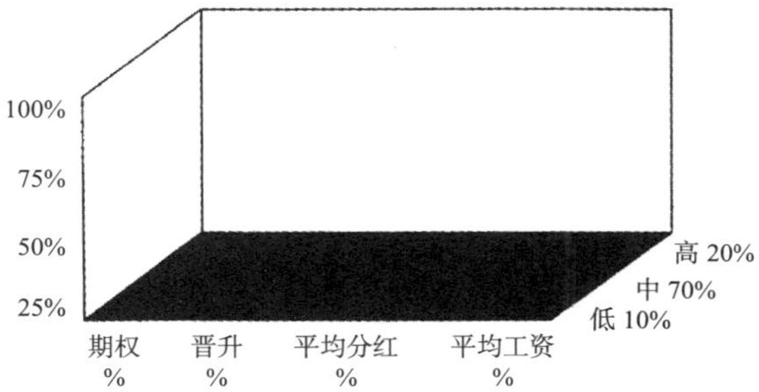

主管级人员综合情况（2000 年 C 类会议后）

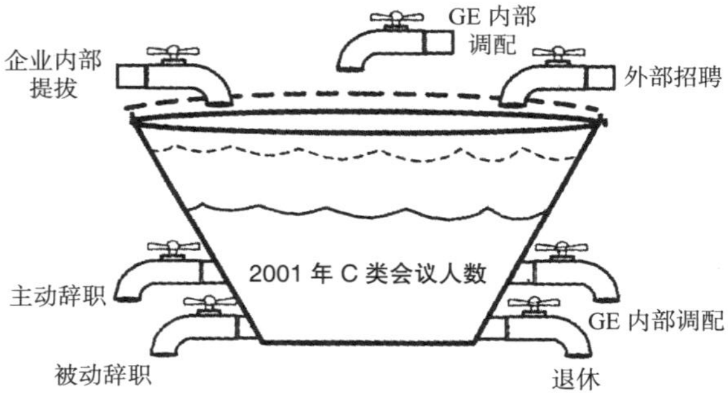

附录C

致杰夫·伊梅尔特的信

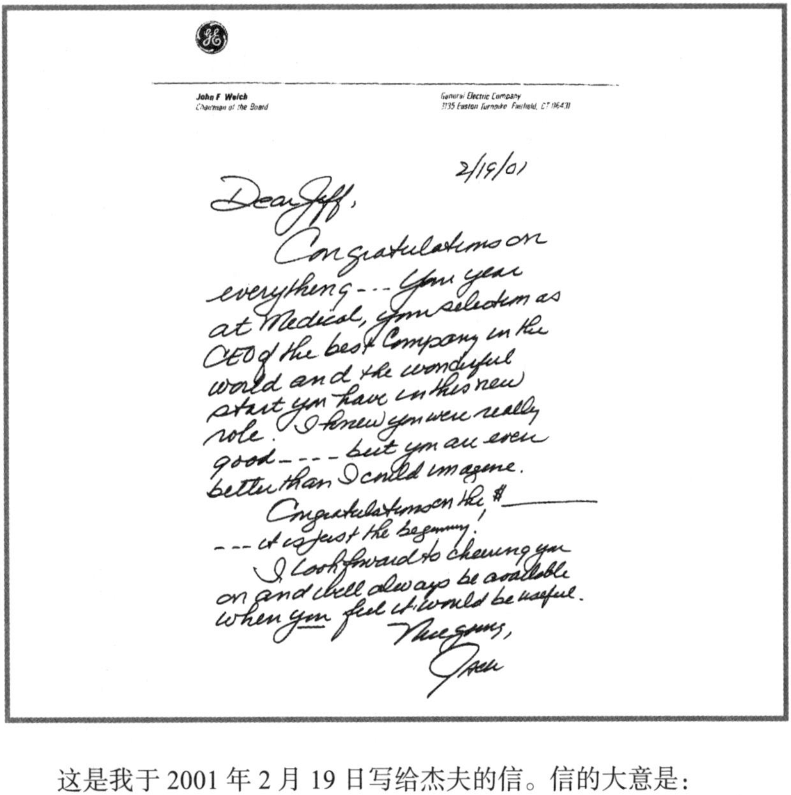

John F Welch
Chairman of the Board

General Electric Company
3135 Easton Turnpike Fairfield, CT 06431

2/19/01

Dear Jeff,

Congratulations on everything--- Your year at Medical, your selection as CEO of the best Company in the world and the wonderful start you have in this new role. I knew you were really good--- but you are even better than I could imagine.

Congratulations on the #______ --- it is just the beginning!

I look forward to cheering you on and will always be available when you feel it would be useful.

Nice going,

Jack

这是我于2001年2月19日写给杰夫的信。信的大意是：

祝贺你！祝贺你在GE医疗领域的出色成绩，祝贺你被选为世界上最佳公司的CEO，祝贺你在新的岗位上有如此好的开端。我早就知道你是好样的，但是你比我想象的还要好。

祝贺你，______美元才只是开始。

我期望着为你呐喊加油。只要你觉得有必要，随时都可以找我。

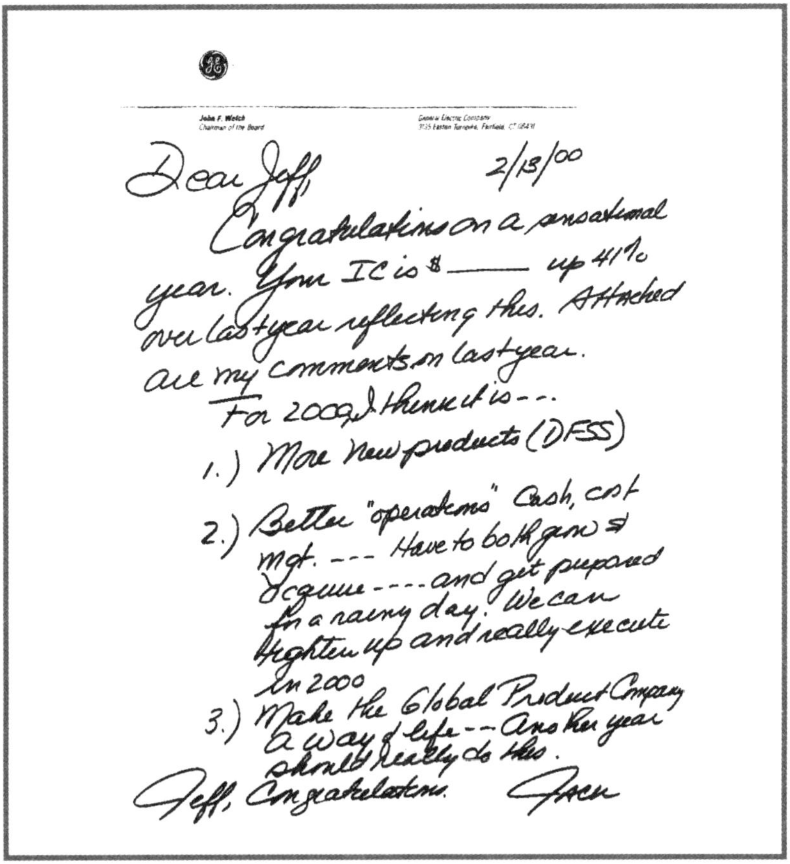
John F. Welch
Chairman of the Board

General Electric Company
3135 Easton Turnpike, Fairfield, CT 06431

Dear Jeff, 2/13/00

Congratulations on a sensational year. Your IC is $_____ up 41% over last year reflecting this. Attached are my comments on last year.

For 2000, I think it is...

1.) More New products (DFSS)

2.) Better "operations" Cash, cost mgt. --- Have to both grow & acquire --- and get prepared for a rainy day. We can tighten up and really execute in 2000

3.) Make the Global Product Company a way of life -- Another year should really do this.

Jeff, Congratulations. Jack

这是我于2000年2月13日写给杰夫的信。信的大意是：

祝贺你一年中取得的出色成绩。为此，你的分红为______美元，上涨41%。对于你去年的工作，我的总结是：

1）新产品增多了。

2）经营性收入和成本管理方面有了进一步提高……必须创收和兼并同时抓，并未雨绸缪。2000年我们可以动手实施我们的计划了。

3）搞活全球产品公司。再用一年时间应该可以了。

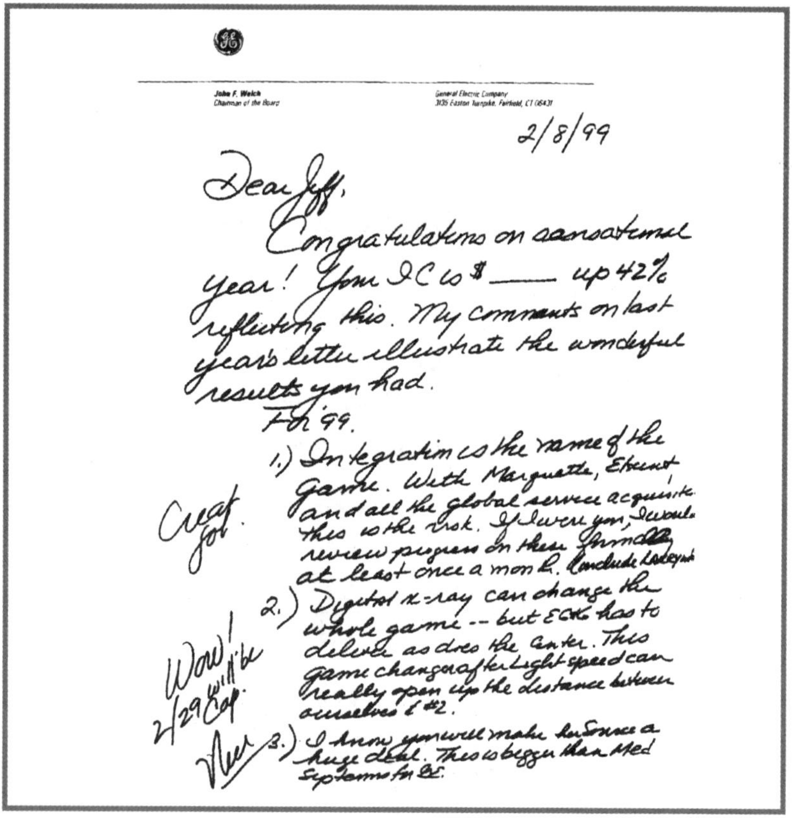

John F. Welch
Chairman of the Board

General Electric Company
3135 Easton Turnpike, Fairfield, CT 06431

2/8/99

Dear Jeff,

Congratulations on sensational year! Your IC is $____ up 42% reflecting this. My comments on last year's letter illustrate the wonderful results you had.

For '99.

1.) Integration is the name of the game. With Marquette, Elscint, and all the global service acquisitions this is the risk. If I were you, I would review progress on these formally at least once a month.

2.) Digital x-ray can change the whole game -- but ECXs has to deliver as does the center. This game changer after Light speed can really open up the distance between ourselves & #2.

3.) I know you will make InSonics a huge deal. This is bigger than Med Systems for GE.

Great job.

Wow! 2/29 will be Cap.

Jack

这是我于 1999 年 2 月 8 日写给杰夫的信。信的大意是：

祝贺你一年中取得的出色成绩。为此，你的分红为 ______ 美元，上涨 42%。对于你去年的工作，我的总结是：

1）整合是上一年的主旋律。收购全球性服务设施是有风险的。如果我是你，我会很正式地至少每个月检查一次。

2）X 光机的数字化将改变整个游戏规则，但是公司必须运作起来。这种光速般快速的变化的确能扩大数一数二公司间的距离。

3）我知道你会把 Insonics 做成大交易，这比医疗系统还要大。

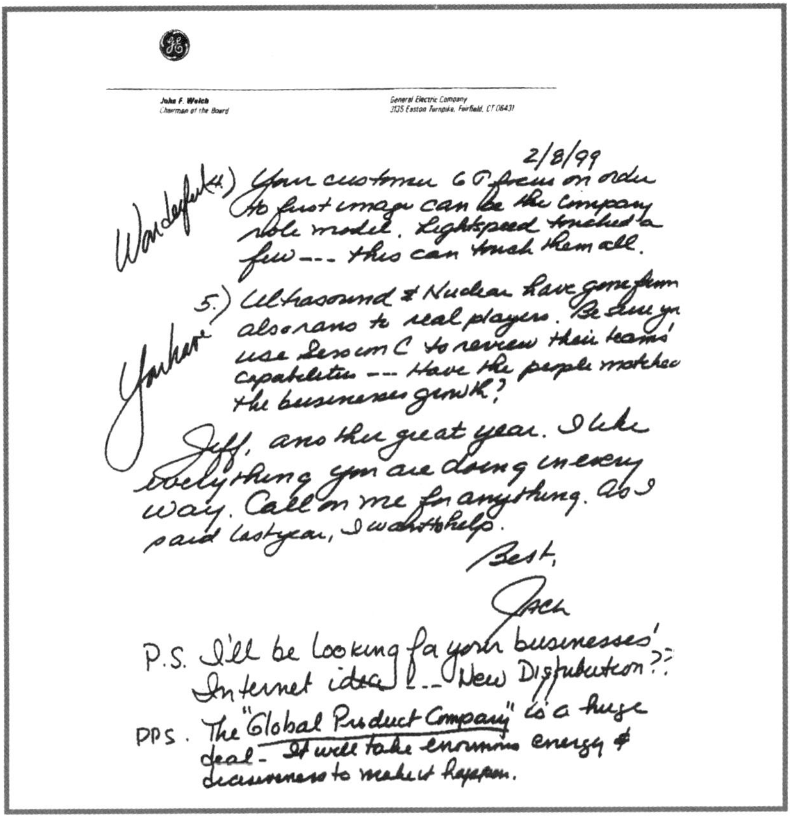
John F. Welch
Chairman of the Board

General Electric Company
3135 Easton Turnpike, Fairfield, CT 06431

2/8/99

Wonderful 4) Your customer 6σ focus on order to first image can be the company role model. Lightspeed touched a few --- this can touch them all.

Yahoo 5.) Ultrasound & Nuclear have gone from also-rans to real players. Be sure you use Session C to review their teams' capabilities --- Have the people matched the businesses growth?

Jeff, another great year. I like everything you are doing in every way. Call on me for anything. As I said last year, I want to help.

Best,

Jack

P.S. I'll be looking for your businesses' Internet idea! -- New Distribution??

PPS. The "Global Product Company" is a huge deal - It will take enormous energy & dreaminess to make it happen.

4）你运用了六西格玛加强对客户的重视，堪称公司的典范。你的速度之快震撼了一些人，对大家是一个触动。

5）超声波和核业务已经启动。必须运用C类会议来审查领导团队的能力——人的发展与业务的增长是否同步？

杰夫，你又干了漂亮的一年。你做的一切我都非常喜欢。如果有任何需要，尽管给我打电话。正像我去年说的，我希望能够帮得上你。

另外：我想知道你公司关于互联网的想法……开辟新的销售渠道??

又及：全球产品公司是个巨大的项目，需要投入大量的精力来实现。

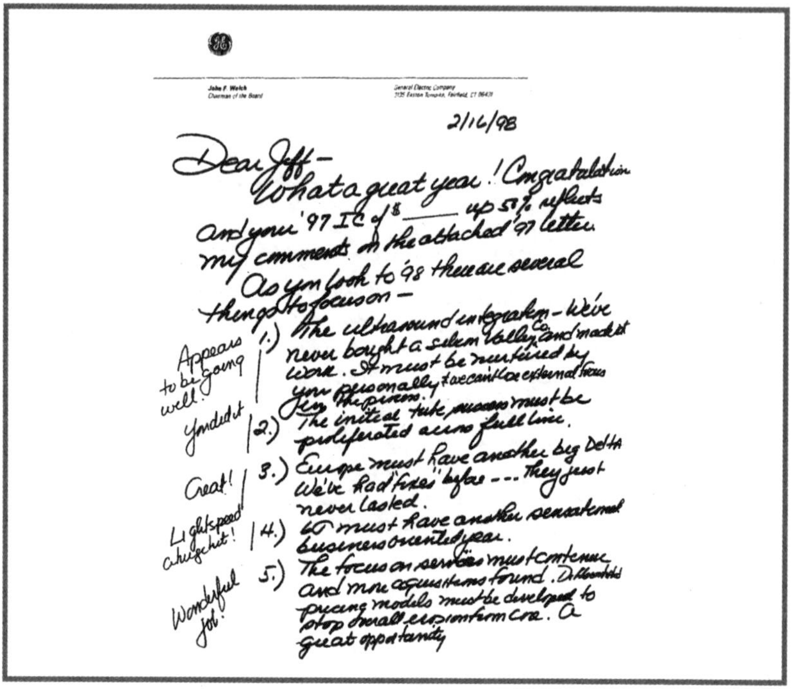

John F. Welch
Chairman of the Board

General Electric Company
3135 Easton Turnpike, Fairfield, CT 06431

2/16/98

Dear Jeff –
What a great year! Congratulations and your '97 IC of $____ up 50% reflects my comments on the attached '97 letter.
As you look to '98 there are several things to focus on –
1.) The ultrasound integration – We've never bought a Silicon Valley Co. and made it work. It must be nurtured by you personally & recruit external focus in the process.
2.) The initial tube success must be proliferated across full line.
3.) Europe must have another big Delta. We've had fixes before --- they just never lasted.
4.) 6σ must have another sensational business oriented year.
5.) The focus on services must continue and more acquisitions found. Differentiated pricing models must be developed to stop overall erosion. A great opportunity

Appears to be going well!
You did it
Great!
Lightspeed a huge hit!
Wonderful job!

这是我于 1998 年 2 月 16 日写给杰夫的信。信的大意是：

祝贺你一年中取得的出色成绩。为此，你的分红为 ______ 美元，上涨 50%。

1998 年，你要重点抓下面几件事：

1）超声波整合。我们还从来没有收购过硅谷的公司并使之成功，因此你一定要亲自去做，并引进外部力量。

2）取得初步成功后必须全面铺开。

3）欧洲一定还会有一个大的增长。我们过去就经历过，但总不能保持。

4）必须用六西格玛再打一年漂亮的业务仗。

5）必须继续强调服务，寻找并购机会。必须制定不同的定价模式。

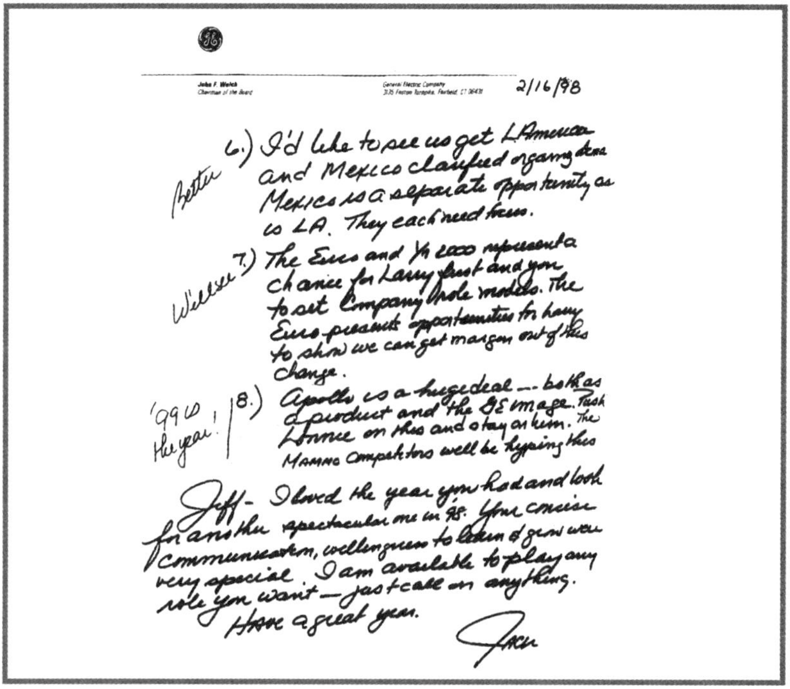
John F. Welch
Chairman of the Board
General Electric Company
3135 Easton Turnpike, Fairfield, CT 06431
2/16/98

Better 6.) I'd like to see us get L America and Mexico clarified organizationally as Mexico is a separate opportunity as is LA. They each need focus.

Will see 7.) The Euro and Y2000 represent a chance for Larry first and you to set Company role models. The Euro presents opportunities for Larry to show we can get margin out of this change.

'99 is the year! 8.) Apollo is a huge deal — both as a product and the GE image. Push Lonnie on this and stay on him. The Mammo competitors will be hyping this

Jeff - I loved the year you had and look for another spectacular one in 98. Your concise communication, willingness to learn & give were very special. I am available to play any role you want — just call on anything.
Have a great year.
Jack

6）我希望我们能够搞清楚拉美和墨西哥。拉美和墨西哥一样是独立的机会，都需要关注。

7）______ 是拉里和你设定公司模型的好机会……

8）______ 是一笔大买卖，既注重产品又体现 GE 的形象……

杰夫，我非常赏识你一年来的工作，希望 1998 年依然辉煌。你准确的表达能力以及学习和付出精神非常出众。需要我扮演什么角色都可以——无论什么事，给我打电话就行。

附录 D

业务经理会议日程安排

OMM2001

Operating Managers Meeting

Business Agenda

January 3-4, 2001
Operating Managers Meeting
Boca Raton, Florida

January 3, 2001 – Day I

7:30	Opening Remarks	*Jack Welch*
	Financial Report	*Keith Sherin*
	Honeywell Update	*Dennis Dammerman*
	Integrity	*Ben Heineman*
	NBC Update	*Bob Wright*
	Break	
	e-BUSINESS	
	Overview	*Jeff Immelt*
	Make	
	Driving Productivity Through Digitization	*Denis Nayden* *John Rice* *Joe Hogan* *Dave Calhoun*
	Break	
	Sell	
	Changing Industry Structure	*Larry Johnston*
	Growth Through Digitization	*Bill Meddaugh*
	Buy	
	e-Sourcing Best Practices	*Lloyd Trotter*
	e-Transactions	*Ted Torbeck*
	Integration of Make Buy, Sell	*Rick Smith*

January 4, 2001 – Day II

7:30	Overview	*Jeff Immelt*
	GLOBALIZATION	
	Global Best Practice Translations	*Gary Rogers*
	Sourcing Intellect Globally	*Scott Donnelly*
	Sourcing Services Globally	*Tiger VN Tyagarajan*
	Global Sourcing and Digitization	*Marc Onetto*
	Break	
	SIX SIGMA	
	Overview	*Piet van Abeelen*
	At the Customer	*David Joyce*
	Price Management Using Span	*Charlene Begley*
	Fulfillment Span	*Bill Driscoll*
	Break	
	SERVICES	
	The Installed Base Growth Opportunity	*George Oliver* *Ric Artigas* *Dennis Cooke* *Mike Neal*
	Stretch Break	
	Closing Remarks	*Jack Welch*